Wilfried Datler, Burkhard Müller, Urte Finger-Trescher (Hg.)

Sie sind wie Novellen zu lesen ...
Zur Bedeutung von Falldarstellungen in der psychoanalytischen Pädagogik.

Jahrbuch für Psychoanalytische Pädagogik –

Wilfried Datler, Burkhard Müller,
Urte Finger-Trescher (Hg.)

Sie sind wie Novellen zu lesen ...
Zur Bedeutung von Falldarstellungen in der Psychoanalytischen Pädagogik

Jahrbuch für Psychoanalytische Pädagogik 14

Mitbegründet von Hans-Georg Trescher (†)
Herausgegeben von
Wilfried Datler, Urte Finger-Trescher, Christian Büttner,
Johannes Gstach und Kornelia Steinhardt
im Auftrag des Frankfurter Arbeitskreises
für Psychoanalytische Pädagogik

Psychosozial-Verlag

Gedruckt mit Förderung des
Bundesministeriums für Bildung, Wissenschaft und Kultur
in Wien

Bibliografische Information der Deutschen Nationalbibliothek
Die Deutsche Nationalbibliothek verzeichnet diese Publikation in der Deutschen Nationalbibliografie; detaillierte bibliografische Daten sind im Internet über <http://dnb.d-nb.de> abrufbar.

E-Mail: info@psychosozial-verlag.de
www.psychosozial-verlag.de

Umschlagabbildung: Out-door summer amusements - the swings in central park
Umschlaggestaltung: Christof Röhl nach Entwürfen
des Ateliers Warminski, Büdingen
ISBN978-3-89806-285-5

Inhalt

Literaturumschau

Rezensionen

Editorial

Als Freud im Jahre 1895 in den „Studien über Hysterie" vier Falldarstellungen publiziert, beginnt er seine Nachbemerkungen zur Falldarstellung „Elisabeth v. R." mit den vielzitierten Sätzen:

> „Ich bin nicht immer Psychotherapeut gewesen, sondern bin bei Lokaldiagnosen und Elektroprognostik erzogen worden wie andere Neuropathologen, und es berührt mich selbst noch eigentümlich, dass die Krankengeschichten, die ich schreibe, wie Novellen zu lesen sind, und dass sie sozusagen des ernsten Gepräges der Wissenschaftlichkeit entbehren. Ich muss mich damit trösten, dass für dieses Ergebnis die Natur des Gegenstandes offenbar eher verantwortlich zu machen ist als meine Vorliebe; Lokaldiagnostik und elektrische Reaktionen kommen bei dem Studium der Hysterie eben nicht zur Geltung, während eine eingehende Darstellung der seelischen Vorgänge, wie man sie vom Dichter zu erhalten gewohnt ist, mir gestattet, bei Anwendung einiger weniger psychologischer Formeln doch eine Art von Einsicht in den Hergang einer Hysterie zu gewinnen" (Freud 1895, 131).

Freud bringt an dieser Stelle zum Ausdruck, dass seine „Krankengeschichten" von gängigen Formen der Darstellung wissenschaftlicher Ausführungen abweichen, zieht aber zugleich in Erwägung, dass die Veröffentlichung von novellenartig verfassten Falldarstellungen durchaus der Eigenart des Gegenstandes geschuldet sein könnte, dem Freuds wissenschaftliches Interesse zusehends gilt. Mit anderen Worten: Der Rückgriff auf novellenartig gehaltene Fallberichte könnte geradezu nötig sein, wenn Leserinnen und Lesern deutlich gemacht werden soll, welche Schritte der Erforschung der „inneren Welt" von Menschen Freud veranlassten, sich von althergebrachten Theorien des Psychischen zu lösen, um statt dessen neue Theorien zu entwickeln und zu publizieren.

Heute, mehr als hundert Jahre später, gehen selbst innerhalb der psychoanalytischen Fachgesellschaften die Auffassungen darüber auseinander, welche spezifische Relevanz solchen Einzelfalldarstellungen zukommt. Dessen ungeachtet werden Fallberichte nach wie vor publiziert – in psychoanalytisch-therapeutischen Büchern und Zeitschriften ebenso wie in psychoanalytisch-pädagogischen Publikationsorganen, die nur am Rande psychotherapeutisch orientiert sind.

Umso bemerkenswerter ist der Umstand, dass in psychoanalytisch-pädagogischen Kontexten über den Stellenwert solcher Fallberichte nur gelegentlich in expliziter Form diskutiert wird. Deshalb entschloss sich die Redaktion des Jahrbuchs für Psychoanalytische Pädagogik, den Band 14 der Frage nach der Bedeutung von Falldarstellungen in der Psychoanalytischen Pädagogik zu widmen.

Sieben Beiträge sind unter diesem Schwerpunktthema versammelt: *Wilfried Datler* versucht in einem einleitenden Artikel zu zeigen, dass die Veröffentlichung von Falldarstellungen in der Gestalt von Fallstudien tatsächlich dem Gegenstand von Psychoanalyse (und somit auch dem Gegenstand von Psychoanalytischer Pädagogik) entspricht. – Im anschließenden Beitrag erinnert *Günther Bittner* an das weit zurückreichende pädagogische Interesse an Biographien. Er zeigt Berührungspunkte zwischen der jüngeren pädagogischen Biographieforschung und der Psychoanalyse auf und plädiert in Anknüpfung an einige kritische Bemerkungen zu den „großen“ Krankengeschichten der Psychoanalyse für einen nicht-subsumptiven, hermeneutischen Umgang mit Geschichten. – Eine „große“ psychoanalytische Falldarstellung steht im Zentrum der Ausführungen von *Vera King*. Am Beispiel von Freuds Fall Dora wird die Bedeutung von Kasuistiken im Theoriebildungs- und Erkenntnisprozess verdeutlicht und nachgewiesen, dass eine kritische Nachbetrachtung von Freuds Krankengeschichte auf zentrale Themen verweist, welche die Arbeit mit (weiblichen) Adoleszenten betreffen und für die analytische, beraterische oder jugendpädagogische Arbeit mit Adoleszenten übergreifend relevant sind. – Im Zentrum des Beitrags von *Brigitte Boothe* steht ebenfalls eine junge Frau, die eine begrenzte Zahl von Beratungsgesprächen und dabei vor allem die Auseinandersetzung mit einem Traum nutzt, um in einer schwierigen Situation Klarheit über sich zu bekommen. Die Autorin zeigt, in welcher Weise die junge Frau zur zentralen Figur ihrer Fallnovelle wird, und bettet diese Fallnovelle in allgemein gehaltene Überlegungen ein, in denen die psychoanalytische Fallgeschichte als Rätselnovelle ausgewiesen wird. – *Inge Schubert* stellt eine „Offene Klassenrunde“ dar, die innerhalb einer Schule als analytische Gruppe für Schülerinnen und Schüler einer Klasse angeboten wurde. Sie referiert die schulinternen Rahmenbedingungen, die Besonderheiten des Settings und eine Gruppensitzung, um zu zeigen, in welcher Weise die Schülerinnen und Schüler die Gruppenarbeit zur Klärung ihrer Beziehungen nutzen konnten. *Urte Finger-Trescher und Wilfried Datler* diskutieren diesen Beitrag und betonen die Notwendigkeit, die enge Verflechtung zwischen schulischen Gegebenheiten und Gruppengeschehen differenzierter zu fassen. – *Jürgen Körner und Burkhard Müller* entwerfen im letzten Beitrag des Themenschwerpunktes eine Typologie psychoanalytisch-pädagogischer Arbeit, indem sie vier pädagogische Handlungsfelder voneinander unterscheiden und zeigen, dass in diesen Handlungsfeldern unterschiedliche Möglichkeiten der „Virtualisierung“ und somit unterschiedliche Formen psychoanalytisch-pädagogischer Praxis gegeben sind.

Der themenbezogene Literaturumschauartikel wurde diesmal von *Katharina Gartner* verfasst und handelt von einem besonderen Aspekt der psychoanalytischen Theorie des kindlichen Spiels. Für den allgemein gehaltenen Umschauartikel zeichnen *Andrea Tober und Michael Wininger* verantwortlich. Wie üblich schließt der Band mit Rezensionen.

Die Redaktion

Themenschwerpunkt:

Sie sind wie Novellen zu lesen ... Zur Bedeutung von Falldarstellungen in der Psychoanalytischen Pädagogik

Wie Novellen zu lesen ...:

Historisches und Methodologisches zur Bedeutung von Falldarstellungen in der Psychoanalytischen Pädagogik

Wilfried Datler

1. Falldarstellungen, wohin man blickt

Möchte man psychoanalytisch-pädagogische Falldarstellungen lesen, so muss man im Regelfall nicht lange suchen: Mit großer Wahrscheinlichkeit stöß man auf Kasuistisches, sobald man in psychoanalytisch-pädagogischen Veröffentlichungen zu blättern beginnt.

1.1 Ein Blick in drei klassische Werke der Psychoanalytischen Pädagogik

Greift man zu einem „Klassiker“ der Psychoanalytischen Pädagogik, zu August Aichhorns *„Verwahrloste Jugend“*, so kann man schnell feststellen, dass Aichhorn gleich im zweiten Kapitel von Ferdinand berichtet, einen 13jährigen Jungen, der von seiner Mutter, Frau S., in eine Erziehungsberatungsstelle gebracht wird. Aichhorns (1925, 17ff) Ausführungen sind keineswegs knapp gehalten und stellen weit mehr dar als die bloße „Erwähnung“ eines „Falles“:

Aichhorn schildert vielmehr die Klagen der Mutter, die davon handeln, dass Ferdinand von zu Hause weggelaufen sei und 13.000 Kronen entwendet sowie ausgegeben habe, eher er seiner Mutter dann zwei Tage später, frisch gewaschen und sauber gekleidet, zugleich aber trotzig und verstockt zu Hause entgegengetreten sei, ohne irgendwelchen Fragen zugänglich zu sein. In Aichhorns Falldarstellung findet man das Gespräch mit der Mutter anschaulich zusammengefasst sowie Teile des Gesprächs mit Ferdinand minutiös wiedergegeben. Wir erfahren, mit welcher ersten Erklärung des Burschen sich Ferdinands Mutter, nicht aber Aichhorn zufrieden gibt, und erhalten detailliert dargestellt, wie Aichhorn vor dem Hintergrund seiner psychoanalytischen Überlegungen die vielen Informationen, die er erhalten hat, interpretiert, um das Verhalten des Burschen in zufriedenstellenderer Weise zu verstehen. Leserinnen und Leser lernen im Zuge der Lektüre der Falldarstellung einige zentrale Konzepte der Psychoanalyse kennen (etwa das Konzept des inneren Konflikts und dessen Abwehr) und erhalten gleichsam vorgeführt, in welcher Weise Aichhorns Bezugnahme auf diese Konzepte zu einem tieferen Verständnis dessen führt, was sich da vor wenigen Tagen zwischen den Mitgliedern von Ferdinands Familie, vor allem aber in Ferdinand getan hat.

Fünf Seiten nach dem Ende der siebzehn Seiten langen Falldarstellung „Ferdinand“ berichtet Aichhorn ähnlich plastisch und lebendig von einem 16jährigen, namentlich nicht näher ausgewiesenen Jugendlichen, der mehrere Lehren abgebrochen, von zu Hause ausgerissen sei und unter der Reichsbrücke schlafe. Daran schließt nahezu nahtlos ein Bericht, in dessen Zentrum ein 14jähriges Mädchen namens Leopoldine steht, die von ihrer Pflegemutter als „unpünktlich, trotzig, unverlässlich und verlogen“ bezeichnet wird (Aichhorn 1925, 47).

In dieser Art geht es weiter: Insgesamt sind es 26 Falldarstellungen, die Aichhorn in Verbindung mit allgemein gehaltenen Ausführungen anführt. Fährt man mit dem Zählen fort, so kann man feststellen: Von den 192 Buchseiten, die Aichhorns Ausführungen wiedergeben, sind nur 86 Seiten „falldarstellungsfrei“: 106 der insgesamt 192 Seiten sind zur Gänze oder zum Teil der Wiedergabe von Kasuistischem gewidmet.

Ein ähnliches Bild ergibt sich, wenn man sich Hans Zulligers *„Heilende Kräfte im kindlichen Spiel“*, einem zweiten Klassiker der Psychoanalytischen Pädagogik, zuwendet: Zulligers (1952) Buch enthält zahlreiche Gedanken über das Wesen des kindlichen Spiels, die von allgemeinem Charakter sind; doch ist der Text des Buches dennoch von zahlreichen Falldarstellungen durchzogen. Quantitativ gesehen nehmen diese in Zulligers Buch sogar mehr Platz ein als in Aichhorns „Verwahrloste Jugend“: Findet man bei Aichhorn 26 Falldarstellungen, so sind es bei Zulliger 29. Ist etwa die Hälfte der Seiten des Aichhorn-Textes (zur Gänze oder zum Teil) der Wiedergabe von Falldarstellungen gewidmet, so sind es bei Zulliger zwei Drittel: Auf 84 der insgesamt 128 Seiten berichtet Zulliger von speziellen Kindern, ihren Eltern und oft auch von seiner Arbeit mit ihnen.

Greift man zu Fritz Redls und David Winemans *„Kinder, die hassen“*, einem dritten Klassiker, so erfährt man gleich in den einführenden Kapiteln, dass das gesamte Buch von der Arbeit mit einer Gruppe von 10 Buben handelt, die auf Grund ihrer Schwierigkeiten in anderen Einrichtungen nicht gehalten werden konnten und ins „Pioneer House", einer von Redl/Wineman speziell geschaffenen Einrichtung, aufgenommen wurden (Redl/Wineman 1951, 50ff). In gewisser Hinsicht liegt daher mit dem Buch eine einzige, 254 Seiten starke Falldarstellung vor; denn unter einem „Fall" ist ja nicht bloß ein „Individuum" oder „die Arbeit mit einer einzelnen Person" zu verstehen, sondern beispielsweise auch „die Arbeit mit einer Gruppe Jugendlicher unter bestimmten institutionellen Bedingungen" (vgl. Fatke 1985b, 683). Umso bemerkenswerter ist der Umstand, dass im Text von Redl/Wineman immer wieder im Detail von einzelnen Kindern, von ihrem Familienhintergrund und ihrer Biographie, von ihrem Erleben und Verhalten sowie von speziellen Situationen aus der pädagogischen Arbeit mit ihnen berichtet wird. Solche Abschnitte sind in *„Kinder, die hassen"* graphisch hervorgehoben, ähneln in der Art, wie sie verfasst sind, vielen Falldarstellungen von Aichhorn und Zulliger – und finden sich (zur Gänze oder zum Teil) auf 111 der 254 Buchseiten.

1.2 Ein kurzer Blick in Periodika der Psychoanalytischen Pädagogik

Auch Beiträge, die in Periodika der Psychoanalytischen Pädagogik nachzulesen sind, enthalten neben allgemein gehaltenen Ausführungen kasuistische Darstellungen, in denen Leserinnen und Leser von einzelnen Kindern, Jugendlichen und Erwachsenen, von speziellen Kleingruppen und Schulklassen, von spezifischen Institutionen und Organisationen, der konkreten Arbeit einzelner Lehrerinnen oder Berater, Kindergärtnerinnen oder Sozialarbeiter erfahren. Ich gebe einige Beispiele:

> Der erste Jahrgang der legendären *Zeitschrift für psychoanalytische Pädagogik*, die zwischen 1926 und 1937 erschienen ist, enthält 42 Fachartikel (Meng/Schneider 1926/27). Die Zahl der Artikel, die Falldarstellungen beinhalten, beträgt 21. Statistisch besehen bedeutet dies, dass fünfzig Prozent aller Fachartikel Falldarstellungen aufweisen[1].
>
> Dieser Prozentsatz fällt noch höher aus, wenn man den letzten Jahrgang der Zeitschrift untersucht (Aichhorn u.a. 1937): Von den 15 Fachbeiträgen, die im 11. Jahrgang der *Zeitschrift für psychoanalytische Pädagogik* nachzulesen sind, enthalten 13 Kasuistisches.
>
> Auf die Wiedergabe und Diskussion von Falldarstellungen stößt man auch, wenn man das zeitgenössische *Jahrbuch für Psychoanalytische Pädagogik* zur Hand nimmt: In drei der neun Buchbeiträge, die in Band 1 erschienen sind, findet sich

[1] Dazu kommt, dass in einer eigens eingerichteten Rubrik sechzehn – weitgehend kurze – Beobachtungen wiedergegeben wurden, die an Kindern gemacht wurden.

Fallmaterial (Trescher/Büttner 1989). Und unter den neun Artikeln des vorliegenden Bandes befinden sich sieben, die Kasuistisches enthalten (jener Artikel von Finger-Trescher/Datler nicht mitgezählt, in dem Kasuistisches diskutiert wird).

1.3 Falldarstellungen und der Anspruch des Psychoanalytischen

Freilich sind die Falldarstellungen, die in den eben erwähnten Büchern und Zeitschriftenbänden nachzulesen sind, mitunter kurz gehalten. Darüber hinaus existieren auch psychoanalytisch-pädagogischen Publikationen, in denen sich gar keine kasuistischen Beiträge finden. Siegfried Bernfelds (1925) Klassiker „Sisyphos oder: Die Grenzen der Erziehung" enthält zum Beispiel keine einzige Falldarstellung.

Dies ändert aber nichts an der Tatsache, dass sich viele klassische und viele jüngere Veröffentlichungen der Psychoanalytischen Pädagogik geradezu dadurch auszeichnen, dass sie viele und zum Teil auch längere Falldarstellungen enthalten – man denke etwa an die Klassiker „Reifungsprozesse und fördernde Umwelt" sowie „Liebe allein genügt nicht" von Winnicott (1965) respektive Bettelheim (1950); an die Monographien über „Psychoanalyse und soziale Erziehung" und „Kinder aus geschiedenen Ehen" von Bittner (1967) respektive Figdor (1991); oder an die Sammelbände über „Aggression und Wachstum" oder „Psychoanalytisch-pädagogische Erziehungsberatung" von Finger-Trescher u.a. (1992) respektive Datler u.a. (1999) – um aus der Fülle vorhandener Bände nur einige auszuwählen, die bislang in mehr als bloß einmaliger Auflage erschienen sind. Selbst in so manchen Arbeiten, die in systematischer Absicht in Psychoanalytische Pädagogik einführen oder Grundlegungsprobleme von Psychoanalytischer Pädagogik behandeln, findet man zumindest in dem einen oder anderen Kapitel Bezüge zu wiedergegebenen Falldarstellungen ausgearbeitet (vgl. A. Freud 1930; Trescher 1985; Datler 1995a).

All dies deutet darauf hin, dass zumindest ein Gutteil der psychoanalytisch-pädagogischen Veröffentlichungen einer pädagogischen Tradition zuzurechnen ist, die der Publikation von Falldarstellungen immer schon zentrale Bedeutung eingeräumt hat. Diese pädagogische Tradition, deren historische Wurzeln weit zurück reichen[2], tritt in manchen Jahrzehnten allerdings stärker und dann wiederum schwächer in Erscheinung (Fatke 1995a). Letzteres veranlasste beispielsweise Ertle/Möckel (1981, 9), vor etwas mehr als zwei Jahrzehnten festzuhalten:

> „Es fällt auf, dass Fallberichte in der Erziehungswissenschaft eine geringe Beachtung finden. Stichwörter wie ‚Falldarstellung', ‚Fallbericht' oder ‚Fallstudie' findet man in den zeitgenössischen pädagogischen Lexika und Handbüchern kaum."

Dass in psychoanalytisch-pädagogischen Publikationen der letzten hundert Jahre durchgängig so viele Falldarstellungen aufzufinden sind, scheint folglich nicht so

[2] Vgl. dazu den Beitrag von Günther Bittner (in diesem Band).

sehr damit zusammenzuhängen, dass die Autorinnen und Autoren dieser Publikationen versuchen, einem unabdingbaren disziplinspezifischen Charakteristikum *erziehungswissenschaftlicher* Veröffentlichungspraxis gerecht zu werden. Die vergleichsweise starke Präsenz von Falldarstellungen in der psychoanalytisch-pädagogischen Literatur dürfte vielmehr mit einem bestimmten *psychoanalytischen* Anspruch zusammenhängen, dem auch in psychoanalytisch-pädagogischen Veröffentlichungen zu genügen versucht wird. Denn seit den Anfängen der Psychoanalyse stellt die Veröffentlichung und Diskussion von „kasuistischem Material" einen zentralen Aspekt des Präsentierens und Begründens von psychoanalytischen Überlegungen dar. Unbeschadet der Tatsache, dass die wissenschaftliche Relevanz von Einzelfalldarstellungen heute äußerst kontrovers diskutiert wird, hat es daher den Anschein, als würde die Bezugnahme auf Falldarstellungen dem spezifischen Gegenstand von Psychoanalyse – und somit auch dem spezifischen Gegenstand von Psychoanalytischer Pädagogik – durchaus entsprechen. Ich möchte im Folgenden einen Aspekt dieses Gedankens erläutern, indem ich mich auf die Fallstudie als eine besondere Form der Falldarstellung beziehen und zeigen werde, welche Funktion die Veröffentlichung solcher Fallstudien in Freuds Bemühen erhielt, psychoanalytische Überlegungen nachvollziehbar zu machen und die Neuentwicklungen bzw. Modifikationen von psychoanalytischen Theorien öffentlich zu begründen.

In der Absicht, dies zu verdeutlichen, werde ich mich im 2. Kapitel einer psychiatrischen Falldarstellung Freuds zuwenden, die aus seiner voranalytischen Zeit stammt. Anschließend werde ich im 3. Kapitel zeigen, dass Freud in seiner Begegnung mit Charcot nicht nur Theorie- und Therapieansätze kennen lernte, die für ihn weitgehend neu waren, sondern auch eine Wertschätzung der Falldarstellung, die mit einem spezifischen Interesse am wissenschaftlich relevanten Einzelfall sowie an dessen öffentlicher Präsentation verbunden war. Dies wird es mir ermöglichen, im 4. Kapitel auszuführen, dass Freud Charcots Art des Veröffentlichens von Einzelfalldarstellungen übernahm, in wesentlichen Punkten aber auch veränderte – was mit der sich allmählich abzeichnenden Besonderheit des Gegenstands und der Methode von Psychoanalyse im Allgemeinen und mit der zunehmenden Bedeutung der unverzichtbaren „Intimität" zwischen Analytiker und Analysand im Besonderen zusammenhing.

Anschließend werde ich im 5. Kapitel die These vertreten, dass sich im Weiteren nicht nur therapeutisch arbeitende Psychoanalytiker, sondern auch Vertreter der Psychoanalytischen Pädagogik an Freud orientieren: Viele ihrer Publikationen weisen Falldarstellungen auf, die innerhalb ihrer Veröffentlichung eine ähnliche Funktion haben wie zahlreiche Fallstudien in Freuds Schriften.

In Gestalt eines Ausblicks werde ich schließlich im 6. Kapitel darauf hinweisen, dass Falldarstellungen in psychoanalytischen Publikationen nicht nur die eine Funktion haben, die ich hier herausstreiche. Und ich werde andeuten, dass in der aktuellen Fachliteratur zur psychoanalytisch-therapeutischen Prozessforschung einige Ansätze zu finden sind, die vermutlich auch von psychoanalytisch-pädagogischem Interesse sind.

2. Ein Freudscher Fallbericht aus dem Jahr 1883 - ein Dokument der Ratlosigkeit und des wissenschaftlichen Desinteresses

Ich habe wenige Absätze zuvor behauptet, dass die Veröffentlichung und Diskussion von „kasuistischem Material“ seit den Anfängen der Psychoanalyse einen zentralen, dem Gegenstand von Psychoanalyse entsprechenden Aspekt des Präsentierens und Argumentierens von psychoanalytischen Überlegungen darstellt. Wenn ich dabei von den *Anfängen der Psychoanalyse* spreche, so denke ich an die Zeitspanne zwischen 1885 und 1895, die damit begann, dass der soeben habilitierte Freud eine Studienreise antrat, die ihn zuerst nach Berlin und dann nach Paris führte, wo er Jean Marie Charcot begegnete. Dieses Zusammentreffen war folgenschwer; denn es veranlasste Freud, sich mehr und mehr für die Annahme zu begeistern, dass bestimmte (pathologische) Verhaltensweisen und Erlebniszustände in *psychischen* Prozessen gründen dürften, die von den betroffenen Personen selbst in bewusster Weise weder wahrgenommen noch beeinflusst werden können. Eng verbunden war damit eine bestimmte Form der Würdigung des „klinischen Einzelfalls mit psychopathologischer Symptomatik“, die sich wesentlich von jenen Gepflogenheiten unterschied, die Freud vor 1885 in Wien kennen gelernt hatte und in die er selbst eingebunden war.

2.1 Sigmund Freud im Jahre 1883 über Margarethe P.

Nachdem Freud jahrelang unentgeltlich in verschiedenen Einrichtungen der medizinischen Fakultät der Universität Wien gearbeitet hatte, konnte er im Mai 1883 seine erste bezahlte Stelle als Sekundararzt an der II. Psychiatrischen Klinik antreten. Der historischen Studie von Albrecht Hirschmüller (1991, 83ff) ist zu entnehmen, dass es zu Freuds Aufgaben gehörte, Krankengeschichten von Patientinnen und Patienten zu führen, die nach einer diagnostischen Abklärung entweder an eine andere Krankenanstalt weiterverwiesen wurden oder aber deshalb länger an der Klinik blieben, weil sie für Unterricht respektive Forschung von besonderem Interesse waren. Hirschmüller verdanken wir überdies die Entdeckung von 45 solchen Krankengeschichten, die Freud 1883 verfasst hat.

Eine dieser Krankengeschichten handelt von Margarethe P., die am 30. Juli 1883 in die Klinik eingeliefert wurde, weil sie seit 10 Tagen an „Geistesstörungen mit religiösen Wahnvorstellungen“ sowie an Tobsuchtsanfällen litt, die für ihre Umgebung bedrohlich waren (Hirschmüller 1991, 302). Was Freud in der darauffolgenden Zeit über den „Einzelfall“ Margarethe P. schrieb, fiel so aus[3]:

[3] Ich folge hier der Transkription von Hirschmüller (1991, 302) und übernehme auch Freuds Orthographie sowie Zeichensetzung. Die in [Klammer] gesetzten Einfügungen stammen von Hirschmüller, die am Ende der Krankengeschichte *kursiv* gesetzten

„*1 Vor- und Familienname:* P. Margarethe, 21, l[edig], k[atholisch]
Professorstochter, Wien.

Pat. kam zuerst am 30. Juli mit Parere[4] Dr. Seidl:
[,]Pat. leidet seit gestern, den 20.7. an Geistesstörung mit religiösen Wahnvorstellungen u. für die Umgeb(un)g gefährlichen Tobsuchtsanfällen.[']

Anamnese
Im Februar [18]83 wurde ein Vatersbruder irrsinnig; Freitag 29. Juli [1883] sollte die Periode eintreten. Samstag brach sie in Selbstanklagen aus, gab dann keine Antworten.

Am 31.7. [1883] war Pat. hochgradig erregt, schrie, sie sei eine Sünderin, müße Buße thun, mishandelte sich so, daß man sie beschränken mußte.
1.8.[1883]: Ruhiger, hält die Augen geschlossen, klagt sich an, sie sei unkeusch u. ungehorsam, der Böse habe es ihr angetan, den sie zwar nicht gesehen, aber ‚gemerkt' habe.
2.8.[1883]: Gibt Auskunft, sie habe als Mädchen masturbiert, auch seitdem sie in's Kloster gekommen, der Versuchung nicht widerstehen können, sie habe sich in einen Geistlichen verliebt u. ihn für einen Abgesandten des Teufels gehalten, der sie verführen sollte. Sie habe aus Sensationen geschlossen, daß man ihr Gewalt anthue, auch den Geistlichen mit dem Arzt beziehungsvoll sprechen hören, z.B. ‚das Bett sei zu eng'. Darüber erschreckt, hätte sie sich gegeißelt.
Gegen Revers am 4. Aug. entlassen, kam sie am 15. Sept. [1883] mit Parere Dr. Moser wieder, welches die Angabe macht, [,]daß sie schreit, tobt, Geld zum Fenster hinaus wirft, niemanden zu sich lässt.[']
Sie soll erst seit den letzten 14 Tagen erregt sein, Medikamente verweigern. Auf der Klinik ganz unzugänglich.

Ist der Kranke geistesgestört?	Ja
Ist er sich oder anderen gefährlich?	
oder doch für seine Umgebung störend?	Ja
und in welcher Richtung?	Durch Aufregung u. Wahnideen
Bedarf es der Aufnahme in eine Irrenanstalt?	Ja
Auf welche Art und mit welchen Vorsichten	
ist der Kranke zu transportieren?	Mittels Wagens.

Dr. Freud"

Fragen waren vorgegeben und *mussten* von Freud beantwortet werden. Von mir weggelassen wurden bloß einige Zeilennummerierungen.

[4] Unter einer „Parere" ist ein ärztliches Einweisungsschreiben zu verstehen, das bereits damals die Voraussetzung dafür darstellte, dass ein Patient oder eine Patientin in eine psychiatrische Klinik aufgenommen werden konnte.

Schon beim schnellen Lesen fällt auf, wie knapp und splitterhaft der Text gehalten ist, während er Äußerungen enthält, die mit geradezu erdrückender Kraft sexuelle Gedanken und Gefühle sowie damit verbundene Ängste und Schuldgefühle zum Ausdruck bringen. Für den Autor Sigmund Freud, der schon wenige Jahre später damit beginnen wird, sich intensivst mit dem Thema der Sexualität zu beschäftigen, dürfte dies aber irrelevant sein: Neben dem Anführen einiger weniger Daten, der Beschreibung einiger symptomhafter Verhaltensweisen und der Wiedergabe ausgewählter Äußerungen der Patientin scheinen ihm vor allem die letzten sechs Worte besonders wichtig zu sein: *Ja, Ja, Durch Aufregung u[nd] Wahnideen, Ja, Mittels Wagens*. Wenn dies den wesentlichen Schlusspunkt dieser Krankengeschichte darstellen soll, so klingt dies – gemessen etwa an den eingangs erwähnten kasuistischen Ausführungen von so manchen Klassikern der Psychoanalytischen Pädagogik – außerordentlich dürr.

2.2 Drei Charakteristika der Krankengeschichte

Nun ist freilich zu bedenken, dass der vorliegende Text Freuds keinen Ausschnitt aus einer Veröffentlichung darstellt. Er besteht vielmehr aus eine Ansammlung von Kurzaufzeichnungen, die in dieser Art über unzählige Patientinnen und Patienten angefertigt wurden, eine Ansammlung von Notizen und groben Einschätzungen, die unter dem Titel „Krankengeschichte" der internen Dokumentation und Verständigung dienen sollten. Gerade deshalb ist dieser Text aber bemerkenswert; ist doch davon auszugehen, dass er als internes Dokument jene Informationen über den „Einzelfall Margarethe P." enthält, die innerhalb der Psychiatrischen Klinik, an der Freud arbeitete, für wichtig gehalten wurden. Genau besehen wird man sogar davon ausgehen können, dass diese Art von Krankengeschichte all jene Informationen wiedergibt, die aus der Sicht der Klinik *ganz allgemein* von psychiatrisch-therapeutischer Relevanz waren; denn wenn eine Patientin oder ein Patient zur weiteren Behandlung an eine andere Krankenanstalt überstellt wurde, kam solch eine Krankengeschichte zur Information gleich mit. So geschah es auch im Fall der Margarethe P.: Am 17. September 1883 wurde sie an die Niederösterreichische Landesirrenanstalt überwiesen; und die dort geführte Krankengeschichte schließt denn auch nahtlos an eine Abschrift des mitgelieferten Freudschen Textes an (Hirschmüller 1991, 138, 434).

Es ist daher nicht ganz abwegig, sich drei wesentliche Punkte vor Augen zu führen, in denen sich die Krankengeschichte der „Margarethe P." beispielsweise von jenen Falldarstellungen Aichhorns unterscheidet, die ich zu Beginn erwähnt habe:

(a) Freud macht einige Angaben zur familiären Situation der jungen Frau, nennt die Daten des ersten und zweiten Klinkaufenthaltes und schildert das Erleben und Verhalten der Patientin – ohne nach irgendwelchen Zusammenhängen zu fragen.

(b) Freud trifft keine Aussagen darüber, worin die Erkrankung und ihr Manifestwerden gründen, was also die Ursachen der Erkrankung sein dürften.

(c) Freud gibt keine Auskünfte über irgendwelche diagnostische und weiterführende therapeutische Bemühungen: Er führt zwar an, dass die Patientin im September die Medikamente verweigert und unzugänglich sei. Zugleich beschreibt er aber keine Aktivitäten, die zu einem differenzierteren Verständnis der Störung hätten führen können; er nennt keine einzige therapeutische Maßnahme, die gesetzt wurde; und er schildert folglich auch nicht, wie die Patientin auf einzelne therapeutische Bemühungen reagiert hat und welche Schlüsse daraus zu ziehen sind.

All dies überrascht freilich nicht, wenn man weiß, dass die psychiatrischen Theorien, an denen zur damaligen Zeit an der Wiener Universität gearbeitet wurde, kaum die Möglichkeit eröffneten, in einem Fall wie jenem der Margarethe P. zu fundierten Aussagen über angemessene therapeutische Maßnahmen vor dem Hintergrund differenzierter diagnostischer Bemühungen zu kommen. Denn alles, was Freud und seinen Kollegen zur Verfügung stand, war die Hoffnung auf künftige wissenschaftliche Entwicklungen und ein vorläufig vorhandenes Spektrum an *unspezifischen* therapeutischen Maßnahmen, für die es keine spezielle Indikation gab und über deren Wirkung so gut wie gar nichts vorhergesagt werden konnte. Wie ist dies zu verstehen?

2.3 Die Suche nach organischen Ursachen hat Priorität

Verständlich wird dies, wenn man sich die wissenschaftliche Grundorientierung der Wiener medizinischen Fakultät des ausgehenden 19. Jahrhunderts vor Augen führt. Denn in Übereinstimmung mit den verschiedensten Einrichtungen dieser Fakultät vertrat auch die Wiener Universitätspsychiatrie die Auffassung, dass alle medizinisch relevanten Symptome letztlich in organischen Prozessen gründen. Aus dieser Sicht war es Aufgabe der Medizin, der naturwissenschaftlichen Suche nach den organischen Ursachen von Krankheiten höchste Priorität einzuräumen.

Auch die maßgeblichen Vertreter der Psychiatrie waren der Überzeugung, dass möglichst viel Wissen über die Pathologie des Nervensystems gesammelt werden muss, damit vor dem Hintergrund einer elaborierten Theorie der organischen Ursachen psychopathologischer Symptombildungen spezielle Formen von therapeutischen Interventionen entwickelt werden können, die auf eine Veränderung dieser organischen Ursachen unmittelbar abzielen: Auch im Bereich der Psychiatrie, so die damalige Auffassung, wäre es nur auf diesem Weg möglich, *spezifische* therapeutische Interventionen zu entwickeln, deren Wirkung vorausgesehen werden kann.

Nun waren in den 80er Jahren des 19. Jahrhunderts zwar viele psychopathologische Erscheinungsbilder beschrieben worden, aber es existierten nur wenige Theorien, in denen in gut begründeter Weise Aussagen über die organischen Ursachen einzelner Krankheitsbilder gemacht wurden. Patientinnen und Patienten, die an Depressionen, manischen Zuständen, hysterischen oder zwangsneurotischen Symptomen oder eben – wie Margarethe P. – an Wahnvorstellungen und kaum kontrollierbaren Aggressionsdurchbrüchen litten, konnten daher auf der Basis elaborierter organmedizinischer Theorien in keiner Weise gezielt behandelt werden. Therapeuten konnten nur vage darauf hoffen, dass organmedizinisch orientierte Forschungen in ferner Zukunft spezifische Behandlungsmöglichkeiten eröffnen würden – und mussten sich zunächst damit begnügen, „unspezifische" therapeutische Interventionen zu setzen, die sich aus nicht näher definierbaren Gründen mitunter bereits bewährt, oft aber auch nicht bewährt hatten. In diesem Sinn erhielten Patientinnen und Patienten Bäder und Massagen, beruhigende und schlaferzeugende Medikamente, Diäten und ähnliches ohne spezifische Indikation in unterschiedlichen Zusammenstellungen und ohne kalkulierbarer Aussicht auf Erfolg verschrieben.

In wissenschaftlicher Hinsicht wäre daher ein Fall wie jener der Margarethe P. – zugespitzt formuliert – für die Wiener Mediziner der damaligen Zeit nur dann von Interesse gewesen, wenn man darauf hoffen hätte können, dass man in absehbarer Zeit die neuropathologische Verursachung ihrer Erkrankung durch eingehendere organmedizinische Untersuchungen herausfinden hätte können. Solche eine Hoffnung bestand aber nicht – und Freud sah sich ebenso wenig wie seine Kollegen veranlasst, sich über einen Fall wie jenen der Margarethe P. eingehendere Gedanken zu machen oder diese gar in einer ausführlicher gehaltenen Krankengeschichte niederzuschreiben. Mit der Abfassung einer Krankengeschichte war lediglich der Zweck verbunden, verwaltungstechnisch relevante Daten (wie Name, Geburtsdatum, Anlass der Einweisung etc.) festzuhalten und in nachvollziehbarer Weise darzustellen, dass die Patientin tatsächlich „verrückt" war und wegen ihrer „Tobsuchtsanfälle" unverzüglich „in einem Wagen" an ein anderes Krankenhaus überstellt werden sollte, um dort weiterhin stationär verwahrt und „irgendwie" behandelt zu werden. Diesen Zweck erfüllte Freuds Krankengeschichte allemal. Und mit dem Weggang der Patientin verschwand das – ohnehin nur marginal gegeben gewesene – Interesse an ihrem Fall gänzlich.

3. Charcot präsentiert Einzelfälle und berichtet darüber: Der öffentlich vorgeführte Einzelfall als Rätsel, Anstoß und Beleg für Theorieentwicklung

Als Freud 1885 im Rahmen einer Studienreise nach Paris kam und dort auf Jean Marie Charcot traf, befasste sich dieser zwar nicht mit solchen Patientinnen und Patienten übermäßig intensiv, die psychotische Symptome aufwiesen, welche jenen der Margarethe P. ähnlich waren. Im Zentrum seines Interesses stand eine andere Gruppe von Kranken, die in Wien – in Ermangelung einer Theorie der organischen Verursachung ihres Leidens – ebenfalls nur unspezifisch behandelt werden konnten: Patienten mit hysterischen Symptomen, die insbesondere an Bewegungs-, Empfindungs-, Seh- oder Bewusstseinsstörungen litten.

Freud war nachhaltig beeindruckt, als er in Paris aus nächster Nähe miterleben konnte, dass Charcot nicht so sehr darauf fixiert war, neuroanatomisch nachweisbare Ursachen der Hysterie zu finden, sondern mit anderen Annahmen und Methoden zu einer elaborierten Theorie der Hysterie kam, die dennoch die Möglichkeit der spezifischen Behandlung von Patientinnen und Patienten eröffnete.

Zugleich wurde Freud Zeuge des Umstandes, dass die Entwicklung und Durchsetzung von Charcots neuer Theorie auf das Engste damit verbunden war, dass Charcot die eingehende Auseinandersetzung mit hysterisch erkrankten Patienten als Herausforderung begriff und die Wahrnehmung dieser Herausforderung in doppelter Weise öffentlich machte: durch die Vorführung seiner Auseinandersetzung mit einzelnen Fällen in seinen Vorlesungen *und* durch die nochmalige Veröffentlichung dieser Vorlesungen in Gestalt von Büchern. Am Beispiel des Falles Porcen ist zu erkennen, welche spezifische Funktion die Fallberichte zu erfüllen hatten, die dann in seinen Büchern publiziert wurden.

3.1 Charcot (1886) über Porcen – eine Herausforderung

Von Porcen berichtet Charcot in den „Neue(n) Vorlesungen über die Krankheiten des Nervensystems", einem Buch, das von Freud 1886 ins Deutsche übertragen wurde. Zum ersten Mal kommt Charcot in der 20. Vorlesung auf Porcen zu sprechen, die er mit folgenden Worten beginnt:

> „Die heutige Vorlesung ... soll der klinischen Untersuchung eines Falles von rechtsseitiger brachialer Monoplegie gewidmet sein, die bei einem 25jährigen Manne vor einigen Monaten in Folge eines Sturzes zu Stande gekommen ist, eine Monoplegie, welche der Diagnose eine sehr schwierige Aufgabe stellt" (Charcot, 1886, 242).

Charcot weist darauf hin, dass einige angesehene Kollegen den Patienten erst kürzlich untersucht hätten und dabei zu äußerst unterschiedlichen Ergebnissen gekommen wären – was zeige, dass es in diesem Fall tatsächlich schwierig sei, eine korrekte Diagnose zu stellen. Deshalb, so fährt Charcot fort, habe er wohl allen Grund anzunehmen, dass die Geschichte des Patienten das „rege Interesse" der Zuhörer erwecken werde. Und er ergänzt, dass sich die Zuhörer nicht davon abschrecken lassen mögen, dass Charcot nun darangehen werde, den Fall in aller „Ausführlichkeit" und unter Berücksichtigung aller „Einzelheiten" zu analysieren; denn jede Einzelheit, so kündigt Charcot an, werde „vielleicht ... zur gegebenen Zeit ihre praktische Verwendung finden" (Charcot 1886, 243).

Nach dieser Einleitung beginnt Charcot, von der „Vorgeschichte des Kranken", den er Porcen nennt, zu berichten. Dabei erfahren die Zuhörer unter anderem, dass Porcen vor vier Monaten bei der Ausübung seines Berufes als Fiakerkutscher „von seinem Sitz herab aufs Straßenpflaster geschleudert" worden war. Zunächst verspürte er in der rechten Schulter und im rechten Arm bloß Schmerzen. Sechs Tage später musste er aber nach dem Erwachen feststellen, dass „sein rechter Arm ganz schlaff und gelähmt, jeder Beweglichkeit beraubt herabhing, bis auf die Finger jedoch, die er noch ein wenig rühren konnte. Er rieb sich den Arm und dabei gewahrte er, dass Schulter-, Ober- und Vorderarm völlig unempfindlich waren" (Charcot 1886, 244). Mit Verweis darauf, dass Porcen bereits in zwei Krankenhäusern untersucht und behandelt wurde, hält Charcot fest:

> „Heute, am 1. Mai, vier Monate seit dem Eintritt der Lähmung, ist alles noch ganz im Gleichen; wir finden den Kranken genau so, wie er vor vier Monaten war" (Charcot 1886, 245).

Damit leitet Charcot zur „sorgfältigen Untersuchung" des Patienten über, der in der Vorlesung anwesend ist. Dieser Textabschnitt beginnt mit folgender Passage:

> „Porcen ... ist ganz unfähig, mit den Muskeln, welche die Schulter heben oder mit der herabhängenden Schulter selbst, mit den Muskeln des Ober- und Vorderarmes die geringfügigste willkürliche Bewegung auszuführen. Nur die Finger können willkürlich in Bewegung versetzt werden, und auch diese Bewegungen sind kraftlos, so sehr kraftlos, dass sie keine Wirkung auf das Dynamometer zu über vermögen.
> Achten Sie wohl auf die Schlaffheit, die absolute Entspannung des Gliedes. Es hängt wie eine todte Masse an der Seite des Rumpfes herab und fällt schwer nieder. wenn man es erhebt und dann sich selbst überlässt. ... Es besteht, wie Sie sehen, nicht die leiseste Spur von Muskelstarre oder Contractur" (Charcot 1886, 245).

Schritt für Schritt gibt der Text wieder, was Charcot zu seinen Zuhörern spricht, und er gibt zugleich zu erkennen, dass Charcot zunächst so vorgeht, wie es dem „state of the art" seiner Zeit entspricht. Charcots Ausführungen ist zu entnehmen, zu welchen – zusehends differenzierter werdenden – diagnostischen Maßnahmen Charot greift; was im diagnostischen Prozess am Patienten jeweils zu beobachten ist; und welche Schlussfolgerungen daraus zu ziehen sind. Charcot demonstriert auf diese Weise, dass die Gesamtsymptomatik des Patienten allem widerspricht, was Charcot und seine Kollegen zum damaligen Zeitpunkt über die neuropathologisch nachgewiesene Verursachung verschiedenster Krankheitsbilder wissen: Porcens Symptomatik kann, so folgert Charcot, somit *nicht* auf eine anatomisch ausmachbare Schädigung des Nervensystems zurückgeführt werden; und alle weiterführenden Überlegungen über organische Ursachen können nicht mehr darstellen als Spekulationen bar jedes naturwissenschaftlichen Nachweises.

Bemerkenswert ist nun, dass das Fehlen einer nachweisbaren Schädigung des Nervensystems als Ursache von Porcens Symptomen keineswegs zu stumpfer Ratlosigkeit führt und ein Erschlaffen von Charcots Interesse am Patienten zur Folge hat. Im Gegenteil: Charcot berichtet, dass er in letzter Zeit mit mehreren Patientinnen und Patienten zu tun gehabt hat, deren Gesamtsymptomatik jener ähnlich ist, die sich bei Porcen findet. Die Untersuchung dieser Kranken hat Charcot veranlasst, sich von der weiteren Suche nach den organisch nachweisbaren Ursachen ihrer Erkrankungen zu lösen, um statt dessen eine Alternativtheorie zu entwickeln, die es erlaubt, die Symptomatik dieser Patientinnen und Patienten angemessener zu erfassen, als dies unter Bezugnahme auf etablierte Theorien möglich ist. Auf diese Alternativtheorie kommt Charcot in der darauffolgenden Vorlesung zu sprechen die er – bezogen auf Porcen – mit folgenden Worten einleitet:

> „Ist unser Kranker ein Hysterischer? ... Sie werden zur Überzeugung gelangen, dass die Beweise zu Gunsten dieser Entscheidung in Hülle und Fülle vorhanden sind" (Charcot 1886, 261).

Charcot geht nun daran, Porcen einer neuerlichen Untersuchung zu unterziehen, nun aber mit der Absicht, möglichst eindrucksvoll zu zeigen, dass verschiedene Phänomene, die „am" Kranken auszumachen sind, Charcots Hysterie-Theorie entsprechen.

3.2 Die Einführung von psychologischen Grundannahmen

Ich kann hier auf Charcots Theorie der Hysterie nicht umfassend eingehen, möchte aber einen Punkt, der für die Weiterführung meines Gedankengangs bedeutsam ist, näher beleuchten. Für den Entstehungs- und Konstitutionsprozess der Psychoanalyse ist nämlich wesentlich, dass Charcots Hysterieverständnis mit der Einführung von *psychologischen Grundannahmen* verbunden ist. Charcot nimmt an, dass bestimmte Menschen auf Grund ihrer hereditär erworbenen Konstitution besonders leicht in hypnotische oder hypnoseähnliche Zustände geraten können. Dies kann durch hypnotische Suggestion im konventionellen Sinn oder aber auch durch das Erleben von Schockzuständen geschehen. Befinden sich Personen in solch einem hypnotischen oder hypnoseähnlichen Zustand, dann sind sie für Suggestionen besonders empfänglich. Diese können die Vorstellungswelt dieser Personen in folgenschwerer Weise verändern, ohne dass dies den Betroffenen bewusst wäre; und zwar unabhängig davon, ob diese Suggestionen von fremden Personen kommen oder die Gestalt von Autosuggestionen haben.

In diesem Sinn erinnert Charcot daran, dass Porcen vom Kutschbock gefallen ist, ehe er seine Krankheitssymptome ausgebildet hat. Porcen, so macht Charcot plausibel, wird in Zusammenhang mit seinem Sturz vom Kutschbock die angstvolle Vorstellung ausgebildet haben, an Schulter und Arm schwer verletzt worden zu sein. Da Charcot Hinweise auf „hereditäre Belastungen" zu benennen vermag, die auf erhöhte Suggestibilität verweisen, nimmt er weiters an, dass Porcen durch den Sturz vom Kutschbock in einen hypnoseähnlichen Zustand versetzt worden ist. Dieser Zustand habe zu einer „Trübung des Ichs" und somit dazu geführt, dass sich die angstvolle Vorstellung, schwer verletzt worden zu sein, „wie ein Parasit im Geiste der betreffenden Person festgesetzt" habe, um „daselbst, jeder

Beeinflussung entzogen, (zu) erstarken und endlich mächtig genug (zu) werden", um sich schließlich im Symptombild „objektiv ... zu verwirklichen" (Charcot 1886, 274, 289 f.).

Um die These zu untermauern, dass Lähmungserscheinungen in solchen suggestiv erzeugten, „pathogenen Vorstellungen" gründen können, die den einzelnen nicht bewusst sind, kündigt Charcot an, vor den Augen seiner Zuhörer „suggerierte Lähmungen" zu erzeugen, „die wir mit Fug und Recht als Typen für die psychischen Lähmungen annehmen dürfen" (Charcot 1886, 275). Um diese Ankündigung einzulösen, stellt Charcot drei Patientinnen vor, denen er – zum Teil unter zu Hilfenahme von Hypnose – suggeriert, an den Armen gelähmt zu sein. Tatsächlich zeigen die Patientinnen daraufhin Symptome der Lähmung, die Charcot durch weitere Suggestionen auch wieder zum Verschwinden bringt.

Charcot, so ist dem Text zu entnehmen, ist sichtlich zufrieden damit, dass er mit diesem Demonstrationen die These stützen kann, dass Lähmungserscheinungen durch Suggestion erzeugt und somit psychisch determiniert sein können. Es ist ihm aber auch wichtig, darauf hinzuweisen, dass es vor dem Hintergrund seiner Theorie nun möglich ist, an Hysterie erkrankte Patienten nicht nur unspezifisch, sondern auch spezifisch zu behandeln; denn wenn hysterische Symptombildungen in suggestiv erzeugbaren *und* auflösbaren Vorstellungen gründen, dann ist es angezeigt, auf deren pathogene Vorstellungen in spezifischer Weise mit entsprechenden Suggestionen „einzuwirken" (Charcot 1886, 292).

Aus Charcots Text geht hervor, dass er manche Patienten in Hypnose versetzt und ihnen suggeriert, dass ihr Körper funktionsfähig sei. Wenn sie sich nicht in Hypnose versetzen lassen, setzt er sie anderen suggestiven Beeinflussungen aus, indem er sie zum Beispiel mit aller Autorität zur Durchführung bestimmter gymnastischer Übungen drängt, um ihnen auf diese Weise zu zeigen, dass ihre Gliedmaßen nicht völlig gelähmt sind. In der 22. Vorlesung berichtet er denn auch davon, dass Porcen in dieser Weise behandelt wird und ...

> „... dass die eingeschlagene Behandlung, obwohl erst seit wenigen ... Tagen ausgeübt, uns bereits einige ermutigende Erfolge gebracht hat" (Charcot 1886, 294).

Dies belegt Charcot mit einer Graphik, die zeigt, dass Porcens Fähigkeit, durch Muskelkraft Druck auf ein Dynamometer auszuüben, während der Behandlung deutlich zugenommen hat (Charcot 1886, 300). Damit demonstriert Charcot nicht nur, dass aus seiner Theorie der Hysterie „praktische Folgerungen" von therapeutischer Relevanz gezogen werden können (Charcot 1886, 291): Indem Charcot zeigt, dass die spezifischen therapeutischen Maßnahmen, die seiner Theorie entsprechen, auch Heilungserfolge nach sich ziehen, unterstreicht er nochmals, dass es sinnvoll ist, *seiner* neuen Theorie zu folgen, die sich von anderen Theorien erheblich unterscheidet.

3.3 Charcots Falldarstellung als eine besondere Form der Fallstudie

Bevor ich meine Aufmerksamkeit wiederum Freud zuwende, möchte ich verdeutlichen, welche Bedeutung Charcot einem Fall wie jenem von Porcen beimisst und welche Funktion die Art und Weise hat, in der Charcot über solch einen Fall publiziert. Diesbezüglich möchte ich drei Punkte herausstreichen:

(1.) *Charcot behandelt den Fall wie ein wissenschaftliches Rätsel*, das es zu lösen gilt: Er sieht sich zunächst mit Vordergründigem konfrontiert – nämlich mit Symptomen, die besonders ins Auge stechen –, und möchte zu einem tieferen Verständnis kommen, indem er klären will, welche Krankheit in diesen Symptomen zum Ausdruck kommt und worin diese Krankheit (und somit auch die Symptome) gründen.
Um zu einer zufriedenstellenden Antwort zu kommen, sammelt er Informationen über den Familien- und Lebenshintergrund des Patienten und versucht zu klären, was sich ereignet hat, als die Symptome zum ersten Mal aufgetreten sind. Vor allem aber wendet er sich der genaueren Untersuchung des Patienten zu: Aufmerksam beachtet er, was sich im diagnostischen Prozess am Patienten zeigt, und versucht all die so gewonnenen Daten miteinander in Beziehung zu setzen. Dabei stellt er auch Vergleiche mit anderen Kranken an, nimmt auf zahlreiche etablierte Theorien Bezug – bis er eine Antwort auf die Frage findet: „Um was kann es sich also handeln?“ (Charcot 1886, 260)
In diesem Prozess des Rätsellösens *begreift sich Charcot als Forscher, der auch an der Weiterentwicklung von Theorie interessiert ist*: Wenn das, was am einzelnen Fall wahrgenommen wird, von den etablierten Theorien nicht erfasst werden kann oder diesen sogar widerspricht, dann ist solch ein Fall für Charcot Anstoß und mitunter sogar willkommene Gelegenheit dafür, überkommene Theoriebestände zu verändern – und beispielsweise die Annahme „pathogener Vorstellungen“ als Ursache hysterischer Symptombildungen neu einzuführen. Die Gesamtsymptomatik des Falles erhält dann eine grundlegend neue Bedeutung, weil auf der Basis der Annahme von psychischen Prozessen als Krankheitsursachen ein neues Verständnis vom „Wesen“ der Krankheit postuliert und neue diagnostische sowie therapeutische Perspektiven eröffnet werden.

(2.) Charcots Falldarstellung, in deren Zentrum Porcen steht, ist im Sinn von Fatke (1995b, 683) somit als *Fallstudie* anzusehen; denn die Reflexion und Präsentation des „Falles Porcen“ dient der Hervorbringung von wissenschaftlichen Erkenntnissen sowie der Verdeutlichung, dass diese wissenschaftlichen Erkenntnisse Neuigkeitswert haben und somit als eine Weiterentwicklung von bestehenden Theoriebeständen zu begreifen sind.
Entscheidend ist nun, dass Charcot mit Hilfe dieser Fallstudie nicht nur zu zeigen versucht, welche neuen Sicht- und Arbeitsweisen er entwickelt hat. Charcot versucht nämlich im Rahmen seiner Fallstudie überdies darzulegen, *weshalb man sich*

seinen Überlegungen anschließen soll. Dabei kommt Charcots Überzeugung zum Tragen, dass der Wert einer klinischen Theorie daran zu messen ist, ob und in welchem Ausmaß sie zu den „Daten" passt, die über einzelne Fälle in der diagnostischen sowie in der anschließenden therapeutischen Phase gesammelt werden können: Indem Charcot zu demonstrieren versucht, dass die Beobachtungen, die an Porcen gemacht werden können, nicht so recht mit althergebrachten Theorien, in beeindruckend hohem Ausmaß aber mit seinen neuen Theorien in Übereinklang zu bringen sind, bemüht er sich, seine Leser davon zu überzeugen, dass seiner Theorie der Hysterie zu folgen ist und dass seine Art, Patientinnen und Patienten zu untersuchen und zu behandeln, als geradezu vorbildhaft angesehen werden muss.

(3.) In diesem Zusammenhang ist es kein Zufall, wenn Charcot über einen Fall wie jenen von Porcen in einem Buch berichtet, das die Wiedergabe seiner Vorlesungen darstellt. Denn Charcot verdeutlicht damit – *erstens* –, dass er die entscheidenden Beobachtungen an Porcen vor einem Fachpublikum angestellt hat, das dieselben Phänomene wahrnahm wie Charcot selbst. Damit bringt Charcot seinen Lesern zugleich nahe, dass er sich zur Fundierung seiner neueren Überlegungen zwar auf keine neuropathologischen Laborbefunde, wohl aber auf beobachtbare Phänomene stützt, die *öffentlich* sichtbar werden, sobald man diagnostisch und therapeutisch so vorgeht, wie Charcot es demonstriert – auf Phänomene, von deren Existenz sich die Vorlesungsbesucher auch tatsächlich überzeugt haben.
Charcot veröffentlicht nun – *zweitens* – diese Vorlesung in Buchform. Er schildert in seinem publizierten Text detailliert, was in der Vorlesung unmittelbar sichtbar war, und nimmt in sein Buchmanuskript auch jene Formulierungen auf, mit denen er sich in der Vorlesung direkt an seine Hörer wendete: „Meine Herrn! ... Sie werden mir zustimmen ... Wie sie deutlich sehen ..." Damit gewinnt sein Text an Überzeugungskraft; denn er vermittelt den Lesern den Eindruck, sie würden nun in der Vorlesung sitzen, seine Demonstrationen live miterleben und mit Ihrer Anwesenheit geradezu bezeugen, dass Charcot Wahres von sich gibt.

Letzterem ist auch der Umstand zuträglich, dass Charcots Falldarstellung einen „Bericht mit erzählerischem Charakter" darstellt. Den Leserinnen und Lesern des Buches wird erzählend vorgeführt, wie Charcot beobachtet, untersucht, Schlüsse zieht, Thesen verwirft, andere Patienten erwähnt, neuerlich untersucht, weiterführende Theorieexkurse einschiebt, Daten in ein neues Licht rückt ..., bis er das Rätsel, das der Fall Porcen mit sich bringt, Schritt für Schritt gelöst hat. Auch jene Leser, die Meilen oder Jahrhunderte weit von Charcot entfernt sind, können sich dadurch wie jene Zuhörer fühlen, die 1885 von Charcot exemplarisch demonstriert bekamen, welches methodische Vorgehen der Meister wählt, um einem schwierigen diagnostischen (und in weiterer Folge therapeutischen) Problemen beizukommen. Dies verweist auf ein *drittes* Moment, das der Überzeugungskraft des Charcotschen Textes dienlich ist: Charcots Art der erzählenden Darstellung erlaubt es, sich auch in Charcot hineinzuversetzen und mitzuvollziehen, wie er Daten über Porcen sammelt, wie er ihn untersucht, wie er ihn dabei beobachtet, wie er überlegt, wie er zu Schlüssen kommt, diese wiederum relativiert usw. usf. Damit verführt er seine Leser geradewegs, sich mit Charcot zu identifizieren – und Charcot in der Entwicklung neuerer Theorien und damit verbundener Methoden zu folgen.

4. Freud präsentiert Einzelfälle und berichtet darüber: Der öffentlich *nicht* vorführbare Einzelfall als Rätsel, Anstoß und Beleg für Theorieentwicklung

Nun ist diversen wissenschaftsgeschichtlichen Studien zu entnehmen, dass Charcots Theorie nicht so homogen durchkomponiert war, wie es hier den Anschein hat. Überdies ist zu bedenken, dass viele Patientinnen und Patienten innerhalb der Klinik Charcots vielfachen suggestiven Beeinflussungen ausgesetzt waren und – teil bewusst, teils unbewusst – die Symptome präsentierten, die Charcots Vorstellungen entsprachen, ohne dass Charcot dies bemerkt hätte[5].

All dies ändert aber nichts an der Tatsache, dass Freud aus mehreren Gründen von Charcots Ausführungen außerordentlich angetan war. Ein Grund bestand darin, dass Freud die Annahme von nicht bewussten psychischen Inhalten und Prozessen als Ursache hysterischer Symptombildungen für überzeugend und wegweisend hielt. Überdies hatte Freud wissenschaftliche Ambitionen, sah aber keine Chance, eine bezahlte Stelle zu bekommen, die es ihm erlaubt hätte, seine neuropathologischen Studien an der Universität Wien fortzusetzen. Ein Aufgreifen der Art und Weise, in der Charcot sich mit hysterisch erkrankten Patienten beschäftigte, sollte es Freud aber ermöglichen, in privater Praxis therapeutisch *und* wissenschaftlich tätig zu werden: Freud konnte neurotischen Patienten die Möglichkeit einer Behandlung mit spezifischen therapeutischen Methoden anbieten; und er konnte auf der Basis der Erfahrungen, die er als Therapeut sammelte, Charcots Theorie weiterentwickeln und wissenschaftliches Neuland betreten.

Ohne auf Laboratorien oder andere Einrichtungen angewiesen zu sein, die für naturwissenschaftliche Studien nötig sind, machte sich Freud nach seiner Rückkehr aus Paris denn auch daran, in die wissenschaftlichen Debatten einzugreifen, die im deutschsprachigen Raum in Zusammenhang mit der Rezeption der französischen Hypnose- und Hysterieforschung entstanden waren (Mayer 2002, 131ff). Bald darauf begann er, mit neurotisch erkrankten Patienten therapeutisch zu arbeiten und die Erfahrungen, die er dabei sammelte, zum Gegenstand wissenschaftlicher Überlegungen zu machen. Dabei knüpfte er an die Annahme nicht bewusster psychischer Inhalte und Prozesse als Ursachen hysterischer Symptombildungen an – und begann diesbezüglich bald, die Ansätze, die Charcot und andere Mediziner

---

[5] Vgl. zu den beiden erwähnten Punkten die Studien von Ellenberger (1985, 154ff), Reicheneder (1990, 123ff), Didi-Huberman (1997), Mayer (2002, 19ff) und Stephenson (2003, 419ff).

entwickelt hatten, zu modifizieren und in eigenständige Theorieentwürfe überzuführen.

Liest man die Schriften, die Freud nach 1885 publizierte, in der Reihenfolge ihres Erscheinens, so kann man Schritt für Schritt mitverfolgen, von welchen Annahmen sich Freud trennte, welche Anregungen von Josef Breuer und Hippolyte Bernheim er aufnahm und in welcher Weise er das auszuarbeiten begann, was er bald „Psychoanalyse" nannte (Reicheneder 1990). Bekanntlich finden sich auch in diesen Schriften viele Falldarstellungen; doch ist der Umstand kaum untersucht, dass viele Freudsche Fallberichte in ihrer Art und Bedeutung Ähnlichkeiten mit den kasuistischen Berichten aufweisen, wie man sie etwa bei Charcot findet, während sich Freuds Berichte in anderer Hinsicht von solchen Falldarstellungen markant unterscheiden. Um dies zu verdeutlichen, werde ich mich nochmals auf die drei Gesichtspunkte beziehen, die ich in der Auseinandersetzung mit Charcots Fallbeispiel Porcen im vorhergehenden Kapitel herausgearbeitet habe.

4.1 Der Fall als Rätsel und der Rätsellöser als Forscher

Blickt man in die „Studien über Hysterie", die Freud 1895 gemeinsam mit Breuer publizierte, so stößt man auf vier Kapitel, in denen Freud von der psychotherapeutischen Arbeit mit Patientinnen berichtet. Das Interesse, das Freud diesen Patientinnen entgegenbringt, unterscheidet sich nun grundlegend von dem (Des-)Interesse, das aus Freuds Krankengeschichte „Margarethe P." spricht. Denn ähnlich wie Charcot begreift auch Freud die Erkrankung einer jeden Patientin in doppelter Hinsicht als Rätsel, das es zu lösen gilt: Freud versucht „herauszufinden", worin die Krankheitszustände und Krankheitszeichen gründen; und er bemüht sich zu eruieren, wie den Kranken unter Einsatz spezifischer therapeutischer Verfahren geholfen werden kann.

Im diesem Prozess des Rätsellösens interessiert sich Freud für die Lebensgeschichte, den biographischen Hintergrund und das erstmalige Auftreten der Symptome seiner Patienten; er versucht die psychischen Inhalte und Prozesse, die der Erkrankung zu Grunde liegen, zu erkunden sowie therapeutisch zu beeinflussen; und er trägt in seinen Reflexionen kontinuierlich den Erfahrungen Rechnung, die er dabei mit seinen Patientinnen macht. Ähnlich wie Charcot nimmt auch Freud das Nachdenken über diese Erfahrungen als Anstoß dafür, seine Art des Arbeitens und seine Theorie der Entstehung und Behandlung von neurotischen Erkrankungen kontinuierlich zu modifizieren – *und damit weit über Charcots Ansatz einer psychologischen Theorie der Entstehung und Behandlung von neurotischen Symptombildungen hinauszugehen.* Ich benenne diesbezüglich vier Beispiele:

> Der Falldarstellung „Emmy v. N." ist zu entnehmen, welche Therapieerfahrungen Freud zum Anlass nahm, um die Annahme unbewusster Vorstellungen und Wünsche, die miteinander im Widerstreit liegen, systematisch weiterzuentwickeln und in

ein Konzept des unbewussten Konflikts überzuführen, der innerpsychisch ausgetragen wird und die Ausbildung des manifesten Erlebens, Denkens und Verhaltens beeinflusst (Freud 1895d, 72ff).

In der selben Falldarstellung versucht Freud zu zeigen, dass die Behandlung der Patientin mittels Suggestion wegen ihrer inneren, miteinander im Widerstreit liegenden Wünsche und Vorstellungen nicht ausreichte, um die Wirkmächtigkeit vieler pathogener Vorstellungen entscheidend lindern zu können. Aus der Krankengeschichte geht hervor, dass sich Freud deshalb entschloss, in einer „psychische(n) Analyse" durch Befragen der Patientin der „Entstehungsgeschichte der einzelnen Symptome" nachzugehen – und dass Freud damit Erfolg hatte (Freud 1895d, 82).

In der Krankengeschichte der Elisabeth v. R., welche die jüngste der vier Krankengeschichten darstellt, ist nachzulesen, dass sich die Patientin nicht in Hypnose versetzen ließ und dass Freud sich erstmals veranlasst sah, die Patientin zum freien Assoziieren aufzufordern. Leser erfahren, dass es auf diese Weise gelang, die Erinnerung der Patientin auch im Wachzustand an die biographischen Wurzeln ihrer hysterischen Erkrankung zurückzuführen und zu entdecken, dass in den Symptomen der Patientin innerpsychische Konflikte in symbolhafter Form zum Ausdruck kamen (Freud 1895d, 108ff).

Im Schlusskapitel der „Studien über Hysterie" blickt Freud schließlich auf all die Erfahrungen zurück, die er in der Arbeit mit Patientinnen und Patienten gesammelt hat, und baut darauf ein komplexe Theorie des Psychischen auf, in deren Zentrum das Moment der unbewussten Abwehr steht. In Verbindung damit verdichtet er seine verschiedenen therapeutischen Bemühungen zu einem Konzept von Psychotherapie, das er persönlichkeits- und neurosentheoretisch fundiert und das nun – ganz im Gegensatz zu Charcot Bemühungen – auf freie Assoziation, auf das Wiedererinnern traumatischer Ereignisse, auf die Wiederbelebung von Affekten, auf die Bearbeitung von Widerständen sowie auf das gemeinsame Verstehen der (unbewussten) Bedeutung von hysterischen Symptombildungen abzielt (Freud 1895d, 204ff).

Letzteres deutet darauf hin, dass Freud in der Arbeit mit Patienten und Patientinnen – weit stärker als Charcot – die individuelle Bedeutung von Symptombildungen aufzuspüren versucht.
Dieser Absicht entsprechend begreift er den Therapieprozess – noch markanter als Charcot – als *Forschungsprozess* und die therapeutische Praxis als *Forschungspraxis*. In diesem Sinn spricht Freud Jahre später davon, dass „in der Psychoanalyse ... von Anfang an ein Junktim zwischen Heilen und Forschen (bestand), die Erkenntnis brachte den Erfolg, man konnte nicht behandeln, ohne etwas Neues zu erfahren, man gewann keine Aufklärung, ohne ihre wohltätige Wirkung zu erleben" (Freud 1927a, 347). Damit bringt Freud explizit die Vorstellung zum Ausdruck, dass seine Falldarstellungen, die von Therapieprozessen handeln, als nachlesbare Dokumentationen von Prozessen der fallbezogenen Erkenntnisgewinnung

zu begreifen sind, die in weiterer Folge nicht bloß für den einzelnen Fall Relevanz besitzen: Der Geltungsbereich der – aus der Auseinandersetzung mit dem einzelnen Fall gewonnenen – Erkenntnisse reicht über die Grenze des Einzelfalls hinaus.

4.2 Die Falldarstellung ist als Fallstudie publiziert: Sie steht im Dienst der Theorieentwicklung und verdeutlicht, weshalb neuen Überlegungen gefolgt werden soll

Freuds publizierten Falldarstellungen aus den „Studien über Hysterie", aber auch viele seiner später veröffentlichten Krankengeschichten stehen also im Dienst der Hervorbringung und Verdeutlichung von wissenschaftlichen Erkenntnissen mit Neuigkeitswert und sind daher – ähnlich wie Charcots Fallberichte – als *Fallstudien* anzusehen.

Mit Hilfe der Veröffentlichung seiner Fallstudien versucht Freud seine jeweils neuen Theorien darzustellen und ihre Entstehung nachvollziehbar zu machen, aber auch den *Geltungsanspruch* dieser Theorien zu stützen. Denn für Freud scheint die Geltung einer Theorie – ähnlich wie für Charcot – davon abzuhängen, in welchem Ausmaß die Theorien mit den „Daten" kompatibel sind, die in diagnostischen und therapeutischen Prozessen in den Blick geraten: Im Rahmen seiner Fallstudien versucht Freud ja zu zeigen, dass seine Theorien in nahezu unüberbietbarer Weise den Phänomenen entsprechen, die in den Blick geraten, wenn man so arbeitet, wie Freud es beschreibt.

Im Unterschied zu Charcot beschränkt sich Freud allerdings nicht darauf, an einer Theorie der Entstehung und Therapie der Hysterie zu arbeiten. Bereits im Schlusskapitel der „Studien über Hysterie" dehnt Freud seine Überlegungen auf verschiedene Neurosenformen aus und entwirft Grundzüge einer Allgemeinen Psychologie, in deren Zentrum die Annahe unbewusster psychischer Inhalte und Prozesse steht.

Es ist hinlänglich bekannt, dass Freud nach 1895 diese Arbeit an einer psychoanalytischen Theorie, die als Allgemeine Psychologie konzipiert ist, weiterverfolgt und sich Stück für Stück den verschiedensten Bereichen des menschlichen Lebens zuwendet, um diese aus psychoanalytischer Sicht zu durchdringen und zu erfassen. Denkt man in diesem Zusammenhang an Freuds Beschäftigung mit Träumen, mit Fehlleistungen, mit der psychosexuellen Entwicklung des Kindes, mit dem kindlichen Spiel oder mit dem Zustandekommen psychotischer Zustandsbilder, so fällt auf, dass Freud entsprechende Theoriestücke auch weiterhin in enger Verknüpfung mit der Präsentation von kasuistischem Material publiziert und dabei durchaus den Eindruck vermittelt, dass die Entwicklung von Theorie und das Ringen um ein zufriedenstellendes Verstehen von Fallmaterialien in einem unauflöslichem Wechselverhältnis zueinander stehen: In Freuds Traumdeutung (1900a) und in seiner „Psychopathologie des Alltagslebens" (1901b), in Freuds Studien über Kinderneurosen (1909b, 1918b) und in seiner Schrift „Jenseits des Lustprinzips" (1920g), in Freuds „Bemerkungen über einen autobiographisch beschriebenen Fall von Paranoia" (1911c) oder in seiner Studie über die Genese von Homosexualität (1920a) findet man durchwegs an prominenter Stelle die Wiedergabe und eingehende Diskussion von kasuistischen Materialien unterschiedlichen Umfangs. Und bezeichnenderweise stammen diese Materialien nur zum Teil aus therapeutischen Prozessen: Manche wurden aus Alltagsbeobachtungen gewonnen, zu anderen kam Freud durch persönliche Mitteilungen von Freunden und Kollegen, wiederum andere haben autobiographischen Charakter und stellen zum Teil den Niederschlag von Beobachtungen dar, die Freud auch an sich selbst macht.

4.3 Die Falldarstellung erzählt von Geschehnissen und Zuständen, die öffentlich *nicht* beobachtet und demonstriert werden können

In seinen Versuchen, Leser von der Geltung seiner Theorien zu überzeugen, brachte Charcot unmissverständlich zum Ausdruck, dass die Phänomene, auf die seine Theorien gestützt waren, an Patientinnen und Patienten öffentlich demonstriert werden konnten - Phänomene, die in diagnostischen und therapeutischen Prozessen in den Blick gerieten, miteingeschlossen. Für Freud ist es allerdings unmöglich, auf diese Weise für seine Theorie zu werben. Und dies hat nochmals Folgen für die Bedeutung von Falldarstellungen in Freuds Argumentationsgang. Vier Aspekte sind dafür von Bedeutung:

4.3.1 Der „private Ort" der psychoanalytischen Forschung

Wenn sich Freud auf psychotherapeutisches Fallmaterial bezieht, so entstammt dies therapeutischen Situationen, in denen im Regelfall nur zwei Personen anwesend sind: Freud und die Patientin (bzw. der Patient). Dies ist kein Zufall; denn die Weiterentwicklung der Ansätze Charcots sind bei Freud ja damit verbunden, dass sich Freud insbesondere für jene Erlebnisinhalte und Prozesse interessiert, die Patienten vor sich selbst zu verbergen versuchen. Diese Erlebnisinhalte und Prozesse können nur deshalb zum Gegenstand des therapeutischen Gesprächs gemacht werden, weil Freuds therapeutisches Setting den Ausschluss von Öffentlichkeit sicherstellt und damit das Zustandekommen eines besonderen Therapeut-Patient-Verhältnisses erlaubt. Mit anderen Worten: Das Hör- und Sichtbarwerden des „Materials", von dem Freuds Theorien in ihrem Kern handeln, ist geradezu daran gebunden, dass der äußere Rahmen der Psychotherapie und das Auftreten des Therapeuten eine bestimmte Form von psychotherapeutischer Intimität oder Privatheit ermöglicht, das mit der Präsenz Dritter unvereinbar ist (Lorenzer 1984; Mayer 2002, 248). In diesem Sinn spricht Freud (1916/17, 42) auch zu Studierenden, wenn er sie in seiner „Vorlesung zur Einführung in Psychoanalyse" darauf aufmerksam macht, dass sie in medizinischen Vorlesungen üblicher Weise all das, was den Gegenstand dieser Vorlesung abgibt, vorgeführt bekommen, während dieser Usance in Freuds Vorlesung nicht nachgekommen werden kann:

„Das Gespräch, in dem die psychoanalytische Behandlung besteht, verträgt keinen Zuhörer; es lässt sich nicht demonstrieren. Man kann natürlich auch einen Neurastheniker oder Hysteriker in einer psychiatrische Vorlesung den Lernenden vorstellen. Er erzählt dann von seinen Klagen und Symptomen, aber auch von nichts anderem. Die Mitteilungen, deren die Analyse bedarf, macht er nur unter der besonderen Gefühlsbindung an den Arzt; er würde verstummen, sobald er einen einzigen, ihm indifferenten Zeugen bemerkte. Denn diese Mitteilungen betreffen das Intimste seines Seelenlebens, alles was er als sozial selbstständige Person vor anderen verbergen muss, und im weiteren alles, was er als einheitliche Persönlichkeit sich selbst nicht eingestehen will. Sie können nur von ihr hören und werden die Psychoanalyse im strengsten Sinne des Wortes nur vom Hörensagen kennen lernen. Durch diese Unterweisung aus zweiter Hand kommen Sie in ganz ungewohnte Bedingungen für die Urteilsbildung. Es hängt offenbar das meiste davon ab, welchen Glauben Sie dem Gewährsmann schenken."

Im Wissen um diesen Sachverhalt ist Freud nun bemüht, dem „Glauben", den ihm Studierende ebenso wie Mitglieder der „scientific community" entgegenbringen sollen, aufzuhelfen. Dies kann nur dadurch gelingen, dass Freud die Erfahrungen, die er in (intimen) Situationen mit Patienten und Patientinnen sammelt, in Gestalt von Falldarstellungen öffentlich macht: Da Freud keinen einzigen Hörer hat, der aus der Position des Dritten heraus all das bezeugen kann, was sich in Freuds Therapiestunden ereignet, ist Freud noch stärker als Charcot darauf angewiesen, in nachvollziehbarer Weise die „empirische Basis" seiner Theoriebildungen in Gestalt von Fallstudien offenzulegen und seinen Lesern in Verbindung damit die Gelegenheit zu eröffnen, mitzuvollziehen, was Freud veranlasst, bestehende Theorien aufzugeben und neue zu entwickeln.

4.3.2 Das spontane Zustandekommen und die Einmaligkeit der Aktivitäten, denen das psychoanalytische Forschungsinteresse gilt

Dass Freud geradezu darauf angewiesen ist, Kasuistisches in Verbindung mit seinen Ausführungen zur Entwicklung seiner Theorien zu publizieren, hängt weiters mit dem Umstand zusammen, dass sich Freud seit den 90er Jahren des 19. Jahrhunderts kaum dafür interessiert, wie sich Menschen verhalten, wenn sie in Hypnose suggestiv beeinflusst werden oder wenn sie experimentellen Situationen ausgesetzt sind. Ebenso wenig bemüht er sich um die Untersuchung von menschlichen Verhaltensweisen, die unter bestimmten Laborbedingungen wieder und wieder repliziert werden können.

Denn Freud wendet sich vielmehr einzelnen menschlichen Aktivitäten – etwa Assoziationen, Symptomhandlungen, Träumen, Fehlleistungen oder spielerischen kindlichen Verhaltensweisen – zu, die in therapeutischen und nichttherapeutischen Situationen weitestgehend ohne gezielte Planung zustande kommen. Seine Aufmerksamkeit gilt diesen Aktivitäten und der Bedeutung, die diesen Aktivitäten in ihrer Einmaligkeit jeweils innewohnt. Freuds Intentionen würde es regelrecht zuwider laufen, wenn er – im Stile Charcots – versuchte, das, was den Gegenstand seiner psychoanalytischen Untersuchungen darstellt, gleichsam „auf Kommando" produzieren zu lassen und öffentlich vorzuführen. Auch deshalb entschließt sich Freud, seinen Lesern im Rahmen von kasuistischen Darstellungen möglichst anschaulich von der konkreten Analyse „singulärer Ereignisse" zu erzählen, um in Anknüpfung daran zu zeigen, zu welchen Einsichten er gelangte und in welcher Weise er das kasuistisch Erarbeitete nun in allgemein gehaltene Theorien überführt.

4.3.3 Der zentrale Gegenstand der psychoanalytischen Forschung ist „Innerlichkeit mit ihren Dunkelstellen"

Freuds Analysen und Theorien handeln von innerpsychischen Prozessen, die den Menschen so ohne weiters nicht zugänglich sind: Egal, ob es Freud um den Zusammenhang zwischen Latentem und Manifestem im Hier und Jetzt, um die Bedeutung vergangener Erfahrungen für das Erleben heute oder um Konsequenzen geht, die bestimmte Interventionen nach sich ziehen – Freud begnügt sich nicht mit der Erfassung des Vordergründigen. Er bemüht sich vielmehr um das Ausloten von jenen unbewussten Prozessen, in denen das Manifeste (zumindest über weite Strecken) gründet und die von einzelnen Menschen als so bedrohlich erlebt werden, dass diese versuchen, diese Prozesse vom Bereich des bewusst Wahrnehmbaren fernzuhalten. So gesehen hat Günther Bittner recht, wenn er davon schreibt, dass „menschliche Innerlichkeit" und deren „Dunkelstellen" den zentralen Gegenstandsbereich der Psychoanalyse abgeben (Bittner 1996, 253; 1998, 67).

Die psychischen Prozesse, an denen Freud letztlich interessiert ist, entziehen sich folglich – als *innerpsychische* Prozesse – nicht nur der unmittelbaren Beobachtung von außen: Als *unbewusste* Prozesse sind sie überdies jener „Klasse" von psychischen Inhalten und Aktivitäten zuzurechnen, zu denen Leserinnen und Leser auch auf dem Weg der Introspektion nur bedingt Zugang haben. Freuds Leser sind daher im Regelfall nicht in der Lage, sich durch einen „schnellen Blick nach Innen" davon zu überzeugen, ob sie bei sich Erlebnisinhalte und Prozesse vorfinden, die jenen ähnlich sind, von denen Freud schreibt – obgleich aus Freuds Sicht davon auszugehen ist, dass auch seine Leserinnen und Leser beständig mit bedrohlichen Erlebnisinhalten zu kämpfen haben, Abwehraktivitäten setzen und somit selbst unbewusst Einfluss nehmen auf ihr manifestes Erleben, Denken, Wahrnehmen und Handeln.

Diesem Umstand trägt Freud Rechnung, indem er den Einzelfallberichten im Rahmen seiner Fallstudien den Charakter des Novellenartigen verleiht: Er rückt in seinen längeren Fallgeschichten ebenso wie in seinen kurzen Fallvignetten einen Protagonisten ins Zentrum der Aufmerksamkeit, führt seine Leserinnen und Leser Schritt für Schritt an die Welt dieser seiner „Hauptfigur" heran und „verführt" sein lesendes Publikum dazu, sich in Freuds Hauptfigur hineinzuversetzen: Auf diese Weise weckt Freud in seinen Leserinnen und Lesern Vorstellungen und Stimmungen, die im Alltag so ohne weiters nicht verfügbar sind, nun aber lebendig werden und eine deutliche Nähe aufweisen zu jenen innerpsychischen Prozessen, die Freud in seinen Analysen zu erkunden versucht: Auf diese Weise kann in der inneren Welt seiner Leserinnen und Leser das lebendig werden und Kontur erhalten, was den Gegenstand der Freudschen Forschungsbemühungen darstellt und Freud immer wieder veranlasst, bestehende Theorien zu modifizieren und in neue Theorien überzuführen.

4.3.4 Die inneren Aktivitäten des Psychoanalytikers benötigen einen besonderen Ort der Veröffentlichung

In Freuds Fallstudien tritt freilich auch Freud selbst auf – in der Gestalt jener Person, die sich als Forscher anschickt, das Rätsel, das ihr mit dem Fall aufgegeben ist, zu lösen, und die sich daran macht, diesen Prozess des Rätsellösens ebenso darzustellen wie die Konsequenzen, die sich aus dem Lösen des Rätsels für die Weiterentwicklung von Theorien ergeben. Auf diese Weise stellt sich Freud – ähnlich wie Charcot – als Suchender dar; in seinen Fallstudien führt er – ähnlich wie Charcot – seinen Leserinnen und Lesern exemplarisch vor, wie es zu arbeiten gilt, wenn man Freuds Ansprüchen genügen und zugleich ähnlich erfolgreich sein möchte wie Freud selbst; und indem er Leserinnen und Lesern die Möglichkeit gibt, an seinen Such- und Denkbewegungen teilzunehmen, lädt er sie ein, an seinen Erfahrungen und Gedanken zu partizipieren sowie gegebene Probleme, Lösungen und Schlussfolgerungen aus seiner Perspektive zu sehen.

Während es für Charcot in diesem Zusammenhang möglich war, sein „fallbezogenes" Denken während des Arbeitens mit einem einzelnen Patienten oder einer einzelnen Patientin in allen Dimensionen, die für Charcot bedeutsam waren, öffentlich auszubreiten, steht Freud dies nun nicht offen. Dies hängt nicht nur mit dem oben erwähnten Faktum zusammen, dass es für Freud inzwischen unmöglich war, mit Patientinnen und Patienten öffentlich zu arbeiten, sondern auch damit, dass Freud Zugang zu *unbewussten* psychischen Prozessen finden möchte: In der analytischen Arbeit mit Patientinnen und Patienten hat er auf Abwehr und Widerstand Bedacht zu nehmen und deshalb zwischen (a) jenen Gedanken zu unterscheiden, die er etwa in Gestalt einer Deutung in der analytischen Situation ausspricht, und (b) jenen Gedanken, die ihn zu einer bestimmten Äußerung im analytischen Prozess führen oder die ihn zu weiterführenden Überlegungen in unmittelbarer Anknüpfung an spezifische Sequenzen des analytischen Prozesses veranlassen. Die novellenartig gehaltene Falldarstellung stellt für Freud nun jenes Medium dar, das es ihm erlaubt, seine Gedanken über seine eigene innere Welt *und* über die innere Welt von anderen in lebendiger Weise darzustellen, ohne unmittelbar darauf Rücksicht nehmen zu müssen, in welcher Weise diese seine Gedanken laufende analytische Prozesse tangieren oder gar behindern. Auch deshalb kann Freud kaum darauf verzichten, sich im Prozess des Darstellens seiner Überlegungen und im Prozess des Begründens von Theorieveränderungen auf das Medium der Falldarstellung zu stützen.

5. Fallstudien in der Psychoanalytischen Pädagogik – ein exemplarischer Blick auf Aichhorn

Ein jüngst erschienener Artikel von Eva Presslich-Titscher (2003) veranlasst mich zu dem naheliegenden Hinweis, dass Freud mit der Veröffentlichung solcher novellenartiger Falldarstellungen ein „Format“ schuf, das es späteren Analytikergenerationen auch erleichterte, Gegenübertragungsreaktionen an einem Ort außerhalb der psychoanalytischen Situation darzustellen und zum Gegenstand fachwissenschaftlicher Diskussionen zu erheben, ohne sie in Hinblick darauf zensurieren zu müssen, was die Äußerung ihrer Gegenübertragungsreaktionen für Patienten bedeuten könnte. Dieser Aspekt steht allerdings nicht im Zentrum der weiteren Überlegungen, die es hier anzustellen gilt. Denn – gemäß meiner Ankündigung in der Einleitung dieses Artikels – möchte ich nun behaupten, dass Freuds Art der Abfassung und Veröffentlichung von Fallstudien für die sich ausbildende Tradition des „Denkens und Schreibens über Fälle“ innerhalb der Psychoanalyse insgesamt vorbildhaft wurde und sich auch in der Psychoanalytischen Pädagogik wiederfinden lässt. Ja mehr noch: Ich möchte behaupten, dass Falldarstellungen als Fallstudien im Prozess der Theorieentwicklung und Theoriebegründung der Psychoanalytischen Pädagogik eine Funktion haben, die der Funktion jener Fallstudien ähnlich ist, die sich in Freuds Veröffentlichungen finden.

Diese Behauptung kann ich an dieser Stelle nur dadurch stützen, dass ich mich in exemplifizierender Absicht einem Beispiel aus der psychoanalytisch-pädagogischen Literatur zuwende und daran verdeutliche, dass dieses Beispiel im Gang der Darstellung des Autors jene Funktion erfüllt, die ich im vorhergehenden Kapitel, in dem es um Fallstudien in Freuds Veröffentlichungen ging, umrissen habe. Wie angekündigt handelt es sich dabei um das Fallbeispiel „Ferdinand“, das ich eingangs bereits erwähnte. Es entstammt dem zweiten Kapitel von August Aichhorn Buch „Verwahrloste Jugend“, das den Titel trägt: „Eine Symptomanalyse“.

5.1 Aichhorn stellt den Fall „Ferdinand“ als Rätsel und sich selbst als Löser des Rätsels dar

Wendet man sich dem Fallbericht zu, so wird schnell deutlich, dass Aichhorns Bericht eine bestimmte Dramaturgie innewohnt:

> Aichhorn (1925, 17) berichtet zunächst von Frau S., die mit ihrem 13jährigen Sohn Ferdinand eine Erziehungsberatungsstelle aufsucht. Sie klagt über die „Schlechtigkeit“ ihres Sohnes und „will ihn durchaus in eine Besserungsanstalt bringen“.

Diese Eröffnung der Falldarstellung vermittelt den Leserinnen und Lesern umgehend, dass sich Frau S. ebenso wie ihr Sohn in arger Not befinden: Frau S. ist voll der Klage und offensichtlich äußerst ratlos, sodass sie in Betracht zieht, eine

Fremdunterbringung ihres Sohnes zu veranlassen. Dies erzählt sie dem Erziehungsberater Aichhorn – und dieser gibt dieses Entree der Mutter so weiter, dass in den Leserinnen und Lesern sogleich der Eindruck entsteht: Vom Verlauf der Beratung könnte es abhängen, wie über das weitere Schicksal der 13jährigen Ferdinand entschieden wird.

Im Anschluss daran fasst Aichhorn (1925, 17) zusammen, was ihm die Frau S. in Abwesenheit des Sohnes erzählt:

> Ferdinand sei am letzten Mittwoch von zu Hause weggelaufen. Dabei habe er 13.000 Kronen entwendet und ausgegeben, eher er seiner Mutter dann zwei Tage später, frisch gewaschen und sauber gekleidet, zugleich aber trotzig und verstockt zu Hause entgegengetreten sei, ohne irgendwelchen Fragen zugänglich zu sein.

Aichhorn schildert einige Details aus dem Gespräch mit der Mutter, in dem er Fragen stellt, die jedem x-beliebigen Berater an Aichhorns Stelle auch hätten einfallen können. Er erfährt so einiges über die Familienverhältnisse der Familie S. sowie über Ferdinand, der bislang ein unauffälliges Leben geführt hat – und den Leserinnen und Lesern wird klar, dass diese Informationen zu keinen Einsichten führen, die auch nur irgendwie verstehen lassen könnten, weshalb Ferdinand am Mittwoch von zu Hause ausgerissen sei und Geld mitgenommen habe. An dieser Stelle hält Aichhorn (1925, 18) fest:

> „Als von der Mutter nichts mehr zur Aufhellung der dissozialen Äußerungen Ferdinands Erforderliches zu erfragen war, versuchte ich durch eine abgesonderte Befragung des Jungen weitere Einzelheiten über seine Handlungsweise aufzudecken. Die Mutter wurde gebeten, das Ergebnis abzuwarten, um ihr die erforderlichen Maßnahmen bekannt geben zu können."

Spätestens an dieser Stelle des Berichts wird klar, dass Aichhorn zuversichtlich ist, „Licht ins Dunkel" bringen und das Rätsel um das dissoziale Verhalten des Burschen lösen zu können. Denn sonst wäre es ihm gar nicht möglich, der Mutter (und auch den Leserinnen und Lesern) gegenüber anzukündigen, nach dem Gespräch mit dem Jugendlichen ein „Ergebnis" bekannt geben zu können, das zugleich einen ersten Entscheid über weitere „Maßnahmen" erlaubt.

Tatsächlich entspricht auch der weitere Verlauf der Falldarstellung dem Diktum Göppels (1989, 65), wonach in Aichhorns Buch die einzelnen „Fallgeschichten ... wie komplizierte psychologische Rätsel und ihre Auflösung" dargestellt werden (Göppel 1989,65). Dabei gliedert Aichhorn den Prozess des „Lösens des Rätsels Ferdinand" in drei Etappen:

(1.) Aichhorn (1925, 18ff) schildert sein Gespräch mit Ferdinand zum Teil zusammenfassend, zum Teil in Gestalt eines Dialogprotokolls. Er erfährt vom Jugendlichen, dass er am Mittwoch, als er sich alleine in der Wohnung befand, den Impuls verspürte, Geld zu nehmen und mit der Bahn nach Tulln zu fahren, um dort von

den Kirschbäumen, die sein Vater vor kurzem gekauft hatte, Kirschen zu pflücken und seiner Mutter zu bringen. In Tulln musste er feststellen, dass die Kirschen noch nicht reif waren. Als er die unreifen Kirschen sah, bekam er „Angst vor zu Hause". Er verbrachte zwei Nächte unentdeckt in der Scheune eines Bauern und beschloss dann, von Hunger getrieben, wiederum nach Hause zu fahren. Zu Hause wusch er sich, zog frische Kleider an und ging seiner Mutter entgegen, die um diese Zeit von der Arbeit kam: „Sie machte ihm nicht viele Vorwürfe, schlug ihn auch nicht, sagte ihm aber, weil er ein so schlechter Kerl sei, müsse er in eine Besserungsanstalt" (Aichhorn 1925, 23).
Als die Mutter anschließend erfährt, wie Ferdinand sein Davonlaufen und Ausbleiben erklärt, wird sie Ferdinand gegenüber versöhnlich. Ihr Ansinnen, Ferdinand in einer Besserungsanstalt unterzubringen, ist wie weggeblasen – doch bleibt bei ihr eine Frage zurück: „Sie konnte sich ... nicht erklären", warum ihr Ferdinand nicht selbst erzählt hat, was ihn nach Tulln geführt und zum Entwenden des Geldes veranlasst hatte.

(2.) Die Tatsache, dass Aichhorn den kurzen Bericht über das Gespräch mit Frau S. just mit dieser offen gebliebenen Frage beendet, deutet an, dass auch Aichhorn den „Fall Ferdinand" noch nicht für zufriedenstellend gelöst hält. Aichhorn findet im Bericht des Burschen zahlreiche Ungereimtheiten und kann vor allem nicht verstehen, was in Ferdinand überhaupt den Wunsch aufkommen hat lassen, nach Tulln zu fahren: Ferdinand, so war dem Bericht des Jugendlichen zu entnehmen, hatte vor seinem Weglaufen von zu Hause gravierenden Ärger mit seiner Mutter gehabt und deshalb wenig Anlass, für sie Kirschen zu holen, um ihr Freude zu bereiten.
In der deklarierten Absicht, Fragen dieser Art aufzuklären, wendet sich Aichhorn nochmals den Erzählungen des Burschen zu. Er spart psychoanalytische Überlegungen zunächst dezidiert aus – und demonstriert damit seinen Leserinnen und Lesern über mehrere Seiten hinweg, dass alle Versuche des nachvollziehenden Verstehens zunächst in Sackgassen münden. Und er fügt hinzu: „Es scheint, dass wir ohne Psychoanalyse nicht auslangen" (Aichhorn 1925, 27).

(3.) Im letzten Teil seiner Ausführungen zeigt Aichhorn, dass viele offene Fragen beantwortet werden können, wenn man sich Ferdinands Darstellung nochmals vor Augen führt und aus psychoanalytischer Perspektive betrachtet. Unter expliziter Bezugnahme auf psychoanalytische Konzepte wie jenes des dynamischen Unbewussten und des innerpsychischen Konflikts arbeitet er Anzeichen dafür heraus, dass Ferdinand von heftigen unbewussten aggressiven Gefühlen seiner Mutter gegenüber und dem gegenläufigen Verlangen geplagt war, zur Mutter freundlich zu sein. In seinen „Symptomhandlungen" kam beides zum Ausdruck: Ferdinands „moralisch einwandfreies" Verlangen, zur Mutter freundlich zu sein, zeigte sich in seinem Gedanken, nach Tulln fahren zu wollen, um ihr Kirschen zu bringen; und seine aggressiven Tendenzen führten zum Entwenden von Geld sowie im tagelangen Fortbleiben; denn Ferdinand hatte zuvor erfahren, dass der Vater am letzten Sonntag später von Tulln nach Hause gekommen war, als er mit Frau S. ausgemacht hatte, und dass die Mutter darüber aufgebracht war. Die Identifizierung mit dem Vater ermöglichte es Ferdinand, „den Vater nachzuahmen, es so zu machen wie dieser und der Mutter um seine Person die gleiche Sorge und Aufregung zu bereiten, die sie am vergangenen Sonntag um den Vater empfand, als dieser nicht rechtzeitig heimkehrte“ (Aichhorn 1925, 33).

5.2 Die Falldarstellung „Ferdinand“ ist als Fallstudie publiziert

Aichhorns verbindet mit der Veröffentlichung des „Falls Ferdinand“ nicht primär die Absicht, sein Geschick als Erziehungsberater darzustellen; und der veröffentlichte Fallbericht stellt auch keine Illustration dessen dar, was bereits andernorts veröffentlicht wurde. Denn Aichhorn publiziert seine Auseinandersetzung mit „Ferdinand“ und anderen „Fällen“, um auf der Basis seiner „eigenen Erfahrung“ zu zeigen, „wie man mit Hilfe psychoanalytischer Kenntnisse Verwahrlosungserscheinungen auf ihre Ursachen zurückzuführen und zu beheben versucht“ (Aichhorn 1925, 9). Er macht mit seinem Verweis auf die „eigene Erfahrung“ als Bezugspunkt seiner Überlegungen klar, dass die „Arbeit am Fall“ sowie deren Dokumentation und Reflexion den Zugang zu neuen Erkenntnissen über Dissozialität sowie über die pädagogische Arbeit mit dissozialen Jugendlichen eröffnet. In diesem Sinn präsentiert er seine Falldarstellungen somit als Fallstudien; zumal er im Laufe des Buches in Anknüpfung an seine kasuistischen Ausführungen immer wieder allgemein gehaltene Überlegungen entfaltet.

Überdies lässt Aichhorns Aufbereitung von Fallmaterialien nicht nur erkennen, weshalb es aus Aichhorns Sicht angemessen ist, (neue) psychoanalytische Überlegungen über dissoziale Jugendliche sowie über die pädagogische Arbeit mit ihnen zu entwickeln. Indem er „am kasuistischen Material“ zeigt, welche Möglichkeiten des Verstehens seine Theorien eröffnen und zu welchen Erfolgen seine Art des Arbeitens führt, versucht er auch zu verdeutlichen, weshalb seinen Theorien gefolgt werden soll.

5.3 Die Falldarstellung ist novellenartig gehalten und erzählt von Geschehnissen und Zuständen, die öffentlich *nicht* beobachtet und demonstriert werden können

Ähnlich wie für Freud ist es auch für Aichhorn nicht möglich, die Phänomene, auf die sich seine Überlegungen stützen und von denen seine Theorie handelt, in Demonstrationen öffentlich darzustellen, wie es bei Charcot gang und gäbe war:

> Aichhorn benützt daher ähnlich wie Freud die Form der novellenartig gehaltenen Falldarstellung, um Leserinnen und Lesern den Eindruck zu vermitteln, jene Situationen nahezu live mitzuerleben, die den Ansatzpunkt und Ausgangspunkt von Aichhorns Überlegungen darstellen.

Im Rahmen dieser novellenartig gehaltenen Falldarstellung kann Aichhorn zeigen, in welcher Weise er sein „psychoanalytisches Interesse" vornehmlich auf jene Handlungen und Äußerungen Ferdinands richtet, die Ferdinand ohne willentliche Planung „wie zufällig" setzt. Und Aichhorn kann seine Leserinnen und Leser in Verbindung damit Schritt für Schritt an seine Gedanken über die „innere Welt" Ferdinands heranführen.

Die Form der novellenartig gehaltenen Falldarstellung eröffnet Aichhorn weiters die Möglichkeit, bei Leserinnen und Lesern Neugierde und Spannung zu wecken und in ihnen Gefühle und Gedanken wach werden zu lassen, die es ihnen erlauben, auch Aichhorns Ausführungen über die unbewussten und somit „dunklen" Bereiche von Ferdinands innerer Welt zu folgen.

Und schließlich erlaubt es die Form der novellenartig geschriebenen Falldarstellung, Leserinnen und Lesern in eine Position zu bringen, von der aus sie Aichhorns Handeln, vor allem aber Aichhorns fallbezogenen Gedanken sowie seine daran anschließenden Verallgemeinerungen aus der Perspektive Aichhorns nach- und mitvollziehen können.

6. Ausblick

Vor dem Hintergrund aktueller Diskussionen zur Relevanz psychoanalytischer Falldarstellungen darf nicht übersehen werden, dass meine Ausführungen in Hinblick auf eine umfassendere Theorie der psychoanalytisch-pädagogischen Falldarstellung in vielgestaltiger Weise auszuweiten und zu differenzieren wären. Einige Punkte, die es im Zuge der Ausarbeitung einer solchen Theorie eingehend zu behandeln gelte, möchte ich abschließend benennen:

(1.) Ausführungen zur psychoanalytischen Fallgeschichte, die man in diesem Band etwa in den Artikeln von Günther Bittner oder Vera King nachlesen kann, machen darauf aufmerksam, dass Falldarstellungen bisweilen als Fallstudien präsentiert werden, sich bei genauerem Hinsehen aber oft nur als Fallbeispiele erweisen: Als solche dienen sie nicht der Weiterentwicklung oder Neuentwicklung von Theorie, sondern der exemplarischen Verdeutlichung von bereits Erforschtem und Publiziertem. Nach welchen Kriterien entschieden werden kann, in welcher Hinsicht eine Falldarstellung dem erfolgreichen „Ringen um Erkenntnis" oder aber der Wiedergabe von weitgehend Bekanntem (oder gar der Fixierung von Konvention) dient, ist zu diskutieren (Lehmkuhl/Lehmkuhl 2003, 135).

(2.) Vieles deutet darauf hin, dass Fallstudien unterschiedliche Formen von Theorieveränderung nach sich ziehen können: Manche Fallstudien dienen der Weiterentwicklung von Theorien ohne Infragestellung basaler (bzw. paradigmatischer)

Grundannahmen dieser Theorien, während andere Fallstudien die Infragestellung oder gar Neuentwicklung solcher paradigmatischer Grundannahmen nach sich ziehen (Datler 1995b). Wie diese Unterscheidung präzise gefasst werden kann, bedarf einiger Klärung (vgl. dazu Stephenson 2003).

(3.) Weiters ist zu bedenken, dass Falldarstellung die Gefahr in sich bergen, der „Selbstidealisierung" von Autorinnen und Autoren allzu viel Raum zu geben (Leuzinger-Bohleber 1995, 456). Dies wirft die Frage auf, welchen Kriterien Falldarstellungen auch im Kontext von Psychoanalytischer Pädagogik genügen müssten, damit Schlüsse, die auf der Basis dieser Falldarstellungen gezogen werden, kritisch nachvollzogen und zugleich diskutiert werden können (vgl. Körner 2003). In Verbindung damit wäre auch zu überlegen, ob manche Methoden der psychoanalytisch orientierten, empirischen Psychotherapieforschung, die in den letzten Jahrzehnten entwickelt wurden, genutzt werden könnten, um auch in nicht-therapeutischen Feldern der Psychoanalytischen Pädagogik differenziertere Untersuchungen über den Zusammenhang zwischen verschiedenen Interventionsformen, Arbeitsprozessen und Strukturveränderungen anzustellen (vgl. Fischer 1989; Leuzinger-Bohleber u.a. 2001).

(4.) Kritisch zu hinterfragen wäre die Usance, die Funktion von Fallbeispielen in abwertender Manier auf das Moment der Illustration von bereits Bekanntem zu reduzieren: Wenn in Fallbeispielen psychoanalytisch-pädagogisches Verstehen zum Tragen kommt, dann reichern Fallbeispiele das öffentlich verfügbare Wissen darüber an, wie einzelne Autorinnen und Autoren aus psychoanalytischer Sicht über bestimmte Personen und Beziehungen nachdenken, und tragen auf diese Weise zu einer „kasuistisch gestützten Anreicherung" der Verstehenskompetenz auf Seiten der Leserinnen und Leser bei (Datler/Steinhardt 1999; Presslich-Titscher 2003, 121).

Schließlich wäre zu untersuchen, weshalb sich unter den psychoanalytisch-pädagogischen Falldarstellungen, die in jüngerer Zeit veröffentlicht werden, wenige Falldarstellungen größeren Umfangs befinden[6]. Scheuen sich Autorinnen und Autoren davor, weil umfangreichere Falldarstellungen mehr Ansatzpunkte für Kritik liefern? Sind längere Falldarstellungen aus der Mode gekommen, weil Leserinnen und Lesern kaum mehr zugemutet werden kann, sich für das Studium von publiziertem Fallmaterial ausreichend Zeit zu nehmen? Widersprechen ausführlicher gehaltene Falldarstellungen somit dem Zeitgeist? Vielleicht. Möglicher Weise wird innerhalb der Psychoanalytischen Pädagogik aber auch unterschätzt, welche Bedeutung und Potenz längeren Falldarstellungen zukommen kann, sodass bei Autorinnen und Autoren auch aus diesem Grund schnell der Eindruck entstehen

[6] Ich denke dabei an Falldarstellungen, die sich über dreißig Buchseiten und mehr erstrecken. Die gar siebzigseitige Falldarstellung, die sich bei Heinrich (1994) findet, stellt einen besonders seltenen Ausnahmefall dar.

kann, es wäre unangemessen, Fallgeschichten zu veröffentlichen, die „wie Novellen zu lesen sind" (Freud 1885, 131).

Literatur

Aichhorn, A. (1925): Verwahrloste Jugend. Die Psychoanalyse in der Fürsorgeerziehung. Verlag Hans Huber: Stuttgart, 1977

Aichhorn, A. u.a. (Hrsg.) (1937): Zeitschrift für psychoanalytische Pädagogik, 11. Jahrgang. Neudruck „Journalfranz" Arnulf Liebing: Würzburg, 1970

Bernfeld, S. (1925): Sisyphos oder Die Grenzen der Erziehung. Suhrkamp: Frankfurt/M., 1967

Bettelheim, B. (1950): Liebe allein genügt nicht. Die Erziehung emotional gestörter Kinder. Klett-Cotta: Stuttgart, 1983

Bittner, G. (1967): Psychoanalyse und soziale Erziehung. Juventa: München

Bittner, G. (1996): Kinder in die Welt, die Welt in die Kinder setzen. Eine Einführung in die pädagogische Aufgabe. Kohlhammer: Stuttgart

Bittner, G. (1998): Metaphern des Unbewussten. Eine kritische Einführung in die Psychoanalyse. Kohlhammer: Stuttgart

Breuer, J., Freud, S. (1895): Studien über Hysterie. Fischer: Frankfurt/M., 1970

Datler, M. (2003): Über die Bedeutung des Erlebens von Lehrern in schulischen Situationen in der Geschichte der Psychoanalytischen Pädagogik. In: Fröhlich, V., Göppel, R. (Hrsg.): Was macht die Schule mit den Kindern? Was machen die Kinder mit der Schule? – Psychoanalytisch-pädagogische Blicke auf die Institution Schule. Psychosozial: Gießen, 120-131

Datler, W. (1995a): Bilden und Heilen. Auf dem Weg zu einer Theorie psychoanalytischer Praxis. Zugleich ein Beitrag zur Diskussion um das Verhältnis zwischen Psychotherapie und Pädagogik. Grünewald: Mainz

Datler, W. (1995b): Musterbeispiel, exemplarische Problemlösung und Kasuistik. Eine Anmerkung zur Bedeutung der Falldarstellung im Forschungsprozess. In: Zeitschrift für Pädagogik 41, 719-728

Datler, W., Figdor, H., Gstach, J. (Hrsg.) (1999): Die Wiederentdeckung der Freude am Kind. Oder: Psychoanalytisch-pädagogische Erziehungsberatung heute. Psychosozial: Gießen

Datler, W., Gstach, J., Wittenberg, L. (2001): Individualpsychologische Erziehungsberatung und Schulpädagogik im Roten Wien der Zwischenkriegszeit. In: Zwiauer, Ch., Eichelberger, H. (Hrsg.): Das Kind ist entdeckt. Erziehungsexperimente im Wien der Zwischenkriegszeit. Picus Verlag: Wien, 227-269

Datler, W., Steinhardt, K. (1999): Schulische Integration und Interaktionsforschung: Ein Plädoyer für differenzierte Einzelfalldarstellungen und Einzelfallanalysen. In: Vierteljahresschrift für Heilpädagogik und ihre Nachbargebiete 68, 365- 376

Didi-Huberman, G. (1997): Erfindung der Hysterie. Die photographische Klinik von Jean-Marie Charcot. Wilhelm Fink: München

Ellenberger, H. (1985): Die Entdeckung des Unbewussten. Diogenes: München

Ertle, Ch., Möckel, A. (Hrsg.) (1980): Fälle und Unfälle der Erziehung. Klett-Cotta: Stuttgart

Fatke, R. (1995a): Fallstudien in der Pädagogik. Einführung in den Themenschwerpunkt „Pädagogisches Fallverstehen". In: Zeitschrift für Pädagogik 41, 675-680

Fatke, R. (1995b): Das Allgemeine und das Besondere in pädagogischen Fallgeschichten. In: Zeitschrift für Pädagogik 41, 681-696

Figdor, H. (1991): Kinder aus geschiedenen Ehen: Zwischen Trauma und Hoffnung. Grünewald: Mainz

Finger-Trescher, U., Trescher, H.-G. (Hrsg.) (1992): Aggression und Wachstum. Grünewald: Mainz

Fischer, G. (1989): Dialektik der Veränderung in Psychoanalyse und Psychotherapie. Modell, Theorie und systematische Fallstudie. Heidelberg: Asanger

Freud, A. (1930): Vier Vorträge über Psychoanalyse für Lehrer und Eltern. In: Die Schriften der Anna Freud, Bd. 1. Kindler: München, 1990, 79-138

Freud, S. (1886): Bericht über meine mit Universitäts-Jubiläums-Stipendium unternommene Studienreise nach Paris und Berlin (Oktober 1885 - Ende März 1886). In: Sigmund Freud: Gesammelte Werke. Nachtragsband. Fischer: Frankfurt/M., 1987, 31 - 44

Freud, S. (1895a): Beiträge aus: Breuer, J., Freud, S. (1895): Studien über Hysterie. Fischer: Frankfurt/M., 1970, 40 - 148, 204 – 246

Freud, S. (1900a): Die Traumdeutung. Sigmund Freud Studienausgabe, Bd. II. Fischer: Frankfurt/M., 1982

Freud, S. (1909b): Analyse der Phobie eines fünfjährigen Knaben. In: Sigmund Freud Studienausgabe, Bd. VIII: Zwei Kinderneurosen. Fischer: Frankfurt/M., 1982, 9-122

Freud, S. (1911c): Psychoanalytische Bemerkungen über einen autobiographisch beschriebenen Fall von Paranoia. In: Sigmund Freud Studienausgabe, Bd. VII: Zwang, Paranoia und Perversion. Fischer: Frankfurt/M., 1982, 133-200

Freud, S. (1916/17): Vorlesungen zur Einführung in die Psychoanalyse. In: Sigmund Freud Studienausgabe, Bd. I. Fischer: Frankfurt/M., 1969, 33-445

Freud, S. (1918b): Aus der Geschichte einer infantilen Neurose. In: Sigmund Freud Studienausgabe, Bd. VIII: Zwei Kinderneurosen. Fischer: Frankfurt/M., 1982, 125-232

Freud, S. (1920a): Über die Psychogenese eines Falles von weiblicher Homosexualität. In: Sigmund Freud Studienausgabe, Bd. VII: Zwang, Paranoia und Perversion. Fischer: Frankfurt/M., 1982, 255-281

Freud, S. (1920g): Jenseits des Lustprinzips. In: Sigmund Freud Studienausgabe, Bd. III: Psychologie des Unbewussten. Fischer: Frankfurt/M., 1975, 213-272

Freud, S. (1925d): Selbstdarstellung. In: „Selbstdarstellung". Schriften zur Geschichte der Psychoanalyse. Herausgegeben und eingeleitet von Ilse Grubrich-Simitis. Fischer: Frankfurt/M., 37-96

Freud, S. (1927a): Nachwort zur „Frage der Laienanalyse". In: Sigmund Freud Studienausgabe: Ergänzungsband. Fischer: Frankfurt/M., 1975, 342-349

Göppel, R. (1989): Die Rezeption der Psychoanalyse in der heilpädagogischen Bewegung der Weimarer Republik. In: Trescher, H.-G., Büttner, Ch. (Hrsg.): Jahrbuch für Psychoanalytische Pädagogik 1. Grünewald Verlag: Mainz, 56-73

Heinrich, E.-M. (1994): Verstehen und Intervenieren. Asanger: Heidelberg

Hirschmüller, A. (1991): Freuds Begegnung mit der Psychiatrie. Von der Hirnmythologie zur Neurosenlehre. edition diskord: Tübingen

Kimmerle, G. (Hrsg.) (1998): Zur Theorie der psychoanalytischen Fallgeschichte. edition diskord: Tübingen

Körner, J. (1995): Das Psychoanalytische einer psychoanalytisch-pädagogischen Fallgeschichte. In: Zeitschrift für Pädagogik 41, 709-718

Körner, J. (2003): Die argumentationszugängliche Kasuistik. In: Forum der Psychoanalyse 19, 28-35

Lehmkuhl, G., Lehmkuhl, U. (2003): „Es ist etwas Gleichartiges an allen Erzählungen, aber ich weiß noch nicht, was es ist" – Zur Bedeutung von Fallgeschichten. In: In: Zeitschrift für Individualpsychologie 28, 128-137

Leuzinger-Bohleber, M. (1995): Die Einzelfallstudie als psychoanalytisches Forschungsinstrument. In: Psyche 49, 434-480

Leuzinger-Bohleber, M., Stuhr, U., Rüger, B., Beutel, M.E. (2001): Langzeitwirkungen von Psychoanalysen und Psychotherapien: Eine mulitiperspektivische, repräsentative Katamnesestudie. In: Psyche 55, 193-276

Lorenzer, A. (1984): Intimität und soziales Leid. Archäologie der Psychoanalyse. Fischer: Frankfurt/M.

Mayer, A. (2002): Mikroskopie der Psyche. Die Anfänge der Psychoanalyse im Hypnose-Labor. Wallstein: Wien

Meng, H., Schneider, E. (Hrsg.) (1926/27): Zeitschrift für psychoanalytische Pädagogik, 1. Jahrgang. Neudruck „Journalfranz" Arnulf Liebing: Würzburg, 1970

Müller, B. (1995): Das Allgemeine und das Besondere beim sozialpädagogischen und psychoanalytischen Fallverstehen. In: Zeitschrift für Pädagogik 41, 697-708

Presslich-Titscher, E. (2003): Der therapeutische Prozess als Ausgangspunkt: Schreiben über Patienten. In: Zeitschrift für Individualpsychologie 28, 118-127

Redl, F., Wineman, D. (1951): Kinder, die hassen. Herausgegeben und mit einem Nachwort versehen von Reinhard Fatke. Piper: München, 1984

Stephenson, Th. (2003): Paradigma und Pädagogik. Wissenschaftsanalytische Untersuchungen im Spannungsfeld zwischen Pädagogik, Therapie und Wissenschaft. Empirie Verlag: Wien

Trescher, H.-G. (1985): Theorie und Praxis der Psychoanalytischen Pädagogik. Grünewald: Mainz, 1993 (3. Aufl.)

Trescher, H.-G., Büttner, Ch. (Hrsg.) (1989): Jahrbuch für Psychoanalytische Pädagogik 1. Grünewald: Mainz

Stuhr, U., Deneke, F.W. (Hrsg.) (1993): Die Fallgeschichte. Beiträge zu ihrer Bedeutung als Forschungsinstrument. Asanger: Heidelberg

Winnicott, D.W. (1965): Reifungsprozesse und fördernde Umwelt. Kindler: München, 1974

Zulliger, H. (1952): Heilende Kräfte im kindlichen Spiel. Klett: Stuttgart, 1967

Was kann man „aus Geschichten lernen“?

Günther Bittner

Die Titelformulierung spielt auf den bekannten Buchtitel von Baacke/Schulze (1979, 1993[2]) an. Mit diesem Buch konstituierte sich der Biographienansatz als gegenwärtig bedeutsame pädagogische Forschungsrichtung.

Im Folgenden will ich dreierlei tun:

1. die Geschichte pädagogischen Biographieninteresses kursorisch vergegenwärtigen und dabei insbesondere die Berührungspunkte der neueren pädagogischen Biographienforschung mit der Psychoanalyse aufweisen;
2. auf die gewandelte Einschätzung der großen biographischen Krankengeschichte in der Psychoanalyse eingehen;
3. das gemeinsame Interesse psychoanalytischer und pädagogischer Biographik an einem neuen, noch zu entwickelnden nichtsubsumptiven, sondern hermeneutischen Umgang mit Geschichten artikulieren.

1. Zur Geschichte des pädagogischen Biographieninteresses

Die Vorläufer reichen historisch weit zurück; wir lassen sie mit Augustins „Bekenntnissen“ beginnen. Augustin, gerade zum Bischof von Hippo bestellt, schreibt die Geschichte seiner Kindheit, seiner sündigen Jugend und seiner Bekehrung nieder: die erste Autobiographie der Weltliteratur (vgl. Pascal 1965).

Von Seiten der theologischen Augustinus-Forschung ist vehement bestritten worden, dass es sich bei den „Bekenntnissen“ um eine Autobiographie handle. Das Buch sei vielmehr ein Protreptikos, eine Werbeschrift für das Christentum (vgl. Feldmann 1986, 1166). Der Streit erscheint unfruchtbar: Die „Bekenntnisse“ sind sowohl ein autobiographischer als auch ein protreptischer Text: eine autobiographische Erzählung, aus der nach dem Willen ihres Verfassers gelernt werden soll. Autobiographische Erzählungen sind fast nie Selbstzweck, sie wollen den Leser meistens etwas „lehren“. Augustinus „Bekenntnisse“ haben über die Jahrhunderte hin zur Nachfolge angeregt: Eine Unzahl von Bekehrungsgeschichten, vor allem aus dem Pietismus, sind Augustins Erzählmuster gefolgt (Francke 1690/1691; Goethe 1795/1796). Aber Augustin fand auch säkulare Nachahmer: vor allem Rousseau, der sogar den Titel bei ihm entlehnte.

Alles dies sind zunächst einmal autobiographische Erzähltexte, es handelt sich noch nicht um Biographien*forschung*. Die ersten Anfänge einer solchen finden wir in Moritz‘ „Vorschlag zu einem Magazin einer Erfahrungs-Seelenkunde“ (1782).

„Aus den vereinigten Berichten mehrerer sorgfältiger Beobachter des menschlichen Herzens könte eine Erfahrungsseelenlehre entstehen, welche an praktischen Nutzen alles das weit übertreffen würde, was unsre Vorfahren in diesem Fache geleistet haben. ... Eigne wahrhafte Lebensbeschreibungen oder Beobachtungen an sich selber, wie Stillings Jugend und Jünglingsjahre, Lavaters Tagebuch, Semlers Lebensbeschreibung, und Rousseaus Memoiren, wenn sie erscheinen werden. Die Beßrungsgeschichte von Jünglingen und Erwachsenen in jedem Alter. Die Art und Weise wie es jemandem gelungen ist, irgend einen besonderen Fehler, als Zorn, Hochmut oder Eitelkeit abzulegen. Der Rückfall in diese Fehler. Gelungene oder mißlungene Versuche rechtschafner Schullehrer und Erzieher an einzelnen Subjekten. Nachrichten alter Schulmänner von den merkwürdigen Schicksalen ihren ehemaligen Schülern, die sie in ihrer Jugend genau kennen gelernt haben. ... Beobachtungen aus der wirklichen Welt, deren eine einzige oft mehr praktischen Werth hat, als tausend aus Büchern geschöpfte“ (Moritz 1782, o.S.).

Ein weiterer Vorläufer der Biographienforschung (dem man solches kaum zugetraut hätte) ist Wilhelm von Humboldt. „Im Zentrum des Humboldtschen Werkes steht der Versuch, die Menschenkenntnis und den Vorgang der Menschenbildung in einer Theorie zu erfassen“, d.h., es geht um die empirische und theoretische „Erfassung der menschlichen Individualität“ (Tschong 1991, 15). Seine Methode ist, in Anlehnung an Goethe, vor allem Beobachtung und Vergleichung (vgl. ebd., 24ff.).

In seinem späten Briefwechsel mit der Jugendfreundin Charlotte Diede begründet er ausführlich den Wert autobiographischer Aufzeichnungen. Er hatte Charlotte gebeten, ihre Lebensgeschichte aufzuschreiben und ihm zu schicken; er kommentiert die einzelnen Sendungen mit einer Sorgfalt, die einem modernen Biographienforscher alle Ehre gemachte hätte, insbesondere reflektiert er immer wieder, was aus Charlottes Geschichte gelernt werden kann:

„Es verlängert und erweitert gewissermaßen das Leben, wenn man so individuelle Schilderungen einer Zeit vor sich hat, die man an ganz andern Orten und in ganz andern Verhältnissen verlebte, und es giebt doch in der Welt nichts Interessanteres für den Menschen, als wie der Mensch. Man kann eigentlich nie genug sehen, und nie genug hören. Es entstehen selbst durch jedes neue Gesicht, möchte ich sagen, neue Ideen. Erhält man nun aber gar bestimmte, ins Detail gehende Schilderungen, so sind es neue Figuren, die sich vor der Seele bewegen, und mit denen man eben so lebt, wie in der Wirklichkeit“ (Humboldt 1814-1828, 41f.).

Schließlich noch Wilhelm Dilthey. In seinen Überlegungen zu einer „Kritik der historischen Vernunft“ weist er der Selbstbiographie für das Sich-selbst-Verstehen des historischen Erkenntnissubjekts eine Schlüsselrolle zu. Am Vergleich der Autobiographien von Augustin, Rousseau und Goethe zeigt er, dass jeder autobiographische Text von einem zentralen Gedanken strukturiert ist:

> „Ich blicke in die Selbstbiographien, welche der direkteste Ausdruck der Besinnung über das Leben sind. Augustin, Rousseau, Goethe zeigen ihre typischen geschichtlichen Formen. Wie erfassen diese Schriftsteller nun verstehend den Zusammenhang der verschiedenen Teile ihres eigenen Lebensverlaufes? Augustin ist ganz auf den Zusammenhang seines Daseins mit Gott gerichtet. Seine Schrift ist zugleich religiöse Meditation, Gebet und Erzählung. Diese Erzählung hat ihr Ziel in dem Ereignis seiner Bekehrung ... Rousseau! Sein Verhältnis zu seinem Leben in den Konfessionen kann nur in denselben Kategorien von Bedeutung, Wert, Sinn, Zweck erfaßt werden ... Und nun Goethe. In Dichtung und Wahrheit verhält sich ein Mensch universal-historisch zu seiner eigenen Existenz. Er sieht sich durchaus im Zusammenhang mit der literarischen Bewegung seiner Epoche. Er hat das ruhige, stolze Gefühl seiner Stellung in derselben. ... Jedes Leben hat einen eigenen Sinn. Er liegt in einem Bedeutungszusammenhang, in welchem jede erinnerbare Gegenwart einen Eigenwert besitzt ..." (Dilthey 1907-1910, 198f.).

„Aus Geschichten lernen" würde heißen, diesen zentralen Gedanken zu erfassen.

Die pädagogische Biographienforschung im modernen Sinn nimmt ihren Anfang mit drei etwa gleichzeitig erschienenen Büchern von Henningsen (1981), Loch (1979) und Baacke/Schulze (1979). Wohl am bekanntesten wurde das letzte der genannten Bücher. Es entstand aus den Vorträgen einer Arbeitsgruppe über die „Wissenschaftliche Erschließung autobiographischer und literarischer Quellen für pädagogische Erkenntnis" auf dem Tübinger Kongress der Deutschen Gesellschaft für Erziehungswissenschaft (DGfE) 1978, die damals lebhafte Resonanz fand (vgl. den Diskussionsbericht von Wagner-Winterhager 1978).

Es war ein buntes Gemisch, das dort vorgestellt wurde: biographientheoretische (Baacke, Schulze), psychoanalytische (Bittner, Lorenzer), empirische und sozialgeschichtliche Ansätze. Die Herausgeber Baacke und Schulze stellten dem Buch in ihrem Vorwort ein merkwürdiges Dementi voran: Man habe bewusst auf den „vielleicht attraktiveren" Titel „narrative Pädagogik" verzichtet. Man wollte nicht den Eindruck erwecken, „eine neue, andere Pädagogik konstituieren zu wollen. Insofern ist dieses Buch keine Programmschrift" (Baacke/Schulze 1979, 7). Die Absicht der Initiatoren war demnach eine eher bescheidene: den „Teil" im Zusammenhang des „Ganzen" sehen (Baacke), autobiographische Berichte über stattgehabte Sozialisationsbrüche bzw. kritische Lebensereignisse so rezipieren, z.B. in der pädagogischen Ausbildung, „daß man dabei eine größere Sensibilität für die Vielschichtigkeit und Hintergründigkeit pädagogischer Situationen entwickelt" (Baacke/Schulze 1979, 1993[2]) – eine Art Kontrastprogramm und Korrektiv gegen die Abstraktheit der damals verbreiteten gesellschaftstheoretisch orientierten pädagogischen Konzepte.

Für unseren gegenwärtigen Zusammenhang ist vor allem die Frage von Bedeutung, welche Rolle bei der Konstitution des Biographienansatzes der Psychoanalyse zugedacht war. Schulze beschrieb als zentralen Gegenstand pädagogischen Biographieninteresses die „kritischen" oder „signifikanten" Ereignisse innerhalb eines Lebenslaufs. Den theoretischen Rahmen zu deren Untersuchung wollte

Schulze aus der Psychoanalyse „stehlen“ (Schulze 1979, 68). Dort gebe es mannigfache Überlegungen zu traumatischen Ereignissen, auch zu deren Deformation in Deckerinnerungen, Symbolen, szenischen Repräsentationen. Auf der anderen Seite findet er bei Erikson auch Ansätze zu einer Systematik signifikanter Ereignisse innerhalb der normalen Entwicklung.

Die beiden im engeren Sinne psychoanalytischen Beiträge des damaligen Symposions gingen in etwas andere Richtungen. Lorenzer zog eine scharfe Trennlinie zwischen erziehungswissenschaftlichem und psychoanalytischem Biographieninteresse. In der Erziehungswissenschaft ziele „die Frage nach der individuellen Lebensgeschichte zweifellos (!?) auf die individuelle Besonderung innerhalb des kollektiven Ganzen“ (Lorenzer 1979, 129). Die psychoanalytische Untersuchung dagegen verbleibe „ganz und gar innerhalb des Individuums“. Es gehe darum, die „Erlebniskomplexe“ der individuellen Biographie als „Produkte gesellschaftlicher Herstellung sozialisatorischer Produktionsprozesse“ (ebd., 134) verständlich zu machen.

Ich selbst hatte als spezifisch psychoanalytisch das „detektivische“ Entschlüsseln von autobiographischen Erzähltexten angegeben: „Wieviel mag der Autor von sich selbst ... verstanden haben? Wie weit ist er unter die Oberfläche gedrungen, hat etwas von den Fäden sichtbar gemacht, an denen dieses Lebensschicksal gezogen worden ist?“ (Bittner 1979, 120) Am Beispiel von Bornemans Autobiographie „Die Ur-Szene“ suchte ich Zusammenhänge aufzudecken – zwischen der postulierten Urszene des Beinahe-Ertrinkens und seinem späteren Trinker-Problem – die dem Autor selbst entgangen waren.

Mein psychoanalytisches Anliegen war es also, eine autobiographische Geschichte „besser zu verstehen, als sie ihr Autor selber verstanden hat“, frei nach Wilhelm Dilthey. Psychoanalyse sollte eine Art Tiefenhermeneutik sein, die Zusammenhänge aufweist bzw. stimmig konstruiert, die im unmittelbaren Erleben des Betroffenen so nicht gegeben sind. Schulze hat mir entgegengehalten, das detektivische sei ein gefährliches Ideal (vgl. Schulze 1997, 336). Ich würde ihm aus heutiger Sicht zustimmen; ich finde diese Art psychoanalytischer Besserwisserei, die ich damals praktizierte, ziemlich hybride. Auch der autobiographische Text und sein Autor haben das Recht auf den „unaufdringlichen Analytiker“ (Schmid 1994, 52), der seine Deutungen nicht aufdrängt.

Hier sehe ich heute das unaufgelöste Dilemma in der Anwendung der Psychoanalyse auf Geschichten, auf autobiographische Texte: Psychoanalyse verfährt mit ihren (Kranken-)Geschichten seit den Anfangszeiten und bis heute subsumptiv, theorienbestätigend; die Krankengeschichte wird zu einem „Fall von ...“ (Zwangsneurose, Hysterie, narzisstischer Störung usw.). Der psychoanalytische Interpret will tendenziell „hinter“ den Text kommen, will „klüger“ sein als der Text.

Die Alternative, erst in Umrissen erkennbar, wäre eine Hermeneutik der Geschichten, die nicht „klüger“ sein will, sich nicht „über“ den Text stellt, sondern versucht, in seine spezifische „Poetik“ hineinzukommen. Eine solche Annäherungsweise an autobiographische Texte zu entwickeln, wäre für Psychoanalyse und Pädagogik gleichermaßen wichtig.

2. Die gewandelte Rolle der Krankengeschichte in der Psychoanalyse

2.1 Freud hat nur einige wenige, allerdings sehr ausführliche und innerhalb des Gesamtzusammenhangs der psychoanalytischen Literatur hochbedeutsame *Krankengeschichten* niedergeschrieben: *Bruchstück einer Hysterie-Analyse* (1905e), *Analyse der Phobie eines fünfjährigen Knaben* (1909b), *Bemerkungen über einen Fall von Zwangsneurose* (1909d), *Aus der Geschichte einer infantilen Neurose* (1918b). Alle diese Krankengeschichten Freuds sind in besonderem Maße *Erziehungsgeschichten.* Wenn es zutrifft, dass die frühen Elternbeziehungen, insbesondere die Schicksale des Ödipus-Komplexes, die spätere Krankengeschichte eines Individuums entscheidend prägen, liegt die Aufgabe der Psychoanalyse darin, die frühkindlichen Schicksale des erkrankten Individuums, zu denen wesentlich auch seine Erziehungsschicksale gehören, möglichst getreu zu rekonstruieren. Diesen Charakter der psychoanalytischen Krankengeschichte als einer Erziehungsgeschichte hat besonders Willy Rehm (1968) anhand der beiden frühesten der obengenannten Freudschen Krankengeschichten herausgearbeitet. Das *Bruchstück einer Hysterie-Analyse* ist die Geschichte eines jungen Mädchens aus großbürgerlichem Hause. Freuds Bericht schildert anschaulich und detailreich die pubertären Gefühlsverwicklungen, denen sich ein junges Mädchen jener Zeit und jener sozialen Schicht ausgesetzt finden konnte[1].

Die *Analyse der Phobie eines fünfjährigen Knaben* – bekannt geworden als die Geschichte des „kleinen Hans" – wird von Rehm, gewiss überspitzt, gar nicht als Krankengeschichte, sondern vor allem als ein Bericht über einen psychoanalytischen Erziehungsversuch angesehen. In Wirklichkeit ist die Geschichte wohl beides: Erziehungsbericht und Krankengeschichte. Zunächst waren die Aufzeichnungen der Eltern des „kleinen Hans" nur ein Erziehungstagebuch. Die Eltern zählten zu Freuds „nächsten Anhängern" (Freud 1909b, 244); Freud hatte seine Schüler damals allgemein ermutigt, ihm Aufzeichnungen solcher Art zur Verfügung zu stellen, weil er „auf diesem Wege Bestätigungen seiner früher formulierten entwicklungspsychologischen und pädagogischen Thesen erhalten" wollte (Rehm 1968, 74). Unversehens wurde aber aus diesem Erziehungsbericht eine Krankengeschichte (vgl. Freud 1909b, 258), als während der Berichtszeit ein neurotisches Symptom, eine Pferdephobie beim kleinen Hans auftrat, die durch Freuds psychoanalytische Einwirkung behoben werden konnte.

Freud hat in der großen psychoanalytischen Krankengeschichte eine neue Kategorie wissenschaftlicher Literatur geschaffen, die ohne Vorbild war. Ihm war selbst schon frühzeitig aufgefallen, dass seine Krankengeschichten in ihrer Ausführlichkeit und Differenziertheit mehr Verwandtschaft mit der Seelenschilderung

---

[1] Vgl. dazu den Beitrag von Vera Kind in diesem Band, in dem auf diese Krankengeschichte Freuds näher eingegangen wird (Anmerkung der Herausgeber).

von Dichtern als mit den lakonischen Krankengeschichten seiner ärztlichen Kollegen hätten (vgl. Freud 1895d, 227).

Im Widerspruch dazu bestand ein wesentliches Stück von Freuds wissenschaftlichem Selbstverständnis freilich gerade darin, dass er sich als Kliniker sah, der seine wissenschaftlichen Aussagen auf Beobachtungen „am Krankenbett" gründete.

Klinische Kasuistik nimmt in seiner Beweisführung einen bevorzugten Platz ein, vor allem auch unter dem Aspekt, die Wirksamkeit der psychoanalytischen Behandlungsmethode daran zu erweisen. Die Schwierigkeiten „klinischer" Validierung nimmt er wohl wahr, aber nur eingeschränkt:

> „Wenn man einen schwierigen Fall hergestellt hatte, so konnte man hören: Das ist kein Beweis, der wäre auch von selbst in dieser Zeit gesund geworden. Und wenn eine Kranke, die bereits vier Zyklen von Verstimmung und Manie absolviert hatte, in einer Pause nach der Melancholie in meine Behandlung gekommen war und drei Wochen später sich wieder zu Beginn einer Manie befand, so waren alle Familienmitglieder, aber auch die zu Rate gezogene hohe ärztliche Autorität, überzeugt, daß der neuerliche Anfall nur die Folge der an ihr versuchten Analyse sein könne" (Freud 1916-17a, 481).

„Ich will Ihnen anstatt vieler Fälle nur einen einzigen erzählen ..." (ebd., 479) - anstatt vieler Fälle einen einzigen, der sozusagen alles Wissen aus den „vielen" verdichtet: Das ist das Wesen der „klinischen Beweisführung", wegen der Freud heute so heftig in die Kritik geraten ist (vgl. Grünbaum 1988).

Grünbaum findet Freuds klinische Beweisführung wissenschaftlich nicht zureichend. Er belegt dies u.a. an Freuds berühmter Fallgeschichte des „Rattenmannes", worin dieser postuliert habe, dass frühzeitige sexuelle Aktivität – etwa exzessive Masturbation –, die rigoros verdrängt wurde, die spezifische Ursache für die Zwangsneurose darstelle. An der Geschichte des Rattenmannes weist Grünbaum auf, dass es ein *„epistemisch völlig hoffnungsloses Unterfangen"* (Grünbaum 1988, 407) sei, retrospektiv aus der Krankengeschichte die Tatsächlichkeit oder gar die kausale Relevanz eines solchen Ereignisses zu erschließen. Noch so viele Fälle, in denen ein angeblich pathogenes Ereignis in der Kindheit (z.B. frühkindliche Masturbation) mit einer späteren Neurose einhergehe, könnten nicht entscheiden, ob hier nicht ein „post hoc" mit einem „propter hoc" verwechselt werde.

> „Um hierzu eine Analogie zu finden, wollen wir annehmen, es gelte die Hypothese, Kaffeetrinken sei kausal relevant für die Überwindung von Schnupfen. Man stelle sich weiter vor, es erweise sich in einem Fall, daß ein vom Schnupfen Befreiter während seiner Erkältung Kaffee getrunken hat. Dann wäre ein solches Beispiel für sich genommen wohl kaum dazu geeignet, die Hypothese von der kausalen Relevanz zu *untermauern*" (Grünbaum 1988, 409).

In der Psychoanalyse hat sich seither eine kritische Neubewertung der Krankengeschichte vollzogen. Dabei spielten einerseits die Argumente Grünbaums sicher eine gewichtige Rolle, welche den Erklärungswert der Krankengeschichte bezweifelten (A.-E. Meyer, 1994, schrieb ein Pamphlet: „Nieder mit der Novelle als Psychoanalysedarstellung – Hoch lebe die Interaktionsgeschichte").

Es kam aber noch etwas weiteres hinzu: Auf dem Kongress der Internationalen Psychoanalytischen Vereinigung (IPV) in Rom 1989 hatten die Psychoanalytiker mit einem gewissen Schock feststellen müssen, dass ihre Behandlungspraxis – trotz einheitlicher Terminologie, einer Art von psychoanalytischem „Kirchenlatein", wie ein Kritiker ironisch formulierte – weit divergierte. Es erschien notwendig, sich über Behandlungsabläufe in ihrer Tatsächlichkeit wissenschaftlich zu verständigen; es erhob sich die Forderung nach einer „argumentationszugänglichen" (Körner 2003, 28) Krankengeschichte. Der IPV-Kongress in Toronto 2003 ist diesem neuen Verständnis der Krankengeschichte als Behandlungsgeschichte gewidmet.

2.2 All dies läuft auf eine „Verwissenschaftlichung" der Krankengeschichte hinaus. Nun haben Freuds Krankengeschichten aber noch eine andere Seite, auf die u.a. Hillman (1986) hingewiesen hat.

Freud, von Hause aus Mediziner und Neuropathologe, wundert sich selbst, was aus seinen Krankengeschichten hysterischer Patientinnen unter der Hand geworden ist: dass sie nämlich „wie Novellen zu lesen sind, und daß sie sozusagen des ernsten Gepräges der Wissenschaftlichkeit entbehren. Ich muß mich damit trösten, daß für dieses Ergebnis die Natur des Gegenstandes offenbar eher verantwortlich zu machen ist als meine Vorliebe ...", dass „eine eingehende Darstellung der seelischen Vorgänge, wie man sie vom Dichter zu erhalten gewohnt ist, mir gestattet, bei Anwendung einiger weniger psychologischer Formeln doch eine Art von Einsicht in den Hergang einer Hysterie zu gewinnen" (Freud 1895d, 227).

„Wie kam es", fragt Hillman, „dass Freud Belletristik und Fachliteratur zu vermischen begann, als er versuchte, psychologische Krankengeschichten zu schreiben? War er nicht auf der Suche nach einer neuen Form des Schreibens, für die es noch keine Vorbilder gab? Er fühlte und dachte wohl wechselweise im Sinne der einen und im Sinne der anderen großen Tradition: der naturwissenschaftlichen und der geisteswissenschaftlichen" (Hillman 1986, 10). „Krankengeschichte: Falldokumentation als (literarische) Fiktion" hat Hillman dieses Kapitel seines Buches über „psychotherapeutische Poetik" überschrieben. Am Beispiel von Freuds Dora-Geschichte analysiert er eingehend die Stilmittel, deren sich Freud bei der Darstellung bedient.

Freuds Krankengeschichten bewegten sich anfangs spontan und sozusagen naiv zwischen „Belletristik und Fachliteratur"; es waren bewegende Geschichten, in denen der Leser bzw. die Leserin sich wieder finden konnte – wie in einer Novelle auch.

Krankengeschichten, sagt Hillman, „sind subjektive Erscheinungen, Seelengeschichten". „Die größte Bedeutung haben sie für den Menschen, von dem sie handeln. Er hat in seiner Krankengeschichte eine Erzählung, eine literarische Fiktion, in die sein Leben eingebettet ... wird" (Hillman 1986, 73).

3. Statt psychoanalytischer Subsumption: Biographien-Hermeneutik

Die Psychoanalyse ebenso wie die Pädagogik, schließe ich aus dem soeben Ausgeführten, steht in ihrem Umgang mit menschlichen Lebensgeschichten an einem Scheideweg: Beide Wissenschaften müssen sich entscheiden zwischen einer subsumptiven, theoriebestätigenden Verwendung von und einem hermeneutischen Zugang zu Geschichten, der deren verborgener Poetik und Metaphorik auf die Spur kommen, sich von ihr affizieren und bereichern lassen will. Schottlaender gab seinerzeit als Qualifikationsmerkmale eines künftigen Therapeuten an:

> „Ein Anfänger, der niemals Romane liest, sich für persönliche Schicksale in der Literatur überhaupt nicht interessiert, ist von vornherein verdächtig. Er wird den Anforderungen einer psychotherapeutischen Praxis gegenüber versagen, weil ohne vertieftes biographisches Interesse die Mitteilungen unserer Patienten ihm auf die Dauer unerträglich langweilig vorkommen müssen" (Schottlaender 1959, 182).

Die Geschichte eines Patienten lesen bzw. hören wie einen Roman oder eine Novelle – das würde heißen: sich von ihr ansprechen und berühren lassen, und aus diesem Berührtsein heraus in den „Sinn" der Erzählung hineinkommen – das wäre die nicht-subsumptive, die hermeneutische Zugangsweise.

Etwa gleichzeitig mit Schottlaender erschien Eriksons Aufsatz „Das Wesen der klinischen Beweisführung" (1966). Er wählt einen ausgesprochen hermeneutischen Einstieg, indem er die Krankengeschichte als eine Art von Historie begreift und sich dem Historiker verwandt fühlt. Er zitiert Collingwood, der als historisch einen Prozess definiert, „bei dem die Vergangenheit ... in der Gegenwart überlebt". Dieser Prozess existiere „nur insoweit, als die Bewußtseinsträger, die Teil dieses Prozesses sind, sich als seine Teile erkennen" (Erikson 1966, 46).

Auch die Kranken-Geschichte kann ich als Geschichte nur erfassen, indem ich mich als Teil dieser Geschichte wieder finde. Erikson schildert die Begegnung mit einem jungen Mann, insbesondere einen Traum von ihm, und zeigt, wie sich im Hin und Her von Gedanken und Reden eine für beide stimmige Deutung herauskristallisierte.

Erikson schließt mit den Sätzen: Er habe sich „in erster Linie auf die Art und Weise konzentriert, in der die klinische Beweisführung in der Untersuchung dessen begründet liegt, was an dem *individuellen* Fall einzigartig ist – einschließlich der Einbezogenheit des Psychotherapeuten. Diese Einzigartigkeit allerdings würde ohne den Hintergrund des anderen Problems, das ich hier vernachlässigt habe, nicht hervortreten, des Problems nämlich, was verifizierbaren *Klassen* von Fällen *gemeinsam* sei" (Erikson 1966, 73). Wieder die Polarität von Hermeneutik und Subsumption – und in typisch Erikson'scher Manier vermischt und versöhnt.

Was kann man nach alledem pädagogisch „aus Geschichten lernen" – speziell mit Seitenblick auf das gewandelte Geschichten-Verständnis der Psychoanalyse?

1. Zu realisieren wäre die strikte Unterscheidung zwischen subsumptiver theorienbestätigender Verwendung von und hermeneutischem Umgang mit Geschichten. Die traditionelle Psychoanalyse mag hier der Pädagogik als Negativ-Beispiel dienen; sie hat aus der theorienbestätigenden Verwendung ihrer Fallgeschichten bis heute nicht herausgefunden. Aber auch in der pädagogischen Biographienforschung hat das subsumptive Denken überhand genommen. Zum Beispiel definiert Marotzki Bildung als „Modalisierung", Koller Bildung als Eröffnung neuer sprachlicher Diskurse über Divergenzerfahrungen – und dann werden Biographien eben daraufhin abgegrast, was sie zur Stützung des jeweiligen Theoriekonstrukts beizutragen vermögen.

2. Geschichten sind literarische Texte; sie haben ihre eigene Überzeugungs-Rhetorik, die sich von der wissenschaftlichen unterscheidet. Psychoanalytische ebenso wie pädagogische Fallgeschichten werden „geschönt", um die Botschaft, die sie transportieren wollen, prägnanter zu vermitteln. Weder Zulligers noch Makarenkos Erzählungen können den Anspruch erheben, Wort für Wort „wahr" zu sein. Dieser poetische Charakter (vgl. Hillman 1986) muss den Geschichten erhalten bleiben. Darum eignen sie sich in der Tat nicht zur Hypothesenbestätigung oder –widerlegung in dem von Grünbaum intendierten Sinn.

3. Freud habe mit dem Genre der Krankengeschichte „sich genau jenes Ausdrucksmittel ... erschaffen, das geeignet war, seine Vision in die Welt hinauszutragen" (Hillman 1986, 10). Krankengeschichten sind nicht bloß Ansammlungen von Tatsachen; diese werden vielmehr zu „imaginativen Mustern" geordnet. Dies geschieht in jeder psychoanalytischen Behandlung neu: „Ein erfolgreicher Therapieverlauf ist somit gekennzeichnet von der gemeinsamen Arbeit an Fiktionen; die Therapie ist die Umgestaltung und Neu-Imagination der bestehenden Geschichte in eine sinnvollere, phantasievollere Fabel ..." (ebd., 28 f.).

Was Hillman für Geschichten in der Therapie sagt, mag analog für Geschichten in der Pädagogik gelten: Sie bringen die Imagination des Erzählers mit der des Hörers bzw. Lesers in Verbindung; sie beleben, bereichern und bringen in Bewegung, handle es sich nun um Pestalozzis Waisenkinder-Geschichten aus Stans, um Makarenkos Gorki-Geschichten oder um Hartmut von Hentigs Bielefelder Laborschul-Geschichten. Diese Geschichten wirken auf uns und bereichern uns.

Das Wachstum der Kompetenz besteht für den Psychoanalytiker wie für den Pädagogen darin: viele Geschichten und ihre zugrunde liegenden Imaginationen zu kennen, seine eigenen Imaginationen damit zu nähren, sie daran wachsen zu lassen.

Eine kleine Geschichte aus der Kinderstube (mit sozusagen „psychoanalytischem Touch") zur Illustration:

Die dreijährige Eva schaut auf dem Klo gedankenvoll ihr „Pipi" an: „Jetzt liegt es da (in der Kloschüssel) und ist so alleine, das arme Pipi." Dann betätigt sie die Spülung und strahlt: „Jetzt ist das Pipi wieder bei seiner Mama." (Das heißt wohl: das kleine Wässerchen ist wieder aufgenommen vom großen Wasser.)

Was kann man aus so einer Geschichte lernen? Eine subsumptive Betrachtung würde alle psychoanalytischen Begriffe auf sie anwenden: frühe Mutter-Kind-Trennung und die „Wiederannäherungsphase", das urethrale und anale Interesse des dreijährigen Kindes an den Vorgängen auf dem Klo usw., usw. Auf diese subsumptive Art und Weise lehren uns Geschichten immer nur das, was wir vorher schon wussten.

Die andere Annäherungsweise: Ich stelle fest, dass ich eine solche Geschichte noch nie gehört habe, dass sie in ihrer Art einmalig ist. Ich lasse mich von ihrer eigenartigen Poesie ansprechen, versuche die Gedanken des Kindes mit meinen eigenen Gedanken nachzudenken, ihre Phantasien nachzugestalten.

So regte vor allem die Vorstellung vom „kleinen Pipi", das ins große Wasser, ins Ur-Meer zurückkehrt, meine Phantasie an.

Was habe ich damit aus dieser Geschichte gelernt? Nichts Verallgemeinerbares, nichts Anwendbares: Die nächste Geschichte aus Kindermund, die man mir erzählt, wird wieder ganz anders sein. Was habe ich also gelernt? Nichts weiter als eben diese Geschichte. Ich habe meinen Horizont in Bezug auf Kindergeschichten erweitert; ich habe eine neue Geschichte in meinem Vorrat aufgenommen, die in Bezug auf die ubiquitären kindlichen Klo-Erlebnisse andere Denkwege geht als alle, die ich bisher kannte.

Wozu sind solche Geschichten gut, wozu nützt Geschichte überhaupt? Nicht zur Anwendung, sondern zum seelischen Wachstum des Geschichten-Hörers bzw. –Lesers im Sinne von „Weisheit". Mit den Worten des großen Historikers C.J. Burckhardt: „Geschichte lehrt uns nicht klug werden fürs nächste Mal, sondern weise werden für immer."

Literatur

Augustinus, A.: Bekenntnisse, lateinisch und deutsch, eingeleitet, übersetzt und erläutert von Joseph Bernhart. Kösel-Verlag: Frankfurt/M., 1987

Baacke, D., Schulze, Th. (Hrsg.) (1979): Aus Geschichten lernen. Zur Einübung pädagogischen Verstehens. Juventa: Weinheim, 1993, 2. Aufl.

Bittner, G. (1979): Zur psychoanalytischen Dimension biographischer Erzählungen. In: Baacke, D., Schulze, Th. (Hrsg.): Aus Geschichten lernen. Zur Einübung pädagogischen Verstehens. Juventa: Weinheim, 1993, 2. Aufl., 229-238

Dilthey, W. (1907-1910): Entwürfe zur Kritik der historischen Vernunft. In: Dilthey, W.: Gesammelte Schriften, Bd. VII. Vandenhoeck & Ruprecht: Stuttgart, 1979, 191-204

Erikson, E.H. (1966): Das Wesen der klinischen Beweisführung. In: Erikson, E.H. Einsicht und Verantwortung. Die Rolle des Ethischen in der Psychoanalyse. Klett Stuttgart, 42-73

Feldmann, E. (1986): Confessiones. In: Mayer, C. (Hrsg.): Augustinus-Lexikon, Bd. 1 Schwabe: Basel, 1134-1194

Francke. AH. (1690/1691): Selbstzeugnisse August Hermann Franckes. Geboren 1663, eingeleitet von E. Beyreuther. Francke-Buchhandlung: Marburg/Lahn, 1963

Freud, S. (1895d): Studien über Hysterie. In: GW I. Fischer: Frankfurt/M., 1977, 81-312

Freud, S. (1905e): Bruchstück einer Hysterie-Analyse. In: GW V. Fischer: Frankfurt/M., 1971, 83-186

Freud, S. (1909b): Analyse der Phobie eines fünfjährigen Knaben. In: GW VII. Fischer: Frankfurt/M., 1971, 242-377

Freud, S. (1909d): Bemerkungen über einen Fall von Zwangsneurose. In: GW VII. Fischer: Frankfurt/M., 1976, 380-463

Freud, S. (1916-17a): Vorlesungen zur Einführung in die Psychoanalyse. GW IX. Fischer: Frankfurt/M., 1976

Freud, S. (1918b): Aus der Geschichte einer infantilen Neurose. In: GW XII. Fischer: Frankfurt/M., 1978, 28-157

Goethe, J.W. (1795/1796): Bekenntnisse einer schönen Seele. In: Goethe, J.W.: Wilhelm Meisters Lehrjahre. Werke Bd. 4, herausgegeben von W. Voßkamp. Wissenschaftliche Buchgesellschaft: Darmstadt, 410-464

Grünbaum, A. (1988): Die Grundlagen der Psychoanalyse. Eine philosophische Kritik. Reclam: Stuttgart

Henningsen, J. (1981): Autobiographie und Erziehungswissenschaft. Fünf Studien. Neue Deutsche Schule: Essen

Hillman, J. (1986): Die Heilung erfinden. Eine psychotherapeutische Poetik. Schweizer Spiegel Verlag: Zürich

Humboldt, W. v. (1814-1828): Briefe an eine Freundin, herausgegeben von A. Leitzmann. Insel-Verlag: Leipzig, 1910

Körner, J. (2003): Die argumentationszugängliche Kasuistik. In: Forum der Psychoanalyse 19, 28-35

Loch, W. (1979): Lebenslauf und Erziehung. Neue Deutsche Schule: Essen

Lorenzer, A. (1979): Die Analyse der subjektiven Struktur von Lebensläufen und das gesellschaftlich Objektive. In: Baacke, D., Schulze, Th. (Hrsg.): Aus Geschichten lernen. Zur Einübung pädagogischen Verstehens. Juventa: Weinheim 1993, 2. Aufl., 239-255

Meyer, A.E. (1994): Nieder mit der Novelle als Psychoanalysedarstellung – Hoch lebe die Interaktionsgeschichte. In: Psychosomatische Medizin 40, 77-98

Moritz, C.Ph. (1782): Vorschlag zu einem Magazin einer Erfahrungs-Seelenkunde. In: Moritz, C.Ph. (Hrsg.): Gnothi sauton oder Magazin zur Erfahrungsseelenkunde als ein Lesebuch für Gelehrte und Ungelehrte, Bd. 1. Antiqua-Verlag: Lindau, 1978

Pascal, R. (1965): Die Autobiographie. Gehalt und Gestalt. Kohlhammer: Stuttgart

Rehm, W. (1968): Die psychoanalytische Erziehungslehre. Piper: München

Schmid, V. (1994): Ist Psychoanalyse für Biographieforschung tauglich? Möglichkeiten und Grenzen ihres Beitrags. In: Bittner, G. (Hrsg.): Biographien im Umbruch. Lebenslaufforschung und Vergleichende Erziehungswissenschaft. Königshausen & Neumann: Würzburg, 42-55

Schottlaender, F. (1959): Das Ich und seine Welt. Klett: Stuttgart

Schulze, Th. (1979): Autobiographie und Lebensgeschichte, In: Baacke, D., Schulze, Th. (Hrsg.): Aus Geschichten lernen. Zur Einübung pädagogischen Verstehens. Juventa: Weinheim 1993, 2. Aufl., 126-173

Schulze, Th. (1997): Ich, der dumme August, sein Einbläser und der Detektiv. Bemerkungen zum Verhältnis von Subjekt, Biographie und Forschung. In: Fröhlich, V., Göppel, R. (Hrsg.): Paradoxien des Ich. Beiträge zu einer subjektorientierten Pädagogik. Königshausen & Neumann: Würzburg, 333-353

Tschong, Y. (1991): Charakter und Bildung. Zur Grundlegung von Wilhelm von Humboldts bildungstheoretischem Denken. Königshausen & Neumann: Würzburg

Wagner-Winterhager, L. (1978): Dichtung und Wahrheit – Bericht zur Arbeitsgruppe 10 auf dem Tübinger Kongress 1978. In: Neue Sammlung 18, 317-321

Generationen- und Geschlechterbeziehungen in Freuds ‚Fall Dora'. Ein Lehrstück für die Arbeit mit Adoleszenten

Vera King

1. Einführung: Freuds Fallgeschichte über die adoleszente Dora – kanonischer Text und Urszene der Psychoanalyse

Im folgenden Beitrag geht es um die erste und meist diskutierte Fallgeschichte der Psychoanalyse: um das 1905 von Freud publizierte „Bruchstück einer Hysterie-Analyse", vielfach als ‚Fall Dora' bekannt geworden.. Bei dieser Fallgeschichte, die als ‚Urszene der Psychoanalyse' bezeichnet werden kann (King 1995), handelt es sich um Freuds Behandlung einer 18jährigen adoleszenten jungen Frau im Herbst 1900, die einerseits nach 2 ½ Monaten mit dem Abbruch der Analyse durch die ‚Patientin' - und andererseits mit der ‚Entdeckung', ‚Erfindung' oder ‚Geburt' der Psychoanalyse durch Freud endete, dem der Fall einen entscheidenden „Dietrich" für die Weiterentwicklung der Psychoanalyse als Theorie und Behandlungsmethode in die Hand gab (in „Briefe an Wilhelm Fließ 1887-1904", Brief vom 14.10. 1900).

Um eine „Urszene" handelt es sich in verschiedener Hinsicht: Die Fallgeschichte repräsentiert einen Ursprung bzw. eine Urszene der Psychoanalyse als Theorie und Methode und insofern auch der empirischen Verankerung psychoanalytischer Theoriebildung in Fallgeschichten. Insofern Freud über diesen Fall – und zwar gerade aufgrund des Abbruchs und Scheiterns – einige Problematiken der Übertragung ‚entdeckte', figuriert sie auch als Urszene psychoanalytischer Behandlungsbeziehungen im Sinne der psychoanalytischen Arbeit an und mit der Übertragung. Schließlich inszenieren sich in der Übertragung, wie anhand einer adoleszenzpsychologischen Re- oder De-Konstruktion des Falls gezeigt werden kann, Doras Phantasien, Wünsche und Ängste über die Geschlechter- (und Generationen-) Beziehungen, über ihren eigenen Ursprung und die sexuelle Urszene, die zugleich mit Bildern ihres Geschlechts verknüpft sind. Der Fall Dora lässt sich in diesem Sinne auch als ‚Bruchstück einer Adoleszenz-Analyse' lesen, und der Abbruch der Behandlung verweist auf das Scheitern oder die Gebrochenheit der Möglichkeit, die analytische Behandlung als Eröffnung und Restitution eines adoleszenten Entwicklungsspielraums für die junge Frau ‚Dora' zu gebrauchen. Insofern lassen sich an dieser, zu den kanonischen Texten der Psychoanalyse gehörenden Fallgeschichte zum einen die Bedeutung von Fallgeschichten im

Theoriebildungsprozess - in einem übergreifenden Sinne die Funktion und Bedeutung von Fallgeschichten und Kasuistiken im Erkenntnisprozess – verdeutlichen (1). Zum anderen repräsentiert sie gerade über eine Rekonstruktion jener Prozesse, in denen die potenzielle Entfaltung eines adoleszenten Möglichkeitsraums (King 2002, 28ff.) verspielt wird, ein paradigmatisches Lehrstück für die Arbeit mit Adoleszenten. Mit Blick darauf können anhand einer Interpretation der Fallgeschichte im engeren Sinne zentrale Thematiken der Arbeit mit (weiblichen) Adoleszenten erörtert werden, die das Generationenverhältnis und die Geschlechterbeziehungen betreffen und die für die analytische, beraterische oder jugendpädagogische Arbeit mit Adoleszenten übergreifend relevant und von großer Bedeutung und Aktualität sind (2).

1.1 Fallgeschichte und Theoriebildung

Fallgeschichten können verschiedene Funktionen innehaben: So wird einmal in Hinblick auf Behandlungstechniken anhand von Fallgeschichten versucht, Effektivität oder Arbeitsweise zu überprüfen oder die Technik der Behandlung zu didaktischen Zwecken exemplarisch darzustellen. Kasuistiken können dazu dienen, therapeutische Kompetenz unter Beweis zu stellen oder Therapieverläufe der Supervision und Reflexion zugänglich zu machen. Fallgeschichten können auch identitätsstiftende Funktionen übernehmen (Widlöcher 1994) und implizit der rituellen Begründung von Gruppenzugehörigkeiten dienen (Buchholz/Reiter 1996).

In Hinblick auf Theoriebildung jedoch stellen Fallgeschichten potenziell eine Form dar, in der neue Erkenntnisse in Theorie und Methode präsentiert und konstituiert werden. Fallgeschichten repräsentieren dabei ein Medium, durch das sich sowohl die Hervorbringung als auch die Anwendung von Wissen im praktischen Vollzug veranschaulichen lässt. Sie repräsentieren eine spezifische Einheit von Theorie und Praxis, bei der sich Erfahrung und theoretische Konzeption immer neu durchdringen, in der „Begriff und Wahrnehmung, Reflexion und Beobachtung ständig ineinander übergehen" (Bourdieu/Wacquant 1996, 61), auch wenn dabei die Theorie immer wieder neu „den wissenschaftstheoretischen Primat der Vernunft gegenüber der Erfahrung aktualisiert" (Bourdieu u.a. 1991, 72). Insofern, wie Bachelard hervorhebt, jegliche Anwendung zugleich Überschreitung bedeutet, kann die spezifische Einheit von Praxis und Theoriegenerierung zunächst als allgemeines Charakteristikum psychoanalytischer Fallgeschichten angenommen werden - auch wenn diese Einheit in den kreativen Prozessen der Theorieentstehung besonders deutlich und wirksam ist. Entsprechend sticht die Dialektik von Anwendung und Überschreitung gerade in der Entstehungsphase der Psychoanalyse hervor. Beispielsweise hat Freud „die Methode der Psychoanalyse historisch ebenso aus dem 'Wissen' über die Hysterie entwickelt, wie das Wissen über die Hysterie aus der Methode (d.h. aus dem paradigmatischen Fortschreiten von der hypnotischen zur psychoanalytischen Behandlungsmethode)" (Reiche 1990, 54). Insofern sind auch „‚Form' und ‚Inhalt' ... keine Gegensätze, sondern stehen von Anfang an in einer Wechselbeziehung" (ebd.).

Gerade Freuds frühe Fallgeschichten nehmen in diesem Sinne eine herausragende Stellung ein, da in ihnen zentrale Topoi der psychoanalytischen Theorie und Praxis erstmals entwickelt und ausgeführt und die Fallstudien auch vorrangig zu diesem Zweck geschrieben worden sind. Sie sind Zeugnisse der Theoriebildungsprozesse und zeichnen das ursprüngliche Ringen um Erkenntnis nach.

Die Bewegungen des Fragen Aufwerfens, des Suchens, Verwerfens und Erprobens neuer Lösungen hat Freud auch in seinen theoretischen Schriften rhetorisch eindrücklich aufzufädeln gewusst. Um so mehr gilt dieses Mitnehmen des Lesers in einen neuen Erkenntnisgang für die großen Darstellungen seiner Fälle: Sie zeigen den Autor, Forscher und Analytiker Freud in Aktion und Interaktion mit seinen Patienten – und er hat sich nicht gescheut, Brüche, Inkonsistenzen und ungelöste Fragen offen zu legen, psychische Bewegungen und theoretische Verarbeitungen in einer Weise anschaulich zu präzisieren, die es späteren Generationen ermöglicht hat, dieses Material immer wieder aufzugreifen und mit neuen Anschauungen und Methoden zu konfrontieren. Freud, der immer wieder die Schwierigkeit hervorhob, eine Behandlung als Fallgeschichte angemessen zu verdichten, hat gerade damit Vorlagen für die Qualitätskriterien psychoanalytischer Fallgeschichten geschaffen – nämlich nachvollziehbar zu sein in der Weise, dass die Struktur des Falls auch aus anderen theoretischen Zugängen heraus rekonstruierbar wird als der des Autors oder Therapeuten. In einem ähnlichen Sinne hat Rudolf (1993, 29f.) in der historischen Betrachtung beispielsweise von psychiatrischen ‚Krankengeschichten' als Qualitätsmerkmal herausgearbeitet, ob sie sich „auch nach dem heutigen ... Verständnis nachträglich theoretisch interpretieren lassen". Entsprechend sind auch die Freudschen Fallgeschichten nicht nur von wissenschaftshistorischem Interesse, sondern stets Stein des Anstoßes für methodologische Debatten und Selbstvergewisserungen geblieben. Gelten sie einerseits als beispielhaft, im besonderen hinsichtlich ihrer stilistischen, sogar künstlerischen Qualität, so fungieren sie andererseits zur Präsentation der seitdem vollzogenen Weiterentwicklungen der psychoanalytischen Theorie und Methode auch als exemplarisches Medium der Abgrenzung.

Es wurde aber auch immer wieder kritisiert, dass Freuds Fälle trotz der offenkundigen technischen wie methodischen Mängel in den Curricula der Psychoanalyseausbildung belassen werden. So wurde gefordert, nicht in rückwärtsgewandeten Identifizierungen und Verstrickungen zu verharren und sich dafür auch von den ‚alten' Geschichten (Arlow 1982, 14) abzuwenden (vgl. dazu auch Mahony 1993). Eine solche Position erscheint berechtigt, sofern sie sich dagegen wendet, die Freudschen Fallgeschichten wie Verkündigungen unumstößlicher Wahrheiten zu rezipieren. Davon vollkommen unterschieden ist jedoch das Interesse, die Entstehung und Strukturierung der Theorie reflexiv und in diesem Sinne kritisch zu rekonstruieren: Eine solche Rekonstruktion untersucht die Spannung von Verstandenem und Unverstandenem und folgt dabei eben jener Linie, die als eine der zentralen Funktionen (nicht nur psychoanalytischer) Fallgeschichten angesehen werden kann, nämlich den Prozess der Entstehung neuer theoretischer, methodischer oder behandlungstechnischer Einsichten in statu nascendi nachvollziehen zu können.

Nicht nur wissenssoziologisch und erkenntnistheoretisch sind solche Rekonstruktionen von großem Interesse, insofern sie Einblick in die Mechanismen von Theorieentstehungen gewähren und die verschiedenen Faktoren beleuchten, die in die Spannung von Erkennen und Verkennen oder von Erkennen und Abwehr einfließen und die auf je unterschiedliche Weise die schöpferischen Suchbewegungen einer Erkenntnispraxis determinieren. Hinzu kommt, dass anhand der Rekonstruktion der Fallgeschichten die Weichenstellungen aufgespürt werden können, an denen bestimmte Theorielinien eingeschlagen wurden. Gerade dadurch können Anhaltspunkte für die aktuelle Weiterentwicklung der Theorie und Methode zu gewonnen werden. Beleuchten wir dazu im nächsten Schritt die Stellung des ‚Fall Dora' im Theorieentstehungsprozess im engeren Sinne.

1.2 Traum, Hysterie und Sexualität: der Fall Dora im Theorieentstehungsprozess

Ich resümiere im Folgenden kurz, was ich andernorts ausführlich dargestellt habe (King 1995): Freud wollte mit der Fallgeschichte, wie er selbst ausführt, endlich die sexuelle Ätiologie der Hysterie beweisen, die Traumdeutung in der Behandlung anwenden und die wunscherfüllende Funktion des Traums unterstreichen. Damit steht die Fallgeschichte, die zunächst „Traum und Hysterie" heißen sollte und in der Freuds Deutungen zweier Träume der hysterischen Patientin eine bedeutende Rolle spielen, zum einen im Zentrum der „Trilogie" der psychoanalytischen Ursprungstexte (Ornstein 1993): zusammengesetzt aus der „Traumdeutung" (1900), dem Fall Dora und den „Drei Abhandlungen zur Sexualtheorie" (1905b). Auch zeigt der Fall Dora die große Veränderung der klinischen Praxis und der theoretischen Einsichten gegenüber den psychiatrisch-vorpsychoanalytischen Therapien, wie sie in den ‚Studien über Hysterie' (Breuer/Freud 1895) ausgeführt sind.

Zwischen diesen Fällen der ‚voranalytischen' Phase und dem Fall Dora liegt der Prozess der Selbstanalyse Freuds. Mit dem Fall Dora und seiner Publikationsgeschichte geht die Phase der markanten Einheit von Selbstanalyse und Schaffensprozess ihrem Ende zu, wobei der Fall Dora und seine Geschichte noch von der psychischen Verfassung der Selbstanalyse geprägt sind, zugleich von einer Trennungs- oder Beendigungssituation eben in Hinblick auf diese psychische Verfassung und erste markante Schaffensphase. Der Fall Dora ist der erste große psychoanalytische Fall am Ende der Selbstanalyse Freuds und zugleich auch der Fall, in dem er einen bedeutenden Schritt im Verständnis der Übertragung vollzog, wenn damit auch (noch) nicht im radikalen Sinne das Zwei-Personen-Geschehen im analytischen Prozess begriffen wurde. Der Fall stellt daher einen vielfach determinierten Ausgangs- und Endpunkt dar, eine Ursprungssituation oder Urszene (zunächst im wörtlichen Sinne des Begriffs), eine Urspungsszene der Psychoanalyse als Einheit der Theorien zur Dynamik des Unbewussten und der an der Übertragung orientierten Methode. Mit dem Publikationsjahr 1905 beginnt eine neue theoretische Phase, in der explizite Bezüge zur Biographie Freuds in den Hintergrund treten und in der die Ergebnisse der psychoanalytischen Fallstudien in veränderten Formen theoretisch weiterentwickelt werden. Auf der sozialen Ebene geht diese Entwicklung einher mit einer zunehmenden Institutionalisierung und Professionalisierung der Psychoanalyse.

Riskieren wir eine Analogie mit lebensgeschichtlichen Entwicklungen, so läge sie darin, dass ab diesem Zeitpunkt gleichsam die ‚adoleszente' Phase der Theorieentwicklung mit ihrem ausgeprägtem Selbstbezug und dem Ringen um neue Welt- und Selbstsichten in eine festgefügtere ‚erwachsene' Ordnung mündet, in eine charakteristische Konstellation von Lösungen und Abwehrformen bezüglich der in der adoleszenten Umarbeitungs- und Neuschöpfungsphase noch eher offen virulenten Konflikte. Mit dieser Metaphorik soll unterstrichen werden, dass die psychischen und theoretischen Bewegungen der Dora-Analyse unter diesem Gesichtspunkt eines adoleszent-schöpferischen Prozesses betrachtet werden können, bei dem die Konfliktlagen von Freud virtuos entfaltet worden sind. Vor allem aber soll diese Akzentuierung von Betrachtungsweisen wegführen, die sich in verdinglichender Weise um die Frage von Erfolg oder Scheitern des Falls ranken.

Die Konzentration auf das Scheitern in der Rezeptionsgeschichte ist häufig durch den Abbruch der Behandlung begründet, der auch in die Bezeichnung ‚Bruchstück' eingeflossen ist. Die Einengung auf den Misserfolg hat dazu geführt, an die Re-Interpretationen des Falls immer wieder die Täter-Opfer-Perspektive mit wechselnden Schuldzuweisungen, Freud oder Dora betreffend, anzulegen. Eine Fokussierung des adoleszent-schöpferischen Prozesses, verbunden mit einer radikalisierten Analyse der Interaktionen des ‚Paars in der Übertragung', erlaubt es demgegenüber, die Spannung von fruchtbarem Gewinn eines eingeschlagenen Erkenntnis- und Konfliktlösungsweges einerseits und seinen Grenzen andererseits auszuloten und dadurch zu neuen Erkenntnissen zu gelangen. Entsprechend gilt es, die schlichte Täter-Opfer-Betrachtung zu verlassen, die Empathie für beide Protagonisten, Freud und Dora, und somit auch für das ‚Paar in der Übertragung' offen zu halten – ohne dabei wiederum die realen Machtbeziehungen zwischen Männern und Frauen, in die Dora und auch die Beziehung zwischen Freud und Dora eingespannt war, aus dem Auge zu verlieren[1].

Diese Zugangsweise markiert nochmals die besonderen Charakteristika von Fallgeschichten. Denn während Theorien in der Tendenz mit dem Anspruch einer vollen oder in sich geschlossenen Wahrheit antreten, sind Fallgeschichten immer auch unzulänglich: Sie verdeutlichen gleichsam konstitutiv, insofern sie

---

[1] Diese Perspektive erwies sich als schwierig durchzuhalten. Nicht zufällig findet sie sich gerade auch im Rahmen von Betrachtungsweisen, die an künstlerisch-textanalytischen, erkenntnistheoretischen oder historischen Fragen orientiert sind. Beispiele dafür sind, um nur einige herauszugreifen, die Arbeiten von Major (1973), Marcus (1976), van den Berg (1987), Wellendorf (1987) oder Decker (1991) oder – und hier wird die Analyse ganz in einer Kunstform aufgehoben – das luzide durchkomponierte Theaterstück von Cixous (1976).

Darstellungen einer Praxis sind, die Unzulänglichkeit des Autors oder Forschers, diejenige der in ihr interagierenden Protagonisten, des Therapeuten oder Patienten, und ganz allgemein die suchenden und dabei auch in die Irre gehenden Momente im Ringen um Verständnis.

In dieser scheinbaren Schwäche liegt jedoch zugleich auch ihre Stärke: Ermöglicht doch die Darstellung der Praxis jene psychischen und intellektuellen Bewegungen nachzuvollziehen, die zur Entstehung von Theorie oder theoretischen Konzepten führen. Insofern enthält jegliche Darstellung von Praxis oder Empirie (sofern in ihr tatsächlich dargestellt und nicht vorrangig verhüllt wird) potenziell ihre ‚volle Wahrheit', auch wenn sie nicht immer explizit gemacht oder unmittelbar verstanden werden kann. Die in einer Fallgeschichte ausgedrückte ‚Wahrheit' bemisst sich insofern auch nicht daran, ob es sich um eine ‚gescheiterte' oder eine ‚erfolgreiche' Behandlung handelt. Diese Sichtweise verlangt jedoch eine in mancher Hinsicht kontra-intuitive Position: nämlich die Fähigkeit oder Bereitschaft, etwas, das in mancher Hinsicht nicht gelungen ist, trotzdem in seiner Fruchtbarkeit zu erkennen.

Die Schwierigkeit, eine solche Haltung einzunehmen, vervielfacht sich im Fall Dora einmal, weil die Fallgeschichte auf der Schnittstelle zwischen Erkennen und Verkennen der Übertragung liegt: Einerseits wird der Fall Dora als Ursprung der großen Entdeckung der Übertragung gesehen, indem Dora Freud das Verständnis der Übertragung aufgezwungen hat (Pontalis 1992, 55), andererseits auch als Ursprung eines folgenschweren Irrtums: nämlich als Ursprung des einseitigen „monadischen Modells" der Übertragung (Thomä/Kächele 1988), das in der Folge vielfach unreflektiert übernommen wurde.

Dieser Zusammenhang ist zum zweiten verwoben – und damit komplizieren sich das Verständnis wie auch der affektive Zugang zur Fallgeschichte – in einen paradigmatisch erscheinenden Geschlechterkampf, bei dem Freud sich in patriarchalem Gestus die Geschichte einer jungen Frau aneignet, diese benutzt und ihren Widerstand im Dienste der problemlosen Darstellung der Potenz der psychoanalytischen Theorie und Methode zu bezwingen versucht.

Eine dritte Herausforderung ergibt sich daraus, dass es sich zwar bei Dora um eine Adoleszente handelt, dass dieser Umstand jedoch weder in der Fallgeschichte selbst noch in vielen der späteren Reinterpretationen systematisch berücksichtigt worden ist. Um dem Verhältnis von Fallgeschichte und Theorieentstehung genauer auf die Spur zu kommen, gilt es insofern, die „halbierte" Entdeckung der Übertragung als einseitigem (statt interpersonalem Prozess) weiter zu führen durch eine präzise Rekonstruktion der Übertragung, die das gesamte, also *beide* Personen umfassende Geschehen in der Behandlung einbezieht, und mit einer Analyse der Geschlechter- und Generationenbeziehungen und den adoleszenten Thematiken zu verknüpfen.

2. Freud und Dora: Bruchstück einer Adoleszenz-Analyse [2]

Die 18jährige Patientin, die er „Dora" nannte und mit wirklichem Namen Ida Bauer hieß, war von Oktober bis zum 31. Dezember 1900 in Behandlung bei Freud. Sie begann die Analyse aufgrund des energischen Drängens ihres Vaters, nachdem die Eltern durch einen Abschiedsbrief, den sie im Schreibtisch der Tochter gefunden hatten, erschreckt waren, und als Dora, einige Zeit danach, durch einen Streit mit dem Vater einen Anfall von Bewusstlosigkeit erlitten hatte.

Eine erste Begegnung hatte bereits zwei Jahre zuvor, im Frühsommer 1898, stattgefunden, als der Vater Dora wegen nervösen Hustens und Heiserkeit zu Freud gebracht hatte. Von dem daraus folgenden Behandlungsvorschlag Freuds wurde Abstand genommen, nachdem die Symptome nach einiger Zeit spontan verschwanden. Freud hatte weitere 4 Jahre davor den Vater behandelt, der an den Spätfolgen einer vorehelichen Syphilisinfektion litt, und dessen Symptome durch Freuds ärztliche Behandlung weitgehend beseitigt werden konnten. Der Vater war auf Empfehlung eines Freundes, Herrn K.s, „dessen Rolle uns noch später beschäftigen wird" (Freud 1905a, 98), zu Freud gekommen. Dora war, wie es Freud beschrieb, seit ihrer ersten Begegnung zu

> „einem blühenden Mädchen von intelligenten und gefälligen Gesichtszügen herangewachsen, das ihren Eltern aber schwere Sorge bereitete. Das Hauptzeichen ihres Krankseins war Verstimmung und Charakterveränderung geworden. Sie war offenbar weder mit sich noch mit den Ihrigen zufrieden, begegnete ihrem Vater unfreundlich und vertrug sich gar nicht mehr mit ihrer Mutter, die sie durchaus zur Teilnahme an der Wirtschaft heranziehen wollte. Verkehr suchte sie zu vermeiden; soweit die Müdigkeit und Zerstreutheit, über die sie klagte, es zuließen, beschäftigte sie sich mit dem Anhören von Vorträgen für Damen und trieb ernstere Studien" (Freud 1905a, 101).

Zudem litt Dora fortgesetzt an einer Vielzahl körperlicher Symptome, insbesondere an den hysterischen Hustenanfällen mit langanhaltendem Stimmverlust, an vaginalem Ausfluss und Verdauungsbeschwerden. Die familiäre Situation war vor allem gekennzeichnet durch eine schon lang andauernde Entfremdung der Eltern, die sich durch die bedrohlichen Krankheiten des Vaters verstärkt hatte. Mit seiner vorehelichen Syphilisinfektion hatte der Vater offenbar auch seine Ehefrau angesteckt, die in der Folge über chronische vaginale Beschwerden klagte. Doras Mutter hatte im Verlauf ihrer Ehe einen ausufernden Reinlichkeitszwang entwickelt und quälte sich und ihre Umgebung durch rigide Ordnungs- und Sauberkeitsregelungen. Dora hatte sich als Kind stärker zum Vater hingezogen gefühlt: Sie war zur Vertrauten und Pflegeperson des Vaters geworden, hatte ihm am

---

[2] Vgl. zum Folgenden auch King (1996), eine ausführliche Zusammenfassung und Neuinterpretation des Falls findet sich in King (1995, 15-180).

Krankenlager die Ehefrau ersetzt und hing an ihm über Jahre mit großer Zärtlichkeit. Als Dora etwa 12 Jahre alt war, trat der Vater in das bis dahin ernsteste Stadium seiner Syphilisinfektion ein und litt an Zuständen der Verworrenheit mit Lähmungserscheinungen.

In dieser Zeit wurde Dora in der Pflege des Vaters von einer Freundin der Familie, Frau K., abgelöst. Zwischen dieser Frau K. und dem Vater entstand eine Liebesbeziehung, die während des Zeitpunktes von Doras Behandlung bei Freud andauerte. Dora, die von dieser Liebesbeziehung wusste, hatte zu Frau K. zunächst ein sehr intimes und vertrauensvolles Verhältnis entwickelt. Wenn sie beispielsweise bei Familie K. zu Besuch war, teilte sie das Schlafzimmer mit Frau K. und ihr Gatte wurde ausgeschlossen. Dieser Gatte wiederum, Herr K., empfand eine besondere Zuneigung für Dora, die sie sich gerne gefallen ließ, solange es zu keinen unmittelbar sexuellen Verführungsversuchen kam. Sie unternahmen Spaziergänge, teilten ein gemeinsames Interesse und die Besorgnis für die beiden Kinder des Ehepaares K. und trafen sich häufig.

Eine erste Krise zwischen den beiden war eingetreten, als Herr K. die zu diesem Zeitpunkt 14-jährige Dora zu küssen versuchte. Dora empfand heftigen Ekel und riss sich los, ging jedoch in der Folge über den Vorfall hinweg, als sei nichts geschehen. Zwei Jahre später, als Dora mit ihrem Vater Familie K. an deren Urlaubsort besuchte und mit Herrn K. einen Spaziergang am nahegelegenen See unternahm, machte Herr K. Dora einen Liebesantrag, von dem in der Folge zwischen Dora und Freud umstritten war, ob es sich um einen ernsthaften Heiratswunsch oder um eine unseriöse Verführung gehandelt habe. Dora hatte Herrn K., nachdem er ihr gegenüber geäußert hatte: „Sie wissen, ich habe nichts an meiner Frau“, eine Ohrfeige versetzt und war davongegangen. Freud vertrat in der Analyse den Standpunkt, dass Herr K., hätte sie ihn ausreden lassen, seine ernsten Absichten hätte zu erkennen geben können.

Etwa zwei Wochen nach diesem Vorfall, nachdem von Herrn K. nichts mehr zu hören war, berichtete Dora den Vorfall der Mutter. Herr K. wurde vom Vater zur Rede gestellt und leugnete entschieden. Frau K. stellte sich vor ihren Mann und bezichtigte Dora der Lektüre unanständiger Schriften, aus denen sie ihre Phantasieproduktionen wohl geschöpft hätte. Der Vater zog es vor, Herrn K. zu glauben, um damit, wie Dora scharfsinnig vermutete, ungestört seine Beziehung zu Frau K. weiterführen zu können. Dora war also von allen wichtigen und geliebten Personen – dem Vater, Frau K., Herrn K. – verraten und enttäuscht worden. Ihre Verstimmung steigerte sich in der Folge und äußerte sich in der wütenden Forderung an den Vater, seine Beziehung zu Frau K. zu beenden.

Als diese Auseinandersetzungen sich zuspitzten, brachte der Vater Dora zu Freud. Der Vater leugnete gegenüber Freud seine Liebesgeschichte mit Frau K., betonte jedoch zugleich (und Freud referierte diesen Satz wortgleich wie die bereits erwähnte Äußerung Herrn K.s gegenüber Dora): „Sie wissen, ich habe nichts an meiner Frau.“ Er forderte Freud auf, Dora zur Vernunft zu bringen:

> „Bei meinem Gesundheitszustand brauche ich Ihnen wohl nicht zu versichern, dass hinter diesem Verhältnis nichts Unerlaubtes steckt. Wir sind zwei arme Menschen, die einander, so gut es geht, durch freundschaftliche Teilnahme trösten. *Dass ich nichts an meiner eigenen Frau habe*, ist Ihnen bekannt. Dora aber, die meinen harten Kopf hat, ist von ihrem Hass gegen die K. nicht abzubringen. Ihr letzter Anfall war nach einem Gespräch, in dem sie wiederum dieselbe Forderung an mich stellte. Suchen Sie sie jetzt auf bessere Wege zu bringen" (Freud 1905a, 104, Hervorh. v.d. Verf.).

Freud war jedoch von Doras Scharfsinn durchaus beeindruckt und vermutete, dass der Vater ihn belog, ohne deshalb die Behandlungsbedürftigkeit von Doras hysterischen Symptomen anzuzweifeln. Er bezeichnete sie als reif und sehr selbständig im Urteil und erwähnte beiläufig ihre nicht näher bezeichneten „ernstere(n) Studien" (Freud 1905a, 101). Dora hatte bereits als Kind im Lernen ihrem eineinhalb Jahre älteren Bruder, dem später berühmtgewordenen Politiker und Autor Otto Bauer, nachgeeifert. Im Jugendalter wurde die Ausbildung des Bruders von der Familie selbstverständlich unterstützt. Das Studium diente ihm, wie Rogow (1979) in seiner Analyse der Biographie Otto Bauers konstatierte, auch der Bewältigung der wahrgenommenen Wirrnisse und psychischen Verwicklungen sowie, ganz konkret, dem Rückzug aus der Familie. Dora hingegen war auf mehr oder weniger unbefriedigende autodidaktische intellektuelle Beschäftigungen und Bildungsversuche angewiesen und konnte ihre Begabungen und intellektuellen Interessen nur sehr bedingt entfalten oder befriedigen.

Dieser Gesichtspunkt tauchte in der Behandlungsdarstellung jedoch nicht auf und hatte für Freud keinen systematischen Stellenwert. Seine Deutungslinien bewegten sich vor allem entlang der Vorstellung, dass Dora unbewusst die ganze Zeit über und noch immer in Herrn K. verliebt gewesen sei. Ihr wütendes Verhalten gegenüber dem Vater und die ständige Beschäftigung mit seiner Beziehung zu Frau K. deutete er als eine Abwehr dieser Liebe. Anhand von Doras erstem Traum, bei dem die schlafende Dora vom Vater geweckt wird, um sie aus einem brennenden Haus zu retten, erklärte ihr Freud, dass sie die kindliche ödipale Liebe zum Vater wachrufe, um sich vor dem Feuer ihrer Erregungen im Verhältnis zu Herrn K. zu schützen:

> „Wie ich's Ihnen schon vor diesem Traume gesagt habe, der Traum bestätigt wieder, dass Sie die alte Liebe zum Papa wachrufen, um sich gegen die Liebe zu K. zu schützen. Was beweisen aber alle diese Bemühungen? Nicht nur, dass Sie sich vor Herrn K. fürchten, noch mehr fürchten Sie sich vor sich selber, vor Ihrer Versuchung, ihm nachzugeben. Sie bestätigen also dadurch, wie intensiv die Liebe zu ihm war" (Freud 1905a, 141).

Ihre Anfälle von Stimmlosigkeit brachte er mit der Sehnsucht nach dem abwesenden Herrn K. in Verbindung. Anhand einzelner Elemente des zweiten Traumes und entsprechender Assoziationen schloss Freud auf den unbewussten und bedrohlichen Wunsch, von Herrn K. defloriert zu werden - und schließlich auf eine unbewusste Entbindungsphantasie, die sich an den mit K. ersehnten Verkehr anschloss.

2.1 Doras Urszenenphantasien und Bilder der Geschlechterbeziehungen – Ausbeutung und Missachtung

An diesen Beispielen zeigen sich die Formen und zentralen Inhalte der Freudschen Deutungen. In der späteren Rezeption[3] des Falls ist an dieser Stelle immer wieder auf die Problematik einer unangemessenen Sexualisierung verwiesen worden, zumal es sich bei Dora um eine Adoleszente handelt. Dies trifft zweifellos zu, berührt jedoch noch nicht den Kern und die Mehrschichtigkeit des Übertragungskonflikts, wie noch gezeigt werden soll. Dazu sei zunächst das Behandlungsende geschildert: Das Behandlungsende fiel mit der Deutung des zweiten Traumes zusammen. Die Deutung dieses zweiten Traumes nahm drei Sitzungen in Anspruch. Mit seiner „Erledigung", wie es Freud formulierte, brach die Analyse ab. In der vorletzten Sitzung erinnerte sich Dora anhand von Assoziationen zu ihrem Traum an eine vermeintliche Blinddarmentzündung: „Sie habe kalte Umschläge bekommen, sie aber nicht vertragen; am zweiten Tage sei unter heftigen Schmerzen die seit ihrem Kranksein sehr unregelmäßige Periode eingetreten. An Stuhlverstopfung habe sie damals konstant gelitten" (Freud 1905a, 169).

Es stellte sich im Verlauf der Sitzung heraus, dass diese Erkrankung neun Monate nach der Verführungsszene mit Herrn K. am See eintrat. Freud kam zu dem Schluss, dass die „angebliche Blinddarmentzündung ... also die Phantasie einer Entbindung realisiert (hatte) mit den bescheidenen Mitteln, die der Patientin zu Gebote standen, den Schmerzen und der Periodenblutung" (Freud 1905a, 168). Freud versuchte Dora klarzumachen, dass sie den Ausgang der Szene am See, den Abbruch der Verführung, bedauert und ihn im Traum korrigiert habe – dass ihre Liebe zu Herrn K. sich bis auf den „heutigen Tag" unbewusst fortsetze. „Sie widersprach dem auch nicht mehr" (ebd., 170). So gab Freud am Ende der zweiten Sitzung seiner „Befriedigung über das Erreichte Ausdruck". Dora antwortete daraufhin „geringschätzig: Was ist denn da viel herausgekommen? und bereitete", so Freud, ihn „so auf das Herannahen weiterer Enthüllungen vor" (ebd., 171).

Die dritte Traumdeutungssitzung begann Dora mit der Ankündigung: „Wissen Sie, Herr Doktor, dass ich heute das letzte Mal hier bin?" (ebd., 171) Freud akzeptierte erstaunlicherweise Doras Entscheidung unmittelbar und schlug lediglich vor, an diesem Tag noch zu arbeiten. Er zeigte ihr während dieser Stunde anhand weiteren Materials erneut auf, dass sie gehofft habe, Herr K. möge trotz ihrer Abweisung seine Werbung wiederholen und damit die Ernsthaftigkeit unter

---

[3] Eine ausführliche Diskussion und Bibliographie der Kommentare zur Fallgeschichte, der umfangreichen Sekundärliteratur im deutsch-, englisch und französischsprachigen Raum und der Rezeptionsgeschichte zwischen 1906 und 1994 findet sich in King (1995).

Beweis stellen. Freud wunderte sich im Verlauf der Sitzung über Doras erstmalig deutliches Zugeständnis, dass sie sich Hoffnungen bezüglich Herrn K. gemacht und sehnsüchtig an ihn gedacht hatte auch und gerade nach ihrer Abweisung. Auch am Ende dieser Sitzung schien sie „ergriffen, nahm auf die liebenswürdigste Weise mit warmen Wünschen zum Jahreswechsel Abschied[4] und – kam nicht wieder“ (ebd., 174). Dora kehrte jedoch zurück, eineinviertel Jahre später, nachdem sie von seiner Ernennung zum Professor in der Zeitung gelesen hatte. Sie kam mit einer halbseitigen Gesichtsneuralgie und bat Freud um Hilfe. Freud deutete ihr Symptom als Selbstbestrafung für die ‚Ohrfeige‘, die sie ihm in der Übertragung wie Herrn K. durch die abrupte Beendigung gegeben hatte – und weigerte sich, sie erneut in Behandlung zu nehmen. Er versprach ihr jedoch, ihr zu verzeihen.

Gerade diese Szenarien am Ende der Analyse sind symptomatisch für die zentralen Themen und psychischen Bewegungen der Analyse, die nicht begriffen und von daher auch nicht aufgelöst werden konnte: Es zeichnen sich zwei Paarbeziehungsbilder ab, die von Freud und Dora abwechselnd durchgespielt und in unterschiedlichen Positionen inszeniert wurden. So handelt es sich zum einen um eine Bewegung der Zuwendung und des Kooperierens, bei der die Worte und psychischen Bewegungen des einen vom andern aufgenommen, anerkannt und produktiv verwandelt werden können; zum andern um eine immer zugleich präsente destruktive Aggressivität, die die Produktivität im selben Moment einholt, in dem sie sich entfaltet und gezeigt hat. Entsprechend hat Freud in seinem Kommentar die Beendigung auf den Punkt gebracht: „Es war ein unzweifelhafter Racheakt, dass sie in so unvermuteter Weise, als meine Erwartungen auf glückliche Beendigung der Kur den höchsten Stand einnahmen, abbrach und diese Hoffnungen vernichtete" (ebd., 174f.).

Die Formulierungen verdeutlichen, wie Freud in der Identifizierung mit dem abgewiesenen Herrn K. verharrte und sich dadurch gegenüber der naheliegenden Erkenntnis versperrte, dass Dora in der Analyse ihre Erfahrungen der sich ständig verfehlenden, ausbeutenden, krankmachenden oder kastrierenden Paare wiederholte. Doras Vorstellungen von heterosexuellen Beziehungen – im besonderen, aber nicht nur: ihr Bild des Elternpaars – mussten zwangsläufig geprägt sein von der wechselseitig vernichtenden Entwertung, dem „Ich habe nichts an meiner Frau“, das ihr bei allen wichtigen männlichen Protagonisten und, in anderer Form, auch bei den weiblichen Bezugspersonen ihrer Umgebung begegnet war. So hatte Herr K. mit seiner Formulierung „Sie wissen, ich habe nichts an meiner Frau“, die in Doras Erleben ohnehin bedrohlich bereitliegende Vorstellung des Zusammenfallens von Verführung und Vernichtung aktualisiert. Abgesehen von der Kränkung, die für Dora darin lag, dass Herr K. dieselben Worte auch an das Dienstmädchen gerichtet hatte, vernichtete er damit die labile Basis von Doras weiblicher Identifizierung, die wesentlich die Gestalt der idealisierenden Bewunderung für Frau K. hatte. Seine Aggression traf von daher seine Frau und Dora in einem. Auf diese Weise wiederholte sich in der Beziehung zwischen ihm und Dora das sadistische

[4] Es war der 31. 12. 1900.

‚Nichts', das auf für Dora leidvolle Weise die Beziehung zwischen ihren Eltern charakterisierte. Die äußere Szene, in der sich Verführung und aggressiv vernichtender Schlagabtausch in einem Atemzug entfalteten, dramatisierte gleichsam Doras unbewusste Vorstellung über die Urszene[5]. In diesem Sinne war Doras Analyseabbruch in der Tat analog dem Ausgang der Szene am See, als die Erwartungen den „höchsten Stand einnahmen" (Freud 1905a, 175) und zugleich höchste Vernichtung drohte. Freud konnte jedoch nicht erkennen, wie sehr sich Dora auch durch seine sexualisierende Deutungstechnik missverstanden, durch sein Insistieren auf Doras Liebe zu Herrn K. zurückgewiesen fühlen und durch seinen Deutungsfuror und Beweisführungszwang ausgebeutet fühlen musste, mit dessen Hilfe er sie um jeden Preis zur Bestätigung seiner Theorien zu Traum und Hysterie bringen und verwenden wollte.

2.2 Bilder des inneren Geschlechts – verkehrte Entbindungen

Entsprechend lässt sich auch Freuds nachträgliche Interpretation, er habe die Übertragung von Doras negativen Empfindungen gegenüber Herrn K. auf ihn übersehen und sei daher Opfer ihrer Rache geworden, nicht verbinden mit seiner anderen Vermutung, dass er Doras ausgeprägte homosexuelle Wünsche nicht habe verstehen können und die Analyse aus diesem Grund misslungen sei.

Das Thema der – negativen und positiven – Übertragungen auf Freud als Mann lässt sich jedoch durchaus mit Doras homosexuellen Wünschen verknüpfen. Zunächst ist davon auszugehen, dass ihr Wunsch Frau K. gegenüber vor allem darin bestand, die eigene Weiblichkeit in einer Frau narzisstisch zu spiegeln und sich mit ihr identifizieren zu können, das heißt, mit einer Frau, die nicht wie die Mutter ein zerstörtes inneres Geschlecht mit einem endlosen Ausfluss hat. Doras Identifizierungsversuche basierten dabei auf einer intensiven Idealisierung – sie sprach beispielsweise von dem wunderschönen weißen Körper Frau K.s, den sie bewunderte. Und sie folgten einer Aufspaltung zwischen dem Bild der schlechten entwerteten Mutter, die nichts Gutes in sich birgt, und einem reinen, von negativen und sadistischen Impulsen und Körpervorstellungen befreiten Bild einer Mutter, die madonnengleich die Kinder unberührt empfangen und in die Welt setzen konnte. Entsprechend vermied es Dora auch, sich Frau K., die bewunderte Frau, als genital aktive oder empfangende zu sehen, und stellte sich vor, dass Frau K. und der als impotent vermutete Vater ausschließlich oral-genitalen Verkehr hatten. Doras Idealisierung der reinen „weißen" Weiblichkeit Frau K.s entspricht in diesem Sinne ihren destruktiven Vorstellungen über die heterosexuell ausgerichtete Genitalität. Aus dieser Perspektive kann das systematische Verfehlen der produktiven Begegnung mit Freud, das Misslingen der Herstellung einer produktiven Analyse-Beziehung, auch als Ausdruck einer misslungenen Integration aggressiver Impulse

[5] Zur Bedeutung der Urszenen- und Ursprungsphantasien in der Adoleszenz vgl. King, 1995, und zur psychischen Bedeutung des inneren Geschlechts in der weiblichen Adoleszenz: King (2000, 2001).

in das genitale Erleben verstanden werden: Aus ihrer Erfahrung mit der Mutter und aus der Wahrnehmung der Eltern-Beziehung hatte Dora ein Bild vom inneren Geschlecht der Frau entwickelt, das durch Phantasien von Zerstören und Zerstörtsein geprägt war. Entsprechend oszillierten ihre Versuche der Auseinandersetzung mit ihrem Geschlecht zwischen Aneignung und Wegstoßen, zwischen Annehmen und Verleugnen. Doras Identifizierung mit dem Bild der innerlich zerstörten oder zerstörenden Mutter zeigte sich zum Beispiel darin, dass sie an einem vaginalen Ausfluss wie die Mutter litt. Die Ausgestaltung dieser Identifizierung in der analytischen Beziehung zu Freud wurde von ihm an einer Stelle explizit wahrgenommen:

> „Sie identifizierte sich einige Tage lang in kleinen Symptomen und Eigentümlichkeiten mit der Mutter, was ihr Gelegenheit gab, Hervorragendes an Unausstehlichkeit zu leisten ... Ihr Verharren in der Identifizierung nötigte mir fast die Frage auf, ob sie denn auch eine Geschlechtskrankheit habe, und nun erfuhr ich, dass sie mit einem Katarrh (*fluor albus*) behaftet sei ..." (Freud 1905a, 145f.).

Dieser Ausfluss steht im Erleben sicherlich auch für das ‚Nasswerden' durch die sexuelle Erregung und für die Menstruation, was jedoch in der Analyse nicht thematisiert wird. Er verweist insofern auch darauf, wie Dora Erregung und Menstruation erlebte: als Krankheit, Bedrohung und Zeichen von Zerstörung.

Ihr Kampf um *Aneignung* ihres Geschlechts wiederum hatte sich in Form der in einer vermeintlichen Blinddarmentzündung verkleideten *Entbindungsinszenierung* gezeigt, bei der sie unter Schmerzen ihre seit langem ausgebliebene Periodenblutung wieder hervorbrachte – und darin, dass sie diese Entbindungsphantasie über den Traum in die Analyse hineintrug und damit reaktualisierte.

Doras Aneignungsbemühungen lassen sich auch in einer Szene erkennen, die Dora als Assoziation zum zweiten Traum berichtete, nämlich wie sie in der Dresdner Kunstgalerie zwei Stunden lang vor dem Bild der Sixtinischen Madonna von Raphael versunken war. In dieser Versunkenheit zeigten sich die Wünsche nach Spiegelung und Selbstvergewisserung ihrer Weiblichkeit und zugleich ihre Sehnsucht nach mütterlicher Zuwendung – wie auch jene nach Spiegelung in einem Mutterbild, welches von keiner schmutzigen und zerstörerischen Empfängnis befleckt worden ist. Freud kommentierte diese Szene damit, dass er vermute, die „mütterliche Sehnsucht nach einem Kinde" wäre „bei Fortsetzung der Analyse" als „dunkles aber mächtiges Motiv ihres Handelns aufzudecken gewesen" (Freud 1905a, 170, Anm. 2), womit er indirekt die potenzielle Ahnung zum Ausdruck brachte, *dass es gerade die sublimatorische, eben ‚analytische' Ausgestaltung dieses Wunsches in der Übertragung war, die aus der Behandlung ausgeschlossen blieb, eben weil Freud Doras Sehnsüchte und Wünsche auf konkretistische Weise immer wieder mit Herrn K. in Beziehung setzte – und dass das Verkennen dieses Übertragungsmotivs mit einer gewissen Zwangsläufigkeit zum Abbruch der Analyse führen musste.* Aus dieser Perspektive bebilderten Doras hysterische

Entbindungsphantasie und ihr Versinken im Bild der Madonna mit dem Kind Doras adoleszenten Schöpfungswunsch als einem ,dunklen und mächtigen Motiv'.

Schöpfungs- oder Entbindungswunsch und Phantasiekind haben in der adoleszenten Entwicklung eine vielschichtige, überdeterminierte Bedeutung: Das imaginierte Kind steht sowohl für die Adoleszente selbst in ihrem Wunsch nach Neubeginn, Ablösung und Entbindung von den kindlichen Beziehungskonfigurationen, nach Hervorbringung einer erwachsenen Identität. Zugleich steht das Phantasiekind für die Aneignung der weiblichen Potenz, für die Fähigkeit, mit der Mutter zu konkurrieren, phantasmatisch ihren Platz einnehmen zu können und, in der Rückbesinnung auf das Eigene, das an oder in der Mutter Beneidete im eigenen Körper zu finden. Das Kind symbolisiert die Fähigkeit, sich des eigenen Geschlechts zu bemächtigen und den genitalen Innenraum als Ort der Produktivität und der Lust zu imaginieren. Der adoleszente Wunsch nach dem Phantasiekind bezeichnet in diesem Sinne den Versuch, Bilder des Schöpferischen und der produktiven Verbundenheit auszugestalten und zu integrieren. Die Möglichkeiten der Aneignung und Integration setzen jedoch einen adoleszenten Entwicklungsspielraum – im Sinne Virginia Woolfs: ein ,Zimmer für sich allein'– voraus, der gerade den jungen Frauen häufig vorenthalten wurde.

2.3 Sublimierungs- und Erkenntniswünsche und die Rivalität zwischen Bruder und Schwester in der Übertragung

Doras Wunsch nach einer Möglichkeit der produktiven Ausgestaltung ihrer Vorstellungen über ihren Körper, ihr Geschlecht, ihren inneren Raum und die darin verborgenen Gefahren und Potenzen innerhalb eines geschützten Raumes – der geschützte Adoleszenz-Spielraum im Sinne eines Moratoriums – zeigte sich auch im letzten Traumelement ihres zweiten Traums: Im nachgetragenen Schlussbild dieses Traumes geht sie *„ruhig... auf ihr Zimmer ... und (liest) in einem großen Buch, welches auf ihrem Schreibtische liegt"* (Freud 1905a, 167).

Freud versteht das große Buch als Anspielung auf die für Jugendliche typische Lexikonlektüre, bei der Dora über die weibliche Anatomie, über Defloration, Schwangerschaft und Geburt nachgelesen hat. Es lässt sich jedoch zugleich auch verstehen als Wunsch nach Selbsterforschung und Selbstbetrachtung. Es zeigt Doras Wunsch, in Ruhe, ohne Angst vor Übergriffen und Funktionalisiertwerden, ihre eigenen Erregungen und Empfindungen in ihrem Geschlecht erleben und schrittweise integrieren zu können. Das Traumbild ist zugleich Ausdruck und Wunsch in bezug auf die Analysesituation, in der sie sich Freud zeigt und zeigen möchte und ihn in sich lesen lässt wie in einem „großen Buch". Schließlich enthält das Traumbild sicherlich eine Anspielung auf das Privileg des Bruders, der in Ruhe in seinem Studierzimmer sitzen kann und nicht in Funktion genommen wird innerhalb der familiären Verwicklungen. Es verweist auf den Bruder, der seine kreativen und sexuellen Potenzen ebenso wie seine Ängste und Nöte – dem adoleszenten Entwicklungsbedarf entsprechend – sublimierend bearbeiten kann und nicht wie Dora ausschließlich in Heiratsvorstellungen gedrängt und in

Liebesverwicklungen hineingezogen wird. Insofern enthält das Traumbild auch eine Anspielung auf Freud, der Dora Herrn K. als Ehemann anempfiehlt, sie damit ihres adoleszenten Entwicklungsraumes beraubt und aus der Analyse drängt und dabei seinerseits – wie der Bruder – ‚in Ruhe' in seinem Studierzimmer arbeitet, liest und schreibt und sich Dora als Gegenstand seiner theoretischen Bearbeitungen aneignet, anstatt Dora sich ‚in Ruhe' ihre Geschichte und ihr Geschlecht aneignen zu lassen.

Die Frage nach der Bedeutung der Bruder-Schwester-Beziehung in der Übertragungs-Gegenübertragungsdynamik zwischen Freud und Dora hatte sich für Freud in der Analyse und seinen nachträglichen Reflexionen offenbar nicht gestellt. Auch in der umfangreichen Sekundärliteratur blieb diese Perspektive erstaunlicherweise beinahe vollständig ausgespart[6], obwohl sie auch über die Wahl des Namens „Dora" angedeutet wird, den er seiner Patientin gab: Freud hat diese Namenswahl in der „Psychopathologie des Alltaglebens" erläutert (Freud 1905a, 1901). Er verbindet sie mit einer nicht lange zurückliegenden Entdeckung, dass das Dienstmädchen seiner Schwester Rosa, welches „Dora" genannt wurde, in Wirklichkeit „Rosa" hieß. Das Dienstmädchen wurde „Dora" genannt, um sie von der Hausherrin – Freuds Schwester – unterscheiden zu können (Freud 1901, 190ff.). Hinter „Dora" verbirgt sich demzufolge der Name „Rosa", das heißt, sowohl der *Name des Dienstmädchens* als auch der *Name der Schwester*.

Dass Freud in seinen eigenen Übertragungsneigungen auch in der Position des Bruders verstrickt war, liegt nahe, gerade wenn man sich die Analogien in den Geschwisterbeziehungen vergegenwärtigt. So lässt sich Freuds privilegierte Position als ältester Sohn (der Mutter) gegenüber den jüngeren Schwestern in seiner Familie mit der Position von Doras Bruder vergleichen, ebenso die herausragende intellektuelle Entwicklung und der Spielraum einer sublimierenden Bearbeitung der inneren Konfliktspannungen, der sowohl Doras Bruder als auch Freud in Hinblick auf Bildungsgang und Studium ermöglicht wurde, teilweise auf Kosten der Schwestern.[7] Otto Bauer war wie Freud ein brillanter Schüler und Abiturient und bestand sein Doktorat mit Auszeichnung (Rogow 1978, 346). Rogow (1979, 257)

---

[6] Eine Ausnahme stellen die Untersuchungen von Rogow dar, der das Schicksal von Doras Bruder Otto Bauer anhand des biographischen Materials über den berühmt gewordenen Politiker rekonstruierte und daraus Rückschlüsse über Doras Familie zu ziehen versuchte (vgl. Rogow 1979, insbes. 242, 245ff., 257; Rogow 1978, 349). Rogow konzentrierte sich jedoch in erster Linie auf den Bruder und verknüpfte seine Erkenntnisse nicht mit der Fallgeschichte bzw. mit der Frage der Übertragungsentwicklung. Weitere historische Recherchen über die Geschwisterbeziehungen wurden von Decker (1991) unternommen.

[7] Nach Gay (1987, 22f.) „drängten sich" die Eltern, Freuds fünf Schwestern und der jüngste Bruder in drei Schlafzimmern. „Nur Freud hatte sein ‚Kabinett' als privaten Bereich, einen ‚langen und schmalen Raum mit einem Fenster, das auf die Straße ging', und der immer mehr mit Büchern, dem einzigen Luxus des heranwachsenden Freud, vollgestopft wurde. Dort studierte und schlief er, und oft nahm er dort auch allein seine Mahlzeiten ein, um Zeit zum Lesen einzusparen."

bezeichnet Otto Bauer als Hamlet und fügt hinzu: „(If Hamlet) ... had had a sister, she might have been very much like Dora." Aus dieser Perspektive reiht sich Doras Geschichte als typisches Schicksal ein in dasjenige der Vielzahl junger Frauen, die weitaus weniger Möglichkeiten der Entfaltung ihrer intellektuell-kreativen Fähigkeiten eingeräumt bekamen als ihre Brüder[8]. Sowohl Doras Sublimierungswünsche als auch die Wahrnehmung der Beziehung zwischen Freud und Dora in Analogie zum Bruder-Schwester-Verhältnis und zu den unterschiedlichen Entwicklungsbedingungen von Bruder und Schwester bilden geradezu den dunkelsten Punkt in Freuds (Gegen-)Übertragung: Doras Studien und ihre intellektuellen Interessen schienen ihm nicht die geringste analytische Aufmerksamkeit abzuringen. So sind zwar in der Fallgeschichte bei genauer Betrachtung zahlreiche Bemerkungen eingestreut, in denen Freud Doras Intelligenz, Begabung und Kritikfähigkeit hervorhob (Freud 1905a, 97f., 101; vgl. Erikson 1962), oder den Ehrgeiz, mit dem sie dem Vorbild des älteren Bruders nacheiferte, bemerkte (Freud 1905a, 99). Freud beschrieb, wie erwähnt, auch, dass Dora „Vorträge für Damen" besuchte oder „ernstere Studien" betrieb (ebd., 101). Er bezeichnete sie als ein „unter diesen Umständen zum reifen, im Urteil sehr selbständigen Mädchen" herangewachsenes Kind (ebd., 100). Er notierte, dass Dora sehr enttäuscht war, als ihre Gouvernante, die sich in den Vater verliebt hatte, sich nur in dessen Anwesenheit für „ihre Arbeiten" interessierte (ebd., 112); dass umgekehrt der Vater auf die „frühzeitig entwickelte Intelligenz" der Tochter stolz gewesen sei und sie deshalb schon im Kindesalter als Vertraute herangezogen habe. Schließlich hob Freud Doras Bemerkung bei ihrer Rückkehr hervor, dass sie „ihren Studien (zu leben), ... nicht zu heiraten (gedenke)" (ebd., 185), konzentrierte sich dabei aber ausschließlich – und im Gefolge nahezu die Gesamtheit der Sekundärinterpreten! – auf den zweiten Teil der Äußerung, ohne beispielsweise mit einzubeziehen, dass diese „Studien" ihr Bedürfnis nach Selbsterkenntnis und Reflexion, nach Bildungsmöglichkeiten und einem adoleszenten Entwicklungsspielraum repräsentierten. Umgekehrt war Freud zu diesem Zeitpunkt selbst noch mit seinem eigenen „großen Buche" befasst, der gerade herausgekommenen Traumdeutung – *seinem* Traumbuch. Freud befand sich noch immer in großer Spannung in Hinblick auf die Rezeption dieses großen Buches, dem Resultat seiner eigenen selbstanalytischen Selbstbetrachtung. Freud war in diesem Sinne in hohem Maße mit seinen eigenen ‚adoleszent'-schöpferischen Prozessen befasst[9], so dass die Behandlung Doras für ihn eben auch wesentlich in der Funktion bestand, die Richtigkeit seiner Erkenntnisse erneut unter Beweis zu stellen. Aus dieser Perspektive konkurrierte Freud mit Dora gleichsam um die hervorbringende Potenz und um den adoleszent-schöpferischen Raum – eine

---

[8] „Die gesellschaftliche Ungleichwertigkeit der Geschlechter erlebten die Töchter zuerst in den Familien, und zwar leib-haftig an der eigenen Zurücksetzung gegenüber den Brüdern" (Klika 1996, 293). Vgl. auch Woolf (1928) und das berühmte Beispiel der Geschichte der Cornelia von Goethe (Prokop 1991).

[9] Freuds adoleszente Verfassung lässt sich aus unterschiedlichen Perspektiven rekonstruieren; vgl. dazu ausführlich King (1995).

Rivalität, die unter den bestehenden Voraussetzungen und sozialen und kulturellen Bedingungen zu Lasten der jungen Frau und der Bearbeitung ihrer ungelösten Konflikt- und Entwicklungspotenziale ging.

3. Resümee und Diskussion

Fallgeschichten, so wurde anhand einer Rekonstruktion der ersten großen psychoanalytischen Fallgeschichte gezeigt, sind für das Verständnis von Theorieentstehungsprozessen wissenschaftstheoretisch und -historisch von großer Bedeutung, *denn in jeder (angemessen) dargestellten Praxis ist die Dynamik von Erkenntnis- und Abwehrbewegungen deutlicher als in der Theorie selbst.* Während in Fallgeschichten diese Dynamik noch prozesshaft offenliegt und damit potenziell rekonstruierbar ist, sind in der Theorie bestimmte Reifungsprozesse vollzogen, Abwehrbewegungen oder auch Fehlschlüsse fixiert und die einzelnen Schritte, die zu theoretischen Einsichten geführt haben, weitgehend verborgen – analog dem Verhältnis zwischen adoleszenten Such- und Schöpfungsprozessen einerseits und der aus ihnen resultierenden erwachsenen Identität und Charakterstruktur andererseits. So lässt sich über die dargestellte Praxis – Fallgeschichten oder empirisches Forschungsmaterial allgemein – nachvollziehen, wie theoretische Konzepte entstanden sind und unter bestimmten Bedingungen auch, wie ihre blinden Flecken erklärbar sind. Unter der Voraussetzung, dass Fallgeschichten den Nachvollzug erlauben und in ihnen nicht die Tendenz zur Verhüllung die Tendenz der Veranschaulichung übersteigt, bilden sie einen unverzichtbaren Baustein in der Hervorbringung wie im Verständnis von Theorien.

Diese Spannung von ‚flüssiger' Erkenntnisbewegung und ‚verfestigter' Theorie zeigt sich auch im Verhältnis von Freuds Fall Dora. Diese 1905 unter dem Titel „Bruchstück einer Hysterie-Analyse" erschienene Fallgeschichte steht für zentrale Weichenstellungen der Psychoanalyse als Theorie und Methode.

Veränderungen der psychoanalytischen Theorie waren daher auch immer wieder Ausgangs- oder Endpunkt von Neuinterpretationen gerade des Falls Dora. Motive für die über viele Jahrzehnte anhaltende Beschäftigung mit dieser Fallgeschichte liegen dabei nicht allein in den allgemeinen Weiterentwicklungen der Theorie, sondern insbesondere auch darin, dass in dieser Fallstudie bis heute brisant und aktuell gebliebene Themen und Konfliktdynamiken enthalten sind. Das angesprochene Verhältnis von ‚flüssiger' Erkenntnisbewegung und ‚verfestigter' Theorie hat offenkundig im Fall Dora eine besonders herausfordernde Bedeutung: Der Fall Dora ist durch Themen bestimmt, die auch im ‚modernen' Theoriekorpus unzulänglich begriffen oder schwierig geblieben sind: die Geschlechter- und Generationenspannung und die Adoleszenz, Entwicklungsprozesse und Konflikte der weiblichen Adoleszenz, die Thematik des Schöpferischen, eingebettet in die Rivalität der Geschlechter und Generationen um kreative Potenz. Aus diesem Grund ist der Fall Dora zwangsläufig immer wieder aufgegriffen und neu durchdacht worden. Zugleich reflektieren der Fall Dora und seine Rezeptionsgeschichte Kontinuitäten und Wandlungen in den Geschlechter- und Generationenbeziehungen selbst. Die Fallgeschichte ist damit einerseits zum paradigmatischen Bezugspunkt für die daraus resultierenden Veränderungen der Theoriebildung geworden, zum andern repräsentiert sie ein Lehrstück für die Arbeit mit (weiblichen) Adoleszenten:

> Die Rekonstruktion der Fallgeschichte hat eine Reihe von Bedingungsfaktoren deutlich gemacht, die gerade junge Frauen zur Ausbildung hysterischer Symptomatiken disponierten: eine von Missachtung und Ausbeutung durchzogene Geschlechterbeziehung; die mangelnden Möglichkeiten, ein positives Bild des eigenen (inneren) Geschlechts zu entwickeln und die körperlichen Veränderungen der Adoleszenz zu integrieren; und schließlich das übergreifende Problem eines fehlenden adoleszenten Entwicklungsspielraums und Bildungsmoratoriums, das – wie im Fall von Doras Bruder – Zeit, Raum und Möglichkeit gelassen und gegeben hätte, Konflikte produktiver zu lösen. Stattdessen wurde die Protagonistin schon im frühen jugendlichen Alter in Liebesszenarien und die Spiele der Erwachsenen verwickelt und mit Heiratsvorstellungen bedrängt. Dabei ist der Fall Dora innerhalb eines Zeit- und Kulturraumes entstanden, in dem sich ansatzweise Bedingungen einer weiblichen Adoleszenz und Möglichkeiten von Bildungsprozessen zu entwickeln begonnen hatten. Zugleich blieben diese noch immer prekär und bedroht. Das Leiden an diesen Einschränkungen und Hindernissen prädestinierte Frauen daher auf besondere Weise zu Symptomträgerinnen der von Ausbeutung und Missachtung durchzogenen Geschlechterbeziehungen. Die damalige Verbreitung der weiblichen Hysterie ist aus dieser Perspektive als ein Symptom dieser unversöhnten Geschlechterbeziehungen und als ein Mangel an weiblicher Adoleszenz im Sinne einer schöpferischen Umarbeitungsphase zu verstehen.
>
> Doras Hauptssymptom, der Stimmverlust, war einst eines der verbreitetsten Symptome der Hysterikerinnen[10] und verweist zusätzlich auf das in der Hysterie stillgestellte adoleszente Ringen um Individuierung; repräsentiert doch das Sprechen entwicklungspsychologisch einen Fortschritt an Differenzierungs- und Abgrenzungsfähigkeit und Autonomie, die Fähigkeit, ‚Ich' zu sagen und sich der eigenen Möglichkeiten und der äußeren Welt symbolisch aneignend zu bemächtigen. Der Fall Dora lässt sich in diesem Sinne als ein paradigmatisches Beispiel einer ‚hysterisch stillgestellten' weiblichen Adoleszenz begreifen. Die hysterischen Lösungen erweisen sich als eine ‚verkehrte' Adoleszenz, als Ersatz und Verkehrung der adoleszenten Schöpfungen. Dieser Zusammenhang bleibt auch über die Jahrhundertwende hinaus in dem Maße wirksam, wie die adoleszenten Entwicklungsprozesse junger Frauen verkürzt oder gehemmt werden – auch wenn sich die

[10] „Dora's aphonia was repeated in the illnesses of thousands of girls and women. Paralysis oft the vocal cords was one of the most frequent - perhaps even the most common - of all hysterical paralysis in the nineteenth century" (Decker 1991, 71).

Erscheinungsformen und Symptomatiken gehemmter adoleszenter Entwicklungen junger Frauen verändert haben.[11]

Ein zweiter wesentlicher Gesichtspunkt betrifft die Generationenbeziehungen. Auch hier ist der Fall Dora paradigmatisch, wird an ihm doch deutlich, dass sich Adoleszenz stets im Verhältnis der Generationen konstituiert und adoleszente Individuation angewiesen ist auf eine *generative* Haltung seitens der je Erwachsenen (King 2002). Generativität im Verhältnis zu Adoleszenten bedeutet, einen adoleszenten Möglichkeitsraum zur Verfügung zu stellen und dabei zugleich von unmittelbaren Kompensationen und Gratifikationen Abstand zu nehmen, um nicht störend oder gar destruktiv in die adoleszente Selbstfindung und Eigentätigkeit einzugreifen. Sorge für die nachwachsende Generation und generative Haltungen heißen in diesem Sinne, zum einen den Adoleszenten genügend Freiraum zu lassen; zum zweiten zur psychischen „Verwendung" (im Sinne Winnicotts 1965) durch die adoleszenten Kinder zur Verfügung zu stehen, also einen sicheren Hafen und Anker zu bieten, der den Gang hinaus in die Welt ermöglicht; und zum dritten aber auch, den adoleszenten Entwicklungsraum nicht für sich selbst zu okkupieren. Wie schwierig dies sein kann, zeigt sich zum Beispiel daran, dass die Adoleszenz der eigenen Kinder mit solcher Macht die uneingelösten Individuationswünsche aktivieren kann, dass Eltern der Individuation ihrer Kinder zuvorkommen und damit das berüchtigte „empty-nest-Syndrom" umkehren: Noch bevor die Adoleszenten das Nest verlassen können, sind ihnen die Eltern schon zuvorgekommen. Im Fall Dora war der adoleszente Möglichkeitsraum offenkundig durch die ‚Spiele der Erwachsenen' besetzt. Auch wenn diese ‚Spiele' typische Merkmale der doppelmoralischen bürgerlichen Gesellschaft um die Jahrhundertwende tragen (wie im Schnitzlerschen ‚Reigen' ausgestaltet), die vor allem auf Kosten der (adoleszenten) Frauen ging, so hat doch die damit verknüpfte Problematik des Besetzthaltens der adoleszenten Möglichkeitsräume durch die Erwachsenen nicht an Aktualität verloren – im Gegenteil: Die intergenerationelle Spannung verdichtet sich auch in modernisierten Gesellschaften gerade in verschiedenen Varianten des Okkupierens der adoleszenten Möglichkeitsräume durch die Erwachsenengeneration selbst[12].

Fassen wir die Schlussfolgerungen aus diesem Lehrstück für die Arbeit mit Adoleszenten zusammen, so ergibt sich

(1.) die Notwendigkeit aufseiten des ‚Behandlers', sich aus dem zunächst einmal *intra*-generational verstrickenden Auftrag (im Dora-Fall: „Bring bitte meine Tochter zur Vernunft, die mich wegen meiner Liebschaft unter Druck setzen will, die ich

---

[11] So wurde das klassische Symptom der Hysterie durch andere Symptomatiken abgelöst, wie zum Beispiel Essstörungen; vgl. dazu C. von Essen/T. Habermas (1989), King (1992, 2001).

[12] Vgl. dazu den internationalen Bestseller von Zoe Jenny (1997) „Das Blütenstaubzimmer", in dem diese Konstellation ein implizites Leitmotiv des Romans abgibt.

ja gar nicht habe ... aber natürlich doch habe usw.") etwa erwachsener Familienangehöriger (oder auch von Angehörigen anderer Institutionen, die Adoleszente ,überweisen') reflexiv zu befreien. Das heißt auf einer allgemeinen Ebene, sich eine *generative* Haltung zu erarbeiten, die erst die Voraussetzung dafür schafft, den intergenerational gleichsam geschlossenen adoleszenten Entwicklungsspielraum wieder zu eröffnen für die Bearbeitung der adoleszenten Thematiken, Wünsche und Nöte seitens der jungen Frauen und Männer selbst. Wir konnten im Fall Dora sehen, dass Freud zwar durchaus nicht einfach den Darstellungen des Vaters Glauben schenkte und folgte, aber dennoch in einer Haltung verfangen blieb, in der er Dora den Bewerber aus der Generation des Vaters in mancher Hinsicht nahe zu bringen versuchte, insbesondere dadurch, dass er sich mit der Position des Abgewiesenen identifizierte.

(2.) Doras Kampf um Aneignung ihrer eigenen Geschichte ist daher auch im Sinne eines *Kampfes um Anerkennung im Negativen* zu verstehen (also in einer adoleszenztypischen Ausgestaltung der Negativität: „Ich will gar nichts von Dir, ich brauche Dich nicht, ich mag Dich nicht, etc.!", die sich nach Erfahrungen von Missachtung umso heftiger inszenieren müssen – dabei immer vom Wunsch nach Korrektur dieser Erfahrung geleitet) (vgl. B. Müller 1996) – insofern sie Freud als brauchbaren Erwachsenen und integren Mann auszutesten versuchte über ihre Provokationen, Abweisungen und Verweigerungen. Freud reagierte allerdings vielfach auf einer *gleich*generationalen Ebene, also gerade nicht der Generationendifferenz gemäß, und fühlte sich daher stets aufs Neue gekränkt durch ihre Zurückweisungen und schlug entsprechend destruktiv zurück. Demgegenüber würde eine intergenerationale Anerkennung

(3.) wiederum eine veränderte Geschlechterbeziehung teils zur Voraussetzung, teils zur Folge haben, insofern der erwachsene Mann die kreativen Potenziale der jungen Frau nicht männerbündisch negieren und alle Entwicklungsspielräume für sich selbst reservieren müsste. Dabei hängt dieser Punkt wiederum mit dem ersten zusammen: Die generative Haltung des Erwachsenen bedingt die Möglichkeit adoleszenter Individuation (King 2002), da sich erst darüber – auch innerhalb der intergenerationalen Beziehung im ganz konkreten Sinne! – weibliche Adoleszenz als Entwicklungsspielraum (re-)konstituieren kann.

Literatur

Arlow, J.A. (1982): Psychoanalytic education: A psychoanalytic perspective. In: Annu Psychoanal 10, 5-20

Bachelard, G. (1934): Der neue wissenschaftliche Geist. Suhrkamp: Frankfurt/M., 1988

Bourdieu, P., Wacquant, L. (1996): Reflexive Anthropologie. Suhrkamp: Frankfurt/M.

Bourdieu, P., Chamboderon, J.-C., Passeron, J.-C. (1991): Soziologie als Beruf. Wissenschaftstheoretische Voraussetzungen soziologischer Erkenntnis. de Gruyter: Berlin

Breuer, J., Freud, S. (1895): Studien über Hysterie. Fischer: Frankfurt/M., 1991

Buchholz, M., Reiter, L. (1996): Auf dem Weg zu einem empirischen Vergleich epistemischer Kulturen in der Psychotherapie. In: Bruns, G. (Hg.): Psychoanalyse im Kontext – soziologische Ansichten der Psychoanalyse. Westdeutscher Verlag: Opladen, 75-100

Cixous, H. (1976): Portrait de Dora. Paris. Dtsch.: Dora. Übersetzt von Susanne Kaiser. Fischer: Frankfurt/M., 1977

Decker, H. S. (1991): Freud, Dora and Vienna 1900. Free Press: New York

Erikson, Erik H. (1962): Reality and Actuality. An Address. In: Journal of the American Psychoanalytic Asssociation 10, 451-473. (Deutsch.: Die psychologische Realität und die historische Aktualität. In: Erikson, Erik H.: Einsicht und Verantwortung. Klett: Stuttgart, 1966, 146-197)

Essen, C.v., Habermas, T. (1989): Hysterie und Bulimie. Ein Vergleich zweier ethnisch-historischer Störungen. In: Habermas, T. (1994): Zur Geschichte der Magersucht. Eine medizinpsychologische Rekonstruktion. Fischer: Frankfurt/M., 164-193

Freud, S. (1887-1904): Briefe an Wilhelm Fließ 1887-1904. Ungekürzte Ausgabe, herausgegeben von Jeffrey Moussaieff Masson. Deutsche Fassung von Michael Schröter. Fischer: Frankfurt/M., 1986

Freud, S. (1900): Die Traumdeutung. Studienausgabe, Bd.II. Fischer: Frankfurt/M., 1969

Freud, S. (1901): Zur Psychopathologie des Alltagslebens. Fischer: Frankfurt/M., 1954

Freud, S. (1905a): Bruchstück einer Hysterie-Analyse. Sigmund Freud Studienausgabe, Bd.VI. Fischer: Frankfurt/M., 1971, 83-186

Freud, S. (1905b): Drei Abhandlungen zur Sexualtheorie. Fischer: Frankfurt/M., 1991

Gay, P. (1987): Freud - Eine Biographie für unsere Zeit. Fischer: Frankfurt/M., 1989

Jenny, Z. (1997): Das Blütenstaubzimmer. Roman. Frankfurter Verlagsanstalt: Frankfurt/M..

King, V. (1995): Die Urszene der Psychoanalyse. Adoleszenz und Geschlechterspannung im Fall Dora. Verlag Internationale Psychoanalyse/Klett-Cotta: Stuttgart

King, V. (1996): Halbierte Schöpfungen. Die Hysterie und die Aneignung des genitalen Innenraums – Urszenenphantasien in der Adoleszenz. In: Seidler, G. (Hrsg.) (1996): Hysterie heute. Metamorphosen eines Paradiesvogels. Enke: Stuttgart, 144-165

King, V. (2000): Narzissmus und Objektbindung in der weiblichen Adoleszenz: Wandlungen der Autonomie. In: Zeitschrift für psychoanalytische Theorie und Praxis XV, 386-409

King, V. (2001): Hysterie und weibliche Adoleszenz. Inszenierungen und Verhüllungen des Objekts im Körper. In: Forum der Pychoanalyse 17, 235-250

King, V. (2002): Die Entstehung des Neuen in der Adoleszenz. Individuation, Generativität und Geschlecht in modernisierten Gesellschaften. Leske + Budrich: Opladen

Klika, D (1996) Die Vergangenheit ist nicht tot. Autobiographische Zeugnisse über Sozialisation, Erziehung und Bildung um 1900. In: Kleinau, E., Opitz, E. (Hrsg): Geschichte der Mädchen- und Frauenbildung, Band 2. Campus: Frankfurt/M., 283-298.

Mahony, P. (1997): Freud's Dora. Yale Univ. Press: New Haven and London

Major, R. (1973): Introduction: Un non d'amour. In: Revue Française de Psychanalyse 37, Presses universitaires de France: Paris, 299-302

Marcus, St. (1976): Freud and Dora. Story, history, case history. Psychoanalysis and Contemporary Thought 5, 389-442

Müller, B. (1996): Was will denn die jüngere Generation mit der älteren? In: Liebau, E., Wulf, Ch. (Hrsg.): Generation. Versuche über eine pädagogisch-anthropologische Grundbedingung. Juventa: Weinheim, 304-332

Ornstein, P. (1993): Did Freud understand Dora? In: Magid, B. (Ed.): Freud's Case Studies. Hillsdale: London, 1993, 31-85

Overbeck, G. (1993): Die Fallnovelle als literarische Verständigungs- und Untersuchungsmethode. Ein Beitrag zur Subjektivierung. In: Stuhr, U., Deneke, F.W. (1993) (Hrsg.): Die Fallgeschichte. Beiträge zu ihrer Bedeutung als Forschungsinstrument. Asanger: Heidelberg, 43-60

Pontalis, J.-B. (1992): Die Macht der Anziehung. Psychoanalyse des Traums, der Übertragung und der Wörter. Fischer: Frankfurt/M.

Prokop, U (1991): Die Illusion vom großen Paar. Band 1: Weibliche Lebensentwürfe im deutschen Bildungsbürgertum 1750-1770. Band 2: Das Tagebuch der Cornelia Goethe. Psychoanalytische Studien zur Kultur. Herausgegeben von Alfred Lorenzer. Fischer: Frankfurt/M.

Reiche, R. (1990): Geschlechterspannung. Fischer: Frankfurt/M.

Rogow, A. (1978): A Further Footnote to Freud's Fragment of an Analysis of a Case of Hysteria. In: Journal of the American Psychoanalytic Association 26, 331-356

Rogow, A. (1979): Dora's Brother. In: Int. J. Psychoanal. 6, 239-259

Rudolf, G. (1993): Aufbau und Funktion von Fallgeschichten im Wandel der Zeit. In: Stuhr, U., Dencke F.W. (Hrsg.): Die Fallgeschichte. Beiträge zu ihrer Bedeutung als Forschungsinstrument. Asanger: Heidelberg, 17-31

Thomä, H., Kächele, H. (1985/88): Lehrbuch der psychoanalytischen Psychotherapie. Bd. 1 und 2. Springer: Berlin, Heidelberg

Van den Berg, S. (1987): Reading and Writing Dora: Preoedipal Conflict in Freud's 'Fragment of an Analysis of a Case of Hysteria'. In: Psychoanalysis and Contemporaray Thought 10, 45-67

Wellendorf, F. (1987): Der Fall Dora: eine Mésalliance. Überlegungen zu Liebe und Erkenntnis in der Psychoanalyse. In: Belgrad, J. u.a. (Hrsg.): Zur Idee einer psychoanalytischen Sozialforschung. Dimensionen des szenischen Verstehens. Alfred Lorenzer zum 65. Geburtstag. Fischer: Frankfurt/M., 70-84

Widlöcher, D. (1994): A Case is not a Fact. In: Int. J. Psycho-Anal. 75, 1233-1244

Winnicott, D.W. (1965): Reifungsprozesse und fördernde Umwelt. Fischer: Frankfurt/M., 1993

Woolf, V. (1928): Ein Zimmer für sich allein. Fischer: Frankfurt/M., 1981

Die Fallgeschichte als Traumnovelle: Eine weibliche Erzählung vom Erziehen

Brigitte Boothe

Fröhlich wanderte er den ganzen Tag,
denn er war ja ausgezogen,
um sein Glück zu suchen.

Wilhelm Hauff, Der kleine Muck

1. Psychoanalytische Fallgeschichten: Rätselnovellen der psychischen Existenz

Psychoanalytische Fallgeschichten lesen sich wie Novellen: Es sind Erzählungen von unerhörten Begebenheiten und Schilderungen von dramatischen Verläufen, Gratwanderungen und Irrfahrten, die in einem erzählerischen Spannungsbogen gehalten werden. Sie gestalten unergründliche Themen der menschlichen Existenz: Liebe und Hass, Wut und Zerstörung, Trennung und Trauer, Scham und Einsamkeit, Schuld und Verrat, Gewalt und Missbrauch. Die Novelle – als Erzählung von „Neuigkeiten" – zeigt menschliches Leben zugespitzt auf Ereignisse der besonderen Art, auf Kulminations- und Wendepunkte. Auch die psychoanalytische Fallnovelle verleiht menschlichem Leben eine Dramaturgie mit Krisen- und Wendepunkten. Dabei wird weniger das äußere als vielmehr ein inneres Leben zur Sprache gebracht. Die novellistische Form verleiht diesem Leben ein Unergründliches und weckt beim Leser Neugier. Er genießt die Vorstellung, privilegierten Zutritt zu persönlichen und wesentlichen Bereichen eines Lebens zu haben.

Es geht um den Patienten als Hauptfigur, als Leidenden, der sich selbst und anderen zum Rätsel wurde. Und es geht um die Darstellung der Beziehung zwischen beiden, Patient und Psychotherapeut, gewöhnlich aus der Perspektive des Therapeuten. Psychoanalytische Fallgeschichten sind Rätselnovellen der psychischen Existenz zwischen Phantasien der Erfüllung und der Katastrophe. Aber psychoanalytische Rätselnovellen sind nicht Schöne Literatur. Denn der psychoanalytische Autor verweist in seiner Erzählung auf Lebenswirklichkeit, auf Ansprüche und Zumutungen des physischen und sozialen Lebens, denen der Patient sich als Kranker entzogen hat. In der Fallgeschichte will der Analytiker vom Rätsel zur Lösung übergehen. In diesem Sinn erzählt er den Fall als ein Lebensrätsel, für das es Lösungen gibt (Körner 2003).

Die psychoanalytische Fallgeschichte ist zwar als ausformulierter Text gewöhnlich das Werk eines einzelnen, meist der behandelnden Person. Die Dramaturgie der Fallkonzeption hingegen ist das Werk mindestens zweier Personen: Sie ist die

Dramaturgie sowohl des Patienten wie des Therapeuten; beide geben der Erfahrung des Leidens und der Verstrickung kontinuierlich narrative und szenische Gestalt (Flader/ Giesecke 1980). Dieser Punkt ist von großer Bedeutung. Es kommt für die psychoanalytische Kooperation und ihren Erfolg entscheidend darauf an, ob der Patient Bereitschaft und Interesse findet, sich selbst als Figur in einer Dramaturgie zu entwerfen und mitzuteilen, dem eigenen Leben ein narratives Muster zu geben und das Gegenüber einzuladen, sich in dieser Dramaturgie zu bewegen und sie mitzugestalten. Und es kommt sehr darauf an, ob der Psychoanalytiker sich auf diese Dramaturgie im verstehenden und handelnden Mitvollzug aktiv einlässt.

2. Zur Rhetorik des Traumberichts: Rätsel und Verfremdung

In diesem Gestaltungsprozess können Träume einen wichtigen Platz einnehmen. Die Mitteilung eines Traumes kann den Rätselcharakter der narrativen Fallkonzeption verstärken. Denn die Rhetorik des Traumberichts hat spezifische und unverwechselbare Züge, mit der ein Traum den Charakter des Geheimnisvollen erhält: Das ist die sprachliche Bewegung der „Änigmatisierung", des Verrätselns, und der Verfremdung: Ein Gegenstand, eine Situation, eine Person wird als rätselhaft dargestellt, indem sein oder ihr Auftreten eine Frage aufwirft, die unbeantwortet bleibt; ein Gegenstand, eine Situation, eine Person wird verfremdet dargestellt, indem er oder sie aus passenden Kontexten herausgelöst erscheint. Charakteristisch für die Traummitteilung ist außerdem, dass der Mitteilende zum Zeugen in eigener Sache wird. Was er träumend erlebte, das gilt ihm als Widerfahrnis, nicht als etwas, das er selbst gewollt und herbeigeführt hat. So tritt er in einer Rezipienten- oder Beobachterrolle auf. Im nichtreligiösen Kontext der Psychologie ist es so, dass die distanzierende Rhetorik des Traumberichtens zurückverweist auf die Erinnerung des Träumers an eigenes nächtliches Erleben. Daher schafft die Traummitteilung eine Bewegung der Distanzierung: man tritt dem eigenen Ich als einem fremden gegenüber; der reflexive Dialog hingegen schafft eine Bewegung der Aneignung: das Ich des Traumes wird in der erfolgreichen Enträtselung des Traumes zu einem, das integriert werden kann (Boothe/Meier 1999; Boothe 2000b).

Wer einen Traum berichtet, spricht von einem Widerfahrnis mit Rätsel-Struktur, das Aufforderungscharakter für eine gemeinsame Exploration hat (Freud 1900). Die Exploration erschließt den Traum als Bestandteil der Falldramaturgie. Bestimmte Traummitteilungen können zum Zentrum und Schlüsselereignis einer Behandlungsstunde werden. Beide Partner im psychoanalytischen Dialog können sie dann behandeln als hermetisches Manifest von besonderer Bedeutsamkeit. Ein solches Manifest ist auch das Beispiel, das wir erörtern wollen. Es bildet den Höhepunkt einer kurzen Sequenz intensiver therapeutischer Zusammenarbeit im Dienst der Klärung und Stabilisierung. Das Traum-Manifest wurde zum Fall-Manifest, indem die Patientin ihre eigene psychische Situation als Traumnarrativ formulierte. Dabei übernahm sie sowohl die Rolle der Berichtenden wie die der Kommentierenden. Sie wechselte zwischen Erinnerungsarbeit und Reflexivität und wies der Therapeutin die Rolle zu, Zeugin eines wichtigen Ereignisses zu sein, des Ereignisses der Artikulation einer Psychographie, einer Seelengeschichte auf der Basis einer Traumerinnerung. Beide, Patientin und Therapeutin, blickten auf den Traum, der zur Rätselnovelle einer individuellen psychischen Existenz wurde.

3. Sprechen im Duktus der Bedeutsamkeit: Suche nach Anerkennung und Bestätigung

Die Mitteilung eines Traumes erfolgt nie in beiläufigem Ton. Der Berichtende verlangt die Aufmerksamkeit des Gesprächspartners, der gewöhnlich etwas kommentieren soll. Denn der Traum ist merk-würdig im eigentlichen Sinn: der Aufmerksamkeit würdig und erschließungsbedürftig. Die Traumartikulation ist eine Form, die sich nicht selbst genügt, sondern nach Kontextualisierung im Dialog verlangt. Im Traumbericht werden Eindrücke und Bilder aus dem Gedächtnis so wiedergegeben und nebeneinander gestellt, als handle es sich um Fundstücke, deponiert in einem Regal, die ihrer natürlichen Umgebung beraubt sind und nicht für sich selbst sprechen können. Die Arbeitshypothese des Psychoanalytikers ist, dass die losen Fundstücke, die das Rätsel ausmachen, zu einer sinnvollen und motivierten Geschichte verbunden werden können, wenn es gelingt, den Träumer für eine nachträgliche Arbeit der Aneignung und Integration zu gewinnen. Das ist häufig sehr aussichtsreich, weil der Träumer, wie gesagt, die eigene Traumerinnerung gewöhnlich merk-würdig findet und gewürdigt sehen will. Das gibt er durch den Duktus des bedeutsamen Sprechens bekannt.

Das galt in besonders augenfälligem Masse für Klara. Die junge Patientin, angehende Grundschullehrerin, trug mitten in einer fünfstündigen psychoanalytischen Beratung ihren „Grossen Traum“ vor, der als Modell ihres inneren Lebens in der Retrospektive, der Beziehungsaktualität und einer Dynamik der anstehenden Ablösung von den primären Beziehungsfiguren dienen konnte. Von besonderem Interesse bei diesem autobiographischen Zeugnis war die Dramaturgie und Bildlichkeit des Traumes in bezug auf Erziehung und Lehrersein. Klara entstammte einer – wie sie es formulierte – „Lehrerdynastie“, war dabei, Lehrerin zu werden und befand sich als magersüchtige junge Frau in intensivem Ringen um Erziehung und Verantwortung, Leistung und Norm, Ordnung und Kontrolle, Macht und Gehorsam.

4. Klara: Tochter einer Lehrerfamilie

Klara suchte aus eigener Initiative psychotherapeutische Unterstützung, weil sie sich in einer persönlichen Krise befand. Seit einem guten Jahr lebte die 22-Jährige in einer eigenen kleinen Wohnung, nachdem sie das Elternhaus verlassen hatte und seit dieser

Zeit die beiden Eltern und das einzige Geschwister, die ein Jahr jüngere Schwester nur noch besuchsweise sah. Klara unterhielt eine Liebesbeziehung zu einem gleichaltrigen jungen Mann aus angesehener und wohlhabender Familie, befand sich aber zum Zeitpunkt ihrer psychotherapeutischen Kontakte in einer Art ängstlicher Rückzugshaltung, weil sie, wie sie andeutete, ohne das Thema im Lauf von insgesamt fünf Sitzungen zu vertiefen, Angst hatte, in der Beziehung nicht richtig zu bestehen, nicht zu genügen. Klara sah sich auf psychotherapeutische Hilfe angewiesen, weil sie fürchtete, im Kampf um ihre Selbständigkeit und Behauptung im Feld der Gleichaltrigen, in der Ausbildung und Vorbereitung auf den Beruf überfordert zu sein.

Im Alter von 14 Jahren hatte sie erstmals anorektische Symptome entwickelt, hatte gefastet, war untergewichtig und amenorrhöisch geworden und hatte sich ganz in Schularbeit vergraben. Jetzt kehrten die Symptome wieder. Sie hatte große Sorgen, die erreichten Schritte in die Selbständigkeit, die Beziehung zum Partner, die neuen freundschaftlichen Kontakte nicht halten zu können und eine Flucht zurück ins Elternhaus antreten zu müssen. Der Sog zurück war groß, denn sie liebte und verehrte ihre Eltern, sah sich aber auch im Schatten eines dominanten und mächtigen Vaters, der zuhause den intellektuellen Ton angab, gern bestimmte, aber zum Kummer der Patientin emotionale Distanz hielt. Sie sehnte sich nach der emotional warmen, mitteilsamen Mutter, auch wenn sie deren Gefühlsüberschwang und vereinnahmende Grenzenlosigkeit kritisierte. Und sie beneidete ihre Schwester, die sie schöner, ausdrucksvoller, kontaktfähiger, beliebter und erfolgreicher fand als sich selbst und die jetzt ohne schwesterliche Konkurrenz zuhause ungeteilte Zuwendung erfuhr. Kurz: Klara hatte Heimweh, Angst vor der Verselbständigung, mangelndes Zutrauen in das eigene Potential, Angst vor sozialem Misserfolg, und fürchtete, nicht zu genügen. Sie war stark motiviert, dem regressiven Sog, der Flucht zurück ins elterliche Versorgungssystem, zu widerstehen und engagierte sich dafür, die erreichte eigene Position zu halten und auszubauen.

Dafür nutzte sie fünf Stunden psychoanalytische Beratung und Begleitung. Und wie sie das tat, war bemerkenswert. Die fünf Sitzungen wurden videographiert. Klara war sich dieses dritten Teilnehmers, des stummen Zeugen, der die Kamera bediente, sehr bewusst und nutzte die Gelegenheit, ihr Erscheinen zum Auftritt zu machen. Die schöne – wenn auch zu dünne – junge Frau erschien jede Sitzung in neuer interessanter Aufmachung, elegant oder burschikos, mädchenhaft-verspielt oder streng hochgeschlossen. Ihr Auftritt forderte Beachtung. Ihr langsames Sprechen, in Schweizer Mundart, hatte etwas Gemessenes und Dozierendes, sie vermittelte mir als Gesprächspartnerin, ich solle aufpassen, zuhören, folgen, dabei sein, davon ausgehen, dass sie Wichtiges und Bedeutsames zu sagen habe. Auf diese Weise meldete sich die angehende Lehrerin zu Wort – und auch zugleich die Schülerin, die ehrgeizig von sich verlangte, ihr Bestes zu geben, und die eine gute Note dafür erwartete.

Eine Erläuterung zum Modus einer fünfstündigen psychoanalytischen Beratung: Wir machen an unserer universitären psychoanalytischen Praxisstelle regulär ein initiales fünfstündiges Gesprächsangebot in wöchentlicher Frequenz. Dieses Angebot dient in erster Linie der Abklärung, der Diagnostik und der Indikationsstellung. Viele Klienten nutzen aber bereits zu dieser Zeit die angebotenen Stunden, um anstehende Probleme zu bewältigen. Sie tun das umso stärker, je deutlicher sie unter Druck stehen oder sich in einer Krise befinden und intensiv leiden. In solchen Fällen dient unser Angebot der Krisenintervention und Beratung auf psychoanalytischer Basis.

Als Klara unsere Praxisstelle an der Universität aufsuchte, befand sie sich unter erheblichem aktuellen Leidensdruck. Sie fürchtete, vor der Herausforderung selbständiger Lebensführung, die sie zunehmend als massiv und bedrohlich empfand, zu kapitulieren, und sie hoffte, ihnen gleichwohl gewachsen zu sein. Sie fand ihre anorektische Symptomatik selbst pathologisch und suchte daher psychotherapeutische Hilfe. Andererseits wollte sie keine langfristige Behandlung, um nicht in eine kindliche Abhängigkeitsbeziehung zurückzufallen. Die fünfstündige, in unserem Behandlungsraum videographisch festgehaltene Beratung wurde für Klara zu einer intensiven Selbst-Herausforderung vor und mit einem Gegenüber, das Ansprüche stellt, für die Wahrnehmung von Angst und Belastung offen ist und im Hier und Jetzt auf Klaras Ressourcen setzt und mit ihnen arbeitet.

5. Formulierung des Erlebens und symbolisierendes Sprechen

Klara nahm ihren „Fall" in die eigene Hand, gestaltete sich selbst als Hauptfigur einer Rätselnovelle. Sie überließ es nicht mir, ihre Persönlichkeit, ihren Fall, als Zentralfigur einer Geschichte zu modellieren. Sie übernahm dies selbst in sehr ausdrücklicher Weise. Dies begann bereits in den ersten Minuten unserer ersten Begegnung, als sie zur Schilderung ihrer aktuellen Beschwerden zu symbolischen Charakterisierungen griff, um den Zwang zum Fasten zu verdeutlichen. Dieser Zwang sei wie ein Verbot zu essen, das eine „dunkle Priesterin" ihr auferlege. Überhaupt bediente sie sich häufig bildhaft-symbolischer Wendungen und Formulierungen, und zwar auf betonte Weise, als Angebot für uns beide, diese Bilder als gemeinsame Chiffre zu verwenden. Bekanntlich suchen viele Psychotherapiepatienten nach sprachlichen Ausdrucksformen, in denen sie ihr persönliches Anliegen wiederfinden können (Buchholz 1993;, 1996, 2000). Sie suchen nach fasslichen Bildern, in denen sie ihre Erfahrungen und ihre seelische Verfassung vor sich selbst und vor anderen sinnträchtig und belangvoll dargestellt finden, im Sinne „lebensweltlicher, psychischer und moralischer Bedeutsamkeit" (Kurz 1982, 75).

Dies ist bekanntlich möglich im Modus *symbolisierenden Sprechens* (Michel 1994). Denn symbolisierendes Sprechen umgibt die Mitteilung und das, was sie an Resonanz hervorruft, gleichsam mit einer Aura. Als Verständigungspraxis ist symbolisierendes Sprechen ausdrücklich in tiefenpsychologisch-jungianischen, aber auch in psychoanalytischen Behandlungsformen gebräuchlich und besitzt große Attraktivität bei der Stiftung von Sinnzusammenhängen; denn der symbolträchtige Sprachduktus wertet das persönliche Erleben auf. Der „Reiz" des symbolisierenden Sprechens kann nach Wittgenstein (1968, 86) darin liegen, dass „dem eigenen Leben eine Art von tragischem Muster gegeben wird". Es könnte eine „ungeheure Erleichterung" sein, wenn sich „im eigenen Leben beispielsweise die Form einer Tragödie findet", die Form eines dramatischen Zusammenhangs, in dem man selbst als Held und unverwechselbare Zentralgestalt auftritt.

Im psychotherapeutischen Kontext fungiert symbolisierendes Sprechen als *aneignende Modellierung* psychischer Befindlichkeiten und Spannungen. Dieses Spiel der Aneignung lässt sich besonders anschaulich illustrieren am Phänomen des Traumes. Wir gehen mit Träumen als Begebenheiten um, die uns widerfahren, deren Sinnhaftigkeit sich uns unmittelbar entzieht, die uns primär oft als fremd erscheinen und daher eines Prozesses der Aneignung bedürfen (Wittgenstein 1968, 78ff.). Wir fragen „Wie komme ich eigentlich zu diesem Traum? " und versuchen, uns deutend ein Bild zu machen. Das symbolisierende Sprechen hat identitätsstiftende und identitätssichernde Funktion; es entsteht Halt in der Notlage psychischer Destabilisierung. Diese Funktion gewinnt das symbolisierende Sprechen gerade durch seinen dezidiert affirmativen, akritischen, mit Goethe „sentimentalen" Charakter (nach Michel 1994, 164). Und man muss andererseits „einen sehr starken, geschärften und hartnäckigen kritischen Sinn haben" (Wittgenstein 1968, 86), um die symbolischen Modelle bei Bedarf zu hinterfragen.

Das Hinterfragen aber war für Klara, die in einer Krise stand, an der sie zu zerbrechen drohte, zu jenem Zeitpunkt nicht angezeigt. Sie hatte Angst, im Leben nicht zu bestehen, und bearbeitete in den fünf Sitzungen, die uns zur Verfügung standen, diese Angst – wenn man so will: kontraphobisch – durch ein Probehandeln. Sie sprach über sich selbst als kompetente Person, die Bescheid weiß. Sie strich ihre äußere Erscheinung auf variationenreiche Art heraus und machte sich interessant. Sie thematisierte und vertiefte einige Aspekte ihres jetzigen Erlebens und stellte sich in Erzählungen und Schilderungen als Person mit familiären Wurzeln und Bindungen da, sodass sie den Gestalten ihrer persönlichen Vergangenheit einen historischen und aktuellen Platz zuwies (Lucius-Hoene 2002). So konstruierte sie narrativ ihr Gewordensein mit seinen Belastungen und Beeinträchtigungen, aber auch im Stolz, Spross einer angesehenen und respektablen „Lehrerdynastie" zu sein. Kurz: Klara führte Regie in der therapeutischen Beziehung und machte mich, wie sie am Ende treffsicher formulierte, zur „Stichwortgeberin". Sie erprobte Selbstprofilierung und Positionsbezug, Vergewisserung ihres Potentials und den Gewinn von Zuversicht in unserer Beziehung, im überschaubaren Rahmen. Bemerkenswert ist, dass es ihr dabei in hohem Masse auf die Formulierung und Gewichtung subjektiven Erlebens und persönlicher Bedeutungen ankam.

Im Mittelpunkt der fünfstündigen Begegnung stand ein sehr langer und eindrucksvoller Traum. An ihm war neben der ungewöhnlichen Länge und seinem Auftreten in der genauen Mitte der Gesprächssequenz der Reichtum an Symbolen auffällig. Man konnte ihn ohne weiteres als Traum verstehen, der in tiefenpsychologisch-jungianischer Perspektive bedeutsam ist auf dem Weg der Individuation, auf dem diese junge Frau sich befand (Boothe 2000a). Er interessiert hier besonders, weil er zeigt, wie die Träumerin sich selbst im Modus des Änigmatischen als fremdes Ich entwirft, wie sie das symbolisierende Sprechen nutzt, um ihrer Darstellung

Bedeutsamkeit und Gewicht, Sinn und Tiefe zu geben, und wie sie in der Präsentation ihres langen Traumes selbständig beide Rollen abwechselnd übernimmt: die der – gleichsam naiv – Berichtenden und die der wissend Kommentierenden. Die Patientin gestaltet den eigenen Fall als Traumnovelle. Ein wichtiger Ausschnitt zu Beginn:

> „... und in der Stube haben wir einen schweren roten Teppich, und den habe ich mit wahnsinnig viel Kraftanstrengungen, wirklich das Letzte gegeben, habe ich den hinaufgeschleppt, in die Galerie hinauf. Und dann bin ich plötzlich dagestanden mit einem Weinglas. Und das habe ich, aber nicht absichtlich, ausgeleert auf den Teppich. Und dann hat es einen Flecken gegeben und ich habe, bin davongelaufen ..."

Für die Thematik des symbolisierenden Sprechens ist die rezeptive Haltung des Traumberichterstatters bedeutungsvoll. Gemeint ist die Besonderheit, dass sich der Fragende auf etwas einstellt, das ihn übersteigt, das größer ist als er selbst. Diese Einstellung ist für uns im allgemeinen ganz unproblematisch; so findet sie auch zwanglos Eingang in die psychoanalytische Traumtheorie und in die Lehre vom Unbewussten. Die „rätselhafte Botschaft" (Laplanche 1992) kündet in dieser Betrachtungsweise von jenem „größeren seelischen Unbewussten" (Böhme 1990, 579), das sich der vollen Verfügung entzieht und dem wir fremd gegenüberstehen.

Die zu enträtselnde Botschaft als Kunde vom „größeren seelischen Unbewussten" drängt sich als eine Redeweise auf, welche die Dimension des Symbolischen eröffnet. Es geht beim „größeren seelischen Unbewussten" sozusagen um „tiefere" oder in den Tiefen des Individuums wirksame Sinnzusammenhänge. Kehren wir zum Ausgangsbeispiel zurück. Jeder mit gängigen literarischen Deutungsgewohnheiten flüchtig vertraute Leser oder Hörer wird der herausragenden Positionierung des „schweren, roten Teppichs" und des „Weinglases" ohne fachlichen Beistand symbolische Bedeutsamkeit abgewinnen. Besonders der „Fleck"-Symbolik kann man sich kaum entziehen. Die Erzählerin selbst gibt ihrer Darbietung einleitend durch eine breite Ankündigung Gewicht, indem sie den starken und lang anhaltenden Eindruck betont, den der Traum ihr vermittelte, und dem Interesse Nachdruck verleiht, ihn zu berichten und zum Mittelpunkt der Stunde zu machen. Diese vorausgeschickten Mitteilungen sollen das Folgende als subjektiv bewegend ankündigen und dazu auffordern, sich auf Bedeutsames einzustimmen. Sie fordert dazu auf, dem, was sie vorzutragen hat, mit Andacht zu begegnen.: „... diesmal bin ich ganz eingenommen von einem Traum ..., ein Traum, der wie ein Film ganz ganz ganz klar sich eingeprägt hat ... Dieser Traum, der ist der ist der ist geblieben, und ich möchte ihn ein wenig erzählen." Zu beachten ist, wie klar die Rednerin jene drei genannten Aspekte der „Botschaft" thematisiert, die wir nun auch für die „symbolische Botschaft" als kennzeichnend ansehen wollen: Sie steht unter dem Eindruck einer Begegnung und wünscht, das in der Begegnung Empfangene und zunächst Distante sich im Nachhinein anzueignen. Dies ist der explizit vorbereitete Appell in Bezug auf die gewünschte Ausrichtung der Aufmerksamkeit.

Wenn wir die kurze Textpassage im Blick auf eine mögliche symbolische Bedeutung lesen, dann würde man bei „rot" und „Glas" und „Fleck" vielleicht ohne weiteres an eine Thematik sexueller Befleckung, sexueller Schuld denken, der wir eventuell spezifisch weibliche Konnotationen geben. Vergleichen wir damit folgende bekannte Sequenz, die ebenfalls die Befleckungssymbolik zum Ausdruck bringt (s.a. Michel 1994, 187):

> „Eduard versicherte seine Gattin auf die anmutigste Weise der lebhaftesten Dankbarkeit. Er eilte mit freiem, frohem Gemüt, seinem Freunde Vorschläge schriftlich zu tun. Charlotte musste in einer Nachschrift ihren Beifall eigenhändig hinzufügen, ihre freundschaftlichen Bitten mit den seinen vereinigen. Sie schrieb mit gewandter Feder gefällig und verbindlich, aber doch mit einer Art von Hast, die ihr sonst nicht gewöhnlich war; und was ihr nicht leicht begegnete, sie verunstaltete das Papier zuletzt mit einem Tintenfleck, der sie ärgerlich machte und nur größer wurde, indem sie ihn wegwischen wollte" (aus Goethes Roman „Die Wahlverwandtschaften" von 1809, zit. nach Kurz 1982, 73).

Auch hier wird eine versehentliche Verunreinigung dargestellt, hinzu kommt ein misslingender Reinigungsversuch. Die Durchgestaltung der Aktionenfolge – Beeinträchtigung und Reparatur – ist zum einen als Ereignisabfolge in einer speziellen Mischung von Zufall und Planung („pragmatische" Ebene), zum andern als Vorausdeutung moralischen Geschicks („symbolische" Ebene) nachzuvollziehen („pragmatisch" versus „symbolisch" nach Kurz 1982, 73-75). Lesen wir den Text auf der „pragmatischen" Ebene, so dürfte die mit Hilfe von Steigerung und Umschlag ausformulierte Kontrastbildung interessieren, die als Erwartung im assoziativen Raum von Wohlgefallen, Verbindlichkeit, Vereinigung angelegt ist, umschlagend in „Hast", mit der destruktiven Folge einer Verunstaltung; es entsteht Ärger, wo zuvor Freude geherrscht hatte; der Reparaturversuch vergrößert und verdeutlicht den Schaden. Die „pragmatische" Lektüre des Textes lässt auf eine Qualität und ein Maß der Gefühlsbeteiligung Charlottes schließen, das den heiteren Zusammenklang des gemeinsamen Briefschreibens sprengen könnte. Die „symbolische" Lektüre thematisiert an dieser Stelle des Romans eine tragische und nicht zu korrigierende Entwicklung, resultierend aus nicht bezähmten, vielleicht nicht bezähmbaren Regungen, die in Schuld verstricken und Sühne fordern (Kurz 1982, 73ff.).

Während Charlotte den Fleck als leidige Folge ihrer „Hast" zu beseitigen sucht, läuft Klara davon. „Ich ... bin davongelaufen", sagt sie und artikuliert damit, auf pragmatischer Ebene, das Verhalten eines Kindes, das vor Entdeckung flieht. Auch in diesem Text vermitteln sich symbolische Deutungsmöglichkeiten, wenn auch schweifender und unbestimmter als im Fall der durchgestalteten Romanpassage. Wir hatten Sexualität, Schuld und Bestrafung erwähnt, aber wir finden auch die Andeutung von Bildern, die auf Leid und Erlösung weisen: die schwere Bürde, die geschleppt wird, der Kelch des Leids oder der Wein, der Leben und Erneuerung verheißt, oder der Pokal des Siegers, Lohn der Anstrengung. Wer sich symbolisch artikuliert, stellt sein Anliegen in einen größeren Zusammenhang, der dem Hier und Jetzt des je konkret gegebenen alltäglichen Lebensvollzugs entwächst.

Wer dem andern nahelegt, Mitgeteiltes auf symbolischer Ebene zu verstehen, bewegt sich im Raum von Anspielungen, in einem Feld des Etwas-Zu-Verstehen-Gebens, und diese Art des Sich-Mitteilens bleibt schwebend. Die Auffassung einer Ausdrucksweise als symbolisch formuliert ein bestimmtes Beziehungsangebot, das sich in der Interaktion thematisch entfaltet, sofern es von den Beziehungspartnern aufgegriffen wird. Ein Beziehungsangebot auf der Ebene symbolischen Sprechens hat um Einstimmung werbenden Charakter. Wem diese Form einer Werbung nichts sagt, dem verschließt sich das symbolische Spiel; gleichwohl werden das symbolische Spiel und sein spezieller Verabredungscharakter aufgrund dessen nicht fragwürdig. Die symbolische Verstehensebene schafft einen Raum von Bedeutungen, der von den Kommunikationspartnern geteilt werden soll. Symbolische Verständigung schafft Zugehörigkeit. Wenn Individuen eine Verständigungsgemeinschaft im Persönlichen suchen, so schaffen sie eine gemeinsame symbolische Ebene.

Das gilt auch für die psychotherapeutische Verständigung. Therapeut und Patient schaffen eine symbolische Sinnordnung, in der sie sich bewegen. Diese Sinnordnung – oder besser: dieses Spiel der persönlichen Sinngebung – vermittelt den Gesprächspartnern das Gefühl, in einem Verstehen und Verstandenwerden aufgehoben zu sein. Es kann ein Gefühl der Zugehörigkeit und Verbundenheit entstehen. Viele Patienten, besonders solche mit wendiger Eloquenz, bewegen sich mit Leichtigkeit in der Rhetorik des Zu-Verstehen-Gebens im Dienste der Herstellung einer Symbolebene, die einen gemeinsamen Deutungsraum bestätigen soll. Je deutlicher diese Tendenz ausgeprägt und je kunstfertiger Winke und Hinweise gegeben werden, umso wachsamer hat der Therapeut oder Psychoanalytiker zu prüfen, inwiefern und inwieweit diese Entwicklung im Dienst der Mystifikation steht und sich aufdeckender Arbeit entgegenstellt. Das Zeigendürfen und das Verstandenwerden in einer persönlichen Symbolwelt kann bestätigend, befriedigend, beglückend sein, ebenso das Aufgenommenwerden in die Symbolwelt eines kreativen und charismatischen Therapeuten.

Die Traum-Berichterstatterin wendet sich in der Haltung des Symbolisierens als „Wissende“ an ihr Gegenüber, um es teilhaben zu lassen an möglicher höherer Sinn-Ordnung, während die „Ich“-Figur des Traumes sich naiv durch die Szenerie bewegt. Das Besondere ist, dass Klara sich der symbolträchtigen Erzählung im selbstreferentiellen Fall bedient. Das hat eine bemerkenswerte Konsequenz. Sie ist zugleich „Wissende, oben“ und „nicht-wissendes kleines Mädchen“. Das Verhältnis von Sprecherin, Ich-Figur und Hörer im Traumbeispiel erweist sich als Beziehungsarrangement, in dem es die oben positionierte, wissende Sprecherin gibt, die den Hörer zum einen einlädt, identifikatorisch an diesem Wissen und der erhabenen Positionierung zu partizipieren, zum andern, mit der Erzählerin gemeinsam sich liebend und anteilnehmend dem nicht-wissenden erzählten Ich zuzuwenden und damit der eigenen, Liebe und Anteilnahme verlangenden Person. Selbstreferentielles symbolisierendes Sprechen erweist sich in dieser Sicht als Kommunikationsangebot imperativer Bestätigungssuche.

Klara verwendete die symbolisierende Rhetorik des Zu-Verstehen-Gebens von Beginn einer fünfstündigen Beratung an häufig und intensiv (Boothe 1992). Diese Weise gewichtigen Sprechens stand in interessantem Kontrast zu ihrer überzarten, sehr kindlichen und zerbrechlichen Erscheinung. Sie sprach langsam und betont, verlieh dem Gesagten auch durch ernste Miene, weit geöffnete Augen, hochgezogene Brauen Nachdruck, blickte das Gegenüber eher selten an und suchte es durch symbolträchtige Bildlichkeit für ihre Verstehensversionen einzunehmen. Sie suchte im Gesprächskontakt die Führende, Dominierende zu bleiben, und zwar durch Originalität, Gewichtigkeit, Breite und Bewegtheit ihres Vortrags. Die Beraterin wurde, wie die Ratsuchende einmal explizit formulierte, in die Rolle der „Stichwortgeberin" verwiesen, auch im Rahmen der ausführlichen Präsentation ihres außergewöhnlich langen Traumes. Er lädt weniger zur Exploration ein als zur Bewahrung. Er ist eine Merk-Würdigkeit und eine Denk-Würdigkeit zugleich.

Klara berichtet den im Folgenden wiedergegebenen Traum gleich zu Beginn der dritten Stunde. Sie trug ihn mit einer gewissen Feierlichkeit vor, präsentierte ihn als eine Kostbarkeit. Ich war den langen Bericht hindurch ganz auf die Rolle der Hörerin verwiesen, die zugleich Klaras Kommentierung interessiert und beeindruckt entgegennehmen und begrüßen sollte. Der Traum erschien ihr selbst als Bild ihrer inneren biographischen Situation, weder wollte sie ihn dekonstruieren noch beanspruchte sie mich als Traumexpertin und –interpretin. Er sollte als historisches Ereignis von großer emotionaler Bedeutung dokumentiert sein. Dies ließ ich gelten. Dies machte ich mit. Er ist aufgezeichnet und bewahrt, findet auch hier im Text Platz und Würdigung. Ich sah mich in der Beziehung zu Klara nicht als Impulsgeberin, auch nicht als versorgend, fütternd oder strukturierend. Vielmehr war unser Kontakt von Beginn an bestimmt dadurch, dass Klara Führung übernahm, und zwar in einer Übertragungsbeziehung, in der sie mir die Rolle einer strengen parentalen Autorität (Fräulein Rottenmeyer im Traum) zuwies, der am Gedeihen des anvertrauten Mädchens gelegen war. Wenn Klara sich in einer derart konstellierten Gefühlsbeziehung nicht einschüchtern ließ und sich behauptete, zugleich aber von den „Stichworten" dieser Rottenmeyer-Figur profitierte, dann gestaltete sie in der Übertragung einen Ablösungs- und Behauptungsschritt. Ich selbst hatte von mir aus gar nicht vor, irgendwelche Stichworte zu geben, bemerkte in der Gegenübertragung vielmehr, dass ich gelegentlich zu einem etwas strengen Auftreten neigte, um gewissen langen, schweifenden, vortragshaften Redebeiträgen Klaras Grenzen zu setzen und auf das „Wesentliche" zu kommen. Wenn Klara dies als Stichworte umdeutete, so ließ sie auf geschickte Weise nicht zu, dass die Rottenmeyer-Gouvernante-Autorität als Bestimmungsmacht wirksam wurde.

Schauen wir zurück: Ein Traumbericht folgt den Spielregeln einer Dramaturgie änigmatischer Intimität. Er wird änigmatisch durch Dekontextualisierung und durch das Entfallen von Maßnahmen des Verknüpfens, Motivierens und Plausibel-Machens. Er wird interessant dadurch, dass er einen Dialogpartner auffordert, aus den Fundstücken im Nachhinein ein Ganzes zu konstruieren und Symbolisierungen auszufalten.

6. Klara: von Müttern bewacht

Klara ist uns nunmehr als Traumberichterstatterin bekannt. Wir werden jetzt den

Traumbericht in ganzer Länge wiedergeben und eine konfliktdynamische Interpretation anschließen. Das Traumnarrativ wurde aus dem fortlaufenden Redefluss, wie er ins Transkript aufgenommen wurde, extrahiert. Die Sprecherin machte den Einstieg sehr explizit: „Ich habe geträumt, dass wir ..." Die Erzählung wird im Folgenden in segmentierter und gegliederter Form dargeboten; auf spezielle Transkriptionsregeln ist verzichtet worden. Wer sich für die systematische Darstellung und Segmentierung von Narrativen aus dem mündlichen Redezusammenhang interessiert, sei zum einen verwiesen auf die Transkriptionsregeln für mündliche Rede nach Mergenthaler (1992), zum anderen auf die Darstellungsregeln für mündliche Narrative zu erzählanalytischen Zwecken nach Boothe (1994) und Boothe/Grimmer/Luder u.a. (2002), ebenso im Internet: www.jakob.unizh.ch

Es wird nicht allein das Traumnarrativ selbst, sondern auch dessen Ankündigung wiedergegeben, weil die Erzählerin dem Traumereignis im Vorfeld Gewicht verleiht. Diese spezielle Information sollte nicht verloren gehen. Die Darbietung der segmentierten Erzählung ist mit (A) und (I) am vorderen Rand jeweils der einzelnen Segmente versehen. (A) bedeutet „Außerhalb", (I) bedeutet „Innerhalb". Gemeint ist, ob die Erzählerin den Gang der Handlung selbst präsentiert (I=„Innerhalb") oder ob sie aus dem Gang der Handlung heraustritt (A = „Außerhalb"). Dies wird bereits klar durch die Entscheidung, ob das fragliche Segment dem Gang der Handlung zuzurechnen ist oder ein Zäsur-Element darstellt. Bei der vorliegenden Erzählung erweist sich aber der fortlaufende Wechsel von „Innerhalb" und „Außerhalb" als stilistisch so eindrücklich, dass eine spezielle Markierung lohnt.

(A) Ankündigung der Traumerzählung

(zugleich Beginn der Beratungsstunde)

Immer so im Zug überlege ich mir so, die vorderen Male auch,
und diesmal bin ich ganz eingenommen von einem Traum,
wo ich vor fast einer Woche gehabt habe.
Ein Traum,
wo wie ein Film ganz ganz klar sich eingeprägt hat. Ich träume viel,
aber immer so nach einer halben Stunde, ...
wenn ich erwache, und ihn nicht aufgeschrieben habe,
... verschwimmt er dann.
Hingegen dieser Traum, der ist der ist geblieben,
und ich möchte ihn ein wenig erzählen.

(A) Nachfrage der Therapeutin hinsichtlich des Traumdatums

Ja? das war vor einer Woche?

(A) Antwort der Klientin

Ja, auf das Wochenende, Freitag auf Samstag.

(I) **<u>1. Erzähleinstieg, narrativ</u>**

Ich habe geträumt,
dass wir mit unserer Studentenklasse sind ein Kloster anschauen gegangen,

(A) **<u>1. Zäsur, deskriptiv</u> / <u>Parallelisierung mit Realsituation (Vater, Frau, Haus)</u>**

und das Kloster habe ich gekannt,
das ich habe ich nämlich einmal vor fünf Jahren mit meinem Vater in Frankreich besucht,
und zwar ist eine Kollegin von mir dort unten einen stage machen gehen.
Sie ist dann ein halbes Jahr dort unten geblieben, und weil wir in den Ferien ganz in der Nähe ein Häuschen haben,
sind wir in der Nähe von F (Städtename) dieses Mädchen besuchen gegangen.

(I) **<u>2. Entwicklung der Traumerzählung / Klara positioniert sich selbst</u>**

Im Traum ist dann, sind meine Kollegen,....
sobald wir in das Kloster hineingekommen sind,
...nicht mehr wichtig geworden, sind verschwunden, und nur, ich habe mich auch gesehen, und zwar gesehen als Klara, als jetzige Klara,

(A) **<u>2. Zäsur, kommentierend: Akzentuierung</u>**

und dann noch etwas Eigenartiges,

(A) **<u>3. Zäsur, deskriptiv: Vorgriff</u> / <u>Überführung des Hauses in Elternhaus</u>**

das Kloster hat angefangen, sich zu wandeln
und gegen Ende des Traums ist es nicht mehr das Kloster gewesen,
sondern es war das Haus von uns daheim, in H.

(A) **<u>Nachfrage der Therapeutin hinsichtlich Identifizierung des zuletztgenannten Objekts</u>**

vom Elternhaus?

(A) **<u>Antwort der Klientin</u>**

ja

(I) **<u>3. Entwicklung der Traumerzählung, narrativ /Exploration + Konfrontation mit Grenze</u>**

Ich bin also zur Tür hereingekommen

(A) **<u>4. Zäsur, deskriptiv: Parallelisierung mit Realsituation / Auferlegte Passivität</u>**

und und wie wie jeweils vor einem halben Jahr,.... oder manchmal geht's mir auch jetzt noch,
....schaurig einfach ein gelähmtes Gefühl,
man steht unten beim Eingang,
und dann ist wie gelähmt.

(I) **4. Entwicklung der Traumerzählung, narrativ / Fortsetzung Exploration**

Dann nachher steige ich die Treppe hinauf,

(A) **5. Zäsur, deskriptiv: Wechsel zur Realsituation/Etablierung einer Bühne + Nachbarschaft zu Eltern**

und jetzt ist unsere Wohnsituation so,
dass ich mein Schlafzimmer neben dem Elternschlafzimmer habe,
es ist wie eine Galerie,
wir schauen hinunter in die Stube
es sind immer so, eineinhalb Stockwerke.
Und diese Galerie, das sind dann Türen, so
wo auf den Gang hinausgehen,

(I) **5. Entwicklung der Traumerzählung / Vergrösserung der Bühne**

die ist erweitert gewesen,

(A) **6. Zäsur, deskriptiv: Parallelisierung mit der Realsituation / Vergrösserung der Bühne**

erweitert wie ein, wie eben in dem Kloster,
also wie die einzelnen Klausen hinausgehen auf den Gang, also nicht nur das Elternschlafzimmer und mein Schlafzimmer, sondern einfach eine Türe um die andere auf den Gang hinaus.

(I) **6. Entwicklung der Traumerzählung., narrativ / Eindringen mit Lust: auf Bühne**

Die sind zu gewesen.
Und ich bin dann dort hinauf gekommen und habe in mir drin eine schaurige Lust gehabt, das ganze Interieur dieses Klosters,...
wo sich jetzt aber immer mehr klar vermischt hat mit Mobiliar aus unserer Wohnung
...einfach umzustellen
...und richtig Lust gehabt,

(A) **7. Zäsur kommentierend: Sinngebung / Regression ins Kindliche**

so wie in der Trotzphase,

(I) **7. Entwicklung der Traumerzählung, narrativ / da capo 5**

...einen kleinen Streich zu spielen, also einen Blumentopf auszuleeren, oder die eine Einrichtung einfach an einen anderen Ort zu tragen, irrsinnige Lust gehabt.

(A) **8. Zäsur kommentierend: Akzentuierung) / Betonung der Lust**

So wow

(I) **8. Entwicklung der Traumerzählung, narrativ /da capo 5 → Grenze → Rückzug**

Und dann habe ich auch angefangen.
Die Türen waren immer noch zu.
Und dann bin ich hinuntergestiegen,

(A) **Zäsur deskriptiv: Wechsel zur Realsituation /Einführung des Requisits 'Teppich'**

und in der Stube haben wir einen schweren roten Teppich,

(I) **8. Entwicklung der Traumerzählung, narrativ /betonte Spannung**

und den habe ich mit wahnsinnig viel Kraftanstrengungen,...

(A) **10. Zäsur kommentierend: Akzentuierung) / betonte Spannung**

wirklich das Letzte gegeben,

(I) **10. Entwicklung der Traumerzählung, narrativ (mit Zäsurelement kommentierend) / betonte Spannung +Versicherung der Nicht-Verantwortlichkeit + Auftritt weibliche Autorität**

...habe ich den hinaufgeschleppt, in die Galerie hinauf.
Und dann bin ich plötzlich da gestanden mit einem Weinglas
und das habe ich aber nicht absichtlich ausgeleert,auf den Teppich.
Und dann hat es einen Flecken gegeben,
und ich habe, bin davon weggelaufen,
und in dem Moment geht eine Türe auf
und eine Dame und hat einen Zwilling, es sind zwei Damen,

(A) **11. Zäsur deskriptiv: Parallelisierung mit Realsituation, kommentierend: Charakterisierung / betonte Über-Ich-Personifizierung, Karikatur**

wo ich auch kenne, ganz klar noch das Bild habe,
das ist aus dem Bekanntenkreis von Frankreich,
es ist eine sehr strenge Frau,
wo sehr an Regeln festhält, fast ein Gouvernantentyp, also gross, schlank, em einfach wie's Fräulein Rottenmeyer, aus dem Heidi, von der Spyri,

(I) **11. Entwicklung der Traumerzählung, narrativ /Ansatz einer Bestrafung Ungeschehen-machen → Distanz eines regredierten Traum-Ichs**

Und sagt aber nichts, aber einfach ganz ganz ein strenger Blick,vorwurfsvoller Blick, und sieht natürlich,....
dass ich jaa, der Täter von diesem Fleck bin, von dieser Sauordnung,
....sagt aber nichts und sagt ihrem Doppel,
sie soll den Fleck aufputzen.
Und ich habe Abstand in dem Moment vom Teppich,
weiss in dem Moment nicht

(A) **12. Zäsur deskriptiv: Akzentuierung im Vorgriff**

und diese Szene ist mir am meisten geblieben, auch von dem Gefühl her

(I) **12. Entwicklung der Traumerzählung, szenisch /Flucht → Euphorie**

soll ich jetzt zurückgehen und mich entschuldigen, und meine erste Reaktion ist auch ein paar Schritte zurück zum Teppich, mich entschuldigen zu gehen, auch helfen beim Flecken-Aufputzen,
und schlussendlich bleibe ich stehen und und lauf, ich sage,
ich habe ihn gemacht, den Flecken,
ja ich bin es gewesen,
ich stehe dazu,
aber nachher drehe ich mich wieder um, laufe die Galerie weiter, laufe von ihrem vorwurfsvollen Blick weg,
und es ist mir so gleich.
Und in dem Moment habe ich ein irrsinnig gutes Gefühl,
So wie ' haa, du bist dem nicht unterlegen'
so ein richtiges,

(A) **13. Zäsur kommentierend: Kontrastierung / Betonung der Euphorie per Kontrast**

der Gegensatz von dem lähmenden Gefühl, einfach, wie wie ein Sprengen gewesen ist,

(A) **14. Zäsur, deskriptiv: Akzentuierung / Aneignung**

und das ist mir irgendwie geblieben.

(A) **15. Zäsur, interaktiv / Weiterbeanspruchung des Rederechts**

Der Traum geht dann auch weiter,

(I) **13. Entwicklung der Traumerzählung, narrativ / da capo 5, 9, regressiv**

dass die,
ich ich komme dann immer mehr ins Fahrwasser, ich fange immer mehr an, Streiche zu spielen und auch laut zu werden und fange an, Türen zu klopfen. Und in dem Moment weiss ich plötzlich,
dass diese besetzt sind die einzelnen Klausen von jungen Mädchen so im Latenzalter, so etwa 10 bis 12,
und ich rufe und sage,
kommt heraus,
kommt Blödsinn machen,
es ist ist lustig,
und ich verspreche alles,
und dann wirklich so langsam und zaghaft diese Türen auf,
und es sind alles Mädchen, so wirklich einfach gestopft voll, wie ein Bienenhaus, besetzt mit Mädchen,
die kommen aber nur bis an die Schwelle heran, kommen nicht heraus,

und ich probiere sie fast herauszuziehen, und renne auf dieser Galerie hin und her,
in dem Moment ist auch der Teppich verschwunden und die anderen zwei Frauen,
und diese Mädchen kommen wirklich nur bis an die Schwelle,
und plötzlich hat eines,

(A) **16. Zäsur deskriptiv: Parallelisierung zur Realsituation / Traummädchen = Kind aus Berufskontakt**

wo ich im Lager eben auch noch Kontakt dazu gehabt habe,

(A) **17. Zäsur, deskriptiv, kommentierend / Charakterisierung als weibliche Über-Ich-Figur, regressiv**

das ist so ein sehr ernsthaftes Kind,

(I) **14. Entwicklung der Traumerzählung, szenisch** (kommentierende Elemente) / **Verzichtsdeklaration auf Übertretungshandlungen**

und das hält mich dann so, mit beiden Armen,
aber es ist auf der anderen Seite der Schwelle und sagt,
wir getrauen uns nicht,
schau,
wir haben es doch so gut hier,
und wir getrauen uns einfach nicht,
es ist noch nicht die Zeit.
In dem Moment ist so wie, wieder das Gefühl da irgendwie von, diesmal aber von Trauer, nicht von einer Lähmung, sondern wie,
es ist irgendwie, es ist noch nicht Zeit,

(I) **15. Erzählausstieg, narrativ + kommentierendes Element /Rückzug → zentrierte Selbstwahrnehmung**

und ich gehe die Treppe hinunter, aus dem Haus hinaus,
und in dem Moment ist es eindeutig das Elternhaus,
es ist, hat überhaupt nichts mehr mit dem Kloster zu tun.
Und aus allen Fenstern,....
die zum Garten gehen, schauen diese Mädchen hinaus,
....so wirklich 10 bis 12jährige, 13jährige Mädchen, schauen einfach,
und ich gehe weg.

(A) **18. Erzählausstieg, deskriptiv / Schlussdeklaration + Aneignung**

Dann nachher ist der Traum fertig,
und ich bin am Morgen erwacht. Und habe es behalten.

Nachbesprechung:, deskriptiv, kommentierend /Identifikation mit regressiver weiblicher Über-Ich-Figur

und der erste Gedanke ist...,
wo ich erwacht bin,

ich bin noch so halb drin gewesen
ein schauriges Mitleid mit diesen Mädchen, vor allem mit dem,
das mich gehalten hat.
Das ist der erste Gedanke, und auch irgendwie Trauer,
und komischerweise habe ich dann gerade,
der ist gerade gefolgt gewesen von einem zweiten Gedanken, nämlich das Realisieren,
dass, es ist so klar gewesen, das Elternhaus,
wo ich gesehen habe,
du bist ja in H. gewesen,
und eines dieser Mädchen hättest du gewesen sein können.
Das ist – ich bin dann noch im Halbschlaf gewesen und erst dann richtig erwacht,
Ich bin wirklich wieder zurück,

Anknüpfung / Aneignung

Das ist der Traum,
wo mich jetzt die ganze Woche irgendwie begleitet hat, und – irgendwie so zwischen Gefühlen wie Abschied nehmen, Trauer,
aber doch auch diese Sequenz von irgendwie etwas Befreiendem, so etwas,
wo man selber gemacht, auch bis in die Konsequenz einfach dazu stehen können,
und zum Blick, so einen vorwurfsvollen Blick können ertragen.

Bezieht man die kurzen Dialogsequenzen und auch die „Ankündigung" nicht ein, so besteht die aufgegliederte Erzählung aus 15 zusammenhängenden Portionen „Innerhalb" und 18 zusammenhängenden Portionen „Außerhalb". Die Wortanzahl der Beiträge „Innerhalb" beträgt insgesamt 641, der Beiträge „Außerhalb" 351. Dieses Ergebnis verdeutlicht, dass die Erzählerin größeren sprachlichen Aufwand für die Entwicklung der eigentlichen Geschichte treibt und die Rahmenelemente („Außerhalb") knapper gehalten sind. Die eigentliche Traumhandlung ist länger als der begleitende und intervenierende Kommentar. Die Rahmenelemente sind jedoch so häufig, dass von einem sich fortlaufend entwickelnden Ablauf des Geschehens (Kernelemente) nicht die Rede sein kann, sondern dies starker Überwachung durch die Rednerin unterliegt.

Wie ist die narrative Sequenz organisiert? Mit Ausnahme der Abschlussphase der narrativen Entwicklung wechselt jeder Handlungsschritt mit einem Zäsur-Einschnitt ab. Es kommen 11 deskriptive, 5 kommentierende und 1 interaktive Zäsur(en) vor, zusätzlich die 17. Zäsur, die sowohl als deskriptiv wie als kommentierend bestimmt werden kann. Die deskriptiven Zäsuren dienen vor allem der Herstellung von Parallelen zur Realsituation, die kommentierenden Zäsuren haben in erster Linie Betonungscharakter (Betonung emotionaler Extremreaktionen). Breitere Zäsur-Einschnitte gibt es zwischen I2 und I3, d.h. in der Phase zwischen dem Verschwinden der Schulklasse und dem Aktions-Start, ebenso zwischen I7 und I8, dem Schritt vom bloßen Lust-Haben zur Umsetzung in die Tat. Eine dreifache Zäsur liegt zwischen I12 und I13, der

Flucht aus der Szene und einer Aufnahme von Aktion. Zwischen I13 und I14 liegt ein Schnitt zwischen entwickelter Aktion und Verzicht; beides wird durch doppelte Zäsur voneinander getrennt. Die Erzählerin tritt, zusammenfassend gesagt, besonders dann aus dem Geschehen heraus, wenn ein zentraler Entscheidungsschritt in der Handlungsentwicklung ansteht.

7. Eine weibliche Erzählung vom Erziehen

Die Träumerin verbindet das Kloster mit einer Erinnerung an eine gemeinsame Reise mit dem Vater und einen Ausbildungsaufenthalt, die erwähnte „stage" an historischer und heiliger Stätte. An historischer und heiliger Stätte, vor dem Eintritt in ein „Kloster" , beginnt der Traum, um dann zur elterlichen Wohnung zu werden. Der Vater tritt im Traum nicht auf, ebenso wenig andere Personen der familiären oder vertrauten Umgebung; lediglich eins der kleinen Mädchen erinnert an eine der Träumerin bekannte Schülerin. Schule und Klösterlichkeit, Ordnung, Strenge, mütterliche Aufsicht, Internatsunterbringung sind im Traum thematisch. Ihnen sucht das Ich mit lustbetonter Störung der Ordnung ohne Schuldgefühl zu begegnen. Das Ich tritt sogar als Anstifterin zur Rebellion gegen all die kleinen anonymen Mädchen auf, die nicht über die Schwelle zu treten wagen und die sie selbst mit dem scheuen, ängstlichen kindlichen Anteil ihrer Persönlichkeit gleichsetzt. Schließlich kommt es nach dem rebellischen Gang durch die geordnete und normierte Welt der heiligen oder heilen Familie der Kindheit, der mit Respekt und ehrfürchtiger Scheu zu begegnen war, im Traum zum Schritt allein ins Freie – allein und ins Ungewisse. Die Person, die ins Freie tritt, ist nicht mehr Objekt der Disziplinierung und lässt – Darstellung der Ambivalenz – die kleinen Mädchen zurück hinter schützenden Mauern, für die es noch nicht Zeit ist.

Die Lehrertochter und angehende Lehrerin gestaltet im Traum ein Porträt der Erziehung als Disziplinierung, als Welt der Zucht, die Einzelwesen, Individuen schluckt, um sie in einem System der Ordnung gleich zu machen, auf dass sie gefügig sind aus Scheu, aber die Geborgenheit einer heiligen/heilen Welt mütterlicher Autorität genießen, in der es keine Flecken gibt, kein Blut, keinen Rausch, keine Weiblichkeit jenseits von Töchterlichkeit oder Gouvernanten-Tantentum. Eine Welt, in der das Störende unter den Teppich gekehrt wird. Diese asexuelle Welt einer „ewigen Tochter" (Boothe/Becker-Fischer/Fischer 1993), die der mütterlichen Macht- und Einflusssphäre allenfalls durch Fluchtbewegungen entkommt und dann allein und arm und hungernd dasteht (und das Hungern verleugnen muss), ist für die Vorstellungswelt magersüchtiger Patientinnen charakteristisch. Erziehung, das ist nicht Reifung im Bildungsprozess, das ist geheiligter kindlicher Gehorsam ohne das Glück kindlicher Freiheit.

So baut der Traum sich auf:

1. Durchgang	Wahrnehmung eines kontroll- und tabumächtigen mütterlichen Objekts (ein Kloster anschauen)

	Selbstwahrnehmung (da habe ich mich gesehen als jetzige Klara) Motivation zur Etablierung einer eigenen Lustordnung, Aufbau von Spannung
Gipfel + Auflösung	Spannungsentladung bei Verantwortungsleugnung, herabgeminderte Strafandrohung (ein Glas unabsichtlich auf den Teppich leeren), Rückzug
2. Durchgang	Motivation zur Etablierung einer eigenen Lustordnung verschobene Selbstwahrnehmung in regressivem Aspekt (Diminutiv-Selbst) Indirekte Reetablierung des kontroll- und tabumächtigen mütterlichen Objekts (siehe, wir getrauen uns nicht, über die Schwelle zu treten).
	Rückzug / Evasion / Weggang

So gelesen stellt sich der 2. Durchgang als Zurücknahme des ersten dar: Hatte der Traum, mit dem Verweis auf eine gemeinsame Reise mit dem Vater, mit dem Blick auf ein nicht-personales kontroll- und tabumächtiges mütterliches Objekt, das Kloster, begonnen, dem eine eigene Lustordnung aufgeprägt werden sollte, so rückt diese rebellische Motivation zunehmend in den Bereich des Kindlichen, das sich dem elterlichen Objekt nicht nur gegenüberstellt, wenn auch chancenlos, sondern eben auch auf es angewiesen ist. Die wiederkehrende Orientierung der Wahrnehmung vom Objekt weg auf das Selbst konterkariert die Rückzugsbewegung; sowohl am Anfang als auch am Ende gilt die zentrale Aufmerksamkeit der Figur des erzählten Ichs.

Das Ich ist in der gesamten sequentiellen Entwicklung in der Position des grammatikalischen Handlungssubjekts beherrschend vertreten. Sie ist als Initiatorin außerordentlich präsent. Dies entspricht auf grammatikalischer Ebene dem, was wir auf semantischer Ebene als Selbst-Zentrierung bezeichnet haben. Selbst-Zentrierung und Betonung der Rolle des Handlungssubjekts lassen den Entwicklungsgang als erfolgreich für die Initiatorin erscheinen; die Kapitulation vor der mütterlichen Ordnungsmacht gerät auf diese Weise in den Hintergrund. Die Hervorhebung der Übernahme von Kontrolle wird somit einerseits durch die Dauerinitiative des erzählten Ichs gewährleistet, andererseits durch das sprachliche Verhalten der Erzählerin, die ihre Erzählung extensiv als bedeutsam und gewichtig ankündigt und ihr darüber hinaus eine ausgedehnte Nachevaluation angedeihen lässt. Sie wiederholt somit in der Beratungsinteraktion die Initiativebetonung der sequentiellen Entwicklung.

8. Annähern → Eindringen → Wirken in mütterlichem Raum

Es geht der Erzählerin darum, das erzählte Ich so darzustellen, dass es erfolgreich, initiativ, beharrlich ist und dabei Lust entwickelt. Diese Initiative wird unterlaufen durch ein Geschehen, vor dem die Akteurin nach zwei Anläufen kapituliert. Worum also geht es? Welches ist der thematische Strang, der die Erzählung intern verknüpft? Es entwickelt sich ein *Annähern → Eindringen → Wirken in mütterlichem Raum.*

Die Erzählerin freut sich an ihrem Traum-Ich, das als kindliche Rebellin agiert, die ein erregendes Abenteuer besteht. Die Erzählerin evoziert im Hier und Jetzt des Erinnerns die Lust, das Vergnügen, das sie beim wilden Hantieren im elterlichen Wohnzimmer erlebte. Nicht ohne Befriedigung konstatiert die Erzählerin, dass ihr Traum-Ich kein Schuldgefühl erlebte und sich ohne Gewissensbiss der Bestrafung entzog. Und schließlich: Die Erzählerin sucht mit der Geschichte in der Beratungssituation dem Gegenüber zu imponieren und diesem die eigene Weltordnung in aller Breite und Länge darzubieten.

Die Geschichte vom kleinen Mädchen, das Unordnung stiftet in den heiligen Hallen der Familie, das den Übergang zur sexuell reifen Frau vollzieht und mit Kraftanstrengung den Teppich, der weich, sanft und schwer den harten Boden bedeckt hatte, wegzieht, ist eine Geschichte, die eine Hoffnungsperspektive eröffnet. Klara teilt sie in aller Ausführlichkeit mit, um diese Hoffnung mit dem therapeutischen Gegenüber zu teilen.

Die Traummitteilung ist – wie wir ausführten – ein änigmatisches Manifest. Klara befindet sich in einer Trennungs- und Ablösungskrise, die sie intellektuell, sozial und emotional zu meistern versucht. Klara sagt sich verzweifelt: Ich möchte zeigen und beweisen, dass ich allein zurecht komme, erfolgreich und tüchtig bin und auch noch in der Liebe glücklich sein kann, – und ich merke, wie ich kapitulieren, aufgeben, mich verkriechen will und wie ich immer und immer wieder an Zuhause denke und Heimweh habe, trotz allem und wieder besseres Wissen. Wie könnte die Antwort auf das Rätsel lauten? Klara ist sich zum Rätsel geworden, weil sie nicht weiß, dass ihre bewussten Anstrengungen von unbewussten Gegenbewegungen sabotiert und infragegestellt werden. Denn es gibt eine mächtige unbewusste Tendenz, die weibliche Körperlichkeit und das weibliche Erwachsensein zu vermeiden und im Schutz einer mächtigen – fiktiven und idealen – mütterlichen Autorität „ewige Tochter" zu bleiben. Und hinter dieser Tendenz ist der Wunsch zu finden, sich mit dem Vater zu verbinden, mit ihm die Welt zu erkunden, wäre da nicht die Angst vor seiner Zurückweisung und vor seiner Sanktionierung als ein „Doppel" der mütterlichen Übermacht, als strengstrafende und überfütternde Seite des Mütterlichen.

Klara ahnte, dass manches – wie der Traum andeutete – unter den Teppich gekehrt wurde. Sie erfuhr zwischen der vierten und der fünften Sitzung von der Bulimie der Mutter. Klara hatte das längst geahnt; nun gelang es ihr im Gespräch vor der fünften und letzten Beratungssitzung, der Mutter ein Geständnis abzuringen. Klara war seit langem bewusst, dass der Vater deutlich übergewichtig war und die Familie als Hobbykoch allzu reichlich und allzu nötigend verköstigte, bewirtete und versorgte. Nun wurde dies zum erstmals zum Thema zwischen Mutter, Vater und Töchtern. Die Mutter sprach aus, dass sie um des Friedens willen und um den Vater nicht zu kränken, aß, was er vorsetzte, aber durch selbst herbeigeführtes Erbrechen sich wieder davon befreite. Es war Klara, der es gelungen war, dieses offene Gespräch herbeizuführen und die Familie an einem Tisch zusammenzubringen. Sie schlug eine Familientherapie vor und erhielt die Zusage der Eltern und ihrer Schwester. So hatte sie die nur scheinbar heile Familie aus klösterlicher Ruhe gebracht, für produktive Unordnung gesorgt und lebendigere und realere Beziehungen ermöglicht, in der sie selbst gewichtige, initiative, verantwortungsbereite und ernstgenommene Gesprächspartnerin auf gleicher Ebene war. Was die Erschließung des Traums als Hoffnungsperspektive in Aussicht gestellt hatte, das konnte im Handeln initiiert werden: ein erfolgreiches Rebellieren gegen ein zudeckendes familiäres Kontaktmuster, die Aufdeckung eines familiären Geheimnisses, das realistische Zurechtrücken einer Autoritätsidealisierung.

Klara schuf mit ihrer Traumnovelle das Manifest einer inneren Dynamik. So vermochte sie sich als Person mit inneren Konflikten und der Bereitschaft, sich ihnen zu stellen, zu artikulieren. So positionierte sie sich als Psychotherapiepatientin, der es darauf ankam, in ihren Vorstellungen, Phantasien und in ihrem Erleben ernst genommen zu werden. Und so historisierte sie sich selbst als Kind und als Tochter in einer Familie, an die sich Klara durch Vorstellungen von normativer Macht, Kontrolle, Zucht, Ordnung und Sexualfeindlichkeit gebunden sah.

Klara gestaltete ihre Fallgeschichte als Traumnovelle. Sie verwendete Bilder, Assoziationen und Symbolisierungen (weiteres zu Erzählungen magersüchtiger und bulimischer Frauen bei von Wyl 2000), wo psychoanalytische Begrifflichkeit die pathogene Dynamik abstrahierend beschreiben würde:

Aus unserer Sicht spielt die mit der Symptomatik erreichte narzisstische Bestätigung die zentrale Rolle. Das Symptom wird fixiert, weil es etwas gewährt, womit potentielle Befriedigungen reifer Weiblichkeit nicht konkurrieren können: Es gewährt die narzisstische Befriedigung in der Phantasie, sowohl einerseits für den Vater als auch andererseits für die Mutter *absolut wichtigstes Objekt* zu sein. Diese kindlich-narzisstische Position bedeutet subjektiv eine so starke Gratifikation beziehungsweise kompensatorische Bestätigung, dass jede Veränderung einen Verlust darstellen und gelebte weibliche Sexualität *die* entscheidende Verlustgefahr repräsentieren würde. Die in der Symptomatik erfüllt scheinende narzisstisch-ödipale Phantasie vom „ewigen Mädchen", dem Mutter und Vater erlegen und ergeben sind (narzisstischer und ödipaler Triumph) integriert das „Dünnsein" als *Körper-Phallus-Gleichsetzung*. Der fettfreie Körper wäre in dieser Sicht eine narzisstische, anal konturierte Phallus-Repräsentation. Die narzisstische Gratifikation, als „ewige Tochter" ein Maximum an Liebe zu erhalten, ohne ein primäres Objekt aufgeben zu müssen, ist ein Wunschtraum, der unseres Erachtens passager in der weiblichen Frühgenese häufig eine Rolle spielt, und zwar im Zusammenhang mit der schwierigen Entwicklungsaufgabe, der Mutter zu entsagen, sich dem ungewissen und „schon besetzten" Vater zuzuwenden und dem unangenehmen Risiko ausgesetzt zu sein, kein Liebesobjekt zur Verfügung zu haben. In der Magersucht spielt die Phantasie vom doppelten narzisstisch-ödipalen Triumph hingegen eine pathogene Rolle, weil die familiäre Interaktionsstruktur sie im Sinne einer Fixierung oder aber im Sinne einer Reparation traumatisierender Entgleisungen der Beziehungen zu fördern scheint und weil die latente partnerschaftliche Feindseligkeit zwischen den Eltern – gerade bei Verwischung der Generationengrenzen – geeignet ist, infantile sexuelle Wunschphantasien in infantile Angstphantasien zu verwandeln. Das Weggehen, das Aufbrechen wird so besonders schwer, weil das

Verlangen nach dem Anderen fehlt und die mit Begehren und Zärtlichkeit verbundene Sehnsucht.

Bei Freud heißt es: Man „muss beginnen zu lieben, um nicht krank zu werden, und muss erkranken, wenn man infolge von Versagung nicht lieben kann“ (Freud 1914, 151-152).

Literatur

Böhme, G. (1990): Sinn und Gegensinn - über die Dekonstruktion von Geschichten. In: Psyche 44, 577-592

Boothe, B. (1992): Die Alltagserzählung in der Psychotherapie. Anwendung: Analyse einer Erzählungssequenz und dreier Traumbeispiele. Berichte aus der Abteilung Klinische Psychologie Nr. 29/2, Psychologisches Institut der Universität Zürich

Boothe, B. (1994): Der Patient als Erzähler in der Psychotherapie. Vandenhoeck und Ruprecht: Göttingen

Boothe, B. (2000a): Der Traum im Gespräch: bei Freud – bei Jung. In: Sprecher, T. (Hrsg.): Das Unbewusste in Zürich. Literatur und Tiefenpsychologie um 1900. Sigmund Freud, Thomas Mann und C. G. Jung. NZZ Verlag: Zürich, 189-216

Boothe, B. (Hrsg.) (2000b): Der Traum – 100 Jahre nach Freuds Traumdeutung. vdf: Zürich

Boothe, B., Becker-Fischer, M., Fischer G. (1993): Die „ewige Tochter“: Ein Ansatz zur Konfliktpathologie der magersüchtigen Frau. In: Seidler, G.H. (Hrsg): Magersucht. Öffentliches Geheimnis. Vandenhoeck und Ruprecht: Göttingen, 87-133

Boothe, B., Grimmer, B., Luder, M. u.a. (2002): Manual der Erzählanalyse Jakob. Version 10/02. Berichte aus der Abteilung Klinische Psychologie Nr. 51, Psychologisches Institut der Universität Zürich: Zürich

Boothe, B., Meier, B. (Hrsg.) (1999): Der Traum. Phänomen – Prozess – Funktion. vdf: Zürich

Buchholz, M.B. (Hrsg.) (1993): Metaphernanalyse. Vandenhoeck & Ruprecht: Göttingen

Buchholz, M.B. (1996): Metaphern der ‚Kur'. Studien zum therapeutischen Prozess. Westdeutscher Verlag: Opladen

Buchholz, M.B. (2000): Metapher. In: Mertens, W., Waldvogel B. (Hrsg.): Handbuch psychoanalytischer Grundbegriffe. Kohlhammer: Stuttgart, 445-450

Flader, D., Giesecke, M. (1980): Erzählen im psychoanalytischen Erstinterview. In: Ehlich, K. (Hrsg.): Erzählen im Alltag. Suhrkamp: Frankfurt/M. 262-283

Freud, S. (1900): Die Traumdeutung. GW, Bd. II/III. Fischer: Frankfurt/M., 1976

Freud, S. (1914): Zur Einführung des Narzissmus. GW, Bd. X. Fischer: Frankfurt/M., 1981, 137-170

Körner, J. (2003): Die argumentationszugängliche Kasuistik. In: Forum der Psychoanalyse 19, 28-35

Kurz, G. (1982): Metapher, Allegorie, Symbol. Vandenhoeck & Ruprecht: Göttingen

Laplanche, J. (1992): Deutung zwischen Determinismus und Hermeneutik. Eine neue Fragestellung. In: Psyche 46, 467-498

Lucius-Hoene, G. (2002): Narrative Bewältigung von Krankheit und Coping-Forschung. In: Psychotherapie und Sozialwissenschaft 4, 166-203

Mergenthaler, E. E. (1992): Die Transkription von Gesprächen. Ulmer Textbank: Ulm

Michel, P. (1994): Destruktion des Symbolbegriffs. In: Michel, P. (Hrsg.): Die biologischen und kulturellen Wurzeln des Symbolgebrauchs beim Menschen. Peter Lang: Bern, 129-202

Wyl, A.v. (2000): Magersüchtige und bulimische Patientinnen erzählen. Eine narrative Studie der Psychodynamik bei Essstörungen. Psychoanalyse im Dialog, Band 9. Peter Lang: Bern

Wittgenstein, L. (1968): Gespräche über Freud. In: Barrett, C. (Hrsg.): Vorlesungen und Gespräche über Ästhetik, Psychologie und Religion. Vandenhoeck & Ruprecht: Göttingen, 73-86

Die *Offene Klassenrunde* – ein gruppenanalytisches Setting in der Schule „Meine Mutter sagt, ich bin genau wie mein Vater."

Inge Schubert

1. Einführende Überlegungen

Schule ist ein Ort zentraler Gruppenerfahrungen. Neben der „Gruppe Familie" bildet die Schule den Rahmen wichtiger sekundärer Sozialisationserfahrungen. Es handelt sich hierbei um die institutionalisierte Gruppenerfahrung, in der Identitätsfindung und Persönlichkeitsbildung stattfinden. Die über die Institution Schule aufgegebene sekundäre Gruppenerfahrung fließt, ebenso wie die familiale Gruppenerfahrung, nachhaltig in die lebensbiografische Matrix ein. Schulische Gruppenerfahrung findet unter dem Vorzeichen des Bildungsauftrages, der Wissensvermittlung und der auf Leistungs- und Qualifizierungsdifferenzen bezogenen Selektion satt. Sie ist ein institutionalisierter Ort der Weitervermittlung von gesellschaftlichen Normen und Werten.

Wenn auf dem Hintergrund der primären Sozialisationserfahrung in der Familie die sekundären Gruppenerfahrungen in der Schule prägende Erfahrungen sind, die zeitlebens Bedeutung haben, dann wird auch erklärlich, dass die erlebte positive bzw. negative eigene schulische Gruppenerfahrung weiterwirkt in ablehnenden und empathischen Haltungen gegenüber der Institution Schule. Das „Durcharbeiten" mit den Kindern und eigenen Kindern im Rahmen der Elternschaft oder der pädagogischen Profession kann in diesem Sinne als Handlungsraum verstehbar werden, in dem es zu Übertragungen, Abwehrvorgängen und Wiederholungen und zu unbewussten Bearbeitungen kommt. Die Tragweite der schulischen Gruppenerfahrung ist Ausgangspunkt meiner Überlegungen, die dahin gehen, der professionell geleiteten analytischen Gruppe mit Adoleszenten als relevanter life-group in der Schule Chancen und Entwicklungspotentiale zuzuschreiben, die – unter bestimmten Voraussetzungen – innerhalb der Institution genutzt werden können und sollten. Es stellt sich hier jedoch die Frage, ob und wie unter den gegebenen institutionellen Rahmenbedingungen die Realbeziehung der LehrerInnenrolle mit dem notwendigen Grad der Abstinenz vereinbar ist, die zweifellos eine grundlegende Voraussetzung für das analytische Arbeiten darstellt. Ich möchte im Nachfolgenden die ermöglichenden Rahmenbedingungen einer von mir geleiteten analytischen Gruppe in der Schule vorstellen und diskutieren, dabei die Relevanz der angesprochenen Frage mit dem konkretem Fallmaterial einer Gruppensitzung anschaulich machen und letztlich auch antwortend Stellung nehmen.

In Anbetracht der äußeren Ungewissheiten und der entstehenden innerpsychischen Leerstellen wird die Aufgabe der Individuation und Loslösung von der Primärfamilie für die Adoleszenten zu einer risikoreichen Passage. Individuation stellt sich hier als eine doppelte Aufgabe. Die Adoleszenten müssen sich sowohl den gesellschaftlichen Realitäten stellen, als auch einen innerpsychischen Loslösungsprozess gehen, um Größenphantasien integrieren und den Realitäts-Clash gut überleben zu können. Die life-group in der Schule kann für die Adoleszenten im Prozess ihrer Individuation, Selbstfindung und Selbstsozialisation in der peer-group ein wichtiges haltendes Netz zwischen Familie und Gesellschaft darstellen.

In den nachfolgenden Ausführungen sollen die Möglichkeiten und Chancen einer analytischen Gruppe in der Schule expliziert werden. Es geht hier um das Setting einer analytischen Gruppe, die ich für Schülerinnen und Schüler einer Schulklasse innerhalb der Institution Schule, außerhalb des Unterrichts anbiete. Es gibt im Kontext von Schule verschiedene Veröffentlichungen, in denen unter Bezugnahme auf guppenanalytische Theorien und Einbeziehung der unbewussten Dynamik der Gruppe über schulische Beziehungsprozesse (Finger-Trescher 1994) und Prozesse des Lehrens und Lernens in der Institution (Hirblinger 1999) nachgedacht wird. Die Schulklasse als Gruppe zu begreifen und regelmäßig *Gesprächsrunden* oder *Gesprächsstunden* einzurichten, in denen Konflikte und Beziehungsprobleme besprochen werden, wurde in älterer tiefenpsychologischer Literatur (Spiel 1947), aber auch in jüngeren Publikationen beschrieben (Imhof 1987); diese Gruppen unterscheiden sich von einer analytischen Gruppe insofern, als diese nicht mit dem Fokus institutionalisiert wurden, Schülerinnen und Schülern die Erfahrungen einer analytischen Gruppe zu eröffnen.

Ich möchte mich in meinen Ausführungen auf die Potentiale der adoleszenten life-group beziehen, ohne die Seite der destruktiven Dynamik aus dem Auge zu verlieren, die eine Gruppe auch immer in sich birgt. Insofern möchte ich die Möglichkeiten, die Gefahren und die Bedingungen erörtern, die für das Setting der angewandten Gruppe mit Schülerinnen und Schülern innerhalb der Institution Schule zu beachten sind. Die Schilderung des konkreten Beginns des Settings *Offene Klassenrunde* und die protokollierte Verlaufsbeschreibung einer späteren Gruppensitzung sollen meine theoretischen Überlegungen ergänzen und anschaulich machen. Es stellt sich hier die Frage, ob man als Lehrerin in der Schule mit einer Schulklasse überhaupt gruppenanalytisch arbeiten kann. In diesem Kontext geht es um Klärung der Herstellbarkeit der Voraussetzungen, die notwendig sind, um den analytischen Rahmen gegenüber dem Bereich der schulischen Realbeziehungen etablieren und sichern zu können.

2. Gruppenanalytische Arbeit in der Institution Schule

Die gruppenanalytische Arbeit begann ursprünglich im stationären Setting einer nicht-klassischen Gruppe. Die Analyse der Verstrickungen mit der Gruppe, mit den Gruppennormen und den institutionellen Verflechtungen wurde letztlich zum Ausgangspunkt des *klassischen* Settings[1]. Foulkes (1974) hat allerdings immer betont, dass das Wissen, die Erfahrungen und die Methode der Gruppenanalyse auch in anderen Arbeitsfeldern als der klassisch-analytischen Therapiegruppe eingesetzt werden können. Als mögliche Felder für angewandte Gruppen nannte er beispielsweise das Bildungssystem, die Industrie, die Armee und das Feld des sozialen Lebens mit all seinen Manifestationen. Eine normative Ausrichtung am klassischen Setting und eine eindimensionale Orientierung würden die Möglichkeiten der gruppenanalytischen Methode schmälern und vorhandene Potentiale ungenutzt lassen. Sand (1994) und Schmidt (2000) haben das Feld der angewandten gruppenanalytischen Arbeit in der Schule beschritten und die produktiven Möglichkeiten der gruppenanalytischen Methode aufgezeigt.

Die Schule bietet ein Spektrum von Möglichkeiten für die gruppenanalytische Arbeit. Die These, dass Schule gegen eine Öffnung resistent sei, ist im Kontext der eingetretenen Notwendigkeit von Veränderung genauso wenig weiter aufrecht zu erhalten wie das starre herkömmliche Schulsystem selbst. Die Schule, in der Gruppen als Klassen und Kurse eine organisierte Grundform darstellen, ist unter diesem Blick die größte Organisation für angewandte Gruppen. Gruppenanalytische Arbeit sollte hier nicht erst an defizitären und destruktiv verlaufenden Entwicklungen ansetzen, sondern Gruppen in ihrem Entstehen und ihrer Entwicklung kontinuierlich begleiten können. Meine These besagt, dass eine begleitende und dennoch außerhalb des schulischen Unterrichtskontexts stehende gruppenanalytische Arbeit in der Institution Schule die individuellen Entwicklungsmöglichkeiten erweitert, weil dort Gruppenbeziehungen geklärt werden können und Adoleszente sich auch in ihren Potentialen und Größenphantasien, nicht nur in ihren Defiziten erleben.

Es geht hier jedoch nicht darum, die gruppenanalytische Arbeit für das Unterrichten nutzbar zu machen oder gruppenanalytische Ansätze für Unterrichtszwecke zu verwenden. Die gruppenanalytische Arbeit muss ein unabhängiger und eigenständiger Bereich und Inhalt sein, frei von schulischen Aufträgen wie Lernleistung, Bewertung, Disziplinierung und Selektion. Es geht nicht um Wissensvermittlung und auch nicht um eine Wertevermittlung im engen Sinn, sondern um sozialisatorische Fähigkeiten und Identitätsentwicklung. Im weitesten Sinne gehört die analytische Gruppe in den Bereich der gesellschaftlich-sozialisatorischen Aufgaben. Die gruppenanalytische Arbeit ist insofern neben den vorhandenen schulischen

---

[1] Eine ausführliche Darstellung der Entwicklung der Gruppenpsychoanalyse und ihrer Konzepte findet sich bei Finger-Trescher (1991, 101ff.). Eine kompakte Darstellung von Gruppenpsychoanalyse als psychotherapeutisches Verfahren gibt Shaked (2000), demzufolge das Ziel der gruppenanalytischen Arbeit darin besteht, „unbewusste seelische Prozesse im Rahmen einer therapeutischen Gruppe der bewussten Verarbeitung zugänglich zu machen“ (Shaked 2000, 261). Die Relevanz gruppenpsychoanalytischer Ansätze für verschiedene Formen des pädagogischen Arbeitens zeigt Büttner (1995) auf (Anmerkung der Herausgeber).

Angeboten ein autonomer Bereich, der sich im Rahmen des Sozialisationsauftrages von Schule behaupten könnte.

Insofern verstehe ich die analytische Gruppe im Sinne einer demokratischen Schulkultur als autonomen und auch getrennten Bereich, der sich neben den sozialisatorischen Angeboten wie *demokratische Erziehung, Klassenrat, Jahrgangsrunde, Schulrunde* etc. positioniert.[2]

2.1 Das Arbeitsfeld *„Modellschule“*

Ich arbeite seit mehreren Jahren an einer Modellschule als Lehrerin im künstlerisch-musischen Bereich. Die pädagogische Arbeit als Musik- und Kunstlehrerin, die Leitung der analytischen Gruppe und die Begleitforschung sind für mich parallele Arbeitsfelder in der Schule. Diese geben mir in der institutionellen Einbindung in Schule zwar einen vielfachen Perspektiven- und Rollenwechsel auf, ermöglichen darüber aber auch ein reiches Erfahrungsspektrum.

Die Schule ist eine weiterführende staatliche Ganztagsschule. Als Modellschule hat sie zum Ziel, im Vergleich mit anderen europäischen Schulmodellen neue Formen schulischen Lernens zu erproben und zu entwickeln.

Die Klassen sind nicht leistungshomogen. Es gibt eine differente soziale und kulturelle Zusammensetzung aus mehr und weniger leistungsstarken SchülerInnen. In der 5. und 6. Klasse bleiben die Schüler, die einen Gymnasial-, Real- oder Hauptschulabschluss anstreben, im gemeinsamen Klassenverband. Eine fächerbezogene Leistungsdifferenzierung wird sukzessive ab der 7. und 8. Klasse eingeführt. Der gemeinsame Unterricht im Klassenverband bis zur 10. Klasse setzt den Schwerpunkt Soziales Lernen, der im Konzept *Klassenrat, Offener Anfang, Jahrgangsrunde* und *Demokratische Erziehung* Realisierung finden soll. Die Schüler können sich neben dem regulären Klassenunterricht in *Projekte* und *Freizeitangebote* in kleineren Gruppen wählen. Konzept ist, dass die Klassenlehrerinnen und Klassenlehrer die Klasse bis zur 10. Klasse als Mentoren und Mentorinnen begleiten. Erst mit dem Abschluss der 10. Klasse und dem damit anstehenden Wechsel in die Oberstufe, dem Eintritt in die Lehre, ins Berufsleben und in andere Ausbildungseinrichtungen geht die Klassengemeinschaft auseinander.

Modellprojekt ist die integrative und offene Arbeit. Es gibt den Schülerbereich außerhalb des Klassenraums, in dem die SchülerInnen während des Unterrichts selbstverantwortlich Arbeitsaufträge ausführen und in Gruppen arbeiten. Das

---

[2] In diesem Sinn unterscheidet sich das Angebot einer psychoanalytischen Gruppe, wie sie hier verstanden wird, von jenen „Konfliktgruppen“ und „Klassenbesprechungen“, die in anderen tiefenpsychologisch orientierten Schulprojekten institutionalisiert und durchgeführt wurden (vgl. Spiel 1947; Imhof 1987). Dieser Unterschied kommt unter anderem auch darin zum Ausdruck, dass die analytische Gruppe außerhalb der gewohnten Unterrichtszeit sowie in einem Raum stattfindet, der nicht für Unterrichtszwecke verwendet wird (vgl. Kapitel 2.2 dieses Beitrages) (Anmerkung der Herausgeber).

Unterrichtskonzept stellt die Selbsttätigkeit der SchülerInnen und die Gruppenarbeit in den Mittelpunkt. Die LehrerInnenrolle ist konzeptualisiert als Moderatorenrolle von Gruppen- und Lernprozessen. Die Schulsozialarbeit ist ein weiterer Bestandteil des schulischen Konzepts. Die Schule verfügt über ein Schülercafé, eine Cafeteria und Mensa und über viele Kommunikationsmöglichkeiten auch abseits von Unterricht. Der Kunst- und Musikbereich ist räumlich gut ausgestattet. Es gibt in der Schule Musikgruppen und Bands, die auch während der Schulzeit in den Übungsräumen proben. Die SchülerInnen haben die Möglichkeit, mittags an sportlichen Angeboten teilzunehmen, nachmittags z.B. in die Bildhauerwerkstatt oder den Computerkurs zu gehen. Der Freizeitbereich ist in den Ablauf der Schule gut integriert.

In den Klassen befinden sich durchschnittlich 25 SchülerInnen. Die einzelnen Jahrgänge haben eigene räumliche Einheiten. Für das Lehrer-Team eines jeden Jahrgangs ist die kontinuierliche Koordination und Besprechung verpflichtend. Neben den Lehrerteams der verschiedenen Jahrgansstufen existieren die gewählten Gremien der Programm- und Koordinationsgruppe, die Evaluationsgruppe, die Gruppe *Demokratische Erziehung* und die Schulkonferenz, der gewählte SchülerInnen, Eltern- und LehrerInnenvertreter angehören.

In den Klassen fest institutionalisiert sind der *offene Anfang* und der *Klassenrat*, der in den unteren Klassen von den KlassenlehrerInnen in Absprache mit der Klasse ausgestaltet wird. Die Schule wird geleitet von einem Leitungsteam.

Soweit eine kurze Skizzierung der institutionellen Rahmenbedingungen, unter denen ich die gruppenanalytische Arbeit zu verorten und behaupten suche.

2.2 Die analytische Gruppe *Offene Klassenrunde*

Ich habe im letzten Schuljahr eine Unterstufenklasse übernommen, mit der ich – außerhalb des Regelunterrichts – einmal wöchentlich eine gruppenanalytische Sitzung durchführe. Ich bin in dieser Klasse Lehrerin mit den Fächern Musik und Kunst.

In Absprache mit den Lehrerkollegen aus dem Jahrgangsteam, der Schulleitung und den Eltern der Schüler und Schülerinnen meiner Klasse habe ich die analytische Gruppe *Offene Klassenrunde* in der Schule etablieren können. Jeden Freitag findet unter meiner Leitung eine zweistündige Gruppensitzung statt. Die *Offene Klassenrunde* ist zunächst für zwei Unterrichtsjahre projektiert. Die Teilnahme an der *Offenen Klassenrunde* ist für die Schülerinnen und Schüler verpflichtend. Die Erfahrungen sollen im Rahmen eines europäischen Schulprojekts weiter ausgewertet werden.

Die Gruppe besteht aus 11 Mädchen und 14 Jungen, die jetzt im Alter zwischen 11 und 13 Jahren sind. Die Zugehörigkeit zu einer Gesamtschule bringt es mit sich, dass das Leistungs- und Reflexionsvermögen der SchülerInnen sehr unterschiedlich ausgeprägt ist. Ein größerer Teil der Klasse kennt sich bereits seit der Grundschule.

Eine Schülerin ist nach den Weihnachtsferien weggezogen, ein neu zugezogener Schüler kam erst kürzlich in die Klasse. Die Klassenzusammensetzung ist besonders dadurch gekennzeichnet, dass viele SchülerInnen aus Migrantenfamilien mit unterschiedlicher kultureller Herkunft kommen. Bei über der Hälfte der Schülerinnen und Schüler gibt es einen familialen Migrationshintergrund (Albanien-Kosovo, Frankreich, Italien, Polen, Portugal, Türkei, Spanien, Syrien, Lateinamerika, USA). Mehrere Kinder leben nach der Scheidung bzw. Trennung der Eltern in einer neu zusammengesetzten Familie, zusammen mit dem neuen Lebenspartner der Mutter und neuen Geschwistern bzw. sie leben alleine mit ihrer Mutter und auch Geschwistern. Es gibt mehrere Schülerinnen und Schüler, deren Väter bei den amerikanischen Streitkräften in Deutschland stationiert waren und jetzt in den USA leben. In der Nähe der Schule gibt es eine amerikanische Kaserne.

Die Gruppensitzung der *Offenen Klassenrunde* liegt außerhalb der üblichen Unterrichtszeiten. Es gibt einen extra eingerichteten Gruppenraum, der außerhalb des Unterrichtsbereiches liegt. Der Gruppenraum ist gegenüber den Unterrichtsräumen ein deutlich anders geprägter Raum. Es gibt den Stuhlkreis, den die Adoleszenten zu Beginn der Sitzung selbst zusammenstellen.

Bis zu den Herbstferien gab es für die *Offene Klassenrunde* eine Erprobungsphase. Ein erstes gemeinsames Kennenlernen hatte bereits vor den Sommerferien stattgefunden. In der ersten Kennenlernrunde war die Frage „Welchen Platz werde ich in der neuen Klasse bekommen?“ bestimmendes Thema. Bei mehreren Kindern waren in der Grundschule der Stuhlkreis und das Sprechen über das Wochenende als *Montagskreis* eingeführt gewesen. In der Gruppe zeigten sich ambivalente Haltungen gegenüber dem *Montagskreis* der Grundschule, in dem man über „Probleme“ sprach. Der Blick auf den Abschied von der Grundschule stand überwiegend unter dem Vorzeichen einer forcierten Distanznahme zum eigenen Kindsein. Insgesamt war die Gruppe in freudiger Aufregung über ihre neue adoleszente Zugehörigkeit in der weiterführenden Schule.

2.3 Die vorbereitenden Gruppensitzungen[3]

In der ersten Gruppenrunde ging es zunächst um die Regeln der *Offenen Klassenrunde*. Die Gespräche der Gruppe zentrierten sich um das Thema Ausschluss. Es ging um den Platz in der neuen Gruppe. Es bildeten sich drei Untergruppen, die sich als Kleingruppen selbst versicherten und wenig Kontakt zueinander aufnahmen. Zwei Mädchen positionierten sich betont außerhalb der Kleingruppen. Die Randposition der beiden Mädchen manifestierte sich auch in der mit viel Aufregung ausgehandelten Sitzordnung im Klassenraum.

In der zweiten Gruppenrunde ging es um Fragen an die Neuen. Das Verliebtsein, sportliche Aktivitäten und Hobbies waren Thema. „Wer war schon einmal verliebt?“ Die Gruppe spielte zunächst *stille Post*. Das Kichern und die Tuscheleien drehten sich um das Thema Sexualität („Hurensohn“, „Hodensack“). Es

[3] Alle Namen und konkreten Bezüge wurden von mir anonymisiert.

herrschte eine freudige Spannung. Einige Kinder beklagten sich über unpünktliche Lehrer, eine unfreundliche Vertretungs-Lehrerin, die sich nicht einmal vorgestellt habe. Einige drängten darauf, doch schon zu Schuljahresbeginn einen Klassensprecher wählen zu dürfen und nicht erst nach dem für die Jahrgangsstufe vorgesehenen obligatorischen halben Jahr des gegenseitigen Kennenlernens. Thema war auch die Flutkatastrophe. Hier gab es viele dramatische Geschichten über eigene gestorbene Tiere und den abgeschossenen Elefanten bei der Oderflut. Gerhard berichtete, dass sein Vater Geld gesammelt habe, mit dem er den Flutopfern helfen wolle. Audrey erzählte, dass ihr Vater in Amerika lebe. Dass er jetzt nach neun Jahren angerufen habe, weil er die Fernsehbilder von den Überschwemmungen in Deutschland gesehen habe. Der Vater habe gar nicht gewusst, wo sie wohne. Er habe eine falsche Telefonnummer gehabt. Ihre Tante sei ganz aufgeregt gewesen, aber sie habe sich, anders als ihre Mutter, gefreut. Die Gruppe sprach über ihre erlebten Umzüge. Es wurde auch über die Geschwister gesprochen. Imre berichtete, dass er auf der Schnellstraße geboren sei. Der Krankenwagen habe nicht mehr rechtzeitig die Klinik erreicht. Milan gab sich als derjenige mit den meisten Umzügen aus, obwohl er nicht mehr in Polen geboren sei, sondern in Deutschland; Gerhard präsentierte sich als Bruder von sieben Geschwistern und mehrfacher Onkel. Die älteren vier Geschwister seien aus der ersten Ehe des Vaters. Sally, die in der Gruppe kokett fragte, wer denn außer ihr schon die Periode habe, bekommt keine Rückmeldung. Tom, der wissen wollte, was das denn sei, erhielt von Audrey die Erklärung, „das sei dann, wenn Frauen bluteten".

Als Beispiel möchte ich eine spätere Gruppensitzung heranziehen, um sichtbar zu machen, dass sich die Themen des Beginns der Gruppe fortgesetzt, entwickelt und verdichtet haben. Deutlich wird auch der Kontext der schulischen Realbeziehungen, der erst abgearbeitet werden muss, damit freie Assoziationen in der Gruppe möglich werden.

2.4 Die zweiundzwanzigste Gruppensitzung

2.4.1 Die Sitzordnung

Die Gruppe hat die Stühle schon gestellt und sitzt bereits im Stuhlkreis, als ich in den Gruppenraum komme; die Mädchen auf der einen Seite, die Jungen auf der anderen. Die beiden Gruppen verbindet auf der einen Kreisseite ein leerer Stuhl. Auf der anderen Kreisseite ist eine Lücke. Ich setze mich nicht auf den vorhandenen leeren Stuhl, sondern stelle einen mitgebrachten Stuhl in die Lücke und nehme dort Platz. Die Gruppe sitzt diesmal also getrennt nach Geschlechtern. Der leere Stuhl zwischen den beiden Gruppen ist für Kai. Kai fehle noch, er habe einen Arzttermin und komme später, erklärt Jeffrey.

2.4.2 Der Prolog

Lenny hat eine rote Clownsnase auf seiner Nase stecken. Über die rechte Hand hat er einen OP-Handschuh gezogen. Lenny hatte sich eine Woche zuvor einer Blinddarmoperation unterziehen müssen. Er erzählt, dass er während der Narkose aufgewacht sei und viel Blut gesehen habe. Er habe eine Bluttransfusion bekommen. Seine Clownsnase bringt Lenny mit dem Faschingswochenende und mit einer Fernsehsendung in Verbindung, in der ein Clown vor Gericht gestellt worden sei, weil ihn einer nicht leiden mochte. Nach seiner Erzählung zieht Lenny mit einer langsamen Bewegung den Arzthandschuh von der Hand und nimmt die Clownsnase ab. Die Gruppe schaut ihm dabei aufmerksam zu.

Die Gruppe ist in unruhiger Erwartung. Keiner möchte so recht anfangen. Es geht lange hin und her, ob über „Probleme“ gesprochen werden soll, ob es überhaupt „Probleme“ gäbe.

2.4.3 Der Streit der Jungen

Als sich die Hemmung zu diskutieren weiter fortsetzt, äußere ich Verständnis für das Schweigen. Schließlich sei in den letzten Tagen viel zusammengekommen.

Als Tom verwundert fragt, was denn gewesen sei, kommt die Gruppe lebhaft ins Sprechen. Tonio ist empört. Der Vater von Gerhard sei gestern in den Deutschunterricht bei Frau A. einfach hereingekommen und habe ihn und Lenny zur Rede gestellt und behauptet, die beiden hätten im Streit den Fußball seines Sohnes zerstört. Tonio behauptet, Gerhard habe den Streit selbst angefangen und habe zu Lenny und ihm „Hurensohn“ gesagt. Gerhard und sein Freund Matteo hätten den Fußball wahrscheinlich selbst kaputt gemacht. Da hätte Gerhard halt Pech gehabt. Gerhard würde eh nur die Billigsachen von Aldi kaufen. Er hätte auch sein Gehirn bei Aldi gekauft. Sie, Lenny und Tonio, würden lieber gute Anziehsachen tragen. Gerhard kontert, Tonio und Lenny hätten ihr Gehirn aus der Biotonne.

Jeffrey schaltet sich in die Auseinandersetzung mit ein. Gerhard würde immer wieder zu Unrecht beschuldigt werden. Erst gestern habe Herr B., der Lehrer der Nachbarklasse, Gerhard in der Mittagspause festgehalten, am Arm wehgetan und ihn für Randaliererei en in der Pause verantwortlich gemacht. Dabei sei es doch die Nachbarklasse gewesen, die immer wieder gegen die Wand gesprungen sei, so dass bei ihnen die Bilder an der Wand gewackelt hätten. Herr B. aber habe sie beschuldigt und gesagt, sie seien die schlimmste Klasse. Sie hätten sich dagegen gewehrt, so Marc. Er flüstert das, was Sally gestern laut zu Herrn B. gesagt hat, in die vorgehaltene Hand. Tonio spricht es noch einmal laut aus: „Von so einem behinderten Lehrer lasse ich mir nichts sagen.“ Sally grinst belustigt und Adis beschwichtigt, das sei doch gestern schon alles geklärt worden. Herr B. habe die Entschuldigung angenommen. Man müsse jetzt nicht mehr darüber sprechen. Gerhard ist weiter empört über all die ungerechte Beschuldigung. Herr B. habe zu ihm gesagt, er glaube ihm kein Wort.

2.4.4 Die Öffnung: Der Zusammenschluss der Jungengruppe

Als die gegenseitigen Beschuldigungen in der Gruppe weitergehen, bringe ich die Äußerung einer Lehramtsstudentin ein, die mir erklärt hatte, dass es in der Schule schwer sei mit der Wahrheit, dass sie immer besser damit gefahren wäre, wenn sie nicht die Wahrheit gesagt hätte. Ich sage, dass es in der Schule nicht so leicht ist, die Wahrheit zu sagen.

Hans meldet sich leise zu Wort. Er äußert auffallend unbeteiligt, dass er die Tische in der Pause gegen die Wand geworfen und auch Gerhards Fußball mit einer Schraube kaputt gemacht habe.

Die Mädchen reagieren erstaunt. Hans genießt als kluger und stiller Junge bei vielen Mädchen eine gewisse Zuneigung. Er hat in der Vergangenheit häufig die Gruppe in der Klasse gewechselt und saß oft unvermutet schnell bei den „Feinden". Sabine erhebt Einspruch. Die Attacke von Hans sei ganz schön gemein. Er sollte sich entschuldigen. Die Jungen lachen und wenden sich auf einmal gemeinsam gegen die Mädchen. Bei wem sich Hans denn zu entschuldigen habe, höchstens müsse sich Herr B. bei Gerhard entschuldigen, kontert Tonio.

2.4.5 Der eindringende Vater

Peter schaut, schon seit Gerhards Vater Thema war, mit starrem Blick immer wieder wie gebannt auf mich. Ich frage Peter schließlich, ob er der Gruppe zu gestern noch etwas sagen will. Peter schluckt und reibt sich die Augen. Auf meine Frage hin, ob ich das für ihn übernehmen soll, nickt er.

Die Klasse hatte gestern mitbekommen, dass auch Peters Vater sehr wütend war, als er zum Schulschluss in den Klassenraum kam. Vor einiger Zeit hatten die Eltern von Peter in seinem Namen bei mir einen besseren Sitzplatz nahe der Tafel eingefordert, während sich Peter selbst in der Klasse bei der Aushandlung der Sitzordnung mit dem Ergebnis zufrieden zeigte. Ich schildere deshalb meine Annahme, dass der Vater deshalb so wütend gewesen sei, weil Peter seinen Ärger mit der Tischgruppe nicht in der Klasse, sondern nur zuhause vorgebracht habe.

Dies quittieren einige aus der Gruppe mit der Bemerkung, Peter könne man es nie recht machen. Man wüsste nie genau, was er wolle. Außerdem würde Peter nie merken, wenn der Spaß zu Ende ist, und immer weitermachen. Die Mutter habe Peter immer alles geglaubt und ihnen, den MitschülerInnen in der Grundschule dann Ärger gemacht.

Ich erkläre, dass die Schule ein geschützter Ort ist, wo ein wütender Vater nicht einfach Zugriff auf andere Schüler nehmen dürfe, um den Sohn oder die Tochter zu verteidigen, dass ich die Wut der Eltern jedoch verstehen könne, dass es für die Eltern auch nicht immer einfach sei, es richtig zu machen. Meine Deutung, dass die SchülerInnen als Gruppe viele Dinge schon gut selbst regeln könnten, dass sie das Eingreifen der Väter vielleicht gar nicht mehr bräuchten und wollten, findet nur wenig Anklang. Das Peinliche und die Scham gegenüber den Eltern, die sich in die Gruppenangelegenheiten der Klasse einmischen, scheinen aber durch die gesetzten unterschiedlichen Perspektiven gemildert.

2.4.6 *Aufnahme in der Jungengruppe*

Peter sitzt weiter mit starrem Blick da. Als ich die Gruppe nach der Zimmeraufteilung im Schullandheim frage, fängt Peter an zu weinen. Peters Mutter hatte im Elterngespräch die in den Pausen zwischen den SchülerInnen schon verhandelte Zimmeraufteilung für die geplante Klassenfahrt mit aktuellen Schlafstörungen von Peter in Zusammenhang gebracht.

Die Gruppe schenkt Peters Tränen keine Beachtung und verhandelt sofort lebhaft über die bereits aufgeteilten Zimmer. Es wird über eine Zusammensetzung der Jungengruppen gesprochen, bei der Peter nicht mit eingeplant ist. Peter sitzt mit Tränen in den Augen da und sagt nichts. Als ich vermittelnd frage, wen er sich denn wünschen würde für ein gemeinsames Zimmer, nennt er José und Milan. José und Milan schütteln den Kopf. Sie könnten Peter zwar schon leiden, wollten aber lieber mit den anderen Jungen zusammen sein. Jeffrey fragt, ob es denn auch ein 6er-Zimmer gäbe, das sie als Jungengruppe haben könnten. Sie könnten dann auch Peter mit ins Zimmer nehmen. Es kommt schließlich zu einer „Lösung“ für Peter und die Jungengruppe, über die sich die Mädchen, die auch das 6er-Zimmer beanspruchen, im Nachteil sehen.

2.4.7 *Die Ausgeschlossene*

Als Peter freudig zu strahlen beginnt, platzt es plötzlich aus Audrey heraus. Alle Mädchen würden sie ausschließen, sie sei der Außenseiter, keine von den Mädchen wolle sie haben. Das sei auch schon in der früheren Freizeit so gewesen. Ihre Mutter würde immer sagen, sie sei genau wie ihr Vater und das würde auch stimmen. Sie sei eben anders, auch wegen ihrer dunklen Hautfarbe. Deshalb würden sie die Mädchen ausschließen und sich fies verhalten. Es stimme, sie sei genauso wie ihr Vater. Deshalb würde sie sich nur mit den Jungen verstehen und mit den Mädchen keinen Kontakt haben.

Audrey schreit und weint und wirft den Mädchen ihr Ausgeschlossensein vor. Sie bekommt ganz dicke Wangen in ihrer Aufregung, die Tränen fließen über ihr Gesicht, aber sie wirkt aufrecht und stolz. Audrey erregt die Aufmerksamkeit der Jungen. Von ihrer Unnahbarkeit und ihrer Verletztheit scheint eine Anziehung auszugehen. Audrey ist ein graziles, farbiges Mädchen, bildhübsch wie ein Modell. Schon früher hatte Audrey erzählt, dass ihr Vater bei der Army sei und in den USA lebe. Sie kenne ihren Vater nur von einem Foto.

(Am Abend vor der Gruppensitzung hatte es im Fernsehen auf den meisten Programmen Berichte über den amerikanischen Truppenaufmarsch in der Golfregion gegeben. Vielleicht haben die Fernsehbilder die aufgeladene Situation in der Gruppe und Audreys Identifizierung mit dem Vater forciert. Audrey, Jeffrey und Sally hatten sich im Kunstunterricht einen Tag zuvor angeregt über ihre Väter unterhalten, die im 1. Golfkrieg als Soldaten eingesetzt waren. Während Sally ihren Vater in London auf seinen Einsatz warten weiß, muss Audrey den Vater phantasieren. Sie zeigt in einer Art negativen Identifizierung auf den Vater in sich selbst, indem sie sich in Differenz setzt zu den Mädchen und sich in Übereinstimmung mit dem Männlichen entwirft.)

2.4.8 Frau sein – Mann sein

Audreys flammende Rede erregt die Jungen. Es kommen ganz viele Statements und anerkennende Erklärungen von den Jungen. Marc erklärt, Audrey sei faszinierend, mutig, sie würde ihre Meinung sagen und nicht fies hintenherum, wie alle Mädchen in der Klasse dies tun würden, die hinter dem Rücken intrigieren und Gemeinheiten austeilen würden.

Die Empörung der Jungen richtet sich gegen die Mädchen. Lenny und Tonio rufen, dass die Mädchen sich verhalten würden wie die Königinnen und die Bestimmerinnen, die glaubten, dass sie alles könnten. Die Stimmung wird erregter. Es kommen immer wieder lobende Zusprüche für Audrey und Statements der Verurteilung der weiblichen Intrigen. Lenny sagt, dass die Jungen sich zwar viel Schlimmes geben würden, dass sie aber ehrlich seien und sich letztlich wieder verstehen und zusammentun würden, auch wenn sie vorher schlimm ausgeteilt hätten. Als Beispiel nennen sie den Kompromiss mit Peter. Sie würden so einen wie Peter dann doch noch in ihre Gruppe aufnehmen.

Sabine sagt, dass sie Audrey schon schätze, auch dafür, dass sie immer ihre Meinung kundtue. Es melden sich viele Mädchen zu Wort und wollen Audreys Vorwürfe klären. Maren macht Audrey den Vorwurf, dass sie immer so kompromisslos sei und in einigen Punkten auch einmal nachgeben müsse. Sie verhärtet Audrey in ihrer Unzugänglichkeit. Audrey ruft, dass sie nicht mitfahren werde auf die Klassenfahrt. Sie zeigt sich unversöhnlich. Die Jungen, insbesondere Marc, sind wie die Ritter, die Audrey als ihre Königin aufnehmen und feiern wie ihre Jeanne d'Arc.

Als die Mädchen einfordern, dass sie jetzt auch über ihren Streit diskutieren wollten und angeben, dass die Jungen schließlich auch lange über ihre Streitigkeiten verhandelt hätten, geraten die Jungen in Aufruhr. Sie wollen den Mädchen nicht mehr zuhören und verteidigen Audrey wie eine Heldin. Ich sage zu Audrey, dass sie vielleicht Anteile von ihrem Vater habe, dass sie aber auch Anteile von den Mädchen habe und auch ein Mädchen sei. Audrey sucht Schutz in der Jungengruppe und will ihre abweisende Haltung nicht aufgeben. Sie will den Erklärungen der Mädchen nicht weiter zuhören.

Da kommt Kai in den Gruppenraum. Er hält eine glitzernde selbstgebaute E-Gitarre hoch. Robert, der Freund seiner Mutter, habe das Instrument mit ihm gebaut. Kai setzt sich mit einem unsicheren Grinsen auf den leeren Stuhl neben Audrey und verbindet damit die Mädchen- und die Jungengruppe.

Catherin, Lena und Anne weinen gleichzeitig. Marc schreit scheinbar zusammenhanglos: „Dann kommt man nach B-Stadt zu den Verrückten!" Marc ist ein großer, kräftig gebauter Junge. Er drückt die runde Bonbon-Blechdose in seiner Hand mit aller Kraft kaputt. Er atmet schwer, steht schließlich auf und schlägt mit seinen Fäusten gegen die Wand. Marc ist auf meine Aufforderung hin schnell bereit, wieder in den Stuhlkreis zurückzukommen. Die Gruppe redet erregt durcheinander und es ist nicht möglich, den gleichzeitig verlaufenden Gesprächen zuzuhören. Als ich Catherin frage, die sich unablässig um Audrey bemüht, weshalb sie weine, sagt sie, sie habe Angst, weil sie zu Audrey gesagt habe, dass sie „unhygienisch“ sei. Audreys Mutter werde jetzt bei ihr zuhause anrufen. Sie würde schlimmen Ärger und Hausarrest bekommen. Audrey wolle ihre Entschuldigung nicht annehmen. Audrey wolle jetzt auch nicht mit auf die Klassenfahrt kommen. Catherin ist die blasse, blonde Klassenschönheit, die von vielen Jungen verehrt wird.

Mein Hinweis auf die Gruppenregel, dass alles, was gesagt wird, im Gruppenraum bleiben müsse, ist für Catherin keine Beruhigung. Audrey sei so wütend, dass sie sich nicht daran halten würde. Ich verweise auch auf die Grundregel, dass man in der Gruppe all das, was einem in den Sinn kommt, sagen darf. Meine Erklärung, dass es bestimmt noch genug Gelegenheiten geben würde, bei Audrey mit ihrer Erklärung und Entschuldigung Gehör zu finden, beruhigt Catherin ein Stück weit. Sie habe ja nur die Unordnung von Audrey gemeint und wolle nur deshalb nicht mit ihr in einem Zimmer sein. Audrey hält ihren Kopf hoch erhoben, die Arme eng um den Oberkörper verschränkt und wendet sich demonstrativ von Catherin ab.

Marc sitzt schwer atmend auf seinem Stuhl. Als es gelingt, Marc zum Reden zu bringen, wird auch er ruhiger. Das mit seiner Wut komme öfter vor, zum Beispiel dann, wenn er sich mit seinem älteren Bruder schlage. Dann ginge er immer in sein Zimmer. Als ich Marc nach seinem Vater frage, spricht er über den Stiefvater. Dabei hatte Marc in der Vergangenheit immer vehement darauf bestanden, mit dem Namen seines leiblichen Vaters genannt zu werden und nicht mit dem Doppelnamen der wiederverheirateten Mutter, den diese auf der Telefonliste für Marc angegeben hatte. Jetzt sagt er, er habe nur noch einen Vater. Er erklärt mehrere Male stereotyp, dass seine Mutter am 12. September geheiratet habe, sein Vater Kunz heiße. Er kenne die Wut aber von seinem Vater, seine Mutter hätte dann immer Unterleibsschmerzen bekommen.

2.4.9 Der Schluss

Die Gruppe ist zum Schluss schwer zu halten. Mehrere Jungen stehen auf und holen sich Wasser. Milan und Imre werfen sich in der Mitte des Stuhlkreises auf den Teppich. Tonio und Imre drängen schon einige Minuten vor dem Ende zum Aufbruch. Ich bestehe darauf, als mehrere Jungen ihre Jacken anziehen und sich zum Gehen bereitmachen, dass ich die Gruppensitzung wie immer selbst beenden möchte. Imre reklamiert, dass wir die Zeit überschritten hätten. Jeffrey und Adis halten ihn zurück und erklären ihm, dass wirklich noch ein paar Minuten bis zum Ende der Gruppensitzung seien. Es herrscht große Aufregung und eine Spannung, die vor allen Dingen die Jungen kaum ertragen können. Als ich der Gruppe für ihre Leistung, so schwierige Dinge offen miteinander verhandelt zu haben, mein Lob ausspreche und erkläre, dass die Gruppe sich jetzt eine Erholungspause verdient habe, drängen alle nach draußen.

2.5 Nachbemerkung

Die Klärungsprozesse haben sich für die Gruppe gelohnt. Allein auf der Klassenfahrt hatte eine Klärung ermöglichende, offene und einander zugewandte Atmosphäre erfreuliche Wirkungskraft. Audrey war mit auf die Klassenfahrt gekommen und von der Mädchengruppe aufgenommen worden.

Mit der Verlaufsbeschreibung dieser Sitzung habe ich versucht deutlich zu machen, welche Schwierigkeiten, Gefahren, Chancen und Potentiale in einem solchen Gruppenprozess angelegt sein können. Der Verlauf des Gruppenprozesses macht deutlich, wie notwendig das vom Unterricht abgegrenzte Setting ist, in dem die Gruppe einen ermöglichenden Raum erhält. Die Heftigkeit in der Gruppe war für den Fortgang des Gruppenprozesses klärend und wertvoll. Als analytische Gruppenleiterin steige ich in das aufgeladene Gruppengeschehen nicht disziplinierend und bewertend ein. Es geht vielmehr darum, die Gruppe zu halten und hinter die Szenen zu schauen, um den Adoleszenten einen Klärungs- und Selbstfindungsprozess zu ermöglichen, der sich im Verlauf der Gruppensitzungen mehr konturieren wird. Deutlich ist sicherlich geworden, dass die handelnde und bewertende Lehrerinnenrolle der Entwicklung des frei-assoziativen Gruppenprozesses entgegenstehen würde, dass der Grad der Abstinenz als Leiterin mit darüber entscheidet, ob und wie der analytische Rahmen hergestellt und gesichert werden kann.

In der geschilderten Gruppensitzung sind typische adoleszente Themen sichtbar geworden, die ich in der Zusammenschau kurz skizzieren möchte. Der Gruppenprozess erfährt eine Verdichtung und zentriert sich um das adoleszente Thema des eigenen Ursprungs, um Fragen der leiblichen und sozialen Herkunft, die Frage der Geschlechtsidentität. Es geht jedoch auch um Individuierungsbestrebungen, um die Übereinstimmung und Differenz zu den Eltern und um Fragen der eigenen Identität. Das wiederkehrende Thema des Ausschlusses, des eigenen Ausschlusserlebens, verstehe ich als dyadische Reinszenierungen, die das frühkindliche Verworfenheitserleben inszenieren und aufheben wollen. Es geht insofern um die Anerkennung von Differenz in der Gruppe und das Ringen um Triangulierung, aber auch um die Positionierung der Gruppe selbst als ein eigenständiges Drittes. Die analytische Gruppe bietet für diese an die Oberfläche drängenden adoleszenten Themen einen geschützten, psychosozialen Möglichkeitsraum, in dem sich die Einzelnen frei assoziativ mitteilen und sich ins Verhältnis zum Gruppenprozess setzen können.

Die analytische Gruppe ist hier ein Ort, an dem die anstehenden psychischen, kognitiven und sozialen Separations- und Integrationsprozesse der Adoleszenten agiert, entäußert und symbolisiert werden können. Die mit dem Abschied von der Kindheit und der beginnenden adoleszenten Individuierung aufgeworfenen, in der Gruppe reinszenierten und ins Erleben gerückten individuellen inneren Dramen werden so zum Drama der Gruppe.

Die analytische Gruppe eröffnet die Perspektive, dass solch schwierige Themen aus dem inneren Vakuum heraustreten können und in einen Prozess von progressiven und regressiven Bewegungen der Gruppe eingehen. Mit der Entwicklung der Gruppe haben sich die verborgenen Themen, wie beispielsweise das Thema der abwesenden Väter und dominierenden Mütter zunehmend konturiert. Sie sind in der Gruppe präsenter und zugänglich geworden und können im Prozess des eigenständigen und eigensinnigen Experimentierens und Aushandelns in der Gruppe bearbeitet werden.

Bei meinen weiteren Überlegungen möchte ich den Fokus auf das Setting des gruppenanalytischen Prozesses richten. Ich möchte deshalb die Frage der Entwicklungsmöglichkeiten einer angewandten Gruppe innerhalb der Institution Schule von der konkreten Verlaufbeschreibung wieder ein Stück weit entkoppeln. Meine Erfahrung ist, dass das Verstehen des Gruppenprozesses in der Gruppensitzung mir häufig gar nicht möglich ist und es primär darum geht, die Gruppensitzung zu „überleben“. Gegenüber der immensen Geschwindigkeit der Jugendlichen, ihrem schnellen Wechsel und ihrer ständigen Veränderung braucht der Verstehensprozess für mich als Leiterin Zeit und die Hilfe der supervisorischen Begleitung. In Anbetracht dieser Verstehensunsicherheiten gegenüber den adoleszenten Gruppenszenen ist es umso dringender, die Settingfragen und den Kontext der institutionellen Realbeziehungen sorgfältig zu klären und aufmerksam mitzuverfolgen, um den analytischen Rahmen herstellen und halten zu können.

3. Zum Setting und Kontext der gruppenanalytischen Arbeit

Die Fragen zum Setting und Kontext sind für die Etablierung analytischer Arbeit mit einer adoleszenten SchülerInnengruppe innerhalb der Institution Schule wichtige Markierungspunkte. Die Auseinandersetzung mit ihnen trägt wesentlich mit dazu bei, dass neue Möglichkeitsräume für Adoleszentengruppen bereitgestellt werden können. Im Nachfolgenden seien folgende Fragestellungen diskutiert:

Welche Voraussetzungen und welche Ausgestaltung braucht die analytische Arbeit mit Adoleszenten, damit ein sichernder Rahmen innerhalb der Institution Schule etabliert werden kann?

Wie können institutionelle Übertragungen bearbeitet werden?

Wie kann durch die Bearbeitung von Übertragungsfiguren der analytische Rahmen aus dem Bereich des Handelns wieder zurückgewonnen werden?

Welche spezifischen Entwicklungsmöglichkeiten können sich für die Adoleszenten durch die analytische Arbeit in der Gruppe eröffnen?

Wie kann im institutionellen Kontext von bestehenden Realbeziehungen die Positionierung als LeiterIn einer analytischen Gruppe gesichert werden?

Wie kann die institutionelle Rolle von der Rolle als LeiterIn der analytischen Gruppe getrennt werden?

Die angeführten Fragestellungen benennen die kritischen Abgrenzungen, die für die analytische Arbeit mit einer peer-group innerhalb der Institution Schule von Bedeutung sind. Sie sind aber auch Fragen der beruflichen Positionierung als GruppenanalytikerIn, die im Kontext der LehrerInnenrolle zu handeln hat.

Die Institution Schule ist ein wichtiges Feld, in dem sich die gruppenanalytische Arbeit positionieren muss. Die *Klasse* ist als life-group gewissermaßen eine *Urform* der Gruppe, die in unserer Gesellschaft neben der familialen Gruppe zu einer der prägenden Lebenserfahrungen gehört.

Jugendliche schließen sich außerhalb von Schule aus eigenem Antrieb keiner analytischen Gruppe an. Den Zugang zur gruppenanalytischen Arbeit erhalten Jugendliche, wenn überhaupt, über Eltern, Lehrer, Jugendämter, Ärzte und Psychologen. In der Regel kommen so nur *auffällig* gewordene Jugendliche in Kontakt mit psychosozialen Angeboten. Seltener sind darunter analytische Angebote.

Die strenge Einhaltung der Kriterien für ein gruppenanalytisches Setting, die bei Erwachsenen gelten, würde bedeuten, dass gerade Jugendliche, deren Alltagsleben sich wesentlich in Gruppen abspielt, von den Möglichkeiten der Gruppenanalyse ausgeschlossen wären. Es ist insofern wichtig, die Möglichkeiten der angewandten gruppenanalytischen Arbeit innerhalb der Institution Schule zu klären, zu erproben und zu kommunizieren.

Ziel könnte sein, ein Netzwerk der in der Institution Schule tätigen gruppenanalytisch ausgebildeten Lehrerinnen und Lehrer aufzubauen, um im Erfahrungsaustausch jene Rahmenbedingungen und Standards festzulegen, die auch innerhalb der Institution Schule die Übertragungen und Gegenübertragungen als bearbeitbare Übertragungsfiguren des analytischen Settings etablieren lassen und einen Möglichkeitsraum für gruppenanalytisches Arbeiten gewährleisten.

Mit den Fächern Musik und Kunst bewege ich mich in der Projektarbeit der Schule. Die Schule ist eine Modellschule, die sich in ihrer Projektarbeit außerhalb des normativen schulischen Bewertungskontexts bewegt. So gibt es beispielsweise in der Projektarbeit keine Noten. Die Fächer Musik und Kunst sind „weiche" Fächer und bieten hier auch einen Spielraum, in dem kreative Gruppenprozesse innerhalb der Klasse möglich sind. Meine institutionelle Einbindung und pädagogische Rolle gegenüber der Klasse ist also nicht so besetzt, dass sie das analytische Arbeiten in der Gruppe massiv behindern und verunmöglichen würde.

Natürlich gibt es die Gefahr der Rollendiffusion und es kommt immer wieder an den Punkt, an dem ich die Beziehungswünsche, die Erwartungen und die Widerstände in der Gruppe reflektieren und deuten muss. Ich versuche damit aufmerksam, sorgfältig und analytisch umzugehen.

Ich bin davon überzeugt, dass Kinder und Jugendliche die Vorstellung einer vertrauensvollen Realbeziehung mit dem Analytiker, der Analytikerin brauchen, damit es überhaupt zu analytisch bearbeitbaren Übertragungen kommt. Der *Vertrauensbonus*, den ich in diesem Fall als Musik- und Kunstlehrerin genieße, entspricht der Idealisierung des Analytikers bzw. der Analytikerin in der gruppenanalytischen Arbeit mit Erwachsenen. Eine analytische Gruppenarbeit mit

Adoleszenten mit einem neutralen, vollkommen abstinenten Analytiker ist nur schwer vorstellbar.

Ich selbst kann das angemessene Verhältnis von notwendiger vertrauensvoller Realbeziehung auf der einen Seite und ermöglichender Neutralität und Abstinenz auf der anderen nur mit einem hohen Reflexionsaufwand gewährleisten.

Wichtige Instrumente sind mir hierbei das sorgfältige Protokollieren der Gruppensitzungen, die Supervision und die externe kollegiale, forschende Beratung und Auswertung.

3.1 Zum Setting

Der analytische Rahmen, so expliziert Kernberg (1997) die Überschneidungen in klinischen Gruppen, kann durch Deutungen des Verstehens und des Missverstehens der Gruppe hergestellt werden und aus dem Kontext des Handelns und der institutionellen Verwicklungen herausgenommen werden.

Für die Sicherung der analytischen Gruppe gegenüber den beruflichen Überschneidungen kann ich in Kernbergs These ein durchaus nützliches Instrument entdecken. Meine Aufmerksamkeit richtet sich beispielsweise darauf, dass ich als Gruppenleiterin immer wieder die Bereitschaft habe, die Wahrnehmungen der Adoleszenten auch auf der Realebene ernst zu nehmen und meinen eigenen Beitrag zum Geschehen zu reflektieren. Wichtig in der Arbeit ist die Aufrechterhaltung einer empathischen Beziehung zu allen Gruppenmitgliedern. Die GruppenteilnehmerInnen sind meiner Beobachtung nach inzwischen sicher, dass meine empathische Grundhaltung ihnen gegenüber nicht durch die ebenso stattfindende schulische Realbeziehung gefährdet wird, die in diesem Fall nur in den „weichen“ Fächern Kunst und Musik stattfindet. Die anfängliche Idealisierung, die ich als Leiterin in der Anfangsphase der *Offenen Klassenrunde* erhalten hatte, ist inzwischen gelockert. Die Gruppe weiß, dass ich mich auch für ihre negativen Übertragungen zur Verfügung stelle und macht davon zunehmend Gebrauch. Ich meine, dass die Gruppe das Innen und Außen der analytischen Gruppe trennen und akzeptieren und auch mit den von mir gesetzten Grenzen außerhalb der *Offenen Klassenrunde* umgehen kann. Eine wichtige Rolle spielen beispielsweise die Wände des Gruppenraums, die für die Unterscheidungsfähigkeit zwischen Drinnen und Draußen real und sinnbildlich Grenzen markieren.

Als Gruppenleiterin verzichte ich auf Wertungen, Kritik und Disziplinierungen. Ich nehme in der Gruppe eine Haltung ein, die sich deutlich abgrenzt vom Alltagsdiskurs in der Schule. So werden spontane Einfälle und Assoziationen der Gruppenteilnehmer möglich. Das freie Assoziieren, das Sprechen und Verhandeln in der Gruppensitzung, die emotionalen Äußerungen und Mitteilungen haben alleine schon entwicklungsfördernde Wirkung. Das, was in der Gruppe zwischen den einzelnen Gruppenmitgliedern konflikthaft verhandelt und nicht gelöst wird, erscheint nach meinen Beobachtungen außerhalb der Gruppensitzung häufig „repariert“. Die freie Assoziation der Adoleszenten hat insofern schon für sich genommen eine beziehungsregulierende Wirkung. In den Konflikten der Adoleszenten werden die Beziehungsmuster als Übertragungs- und Gegenübertragungsszenen der Gruppenmitglieder erlebbar. Es kommt zu einer gemeinsamen Gestalt und zu *Neuschöpfungen* innerhalb der Gruppe.

Die Adoleszenten erhalten die Möglichkeit, von der Gruppe eigene Muster gespiegelt zu bekommen und sich im Schutz des gruppenanalytischen Raumes gegen eigene und fremde Widerstände zu erproben. Als Gruppenleiterin vermittle ich der Gruppe eine unterstützende und bejahende Einstellung, ohne mich auf die Handlungsebene der LehrerInnenrolle zu begeben.

In den Momenten, in denen es gelang, die Angst durch Deutung zu reduzieren, die in Vermeidungsverhalten und Beziehungskonflikten der Teilnehmer untereinander aufkam, nahm die Kohäsion in der Gruppe auffallend zu. Den manifest beobachtbaren Interaktionen der Adoleszenten untereinander entspricht auf einer darunter liegenden Ebene eine Verteilung von Übertragungs- und Gegenübertragungsrollen der einzelnen Kontrahenten, der agierenden *Spieler* und *Gegenspieler*. Als Gruppenleiterin versuche ich den Selbstorganisationsprozess der Gruppe anzuregen, ihm Raum zugeben und ihn zu beobachten. Ich betrachte mich selbst dabei reflektierend als an der jeweiligen Konfiguration der Gruppe abstinent *Beteiligte*. Ich nehme mich im Gruppengeschehen zurück und gebe der Gruppe erst dann eine Deutung, wenn es zu einer prägnanten szenischen Gestalt gekommen ist. Wichtig ist jedoch die strikte Einhaltung des Rahmens und der Grenzen, braucht die Gruppe doch auch Schutz, um frei assoziieren zu können.

Als Beispiel einer öffnenden Intervention könnte meine Deutung *„In der Schule ist es nicht leicht, die Wahrheit zu sagen."* aus der beschriebenen 22. Sitzung herangezogen werden. Im Hin und Her der gegenseitigen Beschuldigungen bin ich als Gruppenleiterin *abstinent* Beteiligte der Szene der Jungen. Durch die Deutung, die auf den institutionellen Kontext verweist, kommt es zu einer Klimaveränderung und zu einer Öffnung im festgefahrenen Streit der beiden Jungengruppen. Das *Geständnis* von Hans führt zu einer neuen Gruppenkonstellation, in der der Geschlechterkonflikt in den Vordergrund rückt. Es kommt zu einem Bündnis der gesamten Jungengruppe. Der zuvor mit Gerhard ausgetragene Konflikt um Aldi- und Markenanziehsachen erhält darüber eine neue Gestalt. Es geht nicht mehr um die äußeren *Identitätsmarken*, sondern um Fragen der Geschlechtsidentität und des eigenen Ursprungs, die durch Audreys Erklärung *„Meine Mutter sagt, ich bin genau wie mein Vater."* in der Gruppe schließlich zum dramatischen Thema werden.

Ich verstehe die Übertragung und Gegenübertragung der Gruppenmitglieder untereinander und die der Gruppe und mir als interaktionelles Geschehen, bei dem die Jugendlichen zunächst unbewusst auf das interaktionelle Angebot und die unbewussten Einladungen des Anderen reagieren. Es ist meine dauerhafte Aufgabe, Übertragungen und Gegenübertragungen zwischen mir und den Gruppenteilnehmern reflektiert anzunehmen oder abzulehnen. Meine pädagogische Rolle außerhalb der Gruppensitzung führt hier zu einer spezifischen Übertragung, die ich selbst im Rahmen meiner Protokollarbeit und Supervision reflektiere und bearbeite, die ich auch innerhalb der gruppenanalytischen Arbeit mit den Jugendlichen thematisiere. Die Deutung des Verstehens der Gruppe ermöglicht neue Ubertragungsmöglichkeiten. Auch hinsichtlich der Widerstandsarbeit in der Gruppe muss ich meine institutionelle Rolle in Betracht ziehen, um zu verstehen, wo diese selbst zur Entstehung und Aufrechterhaltung des Widerstands der Gruppe beiträgt und die Realitätsebene des Umgangs mit mir als Lehrerin nicht als Widerstand gedeutet werden darf.

Die Analyse des eigenen Widerstandes ist hier eine Quelle, die das Verstehen der Gruppenszenen ermöglicht und über die Deutung freier Assoziationen wieder zulässt.

3.2 Entwicklungsmöglichkeiten durch analytische Arbeit

Die Adoleszenten erwerben die Fähigkeit, sich selbst in ihren Beziehungen zur peer-group zu betrachten und zu reflektieren. Sie entdecken eigene Handlungsmuster und neue Handlungsspielräume und nutzen die Gruppe in ihrer Identitätsentwicklung als Spiegel, Experimentierfeld und Halt. In der analytischen Gruppe werden die adoleszenten Identitätsdiffusionen externalisiert, inszeniert und bearbeitet. Die Adoleszenten erhalten die Möglichkeit, aus dem Zwang des vordergründigen Handelns herauszutreten. In der Gruppe kommt es insofern auch zu Veränderungen festgefügter alter Rollen und zu progressiver Entwicklung.

Im bisherigen Verlauf der Gruppe hat sich die Assoziationsfreiheit vergrößert. Die Analyse der freien Assoziationen der Adoleszenten fördert das Erleben der eigenen psychischen Kontinuität in der adoleszenten Entwicklung der Gruppe und der Einzelnen.

Ein wichtiges Ziel der analytischen Gruppenarbeit ist die Förderung der Beziehungsfähigkeit und die entwicklungsfördernde Wirkung der Gruppe selbst. Auch die Konfrontation mit den potentiellen Gefährdungen, denen die einzelnen Teilnehmer in der Gruppe ausgesetzt sind, wirkt ich-stärkend.

Als Beispiel möchte ich noch einmal auf die 22. Gruppensitzung zurückkommen. Die Gruppe und auch Audrey gingen letztlich aus den Turbulenzen, die ihre Angst vor dem Ausschluss hervorgerufen hatte, gestärkt hervor. Es war möglich, den Aushandlungsprozess der Gruppe fortzusetzen und weiter voranzubringen. Die emotionale Erschütterung und das Chaos der aggressiven Ausbrüche als Gruppe gut *überlebt* zu haben, schafft auch ein Bewusstsein für die Gefahren, denen man sich als Einzelner in der Gruppe aussetzen kann. Als Zeichen, dass die Gruppe auch mit ihren Gefährdungen umzugehen weiß, könnte die psychosoziale Kompromissbildung stehen, die sich in der Sitzung unmittelbar nach Beginn des Irakkrieges hergestellt hatte. Die Gruppe spürte hier die explosive Ladung, die aus der unterschiedlichen familialen Herkunft der Einzelnen (mit arabischem, türkischem, deutschem und US-amerikanischem Hintergrund) in die Gruppe hineinragte und durch die im Krieg eingesetzten Väter forciert wurde. Die Gruppe schützte sich vor der Entzweiung mit einer regressiven Haltung.

Welche Regressionstiefe letztlich in der angewandten Gruppe *Offene Klassenrunde* möglich ist, wird die weitere Entwicklung der Gruppe zeigen. Ich gehe davon aus, dass über die manifesten Interaktionen und die stützenden Elemente hinaus die Fähigkeit der Adoleszenten gestärkt werden kann, Beziehungen trotz Beziehungskonflikten zu sichern. Ich habe noch keine Prognose, in welcher Weise die Einbeziehung der unbewussten Phantasien in einem Prozess wechselnder Regressiontiefe möglich sein wird.

3.3 Abstinenz – Neutralität

Ich verstehe die Abstinenz- und Neutralitätsregel als ein methodisches Prinzip, das im Dienst der psychoanalytischen Arbeit steht, das den Rahmen schützt und - methodisch begründet - dynamisch gehandhabt werden sollte.

Der in den 60-er Jahren über Paula Heimann (Heimann 1950; Greenberg 1986; Körner 1990) in die psychoanalytische Methodendiskussion eingebrachte Diskurs zum klassischen Abstinenzbegriff hat gerade im Gruppensetting eine spezifische Bedeutung, in dem es um multipersonale unbewusste Beziehungsphantasien geht. Ich meine, dass in der angewandten analytischen Gruppe in der Schule, in der das interaktionelle Geschehen im Vordergrund steht, eine – gegenüber der *klassischen* analytischen Zweierkonstellation – elastischere Handhabung der Abstinenzregel notwendig ist.

Es geht hier um die Frage der Modifikationen in der Abstinenz. Es ist wichtig, die Veränderungen im Setting und in der Abstinenz festzuhalten und zu analysieren, um den Rahmen der analytischen Situation sichern zu können. Die Gewichtung der interaktionellen Aspekte der analytischen Arbeit muss ins Verhältnis gesetzt werden zum Grad der Abstinenz, die den Möglichkeitsraum in der gruppenanalytischen Situation durch selbstreflexive Haltung sicherstellt. Es geht hier also um die Frage, wie viel Abstinenz und wie viel Neutralität für die gruppenanalytische Arbeit in der Institution Schule nötig und möglich ist.

Die Jugendlichen haben sehr gut verstanden, dass sie mich in der Gruppensitzung nicht in meiner Eigenschaft als Vertreterin der Institution Schule ansprechen. Dies reduziert die Rollendiffusion. Zuweilen verführt mich die Gruppe zu Wertungen und Anerkennensbekundungen. Aus der Gruppensitzung heraus kam es beispielsweise auch zur Frage nach einer neuen Sitzordnung im Klassenraum. Als Lehrerin wollte ich diese Veränderung nicht. Ich habe die Klasse dennoch unkommentiert und unbewertet gewähren lassen. In der zweiten nachfolgenden Gruppensitzung ist das konkrete Handeln vom Klassenraum schließlich wieder in die Gruppe zurückgekommen, indem nun dort die Erfahrungen mit der neuen Sitzordnung und die gegenseitigen Beziehungsveränderungen der Gruppenmitglieder von den Jugendlichen selbst wieder eingebracht wurden.

Die gruppenanalytische Arbeit mit einer Klassengruppe ist eine Besonderheit, die mir trotz und gerade aufgrund der institutionellen Übertragungen als lohnenswertes Experiment erscheint, das ich als externe Gruppenleiterin in einer externen Gruppe mit Jugendlichen nicht in dieser Weise entwickeln könnte. Die kontinuierliche gruppenanalytische Arbeit mit den Jugendlichen ist eingebettet in einen Prozess der Identitätsfindung, der sich eng mit dem adoleszenten Gruppenprozess in der peer-group verknüpft. Als analytische Gruppenleiterin kann ich mich im adoleszenten Ablösungsprozess für die negativen Übertragungen, die aus der schulischen Rolle und der übertragenen Elternrolle resultieren, der Gruppe zur Verfügung stellen.

Psychosoziale Arbeit sollte nicht nur an defizitär und destruktiv verlaufenden Entwicklungen ansetzen. Sie sollte adoleszenten Jungen und Mädchen einen Möglichkeitsraum eröffnen, in dem diese sich auf der Suche nach ihrer Identität erproben und neu entdecken können, einen Raum, in dem neue Beziehungsformen erdacht und ausgehandelt, Beziehungen geklärt und gehalten und das Selbstgefühl gestärkt werden kann. Die analytische Gruppe kann hier bei der risikoreichen Passage der adoleszenten Ablösungs- und Neufindungsprozesse ein sichernder und verlässlicher triangulierender Übergangsraum sein.

Literatur

Aigner, J.C. (2001): Der ferne Vater. Zur Psychoanalyse von Vatererfahrung, männlicher Entwicklung und negativem Ödipuskomplex. Psychosozial: Gießen

Becker-Schmidt, R. (2000): Mädchen und Jungen auf der Suche nach geschlechtlicher Identität. In: Wiesse, J. (Hrsg.): Identität und Einsamkeit. Psychoanalyse von Narzissmus und Beziehungen. Vandenhoeck & Ruprecht: Göttingen, 71-90

Benjamin, J. (1990): Die Fesseln der Liebe. Psychoanalyse, Feminismus und das Problem der Macht. Fischer: Frankfurt/M.

Benjamin, J. (1993): Phantasie und Geschlecht. Psychoanalytische Studien über Idealisierung, Anerkennung und Differenz. Stroemfeld: Basel, Frankfurt/M.

Blos, P. (1962): Adoleszenz. Klett-Cotta : Stuttgart, 1983

Blos, P. (1990): Vater und Sohn. Diesseits und jenseits des Ödipuskomplexes. Klett-Cotta: Stuttgart

Bosse, H. (1994): Der fremde Mann. Jugend, Männlichkeit, Macht. Eine Ethnoanalyse. Unter Mitarbeit von W. Knauss. Fischer: Frankfurt/M.

Bosse, H. (1999): Von der Individual- zur Gruppenanalyse. In: Psychotherapeutenforum 6 (3), 11-17

Bosse, H. (2000): Die Trennung vom Weiblichen. Rituelle und moderne Formen der Vermännlichung bei Adoleszenten, In: Bosse, H., King V. (Hrsg): Männlichkeitsentwürfe. Wandlungen und Widerstände im Geschlechterverhältnis. Campus: Frankfurt/M.

Breidenstein, G., Kelle, H. (1998): Geschlechteralltag in der Schulklasse. Ethnographische Studien zur Gleichaltrigenkultur. Juventa: Weinheim

Büttner, Ch. (1995): Gruppenarbeit. Eine psychoanalytisch-pädagogische Einführung. Matthias Grünewald: Mainz

Dalsimer, K. (1993): Vom Mädchen zur Frau: Literarische Darstellungen. Springer: Berlin, Heidelberg

Devereux, G. (1967): Angst und Methode in den Verhaltenswissenschaften. Hanser: München
Döbert, R., Nunner-Winkler, G. (1975): Adoleszenzkrise und Identitätsbildung. Suhrkamp: Frankfurt/M.
Eggert-Schmid Noerr, A. (2000): Wohin entwickelt sich die interkulturelle Pädagogik? In: King, V., Müller, B. (Hrsg.): Adoleszenz und pädagogische Praxis. Lambertus: Freiburg
Erdheim, M. (1982): Die gesellschaftliche Produktion von Unbewusstheit. Suhrkamp: Frankfurt/M.
Erikson, E.H. (1963): Kindheit und Gesellschaft, Klett-Cotta: Stuttgart, 1982
Erikson, E.H. (1970): Jugend und Krise. Die Psychodynamik im sozialen Wandel. Klett-Cotta: Stuttgart, 1998
Finger-Trescher, U. (1991): Wirkfaktoren der Einzel- und Gruppenanalyse. frommann-holzboog: Stuttgart u.a.
Finger-Trescher, U. (1994): Die Gruppe als schulisches Lernfeld. Methodisches Arbeiten im Netzwerk der Gruppe. In: Schäfer, G.E. (Hrsg.): Soziale Erziehung in der Grundschule. Juventa: Weinheim u.a., 93-106
Finger-Trescher, U., Trescher, H.G. (Hrsg.) (1992): Aggression und Wachstum: Theorie, Konzepte und Erfahrungen aus der Arbeit mit Kindern, Jugendlichen und jungen Erwachsenen. Matthias-Grünewald-Verlag: Mainz
Flaake K., King, V. (Hrsg.) (1992): Weibliche Adoleszenz. Zur Sozialisation junger Frauen. Campus: Frankfurt/M., New York
Flaake, K. (2001): Körper, Sexualität, Geschlecht. Studien zur Adoleszenz junger Frauen. Psychosozial: Gießen
Foulkes, S. H. (1974): Gruppenanalytische Psychotherapie. Kindler: München, 1992
Foulkes, S. H. (1978): Praxis der gruppenanalytischen Psychotherapie. Ernst Reinhard Verlag: München, Basel
Freud, A. (1936): Das Ich und die Abwehrmechanismen. Kindler: München, 1980
Freud, S. 1905a): Bruchstück einer Hysterie-Analyse. In: GW Bd. 5, 161-286
Freud, S. (1905b): Drei Abhandlungen zur Sexualtheorie. In: GW Bd. 5, 27-145
Freud, S. (1930): Das Unbehagen in der Kultur. In: GW Bd. 14, 419-506
Grieser, J. (1998): Der phantasierte Vater. Zu Entstehung und Funktion des Vaterbildes beim Sohn. Edition Diskord: Tübingen
Greenberg, J. R. (1986): Theoretical models and the analyst‘s neutrality. Contemporary Psychoanalysis 22, 87-106
Grinberg, L., Grinberg, R. (1990): Psychoanalyse der Migration und des Exils. Verlag Internationale Psychoanalyse: München
Heimann, P. (1950): On counter-tranference. In: International Journal of Psycho-Analysis 31, 81-84
Hirblinger, H. (1999): Erfahrungsbildung im Unterricht. Die Dynamik unbewusster Prozesse im unterrichtlichen Beziehungsfeld. Juventa: Weinheim/München
Imhof, M. (1987): Durch Sprechen Mauern zerbrechen. Konfliktgruppenarbeit in der Schule. Focus: Gießen

Kaplan L. (1988): Abschied von der Kindheit: Eine Studie über die Adoleszenz. Klett-Cotta: Stuttgart

Kernberg, O. F. (1980): Innere Welt und äußere Realität. Anwendungen der Objektbeziehungstheorie. Verlag Internationale Psychoanalyse: Stuttgart, 1997

King, V., Müller, B. (Hrsg.) (2000): Adoleszenz und pädagogische Praxis. Bedeutungen von Geschlecht, Generation und Herkunft in der Jugendarbeit. Lambertus: Freiburg

King, V. (1995): Die Urszene der Psychoanalyse. Adoleszenz und Geschlechterspannung im Fall Dora. Verlag Internationale Psychoanalyse: Stuttgart

King, V. (2000): Identitätsbildungsprozesse in der weiblichen Adoleszenz. In: Wiesse, J. (Hrsg.): Identität und Einsamkeit. Vandenhoeck & Ruprecht: Göttingen, 53-70

Krebs, H., Eggert Schmid Noerr, A. (Hrsg.) (1997): Lebensphase Adoleszenz. Junge Frauen und Männer verstehen. Matthias-Grünewald-Verlag: Mainz

Körner, J. (1995): Der Rahmen der psychoanalytischen Situation. In: Forum der Psychoanalyse 6, 87-104

Leber, A., Trescher, H.G., Büttner, Ch.(Hrsg.) (1985): Die Bedeutung der Gruppe für die Sozialisation in Kindheit und Familie. Vandenhoeck & Ruprecht: Göttingen

Mentzos, S. (1994): Interpersonale und institutionalisierte Abwehr. Suhrkamp: Frankfurt

Müller, A., Knauss, W. (1991): Die Standards der Gruppenanalyse und ihre Realisierung in ‚nicht-klassischen' Gruppen. In: Gruppenanalyse 2, 73-83

Reiche, R. (1990): Geschlechterspannung. Eine psychoanalytische Untersuchung. Fischer: Frankfurt/M.

Rohde-Dachser, Ch. (1991): Expedition in den dunklen Kontinent. Springer: Berlin, Heidelberg

Rohr, E., Schnabel, B. (2000): Flüchtige Identitäten. Junge weibliche Flüchtlinge und die Schwierigkeiten erwachsen zu werden. In: Gruppenanalyse 10, 19-34

Rohr, E. (2001): Die Liebe der Töchter. Weibliche Adoleszenz in der Migration. In: Sturm, G., Schachtner, C., Rausch, R., Maltry, K. (Hrsg.): Geschlechterverhältnisse im Globalisierungsprozess. Ulrike Helmer Verlag: Königstein, 138-162

Sand, M. (1994): Angewandte gruppenanalytische Arbeit mit einer Kindergruppe 8-10jähriger. In: Gruppenanalyse 4, 79-91

Schmidt, A. (2000): Jugendlicher Alltag – Konflikte und Probleme. Ein gruppenanalytisches Projekt in der Schule. In: Gruppenanalyse 10, 157-170

Shaked, J. (2000): Gruppenpsychoanalyse. In: Stumm, G., Pritz, A. (Hrsg.): Wörterbuch der Psychotherapie. Springer: Wien u.a., 261-262

Spiel, O. (1947): Am Schaltbrett der Erziehung. Huber: Bern, 1979 (Eine Neuauflage wird im Empirie-Verlag, Wien, für 2003 vorbereitet)

Winnicott, D.W. (1965): Reifungsprozesse und fördernde Umwelt. Fischer: Frankfurt/M., 1993

Winnicott, D.W. (1989): Vom Spiel zur Kreativität. Klett-Cotta: Stuttgart

Gruppenpsychoanalyse in der Schule?

Einige Anmerkungen zum Beitrag von Inge Schubert

Urte Finger-Trescher & Wilfried Datler

1. Vorbemerkung

Im psychoanalytisch-*therapeutischen* Kontext ist es seit jeher üblich, dass Fallvignetten und Falldarstellungen sowie darauf bezogene allgemeine Bemerkungen publiziert *und* von Kollegen und Kolleginnen kommentiert werden: In nahezu jeder psychoanalytischen Fachzeitschrift sind solche Artikel nachlesbar; und sie zeigen im Regelfall, in welcher Weise Fallmaterialien unterschiedlich verstanden und mit unterschiedlichen Überlegungen allgemeiner Art in Verbindung gebracht werden können. In der psychoanalytisch-pädagogischen Literatur, die nicht von klinisch-therapeutischen Problemen handelt, sind solche Auseinandersetzungen selten[1].

Wir möchten diesem Trend entgegensteuern und nehmen deshalb den voranstehenden Artikel von Inge Schubert zum Anlass, um die eine oder andere Bemerkung zum kasuistischen Material sowie zu den damit verknüpften konzeptionellen Überlegungen anzustellen, welche die Autorin vorgestellt hat.

---

[1] Man kann zwar immer wieder Veröffentlichungen finden, in denen Autorinnen und Autoren Falldarstellungen von „Klassikern" der Psychoanalytischen Pädagogik thematisieren und neu diskutieren – man denke etwa an die Neubetrachtung von Beispielen aus Aichhorns Arbeit mit dissozialen Jugendlichen durch Bittner (1967, 142ff) oder Hörster (2001); oder an die Neuinterpretation von Zulligers Bericht über die Kinder-Kollektiv-Phantasie „Sangoi-Land" durch Fatke (1995) und Hoanzl (2002). Wenn sich Autoren wie Müller (1995) und Körner (1995) oder Müller/Schmid (2001) vornehmen, aktuelles Fallmaterial aus unterschiedlicher Perspektive zu kommentieren, oder wenn Figdor (1999), Diem-Wille (1999) und Krebs (1999) in einem Band über psychoanalytisch-pädagogische Erziehungsberatung gar wechselseitig auf die zeitgenössischen Fallberichte der jeweils anderen zu sprechen kommen, so stellt dies in der Psychoanalytischen Pädagogik der Gegenwart aber einen raren Ausnahmefall dar.

2. Der Anspruch: Gruppenpsychoanalyse in der Schule

Halten wir uns zunächst nochmals vor Augen: In der psychoanalytisch-pädagogischen Fachliteratur findet man eine Vielzahl von Artikeln, in deren Zentrum das Verstehen von schulischen Gruppenprozessen stehen, wie sie sich alltäglich während des Unterrichts oder in Pausen „auf schulischem Boden" ereignen. Darüber hinaus gibt es einige Berichte von tiefenpsychologisch orientierten Lehrerinnen und Lehrern, die sich darum bemühten, innerhalb der Unterrichtszeit bestimmte Zeitspannen zu institutionalisieren, die es Schülern ermöglichen sollten, sich unter der Leitung eines Lehrers regelmäßig mit anstehenden Konflikten oder Vorhaben auseinander zu setzen. Beispiele wie jene von Oskar Spiel (1947) oder Margret Imhof (1987) zeigen, in welcher Weise bestimmte tiefenpsychologische Ausrichtungen dieser Lehrerinnen und Lehrer jeweils Einfluss darauf genommen haben,

- wie diese Art von Arbeit mit der „Gruppe Schulklasse" konzipiert,
- wie die Beziehungsprozesse, die in diesen Stunden thematisiert oder in Szene gesetzt wurden, reflektiert und
- wie die einzelnen Gruppengespräche von den Lehrerinnen und Lehrern moderiert bzw. geleitet wurden.

Inge Schuberts „Offene Klassenrunde" unterscheidet sich von all diesen Berichten und Bemühungen: Im Zentrum ihres Beitrages steht nicht das psychoanalytische Verstehen von Unterrichtsprozessen. Und ebenso wenig berichtet sie von einem Versuch, unter Bezugnahme auf psychoanalytische Überlegungen „Konfliktstunden" oder einen „Klassenrat" einzurichten und zu leiten. Sie berichtet vielmehr von einer Art Projekt, in dem sie das Vorhaben verfolgte, außerhalb der Unterrichtszeit an einem speziell dafür ausgewählten Ort eine analytische Gruppe zu leiten, an der alle Schülerinnen und Schüler einer Schulklasse teilnahmen. Überdies, und das ist ein wesentlicher Punkt, der auch von Frau Schubert mehrfach thematisiert wird, unterrichtet Inge Schubert die Schülerinnen und Schüler dieser Klasse während der regulären Unterrichtszeit in den Fächern Musik und Kunst.

3. Diskussion

In den einzelnen Abschnitten ihres Beitrages referiert Inge Schubert die speziellen Rahmenbedingungen, die sie in ihrer Schule vorfindet; sie schildert die Einrichtung und den Verlauf der Arbeit mit der Gruppe; und sie stellt das Geschehen der 22. Gruppensitzung ausführlicher dar.

In diesem Zusammenhang führt sie einige konzeptionelle Überlegungen aus und unterstreicht zugleich, dass sie die von ihr durchgeführte Projektarbeit als einen Versuch begreift, den es in nächster Zeit genauer zu evaluieren und vielleicht auch zu fundieren gilt. Diese Bemerkungen ermuntern uns, einige Themenbereiche zu umreißen, die sich für eingehendere weiterführende Überlegungen und Klärungen geradezu anbieten. Den Ausgangs- und Ansatzpunkt unserer Kommentare stellt dabei der Umstand dar, dass Inge Schubert

- zum einen zwar betont, dass die von ihr geleitete Gruppe eine sogenannte „angewandte Gruppe" sei,
- andererseits aber einen theoretischen Bezugsrahmen bemüht, der in dieser Form nur für die „klassische analytische Gruppe" konzipiert ist.

Dies verweist auf eine Problematik, mit der sich die meisten Praktiker konfrontiert sehen, die sogenannte „angewandte Gruppen" anbieten und leiten; denn die theoretische Konzeptualisierung angewandter Gruppen steckt nach wie vor in den Kinderschuhen. Es nimmt daher nicht Wunder, dass der Artikel von Inge Schubert unter diesem Gesichtspunkt auch für uns einige Fragen aufwirft, die auf vier Themenbereiche verweisen. Auf diese möchten wir im Folgenden zu sprechen kommen.

3.1 Die „analytische Gruppe" – ein autonomer Bereich im Rahmen von Schule?

Auf Seite 101 schreibt die Autorin:

> „Meine These besagt, dass eine begleitende und dennoch außerhalb des schulischen Unterrichtskontexts stehende gruppenanalytische Arbeit in der Institution Schule die individuellen Entwicklungsmöglichkeiten erweitert, weil dort Gruppenbeziehungen geklärt werden können und Adoleszente sich auch in ihren Potentialen und Größenphantasien, nicht nur in ihren Defiziten erleben.
> Es geht hier jedoch nicht darum, die gruppenanalytische Arbeit für das Unterrichten nutzbar zu machen oder gruppenanalytische Ansätze für Unterrichtszwecke zu verwenden. Die gruppenanalytische Arbeit muss ein unabhängiger und eigenständiger Bereich und Inhalt sein, frei von schulischen Aufträgen wie Lernleistung, Bewertung, Disziplinierung und Selektion. Es geht nicht um Wissensvermittlung und auch nicht um eine Wertevermittlung im engen Sinn, sondern um sozialisatorische Fähigkeiten und Identitätsentwicklung. Im weitesten Sinne gehört die analytische Gruppe in den Bereich der gesellschaftlich-sozialisatorischen Aufgaben. Die gruppenanalytische Arbeit ist insofern neben den vorhandenen schulischen Angeboten ein autonomer Bereich, der sich im Rahmen des Sozialisationsauftrages von Schule behaupten könnte."

In dieser Textpassage spricht die Autorin mehrere Punkte an, die in einem gewissen Spannungsverhältnis zueinander stehen und deshalb einer genaueren Betrachtung bedürfen.

Zum ersten wäre genauer zu untersuchen, ob es im Sinne der Positionierung der Autorin überhaut möglich ist, „gesellschaftlich-sozialisatorische Aufgaben" unter Aussparung von „Wertevermittlung" zu verfolgen und zu erfüllen. Denn bereits mit der Einrichtung der „analytischen Gruppe" und ihrer Art der Leitung bringt die Autorin – zumindest unausgesprochen – zum Ausdruck, dass sie es für wertvoll findet, dass Schülerinnen und Schüler lernen, „sich selbst in ihren Beziehungen zur peer-group zu betrachten und zu reflektieren" (so die Autorin auf Seite 116), und dass es sich dafür lohnt, in der geschilderten Weise regelmäßig zusammenzukommen.

Solche Werthaltungen und Wertsetzungen explizit zu machen, könnte dazu führen, dass das Arbeitskonzept von Inge Schubert an Klarheit gewinnt; zumal *zum zweiten* ohnehin genauer untersucht werden sollte, ob es angemessen ist, innerhalb der Institution Schule mit ihrem stark geregelten Bildungs- und Selektionsauftrag einen Bereich namens „gruppenanalytische Arbeit" etablieren zu wollen, der als „autonomer Bereich" vorgestellt wird. Die Absicht, Schülerinnen und Schüler in der dargestellten Weise zum Betrachten und Reflektieren ihrer Peer-group-Beziehungen anzuregen, steht mit den Primäraufgaben von Schule ja nicht grundsätzlich in Widerspruch. Deshalb wäre es aus unserer Sicht kein Verlust, sondern vielmehr ein Gewinn, wenn diese Absicht offen als Bestandteil des Bildungsplanes dieser Schule für diese Klasse deklariert würde. Dadurch würde es vermutlich auch leichter werden, Fragen und damit verbundene Gefühle und Phantasien, die mit der Einrichtung einer solchen Gruppe zumindest in latenter Weise (auch) bei den Schülerinnen und Schülern geweckt werden, zum manifesten Gegenstand der Auseinandersetzung und in weiterer Folge zum Gegenstand des analytischen Nachdenkens zu machen (vgl. Müller/Knauss 1991, 79ff; Schmidt 2000). In diesem Zusammenhang denken wir etwa daran, dass es für die Gruppe hilfreich sein kann, Klarheit darüber zu erhalten, weshalb diese Gruppe speziell für die eine Klasse der Schule angeboten wird, und welche Phantasien dies auf Seiten der Schülerinnen und Schüler weckt. Ähnliches gilt vermutlich für die Frage nach den Kosten bzw. Kostenträgern dieser Maßnahme für alle Beteiligten, damit etwaigen Verwirrungen über den Sinn und Zweck des Gruppenangebotes entgegengewirkt werden kann.

Gerade der zuletzt genannte Punkt ist allerdings auch für die theoretische Fundierung des Arbeitskonzeptes und für das Überdenken des Anspruchs von Bedeutung, die analytische Gruppe würde innerhalb der Institution Schule einen „autonomen Arbeitsbereich" darstellen. Denn die Frage *„Von wem wird die Gruppenleiterin bzw. die Leistung ‚Offene Klassenrunde' bezahlt?"* kann zumindest drei Antwortvarianten nach sich ziehen, von denen eine jede eine andere Konsequenz in sich birgt:

1. „Die Leistung der Gruppenleiterin ist Teil der Leistungsverpflichtung der Lehrerin." Wenn dieser Sachverhalt vorliegt, dann stellt die Gruppe schon alleine in Hinblick auf die institutionelle Verankerung des Gruppenangebotes keinen „autonomen Arbeitsbereich" innerhalb der Schule dar.
2. „Die Gruppenleiterin wird von einem anderen Träger oder gar von den Eltern der Schülerinnen und Schüler bezahlt." Ist solch eine Situation gegeben, so wären jedenfalls zu klären, welche Erwartungen solch ein Träger oder welche Erwartungen die Eltern – ausgesprochener oder unausgesprochener Weise – an die Gruppenleiterin herantragen und welchen Einfluss diese Form von „finanzieller Abhängigkeit" auf die Leitung der Gruppe hat. Gruppenleitung ?
3. „Die Leitung der Gruppe stellt eine unbezahlte ehrenamtliche Leistung dar." In solche einem Fall liegt die Frage nach den Motiven und der Kontrolle der Arbeit nahe. Es wäre denkbar, dass die Gruppenleitung deshalb ehrenamtlich erfolgt, weil sich die Gruppenleiterin in einer gruppenanalytischen Ausbildung befindet und weil sie von daher angehalten ist, die Leitung einer Gruppe unter Supervision durchzuführen. In Hinblick auf das Ausbildungscurriculum wäre die Gruppenarbeit dann alles andere als autonom; denn Ausbildungscurricula enthalten zumeist Angaben darüber, in welcher Frequenz und wie lange ein analytische Gruppe geleitet und in einem begleitenden Supervisionsprozess besprochen werden muss.

Selbst wenn die Autorin vom „autonomen Bereich" der analytischen Gruppe deshalb spricht, weil sie damit zum Ausdruck bringen möchte, dass sich die Gruppenarbeit zeitlich, räumlich und wohl auch inhaltlich von anderen schulischen Aktivitäten und Unternehmungen abhob, scheint es für die weitere theoretische Fundierung einer solchen „angewandten Gruppe im Rahmen von Schule" sinnvoll zu sein, die eben angesprochenen Fragen eingehend zu diskutieren. Letzteres gilt auch für die nächsten beiden Punkte, die wir ansprechen möchten und die ebenfalls darauf hinweisen, dass der schulische Rahmen und die Dynamik des Gruppengeschehens enger miteinander verwoben sind, als es zunächst vielleicht den Anschein hat.

3.2 Die Teilnahme an der Gruppe ist Pflicht

An mehreren Stellen spricht die Autorin davon, in welch vielfältiger Weise die Schülerinnen und Schüler von der Arbeit in der Gruppe profitieren; und der Bericht über die zweiundzwanzigste Gruppensitzung vermag dies in Zusammenhang mit den Nachbemerkungen auf den Seiten 111ff auch anschaulich zu illustrieren.

Dessen ungeachtet ist es Realität, dass die Schülerinnen und Schüler über die Teilnahme an der Gruppe keineswegs frei entscheiden konnten.. Inge Schuberts Hinweis darauf, dass sich Adoleszente von sich aus kaum dazu entschließen, eine analytische Gruppe aufzusuchen, und die Schüler und Schülerinnen nicht in den Genuss des potentiellen Nutzens einer solchen Gruppen gekommen wären, wenn die Teilnahme an der Gruppe nicht verpflichtend gewesen wäre, unterstreicht das

Faktum: Die Schülerinnen und Schüler hatten – allem Anschein nach – nicht darüber zu befinden, ob sie an der Gruppe teilnehmen möchten oder nicht.

Dieser Aspekt wirft die Frage auf, wer die Schülerinnen und Schüler verpflichtet hat bzw. verpflichten kann, solche ein Gruppe zu besuchen. Eine entsprechende Vorgabe ist letztlich nur dann denkbar und legitim, wenn es sich bei den Gruppensitzungen um eine ganz „normale" schulische Veranstaltung handelt. Zwar gibt es Verpflichtungen zur Teilnahme an analytischen Gruppen zum Beispiel im klinischen Bereich; doch stellen solche Gruppe Teile eines therapeutischen Behandlungsplans dar, den Patienten, die sich freiwillig einer solchen stationären Behandlung unterziehen, akzeptieren (oder auch nicht: dann verlassen oder wechseln sie die Klinik). Dies kann man auf die Institution Schule nicht übertragen, denn die Schülerinnen und Schüler der angesprochenen Jahrgangsstufe sind zum Schulbesuch verpflichtet. Wenn aber die Freiwilligkeit als Grundkonstante für die Teilnahme an einer analytischen Gruppe nicht gewährleistet ist, dann gilt es diesen Aspekt der beschriebenen Gruppe in Hinblick auf Motivation, Vertrauen, Offenheit und Erkenntnis- bzw. Entwicklungsgewinn immer wieder mit den Teilnehmerinnen und Teilnehmern selbst zu reflektieren, um nicht Gefahr zu laufen, die Besonderheit dieser Gruppe als schulisches „Angebot" im Vergleich zu klassischen psychoanalytischen Gruppen aus dem Auge zu verlieren.

3.3 Grundregel, Gruppenregel und Vertraulichkeit

Die erwähnten Aspekte der institutionellen Vorgaben, der Absichten, die mit der Einrichtung der Gruppe verfolgt werden, und der verpflichtenden Teilnahme führen nun folgerichtig auch zum nächsten Punkt: zur Frage nach dem Sinn oder gar der Berechtigung der Einführung der Grundregel, wie sie von der Autorin auf Seite 110 beschrieben wurde:

> „Mein Hinweis auf die Gruppenregel, dass alles, was gesagt wird, im Gruppenraum bleiben müsse, ist für Catherin keine Beruhigung. Audrey sei so wütend, dass sie sich nicht daran halten würde. Ich verweise auch auf die Grundregel, dass man in der Gruppe all das, was einem in den Sinn kommt, sagen darf."

Die hier angesprochene Verpflichtung zur Verschwiegenheit gegenüber Dritten stellt schon für die Teilnehmer einer klassischen stranger-group eine schwierige Aufgabe dar und ist im übrigen durch keine gesetzliche Vorgabe gesichert (vgl. Riemer 2002). Wie schwer diese Verpflichtung zu erfüllen ist, wenn Gruppenteilnehmer gezwungen sind, auch außerhalb des umgrenzten Gruppensettings miteinander zu arbeiten, weiß jeder gruppenanalytische Ausbildungsteilnehmer: Nach der gruppenanalytischen Sitzung, beispielweise in der Pause oder in einer Theorieveranstaltung auf abstraktem Niveau miteinander diskutieren (und in der Schule: konkurrieren) zu sollen, ohne auf die affektiv hochgradig besetzten persönlichen Themen der vorangegangenen Sitzungen Bezug nehmen zu dürfen, ist eine wahre Übung in therapeutischer Ich-Spaltung, die einem Ausbildungskandidaten zumutbar ist. Für Kinder und erst recht für Kinder in einem gemeinsamen zumutbar ist. Für Kinder und erst recht für Kinder in einem gemeinsamen schulischen Kontext stellt diese Regel allerdings schnell eine zu große Überforderung dar.

Aber nicht nur diesen Aspekt gilt es zu bedenken: Das Gebot der Verschwiegenheit gegenüber Dritten verletzt streng genommen die Rechte der Kinder auf Schutz durch die Schule und die Eltern und steht im Widerspruch zu deren Fürsorgepflicht: Erfährt beispielsweise ein Kind in einer solchen Gruppe Dinge, die es sehr belasten, muss es die Möglichkeit haben, sich entweder einem anderen Lehrer und/oder seinen Eltern, gegebenenfalls auch einer anderen Person oder Institution anzuvertrauen. Den Eltern wiederum kann nicht das Recht beschnitten werden, auch mit dem Wissen um belastende Ereignisse oder Inhalte eventuell gegen Dritte oder die Schule durch Veröffentlichung vorzugehen.

So gesehen ist die Not und Beunruhigung der Teilnehmerin Cathy durchaus verständlich: Einerseits wird sie aufgefordert, alles zu sagen, was ihr in den Sinn kommt; und wird damit „beruhigt", dass all dies, was sie ausspricht, nicht an Dritte weitergetragen werden darf. Andererseits „weiß" sie, dass sich Audrey wegen der diskriminierenden Äußerung von Cathy (mit einem gewissen Recht) an ihre Mutter wenden wird – und Cathy fürchtet die daraus erwachsenden Konsequenzen.

Dies verwiest darauf, dass im Kontext von Schule auch die Grundregel der freien Assoziation daher kritisch hinterfragt werden muss. In der klassischen analytischen Gruppe werden die normalen Regeln der Alltagskommunikation zu Gunsten der Grundregel bewusst außer Kraft gesetzt. Durch die für analytische Gruppen typischen Affektsteigerungen und Regressionen kann dies bizarre und bedrohliche Formen annehmen. Gruppenteilnehmer untereinander kommunizieren nach Tunlichkeit nur in geringem Ausmaß reflektiert, sie haben ja auch keinen professionellen therapeutischen Auftrag. Die Regeln der Höflichkeit werden als kontraproduktiv entlarvt.

So gesehen ist also nicht nur möglich, dass dem Teilnehmer einer analytischen Gruppe während der Sitzung ganz „unerhörte" Gedanken kommen, sondern es ist angestrebt, diese zu äußern.

> Auf diese Weise kann Herr X., der gerade zum zweiten Mal eine Anstellung als Lehrer verloren hat und darüber äußerst deprimiert ist, ohne weiteres zu Frau Y sagen, sie erinnere ihn an seine fette Mutter, die schlampig und ungepflegt war und schlecht aus dem Mund roch.
>
> Und Frau Y kann daraufhin offen in Tränen ausbrechen, während Herr Z. zu Herrn X. sagt, es sei ein Glück, dass das Schulamt so einen wie ihn nicht mehr auf die Kinder loslasse - worauf der Rest der Gruppe lacht, froh, diesmal ungeschoren davonzukommen.

Diese Szene aus einer klassischen analytischen Gruppe soll lediglich beleuchten, wie massiv die Affekte, die Regression und Dynamik unter der Grundregel der freien Assoziation sich gestalten können und dass dies nur zumutbar und bearbeitbar ist unter dem unbedingten Schutz des analytischen Rahmens und Settings, in dem der „künstliche" – nämlich analytische – Charakter dieser Gruppe und ihr ausschließlicher Zweck – die Behandlung von psychischen Problemen ihrer Teilnehmer – die Reflexionsbasis bildet.

In Hinblick auf das von Inge Schubert geschilderte Setting stellt sich die Frage, ob deren Äußerung nicht im Widerspruch stehen zu schulischen Anforderungen an das Sozialverhalten: Richten sich die „unerhörten" Gedanken beispielsweise gegen die Gruppenleiterin (und Lehrerin), kann die Angst vor Vergeltung und der Konflikt zwischen Grundregel und schulischer Forderung nach angemessenem Sozialverhalten zu einer erheblichen Belastung für das einzelne Kind werden. Und selbst wenn es der Gruppenleiterin unter Supervision gelingen sollte, die „unerhörten" Äußerungen eines Gruppenmitgliedes ihr gegenüber nicht bei Gelegenheit durch Abzug von Punkten oder Ähnlichem zu vergelten (und das macht Inge Schubert glaubwürdig geltend), wird stets davon auszugehen sein, dass die Gruppenmitglieder entsprechende (unbewusste oder auch bewusste, aber verschwiegenen) Phantasien und Befürchtungen hegen.

In der 22. Gruppensitzung zumindest scheint kein Gruppenmitglied Phantasien bezüglich der Leiterin zu wagen. Allenfalls könnte man die Äußerung über den vorwurfsvollen, ungerechten und Schuldgefühle erzeugenden Lehrer der Nachbarklasse – „Von so einem behinderten Lehrer lasse ich mir nichts sagen." – im Sinne einer Verschiebung als Äußerung über die Gruppenleiterin verstehen (vgl. Seite 106). Aber das ist natürlich Spekulation.

3.4 Zur Doppelfunktion „Leiterin einer analytischen Gruppe" und „Lehrerin"

Mehrfach thematisiert Inge Schubert ihre Doppelfunktion als „Leiterin einer analytischen Gruppe" und als „Lehrerin". Sie selbst wirft auf Seite 99 die Frage auf, „ob und wie unter den gegebenen institutionellen Rahmenbedingungen die Realbeziehung der Lehrerinnenrolle mit dem notwendigen Grad der Abstinenz vereinbar ist, die zweifellos eine grundlegende Voraussetzung für das analytische Arbeiten darstellt". Etwas später gibt sie auf Seite 111 ihrer Zuversicht Ausdruck, zwischen ihrer Funktion als unterrichtende Lehrerin und ihrer Rolle als Gruppenleiterin ausreichend gut unterscheiden zu können; und auf Seite 113 findet sich der Hinweis, dass ihr dabei der Umstand entgegen käme, in der Schule die „weichen Fächer" Musik und Kunst zu unterrichten.

An anderen Stellen wird allerdings deutlich, wie schwierig es in einzelnen Situationen ist, zwischen dem schulischen Alltag einerseits und der Leitung der Gruppe andererseits zu unterscheiden:

> Als zu Beginn der zweiundzwanzigsten Gruppenstunde kein Gruppenmitglied zu sprechen beginnen möchte und Schweigen sich ausbreitet, äußert die Gruppenleiterin (ihrer Darstellung von Seite 106 gemäß) Verständnis für das Schweigen. Und

sie fügt hinzu: „Schließlich sei in den letzten Tagen viel zusammengekommen." Tom fragt daraufhin verwundert, „was denn gewesen sei", und ermöglicht es damit der Gruppe, empört über verschiedene Vorfällen zu sprechen, die sich in den letzten Tagen zugetragen hätten.

Mit ihrer Intervention hilft die Leiterin der Gruppe, einen gewissen Anfangswiderstand zu überwinden; doch bringt sie mit ihrer Äußerung, *in den letzten Tagen wäre „viel zusammengekommen"*, zugleich zum Ausdruck, dass sie während der Gruppensitzung durchaus damit beschäftigt ist, was sich außerhalb der Gruppensitzung ereignet, und dass sie damit ihre Funktion als Gruppenleiterin durchaus mit ihrer Funktion als Lehrerin dieser Schule verknüpft.

Eine ähnliche Situation schildert die Autorin auf Seite 107: Peter ist so aufgewühlt, dass er nicht in der Lage ist, über einen Vorfall vom Vortag zu berichten. Die Leiterin fragt Peter, ob sie „das für ihn übernehmen soll" – und macht damit abermals klar, dass sie hier in der Gruppe nicht nur als Leiterin, sondern auch als Mitglied des Lehrkörpers der Schule sitzt, das weiß, „was sich in der Schule auch außerhalb der Gruppensitzungen so zuträgt".

Es ist daher ganz naheliegend, dass sich auch die Schülerinnen und Schüler – zumindest unbewusst – nicht nur der Gruppenleiterin, sondern zugleich der Lehrerin gegenüber sehen, deren Anwesenheit in der Gruppe mit Regeln verbunden ist, die sich von jenen Regeln unterscheiden, die im Unterricht gelten. Das kann durchaus sinnvoll sein und Entwicklungsprozesse fördern, wenn man miteinander regelmäßig in unterschiedlichen Kontexten mit unterschiedlichen „Grundregeln" zu tun hat.

Dessen ungeachtet ist es angebracht, im weiteren Prozess der Reflexion und Fundierung des vorgelegten Konzeptes diesem Aspekt noch präziser Rechnung zu tragen – und auch die Auseinandersetzung mit der Frage aufzugreifen, in welcher Hinsicht dieser Aspekt auch belastend sein kann oder Grenzen setzt, die sich von den Grenzen üblicher analytischer Gruppen unterscheiden und deshalb in besonderer Weise technisch gehandhabt werden sollten. Denn die Grundpfeiler des gruppenanalytischen Arbeitens – Verstehen und Deuten der unbewussten Gruppenphantasien, der verschiedenen Übertragungsebenen, der für Gruppen so charakteristischen Projektiven Identifizierungen und des Widerstandes – können nur in eingeschränkter Weise zum Tragen kommen, wenn Gruppenteilnehmer und Leiter auch in andern Kontexten in enger Beziehung zueinander stehen.

In diesem Zusammenhang liegt es auch nahe, einige berufsethische Überlegungen anzustellen, welche die Frage betreffen: Ist es vertretbar, dass die gleiche Person, die Leistungen und Verhalten von Schülerinnen und Schülern bewertet und gegebenenfalls auch negativ sanktionieren muss, diese Schülerinnen und Schüler im Rahmen einer analytischen Gruppe in die Regression „zwingt" oder dazu „verführt", persönliche und intime Dinge auszusprechen, die es der Lehrerin freiwillig womöglich nicht anvertraut hätte? Und wenn ja – welche Gründe können angeführt werden?

3.5 Fazit

Gruppenanalyse ist nicht nur ein mächtiges Instrument zur regressiven Wiederbelebung früher Erlebnisformen, sie ist unter Umständen auch ein gefährliches Instrument – und sie stellt eine Methode dar, die es äußerst behutsam und sorgfältig handzuhaben gilt (vgl. Ohlmeier 1987; Finger-Trescher 1991). Gerade deshalb ist es wünschenswert, dass verschiedene Formen der „angewandten analytischen Gruppenarbeit" unter Einbeziehung von kasuistischem Material veröffentlicht und auf der Basis eingehender Diskussionen konzeptualisiert und theoretisch fundiert werden. Unsere Anmerkungen zum Artikel von Inge Schubert sind als ein Beitrag zu solch einer Diskussion zu verstehen.

Literatur

Bittner, G. (1967): Psychoanalyse und soziale Erziehung. Juventa: München

Diem-Wille, G. (1999): Über den Zusammenhang zwischen Trennungsproblemen einer Mutter und Schlafproblemen eines Kleinkindes. Robin - die Falldarstellung einer Eltern-Kleinkind-Beratung. In: Dater, W., Figdor, H., Gstach, J. (Hrsg.): Die Wiederentdeckung der Freude am Kind. Psychoanalytisch-pädagogische Erziehungsberatung heute. Psychosozial Verlag: Gießen, 90-104

Fatke, R. (1995): Das Allgemeine und das Besondere in pädagogischen Fallgeschichten. In: Zeitschrift für Pädagogik 41, 681-696

Figdor, H. (1999): Toni ist wie verwandelt. Über den beginn der Erziehungsberatung bei einem 7-jährigen Buben mit aggressiven Auffälligkeiten. Aufklärung, verantwortete Schuld und die Wiederkehr der Freude am Kind. Grundprinzipien des Wiener Konzeptes psychoanalytisch-pädagogischer Erziehungsberatung. In: Dater, W., Figdor, H., Gstach, J. (Hrsg.): Die Wiederentdeckung der Freude am Kind. Psychoanalytisch-pädagogische Erziehungsberatung heute. Psychosozial Verlag: Gießen, 76-89

Finger-Trescher, U. (1991): Wirkfaktoren der Einzel- und Gruppenanalyse. Fromann-Holzboog: Stuttgard/Bad Cannstadt

Hoanzl, M. (2002): Vom Land, in dem es keine Eltern gibt: Geschwisterliche Themen und deren mögliche Bedeutung im Prozess des Heranwachsens. In: Datler, W., Eggert-Schmid Noerr, A., Winterhager-Schmid, L. (Hrsg.): Das selbständige Kind (Jahrbuch für Psychoanalytische Pädagogik 12). Psychosozial Verlag: Gießen, 78-101

Hörster, R. (2001): Das Methodenproblem sozialer Bildung im pädagogischen Experiment. Zum praxeologisch empirischen Gehalt von August Aichhorns Aggressivenbericht. In: Schmid, V. (Hrsg.): Verwahrlosung – Devianz – antisoziale Tendenz. Lambertus: Freiburg, 104-117

Imhof, M. (1987): Durch Sprechen Mauern zerbrechen. Konfliktgruppenarbeit in der Schule. Focus: Gießen

Körner, J. (1995): Das Psychoanalytische einer psychoanalytisch-pädagogischen Fallgeschichte. In: Zeitschrift für Pädagogik 41, 709-718

Krebs, H. (1999): Der Erstkontakt in der institutionellen Erziehungsberatung – dargestellt am Beispiel eines von psychosozialer Ausgrenzung bedrohten Jugendlichen und seiner Familie. In: Dater, W., Figdor, H., Gstach, J. (Hrsg.): Die Wiederentdeckung der Freude am Kind. Psychoanalytisch-pädagogische Erziehungsberatung heute. Psychosozial Verlag: Gießen, 105-125

Müller, A., Knauss. W. (1991): Die Standards der Gruppenanalyse und ihre Realisierung in nicht-klassischen Gruppen. In: Gruppenanalyse, Heft 2/91, 73-84

Müller, B. (1995): Das Allgemeine und das Besondere beim sozialpädagogischen und psychoanalytischen Fallverstehen. In: Zeitschrift für Pädagogik 41, 697-708

Müller, B., Schmid, V. (2001): Der sozialpädagogische und der sonderpädagogische Blick auf deviante Jugendliche: Kasuistische Analyse. In: Schmid, V. (Hrsg.): Verwahrlosung – Devianz – antisoziale Tendenz. Lambertus: Freiburg, 217-240

Ohlmeier, D. (1987): Indikation und Kontraindikation der analytischen und tiefenpsychologisch fundierten Gruppenbehandlung. In: Koechel, R. und D. Ohlmeier (Hrsg.): Psychiatrie Plenum I. Springer: Berlin

Riemer, M. (2002): Schweigepflicht in der Gruppenpsychotherapie - eine Gesetzeslücke? In: Zeitschrift für Gruppenpsychotherapie und Gruppendynamik 38, 372-376

Schmidt, A. (2000): „Jugendlicher Alltag-Konflikte und Probleme". Eingruppenanalytisches Projekt in der Schule. In: Gruppenanalyse, Heft 2/2000, 157-185

Spiel, O. (1947): Am Schaltbrett der Erziehung. Huber: Bern, 1979 (Eine Neuauflage wird im Empirie-Verlag, Wien, für 2004 vorbereitet.)

Chancen der Virtualisierung - Entwurf einer Typologie psychoanalytisch-pädagogischer Arbeit

Jürgen Körner & Burkhard Müller

„Was ein Fall ist, hängt von dem jeweiligen Bearbeitungskontext ab, in dem er situiert ist, denn erst mit der Kenntnis dieses Kontextes wissen wir, was der Fall ist" (Hörster 2001, 917). In der Psychoanalytischen Pädagogik ist der „Bearbeitungskontext" im Zusammenwirken von „psychoanalytischer" und „pädagogischer" oder auch „sozialpädagogischer" Bearbeitung gegeben – ja sie ist genau genommen nichts anderes als die Entfaltung und theoretische Begründung einer Kasuistik so kontextualisierter „Fälle". Damit ist freilich noch nicht viel gewonnen. Denn es ist offenkundig, dass es auch höchst fragwürdige, die Psychoanalyse wie die Pädagogik verfälschende Formen ihrer Verbindung geben kann (Körner 1980; Müller 1989); und ebenso offenkundig ist, dass es in den unterschiedlichen pädagogischen Handlungsfeldern eine Vielzahl weiterer Kontextbedingungen gibt, die als unvermeidlicher „dritter Faktor" darüber mitentscheiden, wie eine angemessener „psychoanalytisch-pädagogische" Fallbearbeitung auszusehen hätte.

Die Möglichkeiten einer fruchtbaren Kasuistik der Kooperation zwischen Psychoanalyse und Pädagogik sind auf vielerlei Weise konzeptualisiert worden: als Mischung des „Goldes der Analyse" mit dem „Kupfer der Suggestion" (S. Freud), als Belehrung der Pädagogik über ihr Gegenüber, das Kind und sein Seelenleben (A. Freud, Aichhorn), als Konzept des „Szenischen Verstehens" und des „Fördernden Dialogs" (A. Leber und seine Schule), als Varianten der „Arbeit an einem Rahmen", der vom Klienten in Frage gestellt werden darf und doch gewahrt bleibt (Körner 1992, 1996), als Umformulierung der analytischen Abstinenzregel in ein Strukturprinzip (sozial)pädagogisch professionellen Handelns (Müller 1991; Oevermann 1996, 2002), als „Aufklärung" (Figdor 1999) – um nur einige Versuche zu nennen.

Gemeinsamer Nenner all dieser Versuche scheint uns immer ein Doppeltes zu sein: Die Psychoanalyse soll den pädagogischen Aufgaben, Zielen, ihren Handlungsnormen und -bedingungen, ihren praktischen Zwängen und ihrem Urteilsvermögen respektvoll und nicht besserwisserisch begegnen. Die Pädagogik/Sozialpädagogik[1] aber soll – im Gegenzug – versuchen, all ihre Aufgaben,

[1] Wir reden im Folgenden von „Sozialpädagogik", wollen diesen Begriff aber weder auf die Handlungsfelder sozialer Arbeit eingeschränkt wissen (unter Ausklammerung etwa der Schul- oder der Heilpädagogik), noch verstehen wir darunter überhaupt ein pädagogisches Anwendungsfeld. Sozialpädagogik meint vielmehr (genau wie Psychoanalyse oder Pädagogik) einen disziplinären Diskurs (Winkler 1988), welcher „Das Allgemeine" der Pädagogik auf eine spezifisch zugeschnittene Weise artikuliert.

Ziele, Handlungsnormen, Zwänge und selbst die Affekte immer wieder gleichsam zu suspendieren, unter Vorbehalt zu stellen und damit einen „potentiellen Raum" (Winnicott) zu schaffen, in welchem Gewünschtes, Verdrängtes, Erhofftes als mögliche Wirklichkeit gefühlt und gedacht werden kann, *ohne* sogleich außenwirksame Wirklichkeit sein zu müssen. Gemeinsamer Nenner der Kooperationsmodelle (ohne Trivialisierung der Psychoanalyse oder Klinifizierung der Pädagogik) wäre demnach, mit anderen Worten, die Erzeugung und methodische Sicherung eines Spannungsverhältnisses, eines zeitweiligen Schwebezustandes zwischen realer und imaginierter Interaktion im pädagogischen Bezug, um darin dem Klienten andere, bessere Handlungsoptionen zu eröffnen, als er sie ohne dies hätte. Nichts anderes ist zweifelsohne die Intention der klassischen „analytischen Situation", wie sie Freud beschrieb; aber ebenso offenkundig ist, dass es im pädagogischen Handlungsfeld anderer Mittel bedarf, um diese Intention angemessen zu sichern.

Mit diesem gemeinsamen Nenner ist freilich noch nicht erläutert, wie ein solches Spannungsverhältnis, ein solches balancierendes Sich-Bewegen zwischen einem realen und einem virtuellen pädagogischen Handlungsraum gedacht und verwirklicht werden kann, noch wie es in der Arbeit an sozialpädagogischen Fällen gezeigt oder gar gelehrt werden kann, außer eben, *dass* „etwas anderes" gemacht werden muss als in der therapeutischen Analyse, „was dann in der Absicht wieder mit ihr zusammentrifft" – so Freud (1925) in seinem Vorwort zu Aichhorns „Verwahrloste Jugend".

Darum möchten wir im Folgenden zunächst erläutern, wie jenes virtualisierende Moment von Psychoanalyse und psychoanalytischer Pädagogik zu verstehen sein könnte. Wir beginnen mit einem historischen Rückblick auf die Entwicklung psychoanalytisch-therapeutischer Methodik, in der die Virtualisierung von Anfang an ein Kernelement darstellte. In einem zweiten Schritt werden wir zeigen, dass die Methode der Virtualisierung je nach therapeutischer oder pädagogischer Aufgabe sehr unterschiedlich gehandhabt werden kann. Diese methodische Elastizität wird uns ermöglichen, vier unterschiedliche Typen sozialpädagogischer Praxis zu beschreiben und jedem Typ eine ganz eigene Variante virtualisierender Methode zuzuordnen.

1. Virtualisierung in der analytischen und der pädagogischen Situation

1.1 Virtualisierung

Was ist mit „Virtualisierung" gemeint? Sehr allgemein gefasst, meinen wir damit, dass der Psychoanalytiker und auch der psychoanalytische Pädagoge seinem Gegenüber (Patient, Klient, Zögling etc.) anbietet, das *Verständnis* für die aktuelle Situation, die gemeinsame Aufgabe und die Beziehung zueinander zu *erweitern*, also den „Bearbeitungskontext“ einerseits bewusster zu machen und andererseits zu flexibilisieren, so dass die *Vieldeutigkeit* im scheinbar eindeutig Gegebenen entdeckt werden kann. Dann können biografische „Tatsachen“, z.B. eine Trennung von den Eltern, in einem bisher nicht gesehen Licht erscheinen, die Ziele der (gemeinsamen) Arbeit werden vielleicht fragwürdig und die aktuelle Beziehung hier und jetzt erweist sich „unterhalb“ der bewusst verabredeten Aufgabenverteilung möglicherweise als eine konflikthafte Szene, in der wechselseitige, tiefe Beziehungswünsche, Befürchtungen oder Idealisierungen dominieren.

Genau genommen führt der Begriff der „Virtualisierung“ (oder „Fiktionalisierung“) ein wenig in die Irre. Denn was geschieht in dieser Situation? Wir befreien uns – vorübergehend – von dem Zwang, eindeutig zu sein, logisch zu argumentieren und den Dingen eine unmissverständliche und sozial akzeptable Bedeutung zu geben. Wir erlauben uns, was im Alltag ganz unangebracht wäre: unsere vielfältigen, oftmals widersprüchlichen Phantasien bewusst zu erleben und zur Geltung zu bringen. So wird nicht „die“ Wirklichkeit vieldeutig, sondern wir verzichten darauf, ihr Eindeutigkeit zu unterstellen.

Im Alltag geben wir uns alle Mühe, die (soziale) Wirklichkeit um uns herum für eindeutig zu halten, aber häufig genug geschieht es uns schon hier, dass uns diese Eindeutigkeit verloren geht. Dann werden banale Situationen hoch bedeutungsvoll, z.B. erscheinen uns die Handgriffe der Frisöse als liebevolle oder zärtliche Berührungen oder der sachliche Behördenbrief wird zur willkürlichen oder bösartigen Anklageschrift. Wenn wir derartige Phantasien zulassen, geraten wir rasch in Verständigungsprobleme, es tritt eine Verwirrung auf, weil unklar wird, „was hier eigentlich los ist“ (Goffman 1973). Wir sind „aus dem Rahmen gefallen“. In einer psychoanalytischen oder psychoanalytisch-pädagogischen Situation hingegen erlauben wir uns diese „Unklarheiten“, fördern sie sogar, indem wir entweder unsere Patienten/Klienten ermuntern, auch solche spontanen Einfälle zu äußern, die scheinbar nichts zur „Klärung der Sache“ beizutragen haben oder unlogisch oder auch etwas peinlich wirken mögen, oder doch, wo dies Klienten nicht zumutbar erscheint, unsererseits solche Einfälle für das eigene Verstehen nutzbar zu machen versuchen.

Man könnte sagen, dass der Rahmen einer psychoanalytischen oder psychoanalytisch-pädagogischen Situation sehr viel weiter gesteckt werden kann, als dies im Alltag sinnvoll wäre – und dass genau darin ihr Nutzen besteht. Innerhalb dieses Rahmens soll das Phantasieren möglich werden, ohne dass die Realität missachtet würde. Die Welt soll als eine subjektive Welt erscheinen, als persönlich gedeutete, und wir erfahren, wie unser Patient/Klient seine soziale Welt betrachtet, unter welchen Vorannahmen er sie deutet und wie alle diese Voraussetzungen in sein Handeln, seine Absichten und Ziele eingehen. Hier liegt der Sinn dieser Virtualisierung: Dass sich die Beteiligten darüber klar werden, inwieweit sie die jetzt „vorgefundene“ Realität selbst gestaltet und ihrer Bedeutung für einander bestimmt haben. Diese Einsicht soll ihren Handlungsspielraum hier und jetzt und für die Zukunft erweitern und dadurch praktisch wirksam werden.

Die psychoanalytische Methode der Virtualisierung oder Fiktionalisierung

(Körner 2001) der Realität ist ein Instrument, das sorgfältig und verantwortungsbewusst gehandhabt werden muss. Denn es ist nicht ganz ungefährlich, einen Patienten oder Klienten zu ermuntern, unbewusste Beziehungsphantasien ins Spiel zu bringen; sie können den gewohnten Rahmen der Situation infrage stellen und ihn irre machen an seiner Realitätsauffassung und seinen eigenen, rational gefassten Absichten und Zielen, aber auch an den Absichten dessen, bei dem er Hilfe sucht.

Es mag sein, dass diese Gefährlichkeit heute weniger bedrohlich erscheint, zu gründlich hat die Psychoanalyse dafür gesorgt, dass wir auch im Alltag gewohnt sind, das Nicht-Bewusste auch einmal zur Geltung zu bringen. Darum erscheint es uns an dieser Stelle sinnvoll, das Instrument der Virtualisierung in einem kleinen historischen Abriss noch einmal einzuführen.

2.1 Die „Erfindung“ der Virtualisierung als psychoanalytische Methode

In seiner Fallgeschichte der „Emmy von N.“ beschreibt Freud (1895) die entscheidenden Schritte hin zur freien Assoziation und zur Entwicklung der psychoanalytischen Methode.[2] Er ging diese Schritte nicht ganz freiwillig, und er war wohl selbst über ihre Wirkung überrascht.

Freud behandelte diese Patientin in hoher Frequenz, zuweilen mehrfach am Tag und in einer wechselnden Methodik. Mal „forschte“ er sie in der Hypnose aus, mal massierte er sie am ganzen Körper und dann wieder ließ er es zu, dass sie ihm „frei“ erzählte. Diese „freie Konversation“ hatte ihm die Patientin selbst abgerungen, als sie ihn „mürrisch“ aufforderte, er möge „nicht immer fragen, sondern erzählen lassen“. Freud folgte ihr und musste erkennen, dass die Patientin in dieser „freien Konversation“ gar nicht so „frei“ war; vielmehr begann die Patientin, über längst vergangene Erfahrungen zu sprechen, und sie berührte Themen, die in einer ärztlichen Sprechstunde – zumindest damals – weit aus dem Rahmen fielen. (Zum Beispiel machte sie sich Sorgen darüber, was er, der Arzt, über sie wohl denken mochte etc.)

Was war geschehen? Freud hatte den Rahmen der üblichen, ärztlichen Untersuchungssituation gesprengt. Die Kombination aus freier Assoziation und einer nicht mehr sicheren Antwort auf die Frage, „was hier eigentlich los“ wäre, „entfesselte“ die Übertragung der Patientin und ließen ihre unbewussten Beziehungsphantasien ans Licht treten. Hinzu kam, dass sich diese Phantasien nicht nur als harmlose Anschauung, als inneres Bild vom anderen zeigten, sondern sie erwiesen sich

---

[2] Freilich war ihm damals selbst noch nicht bewusst, worin das Neue seiner Methode eigentlich lag. Überhaupt ist ja die psychoanalytischen Methode nicht in der Anwendung schon bereitliegender Theorien entwickelt worden (wie z.B. die Verhaltenstherapie), sondern sie entwickelte sich aus der Praxis heraus, genauer: in der Bewältigung schwieriger Beziehungssituationen, *eben als Kasuistik* (vgl. dazu den Beitrag von Vera King in diesem Band).

interaktionell als höchst wirksam. Denn die Patientin wollte ihre – zunächst unbewussten – Beziehungswünsche eingelöst sehen, sie versuchte also, ihren Arzt zu dem „passenden" antwortenden Verhalten zu bewegen.

Die frühen Krankengeschichten Freuds und Breuers erzählen lebhaft, welch schwierige Situationen da entstanden und wie viel Mühe es bereitete, sinnvolle Antworten auf die oft sehr drängenden Fragen zu finden. Es dauerte eine kleine Weile, bis Freud das Konzept der „Übertragung" erfand. Mit seiner Hilfe gelang es ihm und seinen Schülern, die Situation mit seinen Patientinnen (tatsächlich waren es zunächst überwiegend Frauen) einerseits ganz ernst zu nehmen, denn zweifellos waren es echte Gefühle und Wünsche, welche da zum Ausdruck kamen. Andererseits aber ermöglichte das neue Konzept auch, die Situation zu fiktionalisieren und zu verstehen, dass die Patientinnen die Szene subjekthaft und aufgrund unbewusster Phantasien ausgestaltet hatten.

Erst das Abstinenzkonzept ermöglichte einen methodisch sicheren Umgang mit der Übertragung. Denn Fehler sind nach zwei Seiten hin möglich: Zur einen Seite hin können wir dazu neigen, den Übertragungsphantasien ihre Ernsthaftigkeit abzusprechen und sie als „unangemessen" oder „infantil" abzutun. Das hieße, die Realität dieser Gefühle und Bedürfnisse zu verleugnen. (Dies liegt uns vor allem dann nahe, wenn wir uns von der Übertragung bedrängt oder entwertet fühlen.) Andererseits aber unterliegen wir auch der Versuchung, das Fiktionale der Übertragung zu übersehen und auf die Beziehungswünsche des Patienten einzugehen. Die gerade in der Frühzeit der Psychoanalyse nicht seltenen Fälle von sexuellem Missbrauch zeigen, wie schwer es sein kann, sich der interaktionellen Wirksamkeit der Übertragung zu entziehen.

Die Wirksamkeit unbewusster Beziehungsphantasien ist natürlich nicht auf die psychoanalytisch-therapeutische Situation beschränkt. Auch im Alltag gestalten Menschen ihr Leben, ihre sozialen Beziehungen unter starkem Einfluss ihrer unbewussten Phantasien, wechselseitigen Erwartungen, Handlungs- und Konfliktbereitschaften. Aber es bedarf einer besonders gestalteten Situation mit einem weitgesteckten, aber geschützten Rahmen und der Abstinenzregel, um diese Phantasien zwar ernst nehmen zu können, ihnen aber nicht folgen zu müssen.

Im Verlaufe einer psychoanalytischen Behandlung erfährt der Patient, welche unbewussten Phantasien er in seinen aktuellen sozialen Beziehungen und überhaupt in seinem Alltag zur Geltung bringt, und wie ihn diese Phantasien immer schon in seinem Handeln geprägt haben. Er lernt, dass sein Schicksal weit weniger von äußeren, realen Einflüssen determiniert war, als ihm dies bisher erschien und in vielen Fällen auch lieb war. Er erfährt, wie sehr er (unbewusst) nicht nur seines Glückes, sondern auch seines Unglückes Schmied war, und wie sehr er seine Welt hier und jetzt auf eine persönliche, vom Unbewussten her geprägte Weise interpretiert.

Viele Patienten kommen mit der Vorstellung in die analytische Psychotherapie, dass sie aufgrund rätselhafter Umstände und bösartiger Einflüsse krank werden mussten, und sie möchten von diesen Zwängen befreit werden, die in ihnen so scheinbar unbeherrschbar fortwirken. Wissenschaftstheoretisch betrachtet, wenden sie für sich „quasi-kausale“ Erklärungen (von Wright 1974) an, aber wenn sie lernen, wie weitgehend sie ihre soziale Welt selbst (unbewusst-absichtlich) hergestellt haben, verwandeln sie diese Erklärungen in „intentionale Beschreibungen“ (Schwemmer 1979), d.h., sie sehen sich nicht mehr als passive „Opfer“ unbeherrschbarer Ursachen, sondern als wirksame Akteure mit eigenen Motiven und Zielen. Natürlich bedeutet dies nicht, dass die Wirksamkeit realer Einflüsse in der Biographie eines Menschen verleugnet würde. Aber der Patient lernt doch, dass (fast) jede Wirklichkeitserfahrung erst dadurch wirksam wird, dass sie aufgenommen, interpretiert und verarbeitet wird.

Ziel der psychoanalytischen Methode ist es also, über die Rekonstruktion der unbewussten Motive den Handlungsspielraum des Patienten für die Zukunft zu erweitern und ihm aus dem scheinbaren Zwang quasi-kausaler Selbsterklärungen herauszuhelfen. Kernstück dieser Methode ist die Virtualisierung (oder Fiktionalisierung) der Realität. Damit ist insbesondere gemeint, dass er verstehen lernt, wie er die soziale Situation mit seinem Analytiker hier und jetzt selbst unbewusst ausgestaltet und interpretiert, so dass sich auch innerhalb der therapeutischen Sitzungen zweierlei ereignen kann: Einsicht in die eigenen, unbewussten Entwürfe, denen sich der Patient auf seinem Weg bis hierher verpflichtet hat, und die Möglichkeit, die Beziehung jetzt und hier anders als bisher, vielleicht von Grund auf neu (Balint) zu gestalten.

1.3 Das Ideal der „reinen“ Analyse und die Grenzen der Virtualisierung

Die bis hierher beschriebene Methode der Virtualisierung in der psychoanalytischen Therapie folgt keinem Selbstzweck, sondern sie ist ein Mittel zum Ziel: Der Patient soll vor allem diejenigen unbewussten (Beziehungs-)Phantasien erleben und durcharbeiten, mit denen er sich sein bisheriges Leben beschwerte; er soll Arbeits-, Liebes- und Genussfähigkeit (Freud) (zurück)gewinnen. Der Analytiker stellt einen weiten analytischen Raum zur Verfügung, so dass der Patient sein Unbewusstes in der Übertragung darstellen, erkennen und durcharbeiten kann.

Es ist sehr wichtig, dass diese gemeinsame Arbeit – im idealen Falle – keinen Einschränkungen unterliegt. Weder soll diese Arbeit (1.) einem ganz speziellen Zwecke dienen, noch darf sie (2.) dadurch eingeschränkt werden, dass bestimmte Themen von vornherein ausgeschlossen werden. So wäre es (Variante 1) z.B. nicht sinnvoll, einen jungen Mann zu analysieren, der darunter leidet, dass er in seiner beruflichen Karriere nicht rasch genug vorankommt und dies mittels Analyse ändern möchte. Eine Analyse mit diesem Ziel hätte zur Bedingung, dass das Ziel „Karriere machen“ selbst nicht infragegestellt werden dürfte. Derartige Voraussetzungen schränken den Spielraum der Virtualisierung ein und stehen einer „ziellosen“ (wenn auch nicht zweckfreien) psychoanalytischen Arbeit entgegen.[3]

[3] Aus diesem Grund ist auch die sogenannte Lehranalyse, also die Eigenanalyse eines Ausbildungsteilnehmers methodisch sehr schwierig. Denn das Ziel dieser Analyse ist

Ebenso ungünstig wäre es, wenn sich (Variante 2) die beiden Beteiligten darauf einigten (oder einigen müssten), bestimmte Themen aus der gemeinsamen Arbeit – und damit auch aus der Virtualisierung – auszuschließen. Solch eine Einschränkung läge vor, wenn z.B. ein Vorgesetzter einen Untergebenen analysieren würde; das Unterstellungs- und Abhängigkeitsverhältnis könnte nicht virtualisiert werden, weil es an dieser Virtualisierung zerbrechen könnte.

Im idealen Falle verläuft die analytische Arbeit ohne derartige Einschränkungen. Sie bezieht ihre Themen gerade aus der Möglichkeit, dass alles gesagt werden kann und nichts der gemeinsamen Arbeit entzogen wird. Wann immer die analytische Arbeit zu berücksichtigen hat, dass bestimmte Ziele erreicht werden sollen (z.B. Karriere vorantreiben) oder bestimmte Verhältnisse (z.B. Berufsrollen) nicht angetastet werden dürfen, schränkt sie ihre methodischen Möglichkeiten ein, weil sie die Virtualisierung begrenzen muss.

Diese Überlegungen gelten für den Fall einer ideal gedachten psychoanalytischen Arbeit. Tatsächlich aber ist das „Gold" dieser Analyse (Freud) immer schon legiert mit dem „Kupfer" realer Bedingungen, unter denen die Arbeit stattfindet und die nicht – oder nur in geringem Maße – virtualisiert werden können. Dazu gehören z.B. auch die Regeln, nach denen eine Psychoanalyse heute von den gesetzlichen Krankenkassen bezahlt wird, oder auch die Einschränkung, die ein Ausbildungsteilnehmer zu akzeptieren hat: dass sein Analytiker zugleich Lehrer und Mitglied des Institutes ist, in dem der Kandidat graduieren will.

Die Idee von der „reinen" Analyse, der nichts vorenthalten werden darf, erfüllt als Utopie einen guten Zweck, stößt aber in der Alltagspraxis fortlaufend an Grenzen, welche durch die sozialen und institutionellen Bedingungen der gemeinsamen Arbeit gesteckt werden. Die methodische Frage lautet dann: Wie können wir trotz dieser Einschränkungen doch psychoanalytisch arbeiten? Und könnte es nicht sogar sein, dass gerade die Auseinandersetzung mit diesen Begrenzungen der psychoanalytischen Arbeit ihre Dynamik verleiht?

Bevor wir nun den Übergang zur psychoanalytisch-pädagogischen Arbeit wagen, wollen wir auf das Beispiel der sogenannten „Balint-Gruppen" verweisen, die zeigen, wie nützlich eine „eingeschränkte" virtualisierende Methode sein kann. In der Balint-Gruppenarbeit (Rosin 1989) werden sozialberufliche Beziehungen zu (abwesenden) Klienten oder Patienten geschildert, und die Gruppe phantasiert hierzu. Die Teilnehmer konzentrieren sich auf die vorgestellte sozialberufliche Beziehung, diese wird in den Phantasien virtualisiert, nicht aber die (Arbeits-) Beziehungen der Gruppenmitglieder untereinander oder die zum Leiter. Zweifellos nutzt die Balint-Gruppe die psychoanalytische Methode der Virtualisierung, aber ihre gemeinsame Aufgabe, die vorgestellte berufliche Beziehung zu verstehen, fordert einen – im Vergleich zu der „klassischen" psychoanalytisch-therapeutischen Situation – engeren und klarer erkennbaren Rahmen. In diesem ist

---

die berufliche Qualifikation des Kandidaten. Darf die Virtualisierung in der Lehranalyse dann so weit gehen, dass dieses Ziel selbst fraglich würde?

festgelegt, wie und worüber phantasiert werden kann (die vorgestellte sozialberufliche Beziehung) und worüber nicht (über die Beziehungen der Gruppenmitglieder untereinander und die Beziehungen zum Leiter). Nur so wird das spezielle Arbeitsbündnis einer Balint-Gruppe aufrechterhalten, und nur so kann die Gruppe ihre Aufgabe erfüllen.

2. Eine Typologie sozialpädagogischer Handlungsfelder und ihr Verhältnis zur psychoanalytischen Methode

Wenn wir nun versuchen, die psychoanalytische Methode in pädagogischen Situationen anzuwenden, müssen wir uns fragen, inwieweit die jeweilige pädagogische Aufgabe, ihr institutioneller Kontext und der Typ der Arbeitsbeziehung eine Virtualisierung erlauben. Schon ein flüchtiger Blick auf die Vielfalt (sozial)pädagogischer Handlungsfelder zeigt, dass diese Erlaubnis sehr weit, aber auch sehr eng gefasst sein kann:

> Auf der einen Seite denken wir an einen Sozialpädagogen, dem es z.B. in seinen Gesprächen mit einem rechtsradikalen Jugendlichen gelingen könnte, über die Phantasien zu sprechen, welche der Jugendliche in seiner ausländerfeindlichen Haltung zum Ausdruck bringt. Dann könnte der Jugendliche vielleicht andeuten, er glaube, dass ausländische Männer jederzeit in der Lage seien, sich „deutsche Frauen unter den Nagel zu reißen"[4]. Außerdem könnte der Jugendliche den Verdacht haben, der Pädagoge wolle ihn im Dienste der Justiz aushorchen, sei es auch einfach nur, weil er halt dafür bezahlt wird. Dies wäre ein Beispiel für eine pädagogische (Beratungs-)Situation, die ein hohes Maß an Virtualisierung erlaubt – jedenfalls notwendig macht – und für die zugleich sehr variable Settings geeignet sein können: formell vereinbarte Beratungsarrangements ebenso wie informelle Gelegenheiten (Kneipengespräche etc.).
>
> Auf der anderen Seite sehen wir möglicherweise einen Pädagogen in einer fest umrissenen Rolle des Verwaltens und Vermittelns von Dienstleistungen, die ein Klient beanspruchen kann, z.B. in einem Jugendtreff, in einer Teestube für Obdachlose oder als Schuldnerberater. In diesem Falle scheint es weniger angebracht zu sein, mit den Klienten über die unbewussten Phantasien nachzudenken, welche der Situation hier und jetzt eine Bedeutung geben. Mehr kommt es wohl darauf an, die „Eigenmacht" der Wirklichkeit, also die Nutzungsmöglichkeiten und -bedingungen zu respektieren und die tolerablen Spielräume für eine solche Nutzung auszuhandeln.

---

[4] So ein Original-Zitat aus einem solchen Gespräch.

Inwieweit eine pädagogische Situation psychoanalytisch reflektiert, also virtualisiert werden kann, hängt also maßgeblich davon ab, in welchem Grad die gemeinsame Aufgabe eine solche Virtualisierung zulässt und welche Aspekte des Rahmens der Situation hiervon unberührt bleiben müssen. Während der Pädagoge im Beratungsgespräch einen sehr offenen Rahmen anbieten kann und nur weniges ausschließt (z.B. muss eindeutig bleiben, dass diese Beratungsbeziehung nicht in eine Männerfreundschaft verwandelt werden kann), muss der Schuldnerberater darauf bestehen, dass die Realität der Zahlungsverpflichtungen und die Voraussetzungen z.B. für eine private Insolvenz unbedingt beachtet werden müssen; über sie gibt es jetzt hier nichts zu phantasieren, wohl aber darüber, wer welche Leistungen oder auch Opfer für die Bewältigung einer Verschuldungskrise zu erbringen hat. Anders ausgedrückt: In einer Beratungssituation bleibt das „Dritte“, die gemeinsame Aufgabe, recht unbestimmt und lässt einen großen Virtualisierungsspielraum, den die beiden Beteiligten nutzen können. In einer Situation der „Ressourcenverwaltung“ hingegen fordert dieses „Dritte“ meistens einen klarer definierten, engeren Rahmen und erlaubt nicht (oder kaum), etwa die Beziehung in einer Schuldnerberatung zu virtualisieren.

Wenn wir nun versuchen, die Vielfalt pädagogischer Situationen unter der Frage zu kategorisieren, wie sie jeweils das Dreiecksverhältnis von Erzieher, Klienten/Zögling und dem Dritten, der „Aufgabe“ definieren, dann könnten wir zwischen die beiden, weit auseinander liegenden Gruppen pädagogischer Situationen der „Beratung“ und der „Ressourcenverwaltung“ zwei weitere einfügen, die im Hinblick auf die mögliche Virtualisierung zwischen diesen beiden liegen können, sich aber hinsichtlich der Festgelegtheit der zu leistenden Aufgaben, vorgegebenen Rollen und der nicht veränderbaren Rahmenvorgaben auch polar einander gegenüber stellen lassen:

Nahe der „Ressourcenverwaltung“ läge hinsichtlich der Spielräume zur „Aufhebung“ von Realität diejenige pädagogische Arbeit, die wir als „elternersetzende Tätigkeit“ bezeichnen: der Erzieher im Heim, der mit den Kindern/Jugendlichen mehr oder weniger eng zusammenlebt, sie betreut, erzieht, mit ihnen arbeitet und Freizeit verbringt und dabei Rollenzuschreibungen informeller Art bekommt, die ihn mal als Vater- oder Mutterersatz als auch als großen Bruder und Vertrauten häufig auch als Gegner erscheinen lassen. Trotz des fiktiven und zum Teil unbewussten Charakters solcher Zuschreibungen sind die Möglichkeiten der Virtualisierung eher gering. Denn die Zuschreibungen entstehen nicht aus einer freiwillig eingegangenen und wechselseitig die Rollen konstruierenden Beziehung wie beim Berater und Ratsuchenden, sondern sie entstehen und stehen unter der Bedingung einer realen und nicht aufhebbaren Abhängigkeit, die dazu zwingt, im „wirklichen Leben“ miteinander auskommen.

In die Nähe der „Beratung“ platzieren wir hinsichtlich der Distanz vom „wirklichen Leben“ die Gruppe der „Lehrer“, die ihren Schülern Wissen und Können vermitteln. Sie handeln wie im Beratungssetting im Rahmen eines „Moratoriums“.

Andererseits aber handelt es sich – wie bei der Ressourcenverwaltung – um vorgegebene Handlungsbedingungen und Ziele, um einen fest gefügten Rahmen, der kaum in Frage gestellt werden kann. Innerhalb dessen aber spielen Lehrer und Schüler zweifellos Rollen, die wechselseitig subjekthaft ausgehandelt werden müssen, nicht Selbstzweck sind und insofern immer auch virtuellen Charakter haben, jedenfalls virtualisiert werden können, zumindest sollten.

So kommen wir zu vier Handlungsfeldern, die sich dadurch unterscheiden, dass sie aufgrund eines mehr oder weniger dominierenden „Dritten" und eines *Rahmens, der mehr oder weniger Bestand haben muss bzw. als unveränderlich erscheint,* auf unterschiedliche Weise eine Virtualisierung der pädagogischen Situation zulassen und demzufolge in unterschiedlichem Maße die psychoanalytische Arbeit mit unbewussten Phantasien ermöglichen:

- Beratung
- Wissen und Können vermittelnde Tätigkeit (Lehrer)
- Elternersetzende Erziehungstätigkeit
- Ressourcenverwaltung

Wir glauben, dass es für die methodische Fortentwicklung der psychoanalytischen Pädagogik und ihrer Kasuistik nützlich sein wird, diese vier Handlungsfelder genauer und getrennt voneinander zu betrachten; zwar ist ihnen gemeinsam, dass sie den Anspruch der Psychoanalyse auf Virtualisierung aufnehmen, aber sie verwirklichen ihn in ihrer Praxis auf unterschiedliche Weise.

2.1 Sozialpädagogik als beratende Tätigkeit

Dies ist zweifellos der traditionsreichste und bestentwickelte Kooperationsbereich zwischen Psychoanalyse und Sozialpädagogik. Die gesamte Tradition der psychoanalytisch orientierten Erziehungsberatung fällt darunter, etwa die Wiener Tradition, die von Aichhorn und Anna Freud begonnen wurde und heute von Datler, Figdor und anderen fortgeführt wird (Figdor 1991; Datler u. a. 1999). Aber auch die gesamte Tradition der psychoanalytisch orientierten Praxisberatung und Supervision, die „Balint-Gruppen" u.a.m.; ebenso bieten die zahlreichen Versuche, psychoanalytisch inspirierte Sozialpädagogik als einen Beratungsprozess zu beschreiben (z.B. Kutter 1990; Körner/Ludwig-Körner 1997), dafür eine reichhaltige Kasuistik.

Es ist einleuchtend, dass unter dem Leitkonzept „Beratung" das Spannungsverhältnis zwischen den realen, rationalen wie affektiven Handlungsimperativen des pädagogischen Feldes einerseits und ihre Suspendierung in einem exterritorialen Kommunikations- und Reflexionsraum anderseits besonders erfolgreich verwirklicht werden kann. Hier kann sich der Psychoanalytiker als „Grenzgänger" (Wellendorf 1998), der in das sozialpädagogische Handlungsfeld beratend hineinwirkt, ansiedeln; hier können Sozialpädagogen entscheidungsentlastete Reflexions-

und Kommunikationsräume finden, die es ihnen erleichtern, ihrerseits ihren Klienten solche Räume (eben in Gestalt von Beratung) anzubieten.

Eine Beratungssituation ist insofern schon der Alltagswirklichkeit „entrückt", weil der Ratsuchende zum Berater mit einem Problem kommt, das er mit *einem Anderen* hat. (Auch Probleme, die er mit sich selbst hat, sind internalisierte soziale Konflikte, insofern spielt auch da der „Andere" bzw. das „Andere" eine Rolle). Mit Hilfe der Übertragung kann der „fehlende Dritte" in die Situation hier und jetzt hereingeholt und erkannt werden. Solange kein unmittelbarer Handlungsdruck besteht, kann die Rolle des Beraters weitgehend unbestimmt bleiben, der Rahmen ist flexibel und wird von beiden gemeinsam konstruiert.

Beratung kann Spiel mit allen nur denkbaren Rollen sein, vorausgesetzt, dass sie ein Spiel bleibt und nicht „das Leben" wird. D.h., die Verpflichtung des Beraters, „den Rahmen zu wahren", schränkt nicht die Möglichkeiten ein, die subjektiven Rahmungen diffus zu lassen und gemeinsam neue Rahmungen zu konstruieren, wohl aber die Möglichkeit, die Grenze zum realen Leben zu überschreiten, weil nur der Klient Recht und die Pflicht hat, diesen Schritt zu tun. Das ist der Kern des Abstinenzprinzips.

2.2 Sozialpädagogik als Eltern ersetzende Erziehungstätigkeit

Im Falle des Elternersatzes sieht dies, wie schon gesagt, anders aus. Aber auch diese Situation könnte virtuell aufgefasst werden. Zwar kann der Erzieher mit seinem Zögling ein stark strukturiertes Setting (viele Regeln, Hausordnung etc.) vorfinden, aber trotzdem können sie relativ frei darin sein, sich wechselseitig zu „erfinden". Und auch die Rahmenbedingungen sind variabel, sollten sich jedenfalls, wie es im Kinder und Jugendhilfegesetz (§27,2) heißt, am „Bedarf im Einzelfall" orientieren. Die Beteiligten haben also die Chance, immer wieder neu herauszufinden, was sie für einander bedeuten wollen, und auch die Rahmenbedingungen können – in Grenzen – daraufhin gestaltet werden (Gerspach 1998; Krebs/Müller 1998). Die Spielräume der leiblichen Eltern sind dafür meist geringer. Gerade dann, wenn diese des Ersatzes durch pädagogische Arrangements bedürfen, stehen Eltern und Kind oft in einer wenig variablen, vielleicht sogar zwanghaften Tradition wechselseitiger Zuschreibung und Wahrnehmung.

Der sozialpädagogische Handlungsbereich des Elternersatzes und seine kasuistische Analyse hat eine ähnlich ehrwürdige Tradition in der psychoanalytischen Pädagogik wie die Beratung, angefangen von Bernfelds Kinderheim Baumgarten und Aichhorns Oberhollabrunn über Redls und Bettelheims Milieutherapie im Amerika der Nachkriegszeit bis hin zu neueren Modellen (z.B. Datler 1994; Becker 1996). Der wesentliche Unterschied zur Beratung besteht darin, dass sich die Beteiligten nicht in Beratungsstunden begegnen, sondern einen Alltag gemeinsamen Zusammenlebens bewältigen und gestalten müssen (ein fallanalytisches Beispiel geben Schmid/Müller 2001). Im Unterschied zu einer beratenden Rolle ist hier der Pädagoge auf andere Weise und intensiver im pädagogischen Handlungsfeld festgelegt. Das Zusammenleben mit schwierigen Kindern gelingen zu lassen, die eigene Verstrickung in Grenzen zu halten, ist eine andere Aufgabe als stundenweise Beratung oder Therapie anzubieten.

Der „exzentrische Standpunkt“ (Körner 1992), den analytische Haltungen und Konzepte liefern, hebt hier niemals den Tatbestand auf, dass der Pädagoge in Person immer zugleich aktiver Teil des Feldes ist, das er reflektiert. Sein „Antworten“ auf das, was Klienten tun, ist nie nur ein Anbieten von „analytischen Situationen“ oder „potentiellem Raum“, sondern immer zugleich ein praktisches Entscheiden oder Aushalten in einem Konflikt, einer schwierigen Lebensphase. D.h., die Beziehung hat hier nur begrenzt den Charakter eines Moratoriums, einer Enklave im Leben und ist, selbst nicht hintergehbar, ein Stück geteilten realen Lebens. Dies schließt, wie schon gesagt, Möglichkeiten der Virtualisierung, der Suspendierung der Lebenszwänge keineswegs aus. Diese Möglichkeiten wachsen aber nicht aus einem Setting, genannt „Zusammenleben“, heraus (denn dieses ist als solches kein optimierbares Setting, sondern eben zu bewältigendes Leben). Wohl aber können und müssen *in* dieses „Leben“ selbstreflexiv und durch organisatorische Regeln und Arrangements (die man dann „Settings“ nennen kann) implantiert, virtuelle Räume eingelagert werden. Für sich genommen ist Zusammenleben in (Ersatz-) Familienform kein spezifisches Rollenhandeln (vgl. Oevermann 2002). Jedoch können im Rahmen jener Regeln und Arrangements Spiele in verteilten Rollen stattfinden, sofern die Beteiligten bereit und in der Lage sind, sie als „Probebühne“ zu nutzen. Unter dieser Voraussetzung kann die bewusste Gestaltung der Rahmenbedingungen und ihre Handhabung Spielräume schaffen, auszuhandeln, „was hier eigentlich los ist“, und damit auch Veränderungen starrer Beziehungsmuster bewirken, z.B. scheinbar zwangsläufige Kreisläufe der Eskalation von Gewalt deeskalieren und verhandlungsfähig machen (Schwabe 2000).

2.3 Sozialpädagogik als Wissen und Können vermittelnde (lehrende) Tätigkeit

Auch Lehrer, die versuchen, analytische Erkenntnis in ein pädagogisch fruchtbares Instrument zu verwandeln, ohne dabei aus ihrer Lehrerrolle aussteigen zu können, haben in der psychoanalytischen Pädagogik eine eindrucksvolle Tradition. Zulliger und Redl waren vielleicht die ersten, die eine reiche Kasuistik entwickelt haben, wie eine psychoanalytische Pädagogik des „Deutens ohne Deutung“ möglich ist, also eine Pädagogik des Lehrens und Lernens, welche sich selbst Reflexions- und Verarbeitungsräume für die Unterstützung auch unbewusster Entwicklungsprozesse der Kinder schafft, ohne dafür ein Setting außerhalb der Schule zu benötigen und ohne die Schule zur Sonderschule zu machen (zu neueren kasuistischen Versuchen in dieser Richtung vgl. Hirblinger 2001, Krebs 2002, und Schubert in diesem Band). Zulliger, aber auch Redl, Ekstein, Bettelheim, Winnicott und andere haben gezeigt und mit vielen Fallbeispielen veranschaulicht, wie hier eine besondere Art der Anwendung des Abstinenzprinzips zur Geltung kommen muss. Der Lehrer muss die inneren Beziehungskonflikte, welche seine Rolle in den Schülern hervorruft, wahrnehmen können, muss darauf reagieren, muss dies aber im

Rahmen und mit den Mitteln seine Lehrerrolle tun, darf seinen Part in den inneren Konflikten nicht nach außen hin mitagieren.

Die Konstellation von Lehrer und Schüler hat bekanntlich – wie schon Herbart schrieb – eine trianguläre Struktur: Schüler, Lehrer und die dritte Sache. Interessant ist aber, dass sich die Beziehung zwischen Lehrer und Schüler je nach Beschaffenheit der „Sache" ändert. Man vergleiche nur einen Fernkurs im Programmieren mit dem Versuch, nach dem Vorbild eines Zen-Meisters das Bogenschießen zu lernen. Der Lehrer muss aber nicht nur das Lehrer-Schüler-Verhältnis als komplementäre Rollenbeziehung wahren. Sondern er unterliegt auch der Verpflichtung, das Lernstoff-Schüler-Verhältnis (Curriculumvermittlung) zu entwickeln und auch zu kontrollieren und zu beurteilen. Das haben Redl und Ekstein sehr präzise beschrieben (vgl. Müller 2002a).

Während das Rollenhandeln im „Didaktischen Dreieck" (Lehrer-Schüler-Sache) operiert, sind die Virtualisierungsmöglichkeiten in doppelter Weise auf dies Rollenhandeln bezogen: zum einen in Wahrnehmung der Übertragungsbeziehungen im Lehrer-Schüler-Verhältnis; zum andern in Wahrnehmung der Übertragungsbeziehungen zwischen dem Schüler und den Anforderungen der Schulsituation (wozu nicht nur das Curriculum, sondern auch die Peers, der Leistungsdruck der Eltern etc. gehören kann). Im ersten Fall wären die Schulanforderungen das vermittelnde Dritte („Ich verstehe, dass Du jetzt wütend auf mich bist, aber schau mal, die Sache ist so ..."). Hier wäre der Lehrer selbst der vermittelnde Dritte, der als Mediator, Arrangeur, Impulsgeber Gelegenheiten schafft, dass die Schüler ihre eigene Geschichte in die Auseinandersetzung mit den Herausforderungen der Schule einbringen können und nicht mehr deren stumme (oder sich rächende) Opfer sein müssen. Während man diese virtualisierende Mediatorenrolle bei Zulliger beschrieben findet, betont Redl eher die objektiven Schulanforderungen als das vermittelnde Dritte.

2.4 Sozialpädagogik als Ressourcen vermittelnde Tätigkeit

Dieser Typus wurde in der Tradition psychoanalytischer Pädagogik am wenigsten reflektiert, wenn man von der vor Otto Rank wesentlich mit geprägten Tradition des „Functional Social Work" (vgl. Müller 2002b) absieht. Es handelt sich dabei nicht um pädagogische Arbeit im engen Sinn, sondern um Aufgabe der Dienstleistung/Ressourcenverwaltung für Klienten. Sie gleicht äußerlich den als kommerzielles Angebote oder als öffentliche Verwaltung erbrachten Dienstleistungen, steht aber unter der besonderen Bedingungen, dass die Klienten „Hilfe" und manchmal auch sensibel ausgeübte Kontrolle brauchen, um die Dienstleistung überhaupt nutzen zu können (Beispiele: Jugendarbeit, Schuldnerberatung, Allgemeiner Sozialer Dienst). „Verarbeitung von Ungewissheit" (Olk 1986, 181) als delikate doppelte Balance der Vermittlung asymmetrischer Ressourcenkontrolle mit symmetrischer Verständigung über die Art von deren Gebrauch einerseits und von helfender Zuwendung und Umgang mit Grenzen des Schutzes vor negativen Folgen andererseits (Müller 1998) ist hier gefragt. Immer geht es um eine Triangulierung zwischen Dienstleistung, Dienstleister und Klient, die allerdings komplexer ist als die traditionelle Dienstleistungstriade nach Goffman (1973) und die paradoxe Handlungsanforderungen erzeugt.

Dies gilt freilich nicht für jede Dienstleistungsbeziehung, z.B. die Friseur-Kunde-Beziehung, für welche psychoanalytische Kompetenz zu fordern absurd wäre. Die Notwendigkeit, in dieses Rollenhandeln ein virtualisierendes Element einzubeziehen, ergibt sich dem gegenüber immer nur dann, wenn das normale, marktregulierte Dienstleistungsverhältnis an seine Grenze gerät. Dies kann etwa der Fall sein, wenn die Angewiesenheit des Klienten als solche eine Bedrohung seines Selbstwertgefühls darstellt – sich helfen lassen müssen kann kränkend sein – und/oder wenn Klienten diese Angewiesenheit nicht erkennen können aber unter den Folgen leiden (Fallstudien dazu etwa in Rauchfleisch 1996). Beides ist wie zumeist in der Schuldnerberatung in fast allen Verhältnissen ambulanter Betreuung, bei Hilfsangeboten für Gefangene oder auch in der Psychiatrie der Fall. Dies führt entweder zur Gefahr, dass der Klient daran gehindert ist, das Angebot auf eine ihm nützliche Weise abzurufen, oder aber dazu, dass er Verhaltensweisen entwickelt, die das Angebot auf unangemessene Weise auszubeuten versuchen und damit an den Rand der Möglichen bringen oder gar zerstören.

Was gibt es da zu virtualisieren? Nicht viel, könnte man meinen, weil die Situation so hochgradig strukturiert ist. Aber das stimmt nicht, denn gerade in der Auseinandersetzung um das sachlich Gebotene zeigen sich die unbewussten Phantasien. Zwar muss man z.B. in der Schuldnerberatung wirklich vernünftig handeln, aber man kann auch das Geld riechen, und der Geiz und die Gier und der Neid sind ebenso wenig fern wie die „erlernte Hilflosigkeit".

Interessant ist vielleicht, dass man zwar annehmen könnte, die Virtualisierung (und damit die Möglichkeit, das Unbewusste wahrzunehmen) werde um so schwieriger, je enger und fester bestimmt der Rahmen einer Situation gegeben ist. Andererseits: Gerade am Rahmen „entzünden" sich die Übertragungen. Ohne ihn gäbe es nichts zu virtualisieren. In der psychoanalytischen Behandlung z.B. erleben wir oft, dass unbewusste Phantasien (z.B. der Analytiker behandelt mich nur, weil er Geld verdienen will ...) nicht einfach so „auftauchen", sondern sie manifestieren sich an einem anstößigen Detail des Rahmens, in diesem Beispiel etwa an der Rechnung am Monatsende.

Anders als im Lehrer-Schüler-Verhältnis kann der Dienstleister seine Rolle variabler gestalten. Insbesondere kann und soll er in die Beraterrolle wechseln und dabei gemeinsam mit dem Klienten Rahmungen für den spezifischen Gebrauchswert des Dienstleistungsangebotes erfinden. Er kann und soll außerdem dem Klienten die Freiheit „informierter Wahl" geben, ob dieser das Angebot nutzen will oder nicht. Anders als der „reine" Berater hat er aber nicht die Freiheit, die Ressourcen seines Angebotes als „virtuell" zu behandeln. Er ist verantwortlich für die angemessene, auch anderen Nutzern gerecht werdende, die Rahmenbedingungen des Angebotes nicht zerstörende Art der Nutzung. Hier muss er „Rahmen wahren", auch wenn er dafür als Kontrolleur, als Teil des „Schweinesystems" etc. beschimpft wird. Worin aber liegen hier die Virtualisierungschancen? Einerseits kann der Pädagoge die Freiräume für Beratungsgelegenheiten nutzen (wobei nicht nur an formelle Beratungssettings, sondern auch an die kluge Nutzung passagerer Gelegenheiten zu denken ist). Andererseits kann er bewusst dem Klienten das Recht zuerkennen, seine Rolle der Verwaltung eines Dienstleistungsangebotes herauszufordern und Belastbarkeitstests zu unterziehen. Die Chance liegt dann darin, dass er sich seiner Rolle gewahr wird, dass er diese Rollendistanz zu erkennen gibt, dass er aber gleichwohl die Rolle wahrt. („Ich kann verstehen, dass Sie dies einen Scheißladen finden, der Ihnen nichts bringt. Aber *ich bin* nun mal dieser Scheißladen und da muss ich Ihnen sagen ...")

3. Psychoanalytische Pädagogik als Prozess der Virtualisierung

Im zurückliegenden Kapitel haben wir versucht, vier Typen sozialpädagogischer Arbeit zu unterscheiden und jeweils die Möglichkeiten zu beschreiben, den psychoanalytischen Anspruch auf Vieldeutigkeit, auf Virtualisierung aufzunehmen und auf jeweils ganz eigene Weise zu verwirklichen. Dabei zeigte sich, dass der Spielraum einer Virtualisierung objektiv variiert. Einerseits hängt er von der Starrheit der vorgegebenen Rollen ab, andererseits von der Beteiligung an den Alltagsproblemen der Lebensbewältigung. Beides begrenzt die Möglichkeiten, eine soziale Situation als vieldeutig wahrzunehmen, während unbestimmte Rollen und Chancen des Abstandnehmens die Virtualisierung geradezu nahe legen.

Wir glauben aber, dass auch andere Variablen – z.B. der Einfluss institutioneller Bedingungen – den möglichen Spielraum der Virtualisierung begrenzen (Gerspach 1998). Aus Platzgründen soll hier darauf verzichtet werden, eine mehrdimensionale Typologie dieser Varianten zu entwerfen. Stattdessen möchten wir in einem abschließenden Kapitel *den Prozess* der Virtualisierung in der psychoanalytischen Pädagogik typologisch beschreiben, und wir hoffen, dass dabei die jeweils wirkenden, förderlichen und hemmenden Einflüsse etwas deutlich werden.

Psychoanalytisch-pädagogische Arbeit ist möglich in sehr unterschiedlich ausgedehnten zeitlichen Räumen. Auf der einen Seite lassen sich einmalige, vielleicht nur sehr kurze Begegnungen denken, in denen ein Pädagoge mit seinem Klienten ein psychoanalytisch orientiertes pädagogisches Gespräch führt. Auf der anderen Seite steht der Lehrer, der seine Schüler über Jahre hinweg begleitet, so dass er eine sehr lang dauernde Arbeitsbeziehung einrichten kann. Trotz dieser sehr unterschiedlich weiten Zeitspannen lässt sich die psychoanalytisch-pädagogische Situation als Prozess darstellen, der über charakteristische Stadien hinweg verläuft. In idealtypischer Weise gegliedert, lassen sich (mindestens) drei Abschnitte unterscheiden: eine erste, diagnostische Phase, eine zweite Phase, die wir als „Dekonstruktion – Konstruktion" bezeichnen möchten, und eine dritte Phase, die mit „Einigung" überschrieben werden könnte.

Diese Zeitgestalt lässt sich am ehesten in den kürzer dauernden psychoanalytisch-pädagogischen Beziehungen erkennen, z.B. in den immer wieder auftretenden, kurzzeitigen Szenen, in denen ein Lehrer z.B. mit seinem Schüler einen Konflikt durcharbeitet. Aber auch aus der Makro-Perspektive kann eine mehrjährige Zusammenarbeit zwischen einem Heimerzieher und seinem Zögling einen solchen Ablauf nehmen.

3.1 Die diagnostische Phase

In dieser Eingangsphase begegnen sich Pädagoge und Klient – sei es, dass sie sich überhaupt zum ersten Mal sehen, sei es, dass sie im Kontext einer länger dauernden Zusammenarbeit (wie im Falle des Lehrers) über einen Konfliktfall zusammenkommen. Die Aufgabe des Pädagogen in dieser ersten Phase ist es, dem Klienten möglichst viele Spielräume zur Definition dessen, „was hier eigentlich los ist", zu überlassen. Der Pädagoge bietet einen „offenen" Rahmen an, in dem er selbst neutral zu bleiben versucht. Er wird wohlwollend zuhören, aber möglichst darauf verzichten, dem Klienten zu sagen, „was hier eigentlich los ist", wie man sich hier verhält und wie man zu interpretieren hat, was hier geschieht.

Der Klient gerät also in eine unklare (und vielleicht etwas befremdliche) Situation. Er soll selbst zu erkennen geben, welche Handlungsregeln er hier für verbindlich hält, wie er das Gesagte verstehen will, was hier aus dem Rahmen fallen würde, und auch: welche Phantasien hier unbewusst bleiben sollen. Er zeigt, wie er „das Gegebene", z.B. die Regeln der Institution hier und jetzt versteht – einschließlich des Pädagogen, der ja auch Teil dieses Gegebenen ist.

Diese Phase nennen wir „diagnostisch", weil der Klient je nach Art und Grad jener Offenheit zu zeigen genötigt ist, mit welchen „Arbeitsmodellen" (Bowlby) er sich und die Welt – und speziell diese Situation hier – interpretiert, welche bewussten und unbewussten Beziehungsentwürfe er hier veranschlagt und welche Handlungsspielräume er für sich selbst erkennen kann.

Das Anliegen des psychoanalytischen Pädagogen in dieser „diagnostischen" Phase ähnelt dem des psychoanalytischen Therapeuten, der ja auch die unbewussten Beziehungsphantasien seines Patienten zu erfassen sucht. Aber der Pädagoge verfolgt mit seiner „Diagnostik" andere Ziele: Erstens verzichtet er darauf, die Art und Weise, wie der Klient den Rahmen subjektiv ausgestaltet, diagnostisch einzuordnen und im Hinblick auf die „dahinterliegenden" inneren Konflikte zu klassifizieren. Zweitens verzichtet er darauf, die biographischen Vorläufer dieser subjekthaften Ausgestaltung erfahren zu wollen und womöglich im Gespräch mit seinem Klienten/ Patienten zu rekonstruieren. Drittens konzentriert sich der Pädagoge auf das dem Bewusstsein zugängliche Handeln des Klienten und begnügt sich damit zu klären, wie der Klient die Situation, das Gegebene versteht.

3.2 Virtualisierung: Dekonstruktion und Konstruktion

Wenn sich der psychoanalytische Pädagoge in der ersten Phase zurückhält und darauf verzichtet, den Rahmen der Situation zu definieren, räumt er seinem Klienten eine Freiheit ein, welche diesem durchaus nicht willkommen sein muss. Vielleicht wird dieser darauf bestehen, dass der Pädagoge eben auch nur ein Teil „dieses Scheiß-Systems“ ist, das einem alles verbietet, was Spaß macht. Wahrscheinlich bemüht sich der Klient auch, seine Perspektive durchzusetzen, und er wird möglicherweise den Pädagogen provozieren, um seine Erwartungen bestätigt zu finden.

Ziel dieser „dekonstruktiven“ Phase ist es, die Situation hier und jetzt zu virtualisieren. Der Klient soll verstehen, dass die Wirklichkeit – selbst die in einer Haftanstalt, in der er einsitzen muss – nicht einfach „das“ Gegebene ist, sondern von ihm in einer subjektiven Weise ausgestaltet wird. Vielleicht kann er sogar einsehen, dass er auch die Rolle des Pädagogen gestaltet, in dem er ihm Eigenschaften zuschreibt und bestimmte Handlungsweisen erwartet. Das Ausmaß dieser Möglichkeit zur Virtualisierung ist im Falle der Strafanstalt sicher sehr gering. Aber nicht nur die Institution, sondern auch die beiden Beteiligten entscheiden selbst, wieweit der Rahmen und die wechselseitigen Rollen virtualisiert werden können. Auf der einen Seite mag es Klienten geben, die auf ihr vertrautes Deutungs- und Handlungsmuster nicht verzichten wollen und sich weigern, die Wirklichkeit als eine von ihnen selbst gedeutete Welt wahrzunehmen. Auf der anderen Seite aber liegt es auch beim Pädagogen, inwieweit er sich selbst und seinem Klienten die Virtualisierung der Situation erlaubt. Denn diese Virtualisierung macht die Situation vieldeutig, und es wird ungewiss, womit als nächstes gerechnet werden muss.

In der Virtualisierung erkennt der Klient, dass er die Situation hier und jetzt selbst deutet und mitgestaltet. Der Pädagoge erleichtert ihm diese Erkenntnis, indem er sich zurückhält und zu verstehen gibt, dass es möglich ist, gemeinsam zu bestimmen, „was hier eigentlich los ist“. Allerdings sind die beiden Beteiligten durchaus nicht frei darin, ihre gemeinsame Situation subjektiv auszugestalten. Es kann nämlich nicht das Ziel der Virtualisierung sein, den Rahmen der Situation „irgendwie“ zu bestimmen. Denn „das Gegebene“ (im Falle des Lehrers die Institution „Schule“ mit ihren Regeln, Lehrplänen etc.) lässt sich nicht einfach umdeuten, es verlangt Respekt und muss berücksichtigt werden.

Zum Beispiel kann der Pädagoge als „Ressourcen-Verwalter“ zwar mit seinem Klienten darüber nachdenken, wie man die Regeln etwa dieser Freizeiteinrichtung verstehen, auslegen und zur eigenen Befriedigung nutzen kann, aber er kann sie nicht willkürlich umdeuten oder gar verleugnen. Insofern schließt sich an die Dekonstruktion immer eine Konstruktion, eine Neuetablierung eines Verständnisses von der Situation hier und jetzt an, in der die gegebene Institution doch wieder zur Geltung kommt.

Die Beteiligten erleben diesen Prozess der Konstruktion häufig als konflikthaft. Der Klient mag enttäuscht sein, weil ja am Ende doch wieder dieselben Regeln zu gelten scheinen, und der Pädagoge fragt sich am Ende voller Schuldgefühle, ob er nicht doch nur der lange Arm der Institution gewesen ist. Ob es dem Pädagogen gelingt, den zuvor dekonstruierten Rahmen zusammen mit seinem Klienten neu zu konstruieren, ohne ihn bloß durchzusetzen, hängt weitgehend von der Beziehung des Pädagogen zu der Institution, in der er arbeitet, ab. Einerseits soll er seine Rolle in der Institution reflektieren und Distanz zu ihr aufnehmen, andererseits soll er sie zur Geltung bringen, das heißt, er soll sie – wenn auch nie ganz ohne Zwiespalt – gegenüber dem Klienten repräsentieren. Er ist der symbolische Repräsentant der Institution und ihrer Regeln. Im idealen Falle repräsentiert er die Institution in jener elastischen Weise, die eine Virtualisierung und nachfolgend eine Veränderung einräumt, ohne dass der Rahmen der Situation verschwände oder gänzlich subjektiv ausgestaltet würde.

Dieser (kompromisshafte) Prozess kann nach zwei Seiten hin entgleisen: Auf der einen Seite kann der Pädagoge versucht sein, die Institution, die er vertreten soll, selbst abzulehnen und ihre Regeln in der Arbeit mit dem Klienten zu verleugnen. Er kann sich mit seinem Klienten gegen die Institution verbünden, möglicherweise unter der ideologischen Formel der „Parteilichkeit". Auf der anderen Seite kann der Pädagoge sich selbst mit der Institution verwechseln, d.h. er repräsentiert die Institution nicht mehr nur symbolisch, sondern tatsächlich und verhindert so den Spielraum jeder Virtualisierung. In beiden Fällen käme der psychoanalytisch-pädagogische Prozess sehr rasch an sein Ende, und in beiden Fällen könnte man von einem Missbrauch sprechen, weil der Pädagoge seinen Klienten zur Befriedigung eigener, subjekthafter Bedürfnisse verwendet.

3.3 Die Einigung

Im günstigen Falle einigen sich Klient und Pädagoge darauf, wie sie den Rahmen der Situation hier und jetzt verstehen wollen, welche Handlungsspielräume sie erkennen und verwirklichen wollen. Damit bekommt die Situation wieder einen Rahmen, der sich von dem „Gegebenen" ein wenig unterscheidet – und der bei neuer Gelegenheit abermals virtualisiert werden könnte. Die Spielräume dieser Bewegung mögen im Einzelfall sehr klein sein, aber die Erfahrung zeigt, dass selbst in einer „totalen Institution" Chancen gefunden werden können, den Rahmen subjekthaft auszugestalten und sich darüber zu verständigen. Ziel ist es in jedem Falle, dem Klienten die Möglichkeit zu geben, durch die Virtualisierung hindurch flexiblere und befriedigendere Formen der Auseinandersetzung mit der Wirklichkeit zu finden.

Literatur

Becker, St. (Hrsg.) (1996): Setting, Rahmen, therapeutisches Milieu in der psychoanalytischen Sozialarbeit. Psychosozial: Gießen

Datler, W. (1994): Bilden und Heilen. Matthias-Grünewald: Mainz

Datler, W., Figdor, H., Gstach, J. (Hrsg.): Die Wiederentdeckung der Freude am Kind: Psychoanalytisch-pädagogische Erziehungsberatung heute. Psychosozial: Gießen

Figdor, H. (1991): Kinder aus geschiedenen Ehen: Zwischen Trauma und Hoffnung. Matthias-Grünewald: Mainz

Figdor, H. (1999): Aufklärung, verantwortete Schuld und die Wiederentdeckung der Freude am Kind. In: Datler, W., Figdor, H., Gstach, J. (Hrsg.): Die Wiederentdeckung der Freude am Kind: Psychoanalytisch-pädagogische Erziehungsberatung heute. Psychosozial: Gießen, 32-60

Freud, S. (1895): Studien über Hysterie. In: GW Bd. I. Fischer: Frankfurt/M., 1977, 75-312

Freud, S. (1925): Geleitwort zu: Aichhorn, A.: Verwahrloste Jugend. In: Freud, S.: GW Bd. XIV. Fischer: Frankfurt/M., 1977, 565-567

Gerspach, M: (1998): Wohin mit den Störern? Kohlhammer: Stuttgart

Goffman, E. (1973): Das ärztliche Berufsmodell und die psychiatrische Hospitalisierung. Einige Bemerkungen zum Schicksal der helfenden Berufe. In: Goffman, E.: Asyle. Suhrkamp: Frankfurt/M., 305-367

Hirblinger, H. (2001): Einführung in die Psychoanalytische Pädagogik der Schule. Königshausen und Neumann: Würzburg

Hörster, R. (2001): Kasuistik/Fallverstehen. In: Otto, H.U., Thiersch, H. (Hrsg.): Handbuch Sozialarbeit Sozialpädagogik. 2. völlig neu überarbeitete Auflage. Luchterhand: Neuwied, 916-926

Körner, J. (1980): Über das Verhältnis von Psychoanalyse und Pädagogik. In: Psyche 34, 769-789

Körner, J. (1992): Auf dem Wege zu einer Psychoanalytischen Pädagogik. In: Jahrbuch für Psychoanalytische Pädagogik 4, 66-84

Körner, J. (1996): Zum Verhältnis pädagogischen und therapeutischen Handelns. In: Combe, A., Helsper, W. (Hrsg.): Pädagogische Professionalität. Suhrkamp: Frankfurt/M., 780-809

Körner, J. (2001): Die Fiktionalität des psychoanalytischen und des sozialpädagogischen Dialoges. In: Schmid, V. (Hrsg.): Verwahrlosung, Devianz, antisoziale Tendenz. Stränge zwischen Sozial- und Sonderpädagogik. Lambertus: Freiburg i.B., 49-58

Körner, J., Körner-Ludwig, Ch. (1997): Psychoanalytische Sozialpädagogik. Eine Einführung in vier Fallgeschichten. Lambertus: Freiburg i.B.

Körner, J., Rosin, U. (1985): Das Problem der Abstinenz in der Psychoanalyse. In: Forum Psychoanalyse 1, 25-47

Krebs, H.: Emotionales Lernen in der Schule – Aspekte der Professionalisierung von Lernerinnen und Lehrern. In: Finger-Trescher, U., Krebs, H., Müller, B., Gstach. J. (Hrsg.): Professionalisierung in sozialen und pädagogischen Feldern (Jahrbuch für Psychoanalytische Pädagogik 13). Psychosozial: Gießen, 47-69

Krebs, H., Müller, B. (1998): Der psychoanalytisch-pädagogische Begriff des Settings und seine Rahmenbedingungen im Kontext der Jugendhilfe. In: Jahrbuch für Psychoanalytische Pädagogik 9. Psychosozial, Gießen, 15-40

Kutter, P. (1990): Psychoanalyse als Reflexionsinstrument der Sozialarbeit. In: Büttner, Ch., Finger-Trescher, U., Scherpner, M. (Hrsg.): Psychoanalyse und soziale Arbeit. Matthias-Grünewald: Mainz, 43-60

Müller, B. (1989): Psychoanalytische Pädagogik und Sozialpädagogik. In: Trescher, H.G., Büttner, Ch. (Hrsg.): Jahrbuch für Psychoanalytische Pädagogik 1. Matthias-Grünewald: Mainz, 120-135

Müller, B. (1991): Die Last der großen Hoffnungen. 2., völlig überarbeitete Ausgabe. Juventa: Weinheim und München

Müller; B. (1998): Authentizität als Sozialpädagogische Aufgabe – erläutert am Beispiel Schuldnerberatung. In: Jahrbuch für Psychoanalytische Pädagogik 9. Psychosozial: Gießen, 101-120

Müller, B. (2002a): Wie der „aktive Schüler“ entsteht. Oder: „From the learning for love to the love of learning“. Ein vergleich von Ansätzen Fritz Redls, Rudolf Eksteins und Ulrich Oevermanns. In: Datler, W., Eggert-Schmid Noerr, A., Winterhager-Schmid, L. (Hrsg.): Das selbständige Kind (Jahrbuch für Psychoanalytische Pädagogik 12). Psychosozial: Gießen, 102-119

Müller, B. (2002b): Beziehungsarbeit und Organisation. Erinnerung an eine Theorie der Professionalisierung Sozialer Arbeit. In: Finger-Trescher, U., Krebs, H., Müller, B., Gstach, J. (Hrsg.): Professionalisierung in sozialen und pädagogischen Feldern (Jahrbuch für Psychoanalytische Pädagogik 13). Psychosozial: Gießen, 27-46

Oevermann, U. (1996): Theoretische Skizze einer revidierten Theorie professionalisierten Handelns In: Combe, A., Helsper, W. (Hrsg.): Pädagogische Professionalität. Suhrkamp: Frankfurt/M., 70-182

Oevermann, U. (2002): Professionalisierungsbedürftigkeit und Professionalisiertheit pädagogischen Handelns. In: Kraul, M., Marotzki, W., Schweppe, C. (Hrsg.): Biographie und Profession. Klinkhardt: Bad Heilbrunn, 19-63

Olk, Th. (1986): Abschied vom Experten. Juventa: Weinheim und München

Rauchfleisch, U. (1996): Menschen in psychosozialer Not. Beratung, Betreuung, Therapie. Vandenhoeck und Ruprecht: Göttingen

Rosin, U. (1989): Balint-Gruppen: Konzeption - Forschung - Ergebnisse. Die Balint-Gruppe in Klinik und Praxis, Bd. 3. Springer: Berlin u.a.

Schmid, V., Müller, B. (2001): Der sozialpädagogische und der sonderpädagogische Blick auf deviante Jugendliche: Kasuistische Analysen. In: Schmid, V. (Hrsg.): Verwahrlosung, Devianz, antisoziale Tendenz. Stränge zwischen Sozial- und Sonderpädagogik. Lambertus: Freiburg i.B., 217-240

Schwabe, M. (2000): Eskalation und De-Eskalation in Einrichtungen der Jugendhilfe. 2., erweiterte Auflage. Verlag der Internationalen Gesellschaft für Erzieherische Hilfen (IGFH): Frankfurt/M.

Schwemmer, O. (1979): Praktische Begründung, rationale Rekonstruktion und methodische Überprüfung. In: Lenk, H. (Hrsg.): Handlungstheorien interdisziplinär II, 2. Halbband. Wilhelm Fink Verlag: München, 535-580

Wellendorf, F. (1998): Der Psychoanalytiker als Grenzgänger – Oder: Was heißt psychoanalytische Arbeit im sozialen Feld? In: Eckes-Lapp, R., Körner, J. (Hrsg.): Psychoanalyse im sozialen Feld. Psychosozial: Gießen, 13-31

Wright, G.H. v. (1974): Erklären und Verstehen. Athenäum Fischer: Frankfurt a.M.

Winkler, M. (1988): Eine Theorie der Sozialpädagogik. Klett-Cotta: Stuttgart

Literaturumschau

Warum der kleine Ernst eine Holzspule schleudert. Oder: Die psychoanalytische Theorie der Bearbeitung von Erlebnisinhalten im Spiel.

Ein Literaturüberblick

Katharina Gartner

Einleitung

Als der kleine *Ernst* eineinhalb Jahre alt war, spielte er über einige Zeit hinweg am liebsten Gegenstände-weit-Wegschleudern. Besonders gut für dieses Spiel eignete sich eine mit einem Bindfaden umwickelte Holzspule, die er beim Wegwerfen am Faden festhalten konnte: Wieder und wieder schleuderte Ernst diese Spule mit einem langgezogenen „O-o-o-o!" – seinem Wort für „fort" – in sein Bett, sodass sie darin verschwand; und daraufhin zog er sie wieder zu sich, was er jedesmal mit einem freudigen „Da!" begrüßte. Während Ernst auf diese Weise spielte, wurde er zufällig von seinem Großvater beobachtet.

Dieser Großvater war Sigmund Freud, und seine 1920 in „Jenseits des Lustprinzips" publizierte Analyse dieser Spielbeobachtung wurde – vielerorts zitiert und erweitert[1] – zum „klassischen Paradigma" psychoanalytischer Spieltheorie (Hartmann 1962, 149).

Als „psychoanalytische Spieltheorie" werden theoretische Ausführungen verschiedener, an unterschiedlichen psychoanalytischen Schulen orientierter Autoren zum Spiel betitelt. Obwohl diesen Beiträgen eine Systematisierung oder ein „Leitfaden"

---

[1] Vgl. dazu Hug-Hellmuth (1924, 124f); Klein (1932, 186); Wolffheim (1932, 176f); Winnicott (1941, 54ff); Erikson (1950, 211f); Peller (1952, 101); Hartmann (1962, 149); Flitner (1972, 59ff); Nitsch-Berg (1978, 121); Lorenzer (1981, 158ff); Figdor (1983, 219ff); Leber u.a. (1989, 42f); Schäfer (1989, 56); Datler u.a. (2002).

fehlt, werden sie als das neben kognitiven Spieltheorien „am stärksten ausgereifte spieltheoretische System" erachtet (Flitner 1972, 58ff).

Sieht man von Winnicotts (1974) Beschreibung eines „intermediären Spielraumes" sowie von einigen Veröffentlichungen über Entwicklungslinien des Spiels ab (vgl. Peller 1954; 1955; A. Freud 1968, 81ff, Erikson 1950, 215ff; 1988, 64ff; Winnicott 1974), so haben nahezu alle psychoanalytischen Ausführungen über das *kindliche* Spiel *funktionalistischen* Charakter: Das kindliche Spiel wird „als für die psychische Entwicklung unentbehrlich und als eine Art Selbstregulierung des seelischen Gleichgewichts" betrachtet (Kos-Robes 1980, 878), und es werden verschiedene Funktionen beschrieben, die das Spiel in dieser Hinsicht erfüllt. Solche Funktionen sind z.B. Alternativbefriedigung, Angstbewältigung oder für die Identitätsentwicklung wichtige schöpferische Funktionen (vgl. Hartmann 1962, 146ff; Schäfer 1986, 19ff). Als ein Spezifikum psychoanalytischer Spielbetrachtung ist hierbei herauszustreichen, dass Spielhandlungen als *„mehrfach determiniert"* – d.h. mehrere verschiedene Funktionen erfüllend – verstanden werden (vgl. z.B. Nitsch-Berg 1978, 30).

Einer besonderen Funktion des Spiels, die im Rahmen psychoanalytischer Spieltheorie immer wieder als für das psychische Gleichgewicht und die psychische Entwicklung des Kindes bedeutend beschrieben wird, ist dieser Umschauartikel gewidmet: dem Phänomen, dass Kinder beim freien, d.h. selbsterfundenen oder selbstgewählten Spiel *Erlebnisinhalte, die sie in irgendeiner Art und Weise bewusst oder unbewusst beschäftigen, (unbewusst) darstellen und diese Erlebnisinhalte im Spiel „bearbeiten", „verarbeiten" oder „durcharbeiten" können.*

Mit den Begriffen *„Bearbeitung"* bzw. *„Verarbeitung"* (auch „Aufarbeitung") wird in psychoanalytischer Theorie jene Form von *psychischer Arbeit* bezeichnet, die vom psychischen Apparat zur *Bewältigung* von Affekten geleistet wird, „die ihn überkommen und deren Anhäufung pathogen zu werden droht" (Laplanche/Pontalis 1972, 408). Diese Bewältigungsarbeit besteht in *zweierlei Vorgängen*: zum einen im *Abreagieren* der Affekte, zum anderen in ihrer *Bindung* – ihrer Integration ins Psychische (vgl. ebd., 408f).
Während die Begriffe „bearbeiten" und „verarbeiten" ein „spontanes Funktionieren des psychischen Apparats" benennen (Laplanche/Pontalis 1972, 410), wird der Begriff „Durcharbeiten" für eine Form von psychischer Arbeit verwendet, die im Rahmen einer psychoanalytisch-psychotherapeutischen Behandlung vom Analysanden mithilfe des Analytikers geleistet wird. Zwischen dieser analytischen Arbeit und der spontanen psychischen Arbeit des Be- bzw. Verarbeitens besteht eine „Analogie" (ebd.).

Unter dem Oberbegriff *„Durcharbeiten"*, welcher in seiner Verwendung „unscharf geworden" ist (Sandler u.a. 1971, 205) und Kontroversen unterliegt (vgl. Thomä & Kächele 1985, 388ff), wird „ein komplexes Gefüge von Verfahren und Prozessen" zusammengefasst, die im Zuge einer psychoanalytischen Psychotherapie eintreten,

nachdem eine Einsicht in einen unbewussten Zusammenhang vermittelt wurde (Greenson 1967, 55), und die beim Analysanden „Veränderungen dauerhafter Art" in Verhalten, Einstellung und psychischer Struktur bewirken (Sandler u.a. 1971, 205). Damit stellt das Durcharbeiten jenes Stück analytischer Arbeit dar, das „die größte verändernde Einwirkung auf den Patienten hat" (Freud 1914, 215), weshalb es als *ausschlaggebend für die Wirkung einer psychoanalytischen Therapie* erachtet wird (vgl. Thomä & Kächele 1985, 389ff).
Im Zusammenhang mit dem Spiel wird der Begriff „Durcharbeiten" vornehmlich in Bezug auf den psychoanalytischen Kinderpsychotherapieprozess verwendet. Dabei wird das Durcharbeiten *einerseits* von einigen Kinderpsychotherapierichtungen ähnlich wie in der Erwachsenenpsychotherapie begriffen: als allmähliche Aufnahme und Integration einer *bewusstmachenden* Deutung in das „Verhalten und das geistig-seelische Leben" des Kindes, was die Entwicklung seiner psychischen Strukturen positiv beeinflusst (Sandler u.a. 1982, 221ff; vgl. Klein 1932, 29). *Andererseits* verstehen Vertreter anderer Kinderpsychotherapierichtungen als Durcharbeiten auch psychische Prozesse, die im Rahmen von variierenden Spielen mit dem Therapeuten *ohne Bewusstmachung* stattfinden und nach und nach heilsam wirken (vgl. z.B. Zulliger 1957, 43; Winnicott 1980, 169). Darüber hinaus werden mitunter auch psychische Prozesse, die unabhängig von Psychotherapie und Eingriffen eines Therapeuten – also spontan – im kindlichen Spiel stattfinden, als „durcharbeiten" bezeichnet (vgl. Erikson 1978, 34; Schäfer 1986, 20), wobei der Begriff synonym mit „verarbeiten" verwendet zu werden scheint.

Ist also in psychoanalytischer Literatur davon die Rede, dass im kindlichen Spiel bearbeitet bzw. verarbeitet oder auch durchgearbeitet wird, so wird zum Ausdruck gebracht, dass *im kindlichen Spiel Prozesse psychischer Arbeit* der eben skizzierten Art und Weise stattfinden – nämlich *ein Integrierbar-Machen und Integrieren von Erlebnisinhalten –, welche die Bewältigung von Erlebtem oder auch positive bzw. heilsame Veränderung von psychischen Strukturen bewirkt.*

Im Rahmen dieses Artikels gebe ich einen Überblick über solche Literatur. Dass ich diese aus Gründen der leichteren Lesbarkeit sowie der im Zusammenhang mit dem Spiel gelegentlich synonymen Handhabung der Begriffe „bearbeiten", „verarbeiten" und „durcharbeiten" kurz *„psychoanalytische Theorie der Bearbeitung von Erlebnisinhalten im Spiel"* genannt habe, soll *nicht* darüber hinwegtäuschen, dass es sich dabei um kein geschlossenes Theoriesystem handelt, sondern um eine Vielzahl an vielerorts verstreuten, mehr oder weniger ausführlichen Bemerkungen von verschiedenen, an unterschiedlichen psychoanalytischen Schulen orientierten Autoren. Meine nun folgende Übersicht stellt somit eine Zusammenschau dieser vereinzelten Ausführungen dar. Ich nehme diese auf einem Weg vor, der sich in vier Abschnitte gliedert:

Als Ausgangs- und Bezugspunkt lenke ich im *ersten Abschnitt* den Blick näher auf das eingangs angesprochene populäre Beispiel Freuds, welches nicht zuletzt für psychoanalytische Theorie zur Bearbeitung von Erlebnisinhalten im Spiel von grundlegender Bedeutung ist. In Bezugnahme auf dieses Beispiel gebe ich anschließend in drei weiteren Abschnitten einen Überblick über weitere Literatur zur Bearbeitung von Erlebnisinhalten im Spiel:

Im *zweiten Abschnitt* stelle ich Ausführungen zur Frage vor, *wie* – d.h. mithilfe welcher Vorgänge, Mechanismen bzw. Prozesse – Erlebnisinhalte im Spiel verarbeitet werden.

Im *dritten Abschnitt* gebe ich eine Übersicht dazu, welche *Formen von Erlebnisinhalten*, die im Spiel bearbeitet werden können, welcherorts thematisiert werden.

Und der *vierte Abschnitt* ist Beiträgen zur Bearbeitung einer besonderen Form von Erlebnisinhalten – der Bearbeitung von *Konflikten* – gewidmet.

Den Schluss des Artikels stellen zwei Bemerkungen dar, welche psychoanalytische Theorie zur Bearbeitung von Erlebnisinhalten im Spiel im Allgemeinen betreffen.

1. Ernst schleudert eine Holzspule. Ein Freudsches Beispiel als Ausgangspunkt

In jener Zeit, in der *Ernst* wie eingangs beschrieben mit seiner Holzspule „Verschwinden und Wiederkommen" spielte, machte er gerade eine Erfahrung, die ihn zweifelsohne stark beschäftigte: Alltäglich wurde er von seiner Mutter, der er „zärtlich anhing", für einige Stunden verlassen (Freud 1920, 224f).

Freud (ebd., 225) kommt daher zunächst zu folgender Annahme über Ernsts Spiel: Mithilfe der Holzspule wiederholt Ernst das erlebte „Verschwinden und Wiederkommen" seiner Mutter im Spiel – mit dem Wegschleudern ihr „*O-o-o-o*" (also: Fort-)Gehen und mit dem freudigen Zurückholen ihre Wiederkehr.[2]

Ein mit psychoanalytischer Literatur nicht vertrauter Leser mag sich nun fragen, wie denn Freud auf die Idee kommt, dass Ernst bei seinem Spiel nicht nur eine Holzspule, sondern auch seine Mutter wegschleudert und wiederkommen lässt. Solche Bedenken mögen darin gründen, dass diese Deutung *zwei Grundannahmen psychoanalytischen Spielverständnisses* impliziert, welche Freud nicht erläutert. Diese Grundannahmen sind zugleich *Vorannahmen psychoanalytischer Theorie zur Bearbeitung von Erlebnisinhalten im Spiel*, ihre Kenntnis ist für ein Verstehen dieser Theorie Voraussetzung. Sie besagen:

---

[2] Dass diese Interpretation des Verschwinden-und-Wiederkommen-Spielens Vorläufer in den schon lange vor der Entstehung der Psychoanalyse verfassten Arbeiten Fröbels (1838a, 1838b) besitzt, dürfte Freud offenbar nicht bekannt gewesen sein.

(1.) Kinder stellen beim Spielen (in unbewusster Weise) Innerpsychisches – v.a. auch *Unbewusstes* – äußerlich dar (vgl. Hug-Hellmuth 1924; Wolffheim 1930, 138; 1932, 175; 1951, 62ff; 1953, 155; Hartmann 1962, 145; Zulliger 1966, 169; Winnicott 1969, 111; Ekstein 1976, 67; Biermann 1972, 61; Nitsch-Berg 1978, 21ff; Bettelheim 1987, 182; Diepold 1996, 209).

(2.) Innerpsychisches, v.a. Unbewusstes, wird im kindlichen Spiel *symbolisch* dargestellt bzw. *symbolisiert*. Im älterem psychoanalytischen Symbolverständnis (vgl. Jones 1919a, 1919b) bedeutet dies, dass kindliche Spielphantasien psychischen Überarbeitungen unterliegen, die ihre eigentliche Bedeutung verschlüsseln (vgl. Freud 1917; Klein 1926, 204f; 1932, 19f; Wolffheim 1932, 175; 1951, 64; 1953, 155; Zulliger 1957, 27; Nitsch-Berg 1978, 30; Schäfer 1986, 27). Nach jüngerem psychoanalytischen Symbolverständnis (vgl. Lorenzer 1970; 1973; 1981) findet beim Spielen eine *besondere Form von Symbolisierung* statt, nämlich eine „präsentative" bzw. „sinnlich-unmittelbare", welche sich deutlich von sprachlicher Symbolisierung unterscheidet (vgl. Lorenzer 1981, 158ff; Datler u.a. 2002).

Im Sinne dieser beiden Annahmen deutet Freud also Ernsts Fort-Da-Spiel mit der Holzspule als *unbewusste Symbolisierung* des Verschwindens und Wiederkommens seiner Mutter.

Nun fiel Freud (1920, 224ff) an Ernsts Spiel eine Besonderheit auf: Obwohl das Rückholen der Spule Ernst sichtlich mehr Lust spendete, spielte er ungleich häufiger deren Verschwinden. Und dies unbeschadet der Tatsache, dass ihm das Verlassen-Werden von seiner Mutter „unmöglich angenehm oder auch nur gleichgültig" gewesen sein konnte – es musste ihm Unlust bereitet haben. Vor dem Hintergrund dieser Beobachtung drängt sich Freud die Frage auf, wie man Ernsts Spiel im Hinblick auf das Lustprinzip und somit in Hinblick auf die Annahme, dass seelische Vorgänge" durch „Vermeidung von Unlust und Erzeugung von Lust" reguliert werden (ebd., 217), verstehen kann.

Freuds (ebd., 226ff) Antwort auf diese Frage wurde zur Grundlage psychoanalytischer Theorie zur Bearbeitung von Erlebnisinhalten im Spiel. Sie enthält die ersten Ansätze der zentralen Annahmen dieser Theorie, die später von zahlreichen Autoren aufgegriffen, differenziert und erweitert wurden. Sie enthält zwei Interpretationslinien mit folgendem Inhalt:

(1.) Ernst wiederholt sein unlustvolles Erlebnis deshalb im Spiel, weil er es dadurch *bearbeiten* und so besser bewältigen kann. Zur Frage, *wie* eine solche Bearbeitung im Spiel vor sich geht, lassen sich in Freuds Ausführungen zwei Ansätze erkennen:

Zum einen kann Ernst beim Spielen *von der Passivität des Erlebens zur Aktivität übergehen*: Er wurde vom Weggehen seiner Mutter passiv „betroffen" und macht sich beim Spielen zum „Herren der Situation". Diese kindliche Tendenz führt Freud als „Äußerung eines Wiederholungszwanges" näher aus: „Beim

Kinderspiel glauben wir es zu begreifen, daß das Kind auch das Unlustvolle Erlebnis darum wiederholt, weil es sich durch seine Aktivität eine weit gründlichere Bewältigung des starken Eindruckes erwirbt, als beim bloß passiven Erleben möglich war. Jede neuerliche Wiederholung scheint diese angestrebte Beherrschung zu verbessern."

Zum anderen begründet Freud Ernsts Bearbeitung beiläufig auch damit, dass Kinder beim wiederholenden Spielen die „Stärke des Eindrucks" von Erlebnissen *„abreagieren"* können.

(2.) Gleichzeitig mit der Bearbeitung „entschädigt" sich Ernst beim Holzspulen-Spiel auch für die beim Verlassen-Werden erlebte Unlust, er kann ein Stück der in der realen Situation erlebten *Unlust in Lust umwandeln.* Beim stellvertretenden Wegschleudern der Holzspule für die Mutter kann er nämlich einen „im Leben unterdrückten Racheimpuls" gegen die Mutter mit der Bedeutung befriedigen: „Ja, geh' nur fort, ich brauch dich nicht, ich schick dich selber weg."

2. Vier am Prozess des spielerischen Bearbeitens beteiligte Vorgänge

Zur Frage, *wie* bzw. *wodurch* – d.h. mittels welcher Vorgänge, Mechanismen bzw. Prozesse – Erlebnisinhalte im Spiel bearbeitet werden, konnte ich in psychoanalytischer Literatur vier Ansätze identifizieren: Ich fand *vier verschiedene Vorgänge* als für eine Verarbeitung im Spiel relevant beschrieben, wobei allerdings in keiner Veröffentlichung *alle diese vier* Erwähnung finden.

Ich gebe im Folgenden einen Überblick über Beiträge zu allen vier Vorgängen, jedem Vorgang ist ein Unterkapitel gewidmet. Vorausgeschickt sei hierzu, dass diese Abgrenzung der vier Vorgänge eine künstliche ist, beim Spielen treten sie in Verschränkung miteinander auf.

2.1 Übergang von Passivität zu Aktivität

In seiner ersten Interpretationslinie zu *Ernsts* Fort-da-Spiel stellt Freud zum einen dar, dass Ernst sein unlustvolles Erlebnis bearbeitete, indem er beim Spielen von der Passivität des Erlebens zur Aktivität überging. Dieser Übergang von der Passivität zur Aktivität ist jener Vorgang, der im Zusammenhang mit Bearbeitung im Spiel am häufigsten beschrieben wird (vgl. Freud 1920, 226f, 245; 1926, 304; 1931, 285; Hug-Hellmuth 1924, 143; Klein 1932, 186; Wälder 1932; A. Freud & Burlingham 1944, 901; 1949, 546; Fenichel 1945a, 480f; 1945b, 70, 174; Erikson 1950, 212ff; Peller 1952, 96; 1955, 280f; Zulliger 1957, 28; Hartmann 1962, 152; Nitsch-Berg 1978). Dabei wurden Freuds Bemerkungen von Wälder (1932, 187ff) erheblich differenziert:

Wälder beobachtete bei Spielen, die unlustvoll Erlebtes thematisieren, eine „charakteristische Ablaufkurve“: Einige Tage lang werden sie sehr oft wiederholt, „dann kommt das Motiv immer seltener, immer affektärmer und verschwindet schließlich“. Vor dem Hintergrund psychoanalytischer Theorie zu Trauma und Wiederholung versteht Wälder solche Spiele als „stufenweise vor sich gehenden“ *Assimilationsprozess* „im Sinne des Wiederholungszwanges“:

Der psychische Apparat ist nur imstande, ein gewisses Ausmaß an Erregungen aufzunehmen und sofort zu bewältigen. Treffen Erregungen in einem zu hohen Ausmaß auf ihn ein, so ist er *überwältigt* – er befindet sich in einem „Zustand totaler Hilflosigkeit“, welcher *traumatisch* genannt wird (Schrader 1993, 170). Werden unlustvolle Erlebnisse im Spiel wiederholt, so waren sie derart überwältigend (vgl. Wälder 1932, 190). *Beim Spielen können sie nachträglich durch aktive Wiederholung immer wieder stückchenweise vorgenommen und allmählich assimiliert* werden (vgl. ebd., 191). Wälder (ebd., 188f) vergleicht diesen Vorgang mit dem „Wiederkäuen“ von Tieren: „Der Bissen ist zu groß, um auf einmal verdaut zu werden, und die unverdaute Mahlzeit lastet jetzt im Magen. Sie muß wiedergekäut werden, um nunmehr verdaut werden zu können.“

Der Übergang von der Passivität zur Aktivität ist eine Voraussetzung für diesen Bewältigungsprozess. Wälder (ebd., 191) beschreibt *drei verschiedene Arten*, auf welche dieser beim Spielen vollzogen werden kann:

a) Allein schon die Darstellung einer passiv erlebten Situation im Spiel beinhaltet einen Übergang zur Aktivität, sie ist nämlich eine aktive Handlung.

Darüber hinaus gibt es beim Spielen noch Möglichkeiten, mehr Aktivität zu erreichen:

b) Der „Ausgang der erlebten Situation“ kann nach Belieben verändert werden.
c) Die Rollenverteilung der in der Realität erlebten Situation kann vertauscht werden.

Diese drei Formen erweitert Fenichel (1945a, 480f) um eine vierte:

d) „Einschüchterung bzw. ‚*Intimidation*'“ (Hartmann 1962, 149): Nach einem Erlebnis von Angst und Bedrohung können Kinder im Spiel dazu übergehen, Spielfiguren oder Mitspieler selbst aktiv zu bedrohen.

Theoretisch erweitert wurden die Wälderschen Ausführungen zur Wende von der Passivität zur Aktivität im Hinblick auf Bearbeitung im Spiel ansonsten nur noch von Schäfer (1986, 20): Dieser markiert, dass im Spiel nicht nur Traumatisches im engeren Sinne im Dienste einer Verarbeitung wiederholt wird, sondern auch *neue Erfahrungen* gemacht werden, für die „erst neue Muster“ gefunden werden müssen, um sie „psychisch eingliedern zu können“.

Auf diesem theoretischen Stand verblieb die Annahme über die Bedeutung des Übergangs von der Passivität zur Aktivität für Bearbeitung im Spiel. Sie fand

Eingang ins Spielverständnis vieler psychoanalytisch orientierter Autoren, welche diese Wende in zahlreichen Spielen zur Bearbeitung von mehr oder weniger überwältigenden Erlebnissen identifizierten. Hier eine Übersicht solcher *Beispiele*:

Ein Übergang zur Aktivität im Dienste der Verarbeitung von passiv erlebten *Trennungserfahrungen* wurde, ähnlich wie in Ernsts Holzspulen-Spiel, auch in den folgenden Spielen entdeckt: in „*Guck-guck"-Spielen*, bei denen ca. sieben bis acht Monate alte Kinder mithilfe von Tüchern sich selbst oder andere Personen verschwinden und wieder erscheinen lassen (vgl. Peller 1954, 46; Nitsch-Berg 1978, 117); in *Versteckspielen* älterer Kinder, wo auch Themen wie „verloren sein und gefunden werden, weggehen und sicher wiederkehren" Bearbeitung erfahren (Nitsch-Berg 1978, 119f); im Spiel des dreieinhalbjährigen *Bernd*, der einen Beobachter im Kindergarten immer wieder „Weg!" schickte und „Nah!" holte (vgl. Leber u.a. 1989, 42f); und im Spiel des acht Monate alten *Jakob*, der – nachdem sein Vater wegging – mit Vaters Filzstift und Telefon „herumwedelte" und mehrmals einen Anrufbeantworter betätigte, um Vaters Stimme erklingen zu lassen (vgl. Datler u.a. 2002, 134f).

Einen spielerischen Versuch, das passiv erlebte *Entwöhnungstrauma* zu bewältigen, konnte Zulliger (1952, 24; 1957, 26ff) bei einem elf Monate alten Mädchen beobachten: Immer wieder steckte das eben abgestillte Mädchen eine Holzkugel schmatzend in den Mund, ließ sie wegrollen und führte sie wieder in den Mund. So konnte es aktiv über die symbolische Mutterbrust verfügen.

In der Erfahrung des *Stürzens* erkennt Erikson (1950, 214) die Wurzeln des von kleinen Kindern oft gespielten *Turmbauens* und *Turmzerstörens*: Beim aktiven Umwerfen des Turms kann das Kind das passive Erleben seines Niederfallens, seiner „noch unsichere(n) Beherrschung des Raumes" bearbeiten.

Wie kleine Kinder mit der passiv zu ertragenden *Körperpflege und Nahrungsversorgung* verbundene Erlebnisse bearbeiten, indem sie beim Spielen andere Kinder, Haustiere und Spielgegenstände aktiv pflegen und versorgen, legen A. Freud und Burlingham (1944, 901) sowie Peller (1954, 46f) dar.

Besonders häufig werden *Arztspiele*, darunter *Zahnarztspiele*, als Beispiel für eine nachträgliche aktive Bearbeitung des passiv erfahrenen Erlebnisses eines Arztbesuchs (um welchen sich viele Phantasien und Ängste spinnen) gebracht (vgl. Freud 1920, 226f; 1931, 285; Hug-Hellmuth 1924, 142f; Wälder 1932, 185f; Peller 1952, 96).

Dass mittels dem einer Wiederholung im Spiel innewohnenden Übergang von der Passivität zur Aktivität auch sehr schwer „verdauliche" Erlebnisse verarbeitet werden können, zeigen A. Freud und Burlingham (1949, 545ff): Die Kinder in ihren „Hamstead War Nurseries" (drei- bis fünfjährig) spielten insbesondere nach Angriffen nicht etwa friedliche Zeiten, um sich von den Erlebnissen zu erholen, sondern *Krieg*.

Eine Spielart, bei welcher der Ubergang von der Passivität zur Aktivität besonders augenfällig stattfindet, ist die mit dem Abwehrmechanismus „Identifizierung mit dem Angreifer“ verwandte *Identifizierung mit dem Angstobjekt im Spiel*: Oft schlüpfen Kinder in die Rolle eines Objekts, vor dem sie sich fürchten, stellen es dar und identifizieren sich so mit ihm, wodurch sie ihm seinen „Schrecken und seine Überlegenheit“ nehmen und ihre Ängste bewältigen (Nitsch-Berg 1978, 28). Für diese Spielform finden sich in psychoanalytischen Publikationen sehr viele Beispiele (vgl. z.B. Ferenczi 1913; Klein 1929, 316f; Wolffheim 1932, 177; A. Freud 1936, 109ff; Zulliger 1952, 73ff; 1957, 91; 1966, 71ff; Peller 1952, 96; Nitsch-Berg 1978). Auf vier besonders anschauliche sei hier näher verwiesen:

Der berühmte, etwa fünfjährige „*kleine Hans*“, der an einer Pferdephobie litt, spielte „zu manchen Zeiten am liebsten Pferd“ (Wolffheim 1932, 177; vgl. Freud 1909, 49, 53f).

Der ungarische Bub *Árpád*, dreieinhalb Jahre alt, spielte, nachdem er von einem Hahn in den Penis gepickt worden war, unaufhörlich Hahn (vgl. Ferenczi 1913, 240f; Freud 1912-13, 415ff; Nitsch-Berg 1978, 157).

Um ihre Angst vor Geistern im Vorzimmer zu überwinden, spielte ein kleines Mädchen jedesmal, wenn es ins Vorzimmer kam, selbst ein Gespenst (vgl. A. Freud 1936, 110; Peller 1952, 96; Erikson 1988, 112).

Ein Beispiel, bei dem der spielerischen Identifizierung mit dem Angstobjekt eine wichtige Rolle bei der Heilung einer Hundephobie zukommt, schildert Zulliger (1952, 83f; 1966, 71ff): Im Laufe ihrer „deutungsfreien Kinderpsychotherapie“ spielte die vierjährige *Elisabeth* lange Zeit einen Hund namens „Tiro“.

Abschließend sei zum Übergang von der Passivität zur Aktivität noch bemerkt, dass dieser nicht als spezifische Eigenschaft des Spiels verstanden wird, sondern als „allgemeines Prinzip kindlicher Entwicklung“ (Peller 1955, 280; vgl. Freud 1931, 285; Kris 1951, 95).

2.2 Abreagieren

In seiner ersten Interpretationslinie zu *Ernsts* Spiel hält Freud (1920, 116) beiläufig auch fest, dass Ernst seine unlustvollen Trennungserfahrungen bearbeitete, indem er beim Spielen die „Stärke“ des erlebten „Eindrucks“ abreagierte. Abreagieren, die emotionelle Abfuhr, wird von psychoanalytisch orientierten Autoren immer wieder als bedeutende Funktion des Spiels beschrieben (vgl. z.B. Wolffheim 1953, 157; Zulliger 1957, 13; Hartmann 1962, 146ff). Im Zusammenhang mit Bearbeitung von Erlebnisinhalten im Spiel wird dieser Vorgang allerdings zumeist nur erwähnt (vgl. Wälder 1932, 193; A. Freud & Burlingham 1949, 545f; Erikson

1950, 210; Nitsch-Berg 1978, 33). Nähere Ausführungen dazu, dass Spielen bei der Bewältigung von Erlebtem hilft, indem Affekte dabei wieder erlebt und abgeführt werden können, fand ich nur bei zwei Autoren: bei Hug-Hellmuth und bei Zulliger.

Hug-Hellmuth (1924, 142ff) führt die Bewältigungsfunktion des kindlichen Spiels allein auf den Vorgang des Abreagierens zurück, welcher *durch* den Übergang von der Passivität zur Aktivität *ermöglicht* wird (vgl. Fenichel 1945b, 52, 174).

> Als Beispiele für solch ein spielerisches Abreagieren im Dienste einer Bewältigung schildert Hug-Hellmuth in erster Linie *Doktorspiele*, bei denen Arzterlebnisse aktiv wiederholt werden, wobei Aggressionen und „narzißtische Selbsterhöhungsgelüste" Abfuhr finden.
> Auch beim *Mutter-Kind-* und *Schule-Spielen* hebt Hug-Hellmuth den Aspekt der emotionellen Abfuhr durch eine Übernahme der aktiven Erzieherrolle hervor.

Auch Zulliger (1957, 91) beschreibt den Vorgang des Abreagierens als für Verarbeitung wesentlich; und zwar im Zuge seiner Schilderung der Therapie des neunjährigen *Martin*, den er u.a. wegen panischen Ängsten in dunklen Räumen behandelte: Mit Martin veranstaltete Zulliger vornehmlich Spiele, die eine Abfuhr von Aggression und Angst erlaubten, z.B. bastelten sie Köpfe von Ungeheuern und beschossen sie mit einer Armbrust. Über diesen Weg konnte Martin symbolisch die ihn bedrohenden Ungeheuer – seinen „‚bösgesinnten' Vateranteil" und seine Großmutter – beseitigen und seine phobischen Ängste bewältigen. Ein derartiges „aggressives Ausleben" von Angst beim Spielen durch „Intimidation" stellt auch Hartmann (1962, 149f) als für die Bewältigung von Ängsten wesentlich dar.

Eine *Voraussetzung* für das spielerische Abreagieren wird von Wolffheim (1953, 157), Zulliger (1957, 91) und Peller (1955, 281) festgehalten: Affekte, die im sonstigen Lebensalltag unterdrückt werden, können beim Spielen deshalb ohne Angst und Schuldgefühle abgeführt werden, weil sie dabei *unbewusst bleiben*.

2.3 Transformation von Unlust in Lust

Die letzten beiden Unterkapitel waren jenen beiden Vorgängen gewidmet, mit denen Freud *Ernsts* Bearbeitung seiner Trennungserfahrungen beschreibt. Darüber hinaus arbeitet Freud (1920, 225f) in seiner zweiten Interpretationslinie zu Ernsts Spiel heraus, wie Ernst beim Holzspulen-Schleudern einen „Racheimpuls" gegen die Mutter befriedigen und so ein Stück der beim Fortgehen der Mutter erlebten *Unlust zu Lust* umwandeln kann. Diese Interpretationslinie referierte ich nicht ohne Grund: Während Freud (ebd., 226f) die spielerische Transformation von Unlust in Lust als *alternativ* zu Ernsts Bearbeitungsunternehmungen darstellte, wurde dieser

Vorgang später für Bewältigung durch Spielen als höchst relevant beschrieben – allerdings nur von wenigen Autoren:

Klein (1932, 192f) zeigt auf, dass eine Umwandlung von erlebter Unlust in Lust im Spiel nicht nur ein Nebenprodukt von Angstbewältigung ist, sondern *für diese bedeutsam*: Das Ich bedient sich beim Spielen „*zum Zwecke der Angstbewältigung auch weitgehend aller wunscherfüllenden Mechanismen*", es erfolgt eine „*Umsetzung von Angst in Lust*" (vgl. dazu auch Hartmann 1962, 149).

Ähnlich dazu erörtert Fatke (1980, 870), wie Unlust und Angst durch die Verschaffung von Lust in Phantasie und Spiel aufgearbeitet werden können. Und knapp bemerkt Kos-Robes (1980, 878) in Anlehnung an Zulliger (1966), dass „Schwierigkeiten" durch gespielte Wunscherfüllungen „gemeistert" werden. Die Funktion der Herstellung von Lust im Spiel wird in psychoanalytischer Spieltheorie im Allgemeinen als eine seiner zentralsten erachtet (vgl. z.B. Freud 1908; Hartmann 1962, 146ff; Schäfer 1986, 19, 22ff). Dass es sich beim Spielen „vielleicht sogar immer" in einer „Determinante um die Verwirklichung einer lustvollen Situation handelt", hält Wälder (1932, 185) fest. Lustgewinn können Kinder beim Spielen *sogar dann* erfahren, *wenn sie dabei unlustvolle oder überwältigende Erlebnisse wiederholen* (vgl. Freud 1920, 232f). Dies wird u.a. auf folgende Aspekte zurückgeführt:

Wiederholung an und für sich bedeutet Kindern eine Lustquelle (vgl. Freud 1920, 245; Spitz 1937; Figdor 1994, 58f).

Hinzu kommt, dass Kinder beim spielerischen Wiederholen von der Passivität zur Aktivität übergehen, was mancherorts an sich als lustspendend beschrieben wird (vgl. Zulliger 1957, 28; A. Freud & Burlingham 1944, 901).

Darüber hinaus bestehen beim wiederholenden Spielen noch zusätzlich lustbringende Möglichkeiten, wie z.B. die Identifizierung mit dem Angreifer, welche eine „Umwandlung von Angst" in „lustbetonte Sicherheit" bedeutet (A. Freud 1936, 111).

Und nicht zuletzt ermöglicht die Darstellung von unlustvoll bzw. überwältigend Erlebtem im Spiel ein Abreagieren, eine lustvolle Entledigung von Spannungen.

Eine Spielvariante, bei der sich die Transformation von Unlust in Lust besonders auffällig vollzieht, nennt Peller (1952, 103) „*Happy ending*": Der unglückliche Ausgang eines Erlebnisses wird im Spiel zu einem glücklichen verändert (vgl. Klein 1932, 186f).

Ein geradezu idealtypisches Beispiel hierfür findet sich bei A. Freud und Burlingham (1949, 545f): Während die Kriegsspiele der anderen Kinder in den „Hampstead War Nurseries" in einer „Zerstörungsszene" endeten, spielte der vierjährige *Bertie* ein halbes Jahr lang ständig Kriegsspiele, bei denen alle gerettet wurden. Berties Vater war bei einem Luftangriff verstorben. Sein Spiel diente der Verleugnung dieser „unerträglichen“ Erfahrung.

Dass eine derartige *Verleugnung der unlustvollen Realität im Spiel* der Bewältigung von „Unlust aus der Außenwelt“ und Angst vor „Realgefahren“ dient, führt A. Freud (1936, 73ff) andernorts aus. Dabei wird unlustvoll Erlebtes verleugnet und sein „lustvolles Gegenteil“ gespielt. So wurde etwa ein siebenjähriger Bub mit den ödipalen Ängsten vor seinem Vater fertig, indem er sich bei einem Phantasiespiel zum Besitzer eines zahmen Löwen – einer mächtigen Vaterfigur – machte (vgl. ebd., 77f; Nitsch-Berg 1978, 178).

Die Abwehrstrategie der Verleugnung erachtet A. Freud (ebd., 82) in der Kindheit als geradezu psychohygienisch wertvoll. Allerdings kann Verleugnung im Spiel aber auch *zwanghaft* werden, wenn die Weigerung, die unlustvolle Außenwelt zur Kenntnis zu nehmen, „gehalten“ wird (ebd., 90f).

Dies war eben bei *Bertie* der Fall (vgl. A. Freud & Burlingham 1949, 546; A. Freud 1967, 1832f): Über die ständige Wiederholung seines Happy-End-Kriegsspiels erhielt er die Verleugnung seiner traumatischen Erlebnisse sechs Monate lang aufrecht. Letztlich war aber auch dieses Spiel ein Schritt in Richtung Bewältigung: Nach einem halben Jahr Spielen konnte Bertie seine traumatischen Erlebnisse zum Bewusstsein zulassen, womit er sein Spiel aufgab.

Eine *Voraussetzung* für den Vorgang der spielerischen Transformation von Unlust in Lust ist in Bemerkungen A. Freuds (1936, 83) und Fatkes (1980, 868) benannt: Kinder können beim Spielen deshalb auch größere Mengen „realer Unlust“ in Lust umwandeln, weil sie *Realität und Phantasie auf affektiver Ebene* so *miteinander verknüpfen*, dass sie ihre Spielphantasien *affektiv stark genug besetzen.*

Nachdem in den letzten drei Unterkapitel drei für Bearbeitung im Spiel bedeutende Vorgänge behandelt wurden, die alle in der Freudschen Analyse des Holzspulen-Spiels thematisiert werden, rückt nun ein für spielerische Verarbeitung relevant erachteter Vorgang ins Zentrum, zu dem sich dort keine Ansätze finden:

2.4 Entwerfen: Modellsituationen, Experimentieren und Antizipieren

Dass ein Entwerfen von antizipierenden Modellsituationen im Spiel, in denen experimentiert, probegehandelt werden kann, zur Bewältigung von Erlebnisinhalten beiträgt, ist eine Erweiterung Eriksons:

Erikson (1950; 1966; 1978; 1988) richtet sein Hauptaugenmerk auf das Moment des Schöpferischen im kindlichen Spiel. Er zeigt auf, dass freie Spiele immer eine konstruktive Leistung sind, selbst dann, wenn sie dem „Durcharbeiten“ vergangener Erlebnisse dienen (Erikson 1978, 34ff): Kinder entwerfen beim Spielen „*Modellsituationen*“, in denen „*Aspekte der Vergangenheit wiedererlebt, die*

Gegenwart repräsentiert und erneuert" und mögliches Zukünftiges „*antizipiert*" wird.

Einen Beitrag zum näheren Verständnis dessen leistet ein Blick in zwei Artikel Fatkes (1980; 1981), wo verschiedene Formen von symbolischen Antizipationen, die im kindlichen Spiel enthalten sind, thematisiert werden. Wie auch andere Autoren (vgl. Schäfer 1986, 20; Diepold 1997, 1) stellt Fatke (1980; 1981) die schöpferische Funktion des Spiels allerdings als alternativ zur Spielfunktion der Bearbeitung bzw. als neben dieser bestehend dar.

Anders Erikson: Dass der konstruktive Aspekt des Spielens für Verarbeitung und Bewältigung bedeutsam ist, betont er in drei Veröffentlichungen (Erikson 1950, 216f; 1966, 102; 1988, 65f): Beim Spielen schaffen Kinder auch Modellsituationen, *um darin* Erfahrungen durch „Meditieren, Experimentieren und Planen" zu verarbeiten bzw. zu bewältigen. In dieser Hinsicht vergleicht Erikson (1950, 216f; 1988, 65f) das kindliche Spiel mit dem Denken und Planen der Erwachsenen.

Außer bei Erikson fand ich den Aspekt des Antizipierens im Spiel im Zusammenhang mit Bewältigung explizit nur bei Fenichel (1945a, 358f, 480f) erwähnt: In Bezug auf Angstbewältigung merkt Fenichel (1945a, 480; 1945b, 70) an, dass die aktive spielerische Wiederholung angsteinflößender Erlebnisse Vorgänger der *Antizipation von Bedrohlichem im Spiel* ist. Letztere stellt er als einen Hauptmechanismus der Angstbekämpfung dar (vgl. Fenichel 1945a, 358f, 480f). Dazu passend ist auch bei Klein (1932, 187) zu lesen, dass die Darstellung von Bedrohlichem im Spiel zu einer „besseren Bewältigung" von und einer „volleren Bereitschaft" für Angst beiträgt, da Kinder dabei Gefahren „deutlicher erkennen und den Erfolg der gegen sie angewendeten Maßnahmen überprüfen" können.

Als Entwurf einer spielerischen Modellsituation im Sinne Eriksons kann im Übrigen auch *Ernsts* Fort-Da-Spiel mit der Holzspule verstanden werden: Ernst schuf dabei ja ein Modell der Situation des Verschwindens und Wiederkommens seiner Mutter (vgl. Lorenzer 1981, 159). In einer späteren Weiterentwicklung seines Holzspulen-Spiels entfaltete Ernst darüber hinaus offensichtlich auch eine Modellsituation in Hinblick auf Antzipation: Vor einem Standspiegel spielte er *mit sich selbst Fort- und Dasein* (vgl. Freud 1920, 225) und entwarf so u.a. ein Modell seines – möglichen zukünftigen – eigenen Fortgehens (vgl. Erikson 1950, 212f).

3. Formen von Erlebnisinhalten, die beim Spielen bearbeitet werden

Im vorigen Abschnitt stellte ich überblicksmäßig vier Vorgänge dar, welche psychoanalytischen Veröffentlichungen zufolge im Prozess der innerpsychischen Bearbeitung von Erlebnisinhalten in bedeutsamer Weise zum Tragen kommen. Nun folgt eine Übersicht darüber, welche – oft miteinander verknüpften – *Formen von Erlebnisinhalten*, die im Zuge dieser Vorgänge bearbeitet werden können, in psychoanalytischen Veröffentlichungen thematisiert werden.

Zuallererst wurde im Zusammenhang mit Bearbeitung im Spiel *unlustvoll Erlebtes* beschrieben (vgl. Freud 1920, 225ff). Dieser Fokus wurde beibehalten (vgl. z.B. Hug-Hellmuth 1924, 142ff; Klein 1932, 186f; Wälder 1932; Wolffheim 1932, 174f; A. Freud 1936, 73ff; Nitsch-Berg 1978; Fatke 1980, 870): Sowohl alle theoretischen Ausführungen zur Bearbeitung im Spiel als auch alle Beispiele dazu beziehen sich auf unlustvolle Erlebnisinhalte.

Dem entgegen ist bei Hug-Hellmuth (1924, 142) zu lesen, dass Erlebtes, das im Spiel aufgegriffen wird, *„gefühlsbetont"*, also *affektiv stark besetzt* gewesen sein muss – egal „ob es an sich lustvoll oder unlustvoll war". Hierzu drängt sich die Frage auf, ob auch *lustvolle Erlebnisse*, die nicht sofort „verdaubar" sind, eine nachträgliche psychische Verarbeitung beim Spielen erfahren können. Mit Peller (1955, 279) wäre dies vermutlich zu bejahen: Sie merkt an, dass wiederholende Spiele auch „befriedigende" Erfahrungen „festigen". Jedoch wäre in diesem Zusammenhang noch näher zu klären, ob Überwältigendes überhaupt (primär) lustvoll erlebt werden kann, wo doch in psychoanalytischer Theorie davon ausgegangen wird, dass jede Überwältigung des psychischen Apparats mit Angst bzw. Schreck verbunden ist (vgl. z.B. Freud 1920).

Dass alle unlustvollen Erlebnisse, die nachträglich beim Spielen symbolisiert werden, *überwältigend* – also vom psychischen Apparat nicht sofort verarbeit- bzw. „verdaubar" – waren, hielt zuerst Wälder (1932, 190) fest. Dabei kann es sich einerseits um *Traumatisches* handeln (vgl. Freud 1926, 204; Wälder 1932; A. Freud 1936, 112f; Erikson 1937; 1950, 211ff; 1978, 34ff; A. Freud & Burlingham 1949, 545f; Peller 1952; 1955; Zulliger 1952, 24; 1957, 24ff), andererseits aber auch um *Neues* (vgl. Wälder 1932, 190; Spitz 1937; Schäfer 1986, 20). So legt z.B. auch Mauthe-Schonig (1995) dar, wie die neuartige Erfahrung des Schuleintritts spielerisch-symbolisch im Unterricht bearbeitet werden kann.

Dass auch *„augenblickliche Interessen"* und *„Lebensfragen"* in Spielen bearbeitet werden, halten Wolffheim (1932, 179) und Erikson (1950, 212) fest. Einigen Beispielen dazu (vgl. Pfeifer 1919, 243f; Wolffheim 1932, 179f; Erikson 1937; Nitsch-Berg 1978, 29, 46) ist zu entnehmen, dass es sich dabei um Themen handelt, die affektiv stark besetzt und mit vielen Fragen verbunden sind; und dass für deren Bearbeitung der *entwerfenden Aspekt* des Spiels zentral ist: Beim Spielen werden *Modellsituationen* als symbolische Antworten auf dringliche Fragen entworfen.

Besonders deutlich wird dies bei einem von Freud (1909, 75) festgehaltenen Spiel des *kleinen Hans*: Mit einer Gummipuppe und einem Taschenmesser entwarf sich Hans ein Modell für Zeugung (vgl. Pfeifer 1919, 244; Nitsch-Berg 1978, 46), Geburt (vgl. Freud 1909, 77; Pfeifer 1919, 244; Nitsch-Berg 1978, 48) und den weiblichen „Wiwimacher" (vgl. Pfeifer 1919, 245).

Von einem Spiel mit ähnlichem Thema berichtet Erikson (1937, 449f): Ein vierjähriger Bub beschäftigte sich mit der Frage nach der Beschaffenheit der „Unterseite der Dinge“, die sich v.a. auf den Unterleib seiner Mutter bezog.

Am häufigsten werden in Zusammenhang mit Bearbeitung im Spiel *Ängste* dargestellt (vgl. Klein 1929, 316f; 1932, 186ff; Wälder 1932, 194; Wolffheim 1932, 177f; A. Freud 1936; Fenichel 1945a, 358f, 480f; 1945b, 70; Peller 1952; 1955, 279ff; Zulliger 1952, 83f; 1957, 28ff; 1966, 71ff; Hartmann 1962, 148ff; Winnicott 1969, 108; Erikson 1978, 36; Nitsch-Berg 1978; Bittner 1979, 86; Fatke 1980, 870), welche ja unlustvoll sind und u.a. bei einer Überwältigung des psychischen Apparats entstehen. Spezifischer ausgewiesen werden hier z.B.

- Trennungs- und Verlustängste (vgl. Peller 1954, 46; Nitsch-Berg 1978, 117ff),
- Ängste ums Abgestillt-Werden (vgl. Zulliger 1957, 28),
- Ängste beim Arzt (vgl. Freud 1920, 226f; 1931, 285; Hug-Hellmuth 1924, 142f; Wälder 1932, 185f; Peller 1952, 96),
- Kastrationsängste (vgl. Leber u.a. 1989, 88ff),
- ödipale Ängste (vgl. A. Freud 1936, 77f; Nitsch-Berg 1978, 157),
- Angst vor Geistern bzw. Gespenstern (vgl. A. Freud 1936, 110; Peller 1952, 96; Erikson 1988, 112),
- phobische Ängste vor Tieren (vgl. Wolffheim 1932, 177; Zulliger 1952, 83f; 1966, 71ff, Nitsch-Berg 1978, 28, 157) oder vor dunklen Räumen (vgl. Zulliger 1957, 83ff),
- Kriegsängste (vgl. A. Freud & Burlingham 1949, 545f)
- und Schulangst (vgl. Wolffheim 1953, 159).

Hervorgehoben wird etwa von Klein (1932, 186, 188) oder Peller (1955, 279), dass es sich dabei nicht nur um Realängste – also Ängste vor äußeren Gefahren – handelt, sondern auch um *Ängste vor inneren Gefahren*, z.B. aus inneren Konflikten erwachsende Ängste.

Konflikte sind eine weitere Form von Erlebnisinhalten, deren Darstellung im Zusammenhang mit Bearbeitung im Spiel sich besonderer Häufigkeit erfreut. Beiträgen dazu ist der nächste Abschnitt gewidmet.

4. Her oder weg mit Mama? Zur Bearbeitung von Konflikten im Spiel

Mitunter wird in *Ernsts* Fort-da-Spiel auch die „symbolische Darstellung und Bearbeitung eines Konfliktes“ identifiziert (Figdor 1983, 220). Jedoch wird leider nirgendwo dargestellt, um *welchen* Konflikt es sich dabei handelt. Hierzu daher eine Vermutung:

Begreift man – wie Freud (vgl. 1920, 225f) – Ernsts Holzspule als Symbol für seine Mutter, so fällt auf, dass diese symbolische Mutter ungleich häufiger weggeschleudert als herbeigeholt wird. Zieht man dazu nun Freuds (ebd., 226) Deutung des Wegschleuderns als Racheakt gegen die Mutter mit der Bedeutung „Ich brauch dich nicht!" hinzu, so liegt die Annahme nahe, dass Ernst bei seinem Spiel zwei (miteinander verbundene, wahrscheinlich unbewusste) Konflikte symbolisch darstellt:

> *zum einen* einen Ambivalenzkonflikt zwischen zärtlichen und aggressiven Gefühlen seiner Mutter gegenüber;
> und *zum anderen* gleichzeitig einen Konflikt zwischen regressiven und progressiven Tendenzen – zwischen dem Bedürfnis, die Mutter zu brauchen und bei sich haben zu wollen, und dem Bedürfnis, alleine ohne sie auskommen zu können.

Wäre damit nun die Frage beantwortet, *welche* Konflikte Ernst bei seinem Spiel symbolisch darstellen und bearbeiten könnte, so stehen wir schon vor der nächsten: *Wie* werden diese Konflikte in Ernsts Spiel bearbeitet, *auf welche Art und Weise* geht ihre Bearbeitung vor sich?

Auf eine Antwort zu dieser Frage müssen wir bis zum Ende dieses Abschnitts warten. Denn während weitgehend Konsens über die Annahme besteht, dass Kinder beim Spielen Konflikte verarbeiten und lösen können, ist weitgehend unbeleuchtet, *wie* bzw. *wodurch* Konfliktverarbeitung und -lösung im Spiel erfolgt (vgl. Spiel/Datler 1984, 91): Seit Zulliger (1952, 72; vgl. 1951, 85, 92; 1969, 193) entdeckte, dass Kinder beim Spielen „regelmäßig ihre Konflikte darstellen und bearbeiten", und seit Zulliger postulierte, dass diese Funktion in der deutungsfreien Kinderpsychotherapie *wesentlich zur Heilung beiträgt* (vgl. z.B. Zulliger 1952, 85f; 1966, 169), erfuhr die eben erwähnte Annahme zwar Eingang in zahlreiche Publikationen (vgl. z.B. Peller 1952, 94; 1955, 45; Erikson 1966, 101f; Sänger 1969, 203; Nitsch-Berg 1978; Schäfer 1979; 1986, 179, 420; Fatke 1980; Kos-Robes 1980; Leber u.a. 1989; Diepold 1996; 1997; Neuhaus 1997). Hingegen konnte ich zur Frage, *in welcher Weise* die Verarbeitung von Konflikten im Spiel vor sich geht, nur bei zwei Autoren eine klare Antwort finden: bei Nitsch-Berg (1978, 189f) und Schäfer (1979, 245ff).

Darüber hinaus stieß ich aber auf eine beachtliche Anzahl an Hinweisen und Ansätzen, die sich *drei „Antwortrichtungen"* zuordnen lassen, welche sich teils ergänzen, teils konkurrieren. Beiträge, in denen diese drei Richtungen auszumachen sind, stelle ich nun in drei Unterkapiteln vor.

4.1 Nachgehen von im „realen Leben" unterdrückten Strebungen

Die erste hier behandelte Antwortrichtung fokussiert die Differenz zwischen Spiel und „realem Leben"[3]. Diese Antwortrichtung ist zugleich die älteste und jene, zu

[3] Zum Zweck einer der leichteren Lesbarkeit dienenden Vereinfachung übernehme ich hier die vor allem in älterer psychoanalytischer Literatur beliebte Gegenüberstellung

der sich die meisten Beiträge finden. Zusammengefasst liest sich die daraus hervorgehende Antwort so:

> *Beim Spielen können Kinder Konflikte verarbeiten, indem sie dabei jene Strebungen von Konflikten verfolgen, die im sonstigen Alltag (zumeist aufgrund von Forderungen der Außenwelt oder des Über-Ichs) unterdrückt werden müssen. Dadurch können*
> - *die Konflikte einerseits gemildert werden, da dies ein Stück Ausgleich zwischen den widersprüchlichen Konfliktpolen schafft,*
> - *und andererseits Sublimierungen angebahnt werden, welche eine längerfristige Entschärfung von Konflikten sichern.*

Ihre Wurzeln hat diese Antwort in den Arbeiten Zulligers (vgl. 1951, 1952, 1957, 1966, 1969). Zulliger hat die Annahme, dass Kinder beim Spielen Konflikte bearbeiten können und dass es möglich ist, im Spiel auch pathogene Konflikte ohne Bewusstmachung zu bewältigen, geradezu ins Leben gerufen. Er hat aber keine Theorie ausgearbeitet, in der er darstellt, was dabei „innerpsychisch vor sich geht". Seine zahlreichen Beispiele deuten allerdings in die Richtung der eben umrissenen Antwort. Denn Zulliger zeigt immer wieder, wie über das Verfolgen von Strebungen, die im „realen Leben" unterdrückt erden, im Spiel Sublimierungen angebahnt werden (vgl. v.a. Zulliger 1951; 1952; 1957).

Deutlicher als den Arbeiten Zulligers ist die oben formulierte Antwort den Veröffentlichungen Nitsch-Bergs (1978) zu entnehmen: Nitsch-Berg (ebd., 207) legt dar, wie bestimmte Spiele die durch „Erziehungszwänge verursachten Konflikte dadurch bewältigen helfen, dass sie einen abgeschirmten Raum" für Erfahrungen bieten, die im „realen Leben" nicht gemacht werden können. Hierfür streicht sie die Bedeutung des kindlichen Spielens als *Kompromissbildung* heraus (ebd. 54ff, 199, 207), als „Ergebnis eines Kompromisses zwischen den verdrängten frühinfantilen Wünschen und den gesellschaftlich vermittelten Verboten dieser Wünsche". Spiele können nämlich nur dann Raum für unterdrückte Regungen bieten, wenn dies in kompromisshafter Weise – ein Stück „realitäts"-angepasst, verkleidet – geschieht. Wie Zulliger stellt auch Nitsch-Berg (1978, 200ff) Sublimierungen, welche als ein solcher Kompromiss beim Spielen entstehen können, als Mittel zur Konfliktentschärfung dar.

Noch deutlicher fällt die oben vorgestellte Antwort bei Diepold (1997, 1f) aus, die in einer Spielphantasie aus dem Bilderbuch „Wo die wilden Kerle wohnen" (Sendak 1967) die Bearbeitung und Lösung eines erlebten Konflikts zwischen

---

von Spiel und „Realität" bzw. „realem Leben" (vgl. z.B. Freud 1908, 171; Hug-Hellmuth 1924, 143f; Wolffheim 1932, 177; Nitsch-Berg 1978). Korrekt ist dies allerdings nicht. Denn auch Spiel ist ja Realität, selbst wenn es sich von anderen realen Gegebenheiten – vor allem durch das Ausmaß an Einbeziehung von Phantasie – unterscheiden mag. Ich verweise hierzu auf die Ausführungen Winnicotts (1974) zum Spiel als Ergebnis eines Zusammentreffens von äußerer und innerer Realität.

Mutter und Kind identifiziert: Nach einem Streit mit seiner Mutter entfaltet *Max* ein Spiel, bei dem er seine Omnipotenzwünsche und Aggressionen, die er in der Realität unterdrücken muss, ausleben kann: Er begibt sich auf eine Reise zu den wilden Kerlen, wo er Aufregendes erlebt und sogar König wird. Auf diese Weise kann er seine Kränkung ausgleichen, den erlebten Konflikt mildern und schließlich wieder zu seiner Mutter zurückkehren.

Ein besonders anschauliches Beispiel für die Lösung eines Konflikts durch Verfolgen einer Strebung im Spiel, der im „realen Leben" nicht nachgegangen werden kann, bringt Peller (1952, 94): Der dreijährige *Michael*, der sich aus Trennungsangst weigerte, in die Nursery-School zu gehen, spielte „Michael Schoolboy".

4.2 Gespielte Lösungsentwürfe

Mitunter wird die Frage, wie Konflikte beim Spielen verarbeitet werden, in psychoanalytischer Literatur auch wie folgt beantwortet:

> *Kinder können durch Spielen Konflikte bewältigen, indem sie dabei symbolische Lösungsmodelle für ihre Konflikte entwerfen.*

Diese Antwortrichtung ist die unklarste der drei. Explizit fand ich sie nur bei Kos-Robes (1980, 870) formuliert – sehr knapp und einiges offen lassend.

Wie Kinder beim Spielen Lösungen für ihre Konflikte gestalten, ist bei anderen Autoren nachzulesen; z.B. bei Fatke (1980, 1981), der das spielerische Gestalten von Lösungen allerdings nicht mit Konfliktbewältigung in Verbindung bringt. Dass ein Entwerfen von Konfliktlösungen im Spiel zur Verarbeitung und Lösung von Konflikten beiträgt, wird außer bei Kos-Robes aber auch bei Erikson (1978), Rambert (1969a) und Schäfer (1979) ersichtlich:

Erikson (1978, 25ff) legt dies im Zuge seiner Auseinandersetzung mit der entwerfenden, antizipierenden Funktion des Spiels dar: In vielen Spielsituationen beobachtete er, wie Kinder die *Bewältigung von zentralen Konflikten in visuellen Modellen darstellen.* Dies illustriert er ausführlich mit dem Spiel eines afroamerikanischen Buben namens *Robert*, der im Spiel ein Lösungsmodell für seinen Zwiespalt zwischen Körper und Geist konstruierte. Erikson (ebd., 36f) versteht solche gespielten Konfliktlösungen als *Entwurf einer Zukunftshoffnung*, wobei er in erster Linie hoffnungsvolle *Selbst*entwürfe fokussiert. Den Vorgang deren Entwerfens beschreibt er als „*Experimentieren*": Ein neues „Identitätsgefühl" wird dabei ausprobiert.

Aus einer sehr knappen Bemerkung Ramberts (1969a, 441) zu einem therapeutischen Spiel geht hervor, dass gespielte Konfliktlösungen offenbar eine notwendige Voraussetzung erfüllen müssen, um zur Bewältigung von Konflikten beitragen zu können: Sie müssen eine *Veränderung des Kindes symbolisch darstellen*, also einen *neuartigen Selbstentwurf* enthalten.

Ganz ähnlich wie bei Rambert findet sich auch bei Schäfer (1979, 242f) ein Hinweis auf die Bedeutung des Entwerfens von symbolischen „Lösungs*konstruktionen*" für den Kinderpsychotherapieprozess, und ganz ähnlich wie Rambert bezieht sich auch Schäfer auf *neuartige Selbstentwürfe*.

In allen Veröffentlichungen, die in diesem Unterkapitel vorgestellt wurden, wird deutlich gemacht, *wie* Kinder beim Spielen Konfliktlösungen entwerfen und *dass* dies zur Bewältigung ihrer Konflikte beiträgt. Jedoch bleibt offen, *wie* durch dieses spielerische Konfliktlösungsentwerfen eine „reale" Bewältigung von Konflikten vorangetrieben wird und zustande kommen kann. Denn Konfliktlösungen erscheinen im Spiel in *symbolischer Form* und sind deshalb keinesfalls mit „realen", kreativen Konfliktlösungsentwürfen und -lösungen gleichzusetzen (vgl. Fatke 1980, 873f; 1981, 311f). Die Frage, wie gespielte Lösungen zu einer „realen" Bewältigung von Konflikten beitragen, kann ich hier daher nur selbst ein Stück zu beantworten versuchen:

> *Zum einen könnten spielerische Lösungsmodelle eine Verarbeitung von Konflikten vorantreiben, da sie eine Transformation der mit den Konflikten erlebten Unlust zu Lust ermöglichen.* Dies geht aus Bemerkungen Kos-Robes (1980, 878) und Eriksons (1978, 28ff) hervor.
> *Zum anderen könnten gespielte Konfliktlösungen zu einer Bewältigung von „realen" Konflikten führen, da beim Entwerfen derselben verschiedenste Konfliktlösungsstrategien risikolos ausprobiert werden können, welche später einer „realen" Konfliktlösung dienen könnten.* Dies ergibt eine Zusammenschau von Überlegungen Eriksons (1978, 36f) und Fatkes (1980, 1981).

4.3 Projektion, Auseinandersetzung und Reintegration

Die dritte Antwortrichtung zur Frage, *wie* Konflikte beim Spielen bearbeitet werden, ist jene, die in der Literatur am wenigsten Beachtung erfährt. Nichtsdestotrotz ist sie aber auch jene, welche die klarste Antwort bietet. Diese ist ausschließlich auf innerpsychische Konflikte bezogen und lautet:

> *Spielen kann Kindern bei der Verarbeitung ihrer innerpsychischen Konflikte helfen, weil sie dabei folgenden „Kreisprozeß"* (Schäfer 1979) *durchlaufen können:*
> - *Sie können ihre konfliktuösen Strebungen und Persönlichkeitsanteile in verschiedene Spielfiguren, Rollen oder Spielhandlungen projizieren;*
> - *sich so mit diesen in sicherer Distanz auseinandersetzen, was zum Abbau der mit den Konflikten verbundenen Ängste und Spannungen und schließlich zu einer „Versöhnung" mit den Konflikten führen kann;*

- *sodass sie die Konflikte allmählich wieder in ihre psychische Innenwelt reintegrieren können, ohne dass diese dort allzu bedrohlich sind.*

Erste Ansätze einer Darstellung dieses Kreisprozesses finden sich bei Klein (1926; 1929). Diese richtet ihren Fokus allerdings nur auf den Schritt der Projektion (vgl. Klein 1926, 201f; 1929, 318ff) und beiläufig auch auf den Schritt der Auseinandersetzung (vgl. Klein 1929, 322), nicht aber auf den Vorgang der Reintegration.

Wie eine Projektion widersprüchlicher innerer Anteile beim Spielen erfolgen kann, führt Klein (1926, 201f; 1929, 318) an einem Spiel der zweijährigen *Rita* vor: Rita spielte gleichzeitig ein Puppenkind, das ins Schlafzimmer der Eltern gehen wollte, und einen Elefanten, der dies verhinderte.

1926 bringt Klein derartige Projektionen noch nicht in Zusammenhang mit Konfliktverarbeitung. 1929 ist jedoch auch schon bei ihr zu lesen, dass durch die spielerische „Verlegung" eines inneren Konflikts „in die Außenwelt" eine „Abschwächung" desselben erzielt wird, da dabei innerpsychische „Spannung" und „Angst" herabgesetzt wird (Klein 1929, 322ff).

Am differenziertesten ist die oben formulierte Antwort bei Schäfer (1979, 245ff) ausgeführt: Wie Kinder ihre Konflikte über den beim Spielen stattfindenden „Kreisprozeß" von Projektion-Auseinandersetzung-Reintegration im Rahmen einer Psychotherapie bewältigen können, arbeitet er an einem Beispiel von Zulliger heraus (1966; zit.n. Schäfer 1979, 245f)[4]: am Therapieverlauf des „verdrossenen und verschlossenen" *Settchens*, das mithilfe variantenreicher Spiele seine zerstörerischen Grundkonflikte bewältigen und in der Folge geheilt werden konnte.

In einer ersten Phase ihrer Therapie veranstaltete Settchen immerfort Kämpfe „um Leben und Tod" zwischen der schönen „Prinzessin Blumenfee" und der bösen „Hexe Nesselbrand": Sie projizierte ihre Konflikte nach außen und setzte sich „in sicherer Distanz" mit ihnen auseinander. In einer zweiten Phase übernahm Settchen plötzlich selbst die Rolle der Hexe – allmählich integrierte sie ihre Konflikte wieder „in die psychische Innenwelt" hinein und fand „auch für ihre Aggressivität ein ... gutes Unterkommen in ihr". Danach wurden „neue Kräfte" frei, Settchen spielte eine Mutter und ihre Symptome verschwanden.

Für eine derartige Konfliktbewältigung über den Kreisprozess streicht Schäfer die *Bedeutung des Therapeuten* heraus: Dessen Wirken erachtet er v.a. als zentral dafür, dass die Auseinandersetzung mit den veräußerten Konflikten gelingen kann, d.h. dass sie die mit den Konflikten verbundenen Ängste mildert und zu einer „Versöhnung" mit dem Konflikt führt. Dies weckt den Eindruck, Schäfer hielte die spielerische Bewältigung von Konflikten über den Kreisprozess nur im therapeutischen Setting für möglich.

---

[4] Allem Anschein nach ist dieses Beispiel nur in jener Ausgabe von Zulligers „Bausteine zur Kinderpsychotherapie" enthalten ist, welche 1966 erschien. Da mir deren Beschaffung nicht möglich war, kann ich mich hier leider bloß auf Schäfer (1979) beziehen.

Gegen diesen Eindruck spricht aber Schäfers (1986, 397ff) Beschäftigung mit der psychischen Bedeutung von Märchen. Diese sieht er nämlich darin begründet, dass in Menschen, wenn sie Märchen lesen, hören oder nachspielen, ein Prozess ausgelöst wird, der dem Kreisprozess sehr ähnlich ist.

Dafür, dass der Kreisprozess von Projektion-Auseinandersetzung-Reintegration dem Kind nicht allein im therapeutischen Setting bei der Bewältigung seiner Konflikte hilft, spricht darüber hinaus auch eine Bemerkung Nitsch-Bergs (1978, 189f) in Anlehnung an Kardos und Peto (1956; zit. nach Nitsch-Berg 1978, 189f). Dort wird selbiger Kreisprozess als *allgemeine* Möglichkeit des Spiels zur Konfliktverarbeitung dargestellt: als Weg zur Reintegration von konfliktuösen „Teilen des Ichs", welche „abgespalten" und ins Unbewusste eliminiert wurden.

Nun, am Ende meines Überblicks zu den drei Antwortrichtungen, bleibt zu den drei dabei vorgestellten Prozessen noch *zweierlei* zu bemerken:

(a) Im Rahmen dieser drei Prozesse kommen alle vier im vorigen Abschnitt vorgestellten Vorgänge zum Tragen, wobei v.a. der Vorgang des spielerischen *Abreagierens* von herausragender Bedeutung für die Bearbeitung von Konflikten im Spiel zu sein scheint: Er dürfte bei *allen drei* Prozessen beteiligt sein (vgl. Zulliger 1952, 72ff; 1957, 91; Rambert 1969a, 438; 1969b, 61ff; Nitsch-Berg 1978, 200; Kos-Robes 1980, 870).

(b) Auch die Abgrenzung der drei Prozesse ist eine fiktive: Bei kaum einem Spiel, in dem Konflikte thematisiert werden, wird nur *einer* dieser Prozesse zu tragen kommen.

Dies wird nun auch an *Ernsts* Holzspulen-Spiel ersichtlich, da die eingangs aufgeworfene Frage, auf welche Art und Weise Ernst dabei seine vermutlichen Konflikte bearbeiten könnte, folgendermaßen beantwortbar ist:

Seinen Konflikt zwischen zärtlichen und aggressiven Gefühlen der Mutter gegenüber könnte Ernst zum einen im Sinne der ersten Antwortrichtung bearbeiten; nämlich indem er beim Holzspulen-Spiel den aggressiven Strebungen dieses Konflikts nachgeht, welche er im „realen" Lebensalltag nicht verfolgt: Im „realen Leben" geht Ernst offenbar den zärtlichen Strebungen gegenüber seiner Mutter nach. Beim Holzspulen-Spiel schleudert Ernst symbolisch seine Mutter öfters weg, als er sie zu sich holt und befriedigt so seine (im „realen Leben" unterdrückten) Rachegelüste (vgl. Freud 1920, 226). Auf diese Weise könnte Ernst seinen Mutter-Ambivalenzkonflikt ein Stück weit entschärfen bzw. ausgleichen.

Denselben Konflikt könnte Ernst beim Holzspulen-Spiel zum anderen aber auch im Sinne der dritten Antwortrichtung bearbeiten; nämlich indem er den Kreisprozess Projektion-Auseinandersetzung-Reintegration dadurch startet, dass er den Konflikt „ausspielt": Die widersprüchlichen Strebungen des Konflikts könnte Ernst in die unterschiedlichen Spielhandlungen – die aggressiven ins Wegschleuderns und die zärtlichen ins Herbeiholen – projizieren. Und beim wiederholten Spielen könnte er sich risikolos mit ihnen auseinandersetzen.

Auf die selbe Art und Weise – also ebenfalls im Sinne der dritten Antwortrichtung – könnte Ernst gleichzeitig auch seinen möglichen Konflikt zwischen regressiven und progressiven Tendenzen bearbeiten: Er könnte diesen Konflikt veräußern, indem er die progressiven Tendenzen ins Wegschleudern und die regressiven ins Zurückholen der Holzspule projiziert. So könnte er auch diesen Konflikt außerhalb seiner selbst „kämpfen" lassen und sich in sicherer Distanz mit ihm auseinandersetzen.

Ob und inwiefern Ernsts derartige Veräußerung dieser beiden Konflikte und seine sicher-distanzierte Auseinandersetzung mit ihnen zu einer Bewältigung führt, bleibt *offen*: Durch die Veräußerung würde zwar in jedem Fall die mit den Konflikten verbundene innerpsychische Spannung herabgesetzt (vgl. Klein 1929, 322). Jedoch bleibt *ungeklärt*, inwiefern Ernsts spielerische Auseinandersetzung die mit den Konflikten verbundenen Ängste lindern kann; und inwiefern folglich die Auseinandersetzung darin münden könnte, dass sich Ernst mit seinen beiden Konflikten „versöhnen" und sie wieder in seine psychische Innenwelt rückintegrieren kann, ohne dass sie dort noch allzu bedrohlich für ihn sind (vgl. Schäfer 1979, 246).

Dass Ernst eine Weile, nachdem er bei seinem Fort-Da-Spiel mit der Holzspule beobachtet wurde, vor dem Standspiegel *mit sich selbst* Fort- und Da-Sein spielt (vgl. Freud 1920, 225), könnte allerdings ein Zeichen dafür sein, dass er dabei ist, seine in das Holzspulen-Spiel projizierten Konflikte wieder rückzuverinnerlichen.

5. Abschließende Bemerkungen

Immer wieder wird in psychoanalytischen Veröffentlichungen auf *zwei Voraussetzungen* hingewiesen, die gegeben sein müssen, damit eine Verarbeitung von Erlebnisinhalten im Spiel erfolgen kann:

(1.) *Ein gewisses Maß an psychischer Gesundheit*: Unter starkem psychischem Druck, unter dem Einfluss von psychischen Belastungen und Störungen können Kinder nur eingeschränkt oder gar nicht spielen und die Spielfunktion der Bearbeitung kann nicht in Kraft treten (vgl. Wolffheim 1930, 139; Klein 1932; A. Freud 1953, 1284; 1945, 1022; 1967, 1831; Haffter 1965, 340; Sänger 1969, 203; Winnicott 1969, 110; Biermann 1972, 61; Nitsch-Berg 1978, 163; Schäfer 1986, 420; Kernberg 1995).
Selbst wenn Kinder beim Spielen Bearbeitungsprozesse starten, indem sie überwältigende Erlebnisinhalte wiederholt symbolisieren, kann dies zur Etablierung neurotischer Abwehrmechanismen führen (vgl. Nitsch-Berg 1978, 33):

Verarbeitungsversuche im Spiel können nämlich erfolglos bleiben und darin münden, dass Kinder an Spielen „kleben" bleiben (Peller 1955, 280), d.h., dass sie diese mitunter jahrelang wieder und wieder wiederholen (vgl. A. Freud 1945, 1022; A. Freud & Burlingham 1949, 545f; Kernberg 1995, 17). *Warum wiederholtes Symbolisieren im Spiel in manchen Fällen Bewältigung bewirkt und in manchen nicht, bedarf noch einer Klärung.*

(2.) *Das Kindsein und damit verbundene Eigenschaften*: In älterer Literatur wird oft herausgestrichen, dass aus verschiedenen Gründen nur Kinder, nicht aber Erwachsene, Erlebnisinhalte beim Spielen bearbeiten können (vgl. Wälder 1932, 193; A. Freud 1936, 82ff; Zulliger 1952). In jüngerer Literatur zur Bearbeitung von Erlebnisinhalten im Spiel wird dies scheinbar vorausgesetzt und Erwachsene unkommentiert aus dem Blick ausgeklammert.
Eine Ausnahme hiervon stellt allerdings Peller (1952, 96ff) dar: Sie erklärt ihre Erörterungen zum kindlichen Spiel als „mit wenigen Ausnahmen ebenso gültig für den spielenden Erwachsenen" und hält sogar *ausdrücklich* fest, dass der Übergang von der Passivität zur Aktivität zur Milderung traumatischer Erfahrungen „auch bei Erwachsenen als grundlegender Mechanismus vieler Spielaktivitäten anzusehen" ist. Der Frage, *ob und inwiefern auch Erwachsene beim Spielen Erlebnisinhalte bearbeiten können*, ist also noch näher nachzugehen. Ich werde dies andernorts unternehmen.

Außerordentlich bemerkenswert ist, dass die hier vorgestellten psychoanalytischen Theorien der Bearbeitung von Erlebnisinhalten durch Spiel im jüngeren Diskurs über „heilende Kräfte" im kindlichen Spiel bzw. über Deutung und Deutungsfreiheit in der Kinderpsychotherapie weitgehend außer Acht gelassen wird (vgl. Bittner 1976; Schäfer 1979; 1989, 152ff; Fatke 1980; Spiel & Datler 1984; Datler 1985; 1995, 173ff; Naumann-Lenzen 1994). Und dies, obwohl ihre Einbeziehung äußerst naheliegend wäre – werden doch ähnliche Prozesse, die für Bearbeitung im Spiel als bedeutend beschrieben werden, auch für das Durcharbeiten in der Erwachsenentherapie als wesentlich erachtet (vgl. Thomä & Kächele 1985, 387ff). Einen Brückenschlag hierzu habe ich andernorts versucht (Gartner 2003)[5].

Literatur

Bettelheim, B. (1987): Ein Leben für Kinder. Erziehung in unserer Zeit. Deutsche Verlags-Anstalt: Stuttgart

---

[5] Dieser Artikel entstand in Anlehnung an meine Diplomarbeit (Gartner 2003). Alles hier Angerissene kann dort ausführlicher nachgelesen werden.

Biermann, G. (1972): Die psychosoziale Entwicklung des Kindes in unserer Zeit. Reinhardt: München

Bittner, G. (1976): Die „heilenden Kräfte“ im kindlichen Spiel. In: Halbfas, H., Maurer, F., Popp, W. (Hrsg.): Neuorientierung des Primarbereichs. Band 6: Spielen, Handeln, Lernen. Klett: Stuttgart, 41-52

Datler, W. (1985): Psychoanalytische Repräsentanzenlehre und pädagogisches Handeln. Eine Anmerkung zu Zulligers Methode der „deutungsfreien Kinderpsychotherapie“ und deren möglicher Relevanz für Pädagogik. In: Bittner, G., Ertle, C. (Hrsg.): Pädagogik und Psychoanalyse. Beiträge zur Geschichte, Theorie und Praxis einer interdisziplinären Kooperation. Königshausen & Neumann: Würzburg

Datler, W. (1995): Bilden und Heilen. Auf dem Weg zu einer pädagogischen Theorie psychoanalytischer Praxis. Grünewald: Mainz

Datler, W., Steinhardt, K., Ereky, K. (2002): Vater geht zur Arbeit ... Über triadische Beziehungserfahrungen und die Ausbildung triadischer Repräsentanzen im ersten Lebensjahr. In: Steinhardt, K., Datler, W., Gstach, J. (Hrsg.): Die Bedeutung des Vaters in der frühen Kindheit. Psychosozial-Verlag: Gießen, 122-141

Diepold, B. (1996): Erinnern und Entwerfen im Spiel. In: Buchheim, P., Cierpka, M., Seifert, T. (Hrsg.): Lindauer Texte. Texte zur psychotherapeutischen Fort- und Weiterbildung. Springer: Berlin, 207-217

Diepold, B. (1997): Konfliktbewältigung und Persönlichkeitsentwicklung im Spiel aggressiver Kinder. Unveröffentlichter Vortrag. Online im WWW unter URL: http://www.diepold.de/barbara/bregspie.pdf (20.06.2003)

Ekstein, R. (1976): Die Bedeutung des Spiels in der Kinderpsychotherapie. In: Biermann, G. (Hrsg.): Kinderpsychotherapie. Handbuch zu Theorie und Praxis. Fischer: Frankfurt, 1994, 66-74

Erikson, E. H. (1937): Traumatische Konfigurationen im Spiel. In: Imago 23 (Heft 4), 447-516

Erikson, E. H. (1950): Kindheit und Gesellschaft. Klett: Stuttgart, 1965, 2.Aufl.

Erikson, E. H. (1966): Identität und Lebenszyklus. Drei Aufsätze. Suhrkamp: Frankfurt, 1994, 14.Aufl.

Erikson, E. H. (1978): Kinderspiel und politische Phantasie. Stufen in der Ritualisierung der Realität. Suhrkamp: Frankfurt

Erikson, E. H. (1988): Der vollständige Lebenszyklus. Suhrkamp: Frankfurt

Fatke, R. (1980): Heilende und erziehende Kräfte in der kindlichen Phantasie. In: Spiel, W. (Hrsg.): Die Psychologie des 20. Jahrhunderts. Bd. XII: Konsequenzen für die Pädagogik (2). Kindler: Zürich, 866-876

Fatke, R. (1981): Die Phantasie und das Selbst des Kindes. In: Bittner, G., Harms, E. (Hrsg.): Erziehung in früher Kindheit. Pädagogische, psychologische und psychoanalytische Texte, 1985, 7.Aufl., 308-319

Fenichel, O. (1945a): The Psychoanalytic Theory of Neurosis. Norton: New York

Fenichel, O. (1945b): Psychoanalytische Neurosenlehre, Bd. 1. Psychosozial-Verlag: Gießen, 1997

Ferenczi, S. (1913): Ein kleiner Hahnemann. In: Internationale Zeitschrift für ärztliche Psychoanalyse 1, 240-246

Figdor, H. (1983): Der Beitrag der Psychoanalyse für die Pädagogik der ersten fünfzehn Lebensmonate. Dissertation: Universität Wien

Figdor, H. (1994): Lotta zieht um. Kindliche Konflikte in den Geschichten Astrid Lindgrens. In: Zwettler-Otte, S. (Hrsg.): Kinderbuch-Klassiker psychoanalytisch. Reinhardt: München, 55-79

Flitner, A. (1972): Spielen – Lernen. Praxis und Deutung des Kinderspiels. Piper: München

Freud, A. (1936): Das Ich und die Abwehrmechanismen. Fischer: Frankfurt, 1994

Freud, A. (1945): Indikationsstellung in der Kinderanalyse. In: Die Schriften der Anna Freud, Bd. 4. Kindler: München, 1980, 1011-1040

Freud, A. (1953): Besprechung von James Robertsons Film „Eine Zweijährige geht ins Krankenhaus". In: Die Schriften der Anna Freud, Bd. 4. Fischer: Frankfurt, 1987, 1275-1286

Freud, A. (1967): Anmerkungen zum psychischen Trauma. In: Die Schriften der Anna Freud, Bd. 6. Fischer: Frankfurt, 1987, 1819-1838

Freud, A. (1968): Wege und Irrwege in der Kinderentwicklung. Klett-Cotta: Stuttgart, 1993, 6.Aufl.

Freud, A., Burlingham, D. (1944): Anstaltskinder. In: Die Schriften der Anna Freud, Bd. 3. Fischer: Frankfurt, 1987, 876-1003

Freud, A., Burlingham, D. (1949): Kriegskinder. In: Die Schriften der Anna Freud, Bd. 2. Fischer: Frankfurt, 1987, 496-561

Freud, S. (1908): Der Dichter und das Phantasieren. In: Sigmund Freud Studienausgabe, Bd. 10. Fischer: Frankfurt, 2000, 169-179

Freud, S. (1909): Analyse der Phobie eines fünfjährigen Knaben. In: Sigmund Freud Studienausgabe, Bd. 8. Fischer: Frankfurt, 2000, 9-123

Freud, S. (1912-13): Totem und Tabu. Einige Übereinstimmungen im Seelenleben der Wilden und der Neurotiker. In: Sigmund Freud Studienausgabe, Bd. 9. Fischer: Frankfurt, 2000, 287-444

Freud, S. (1914): Erinnern, Wiederholen und Durcharbeiten. In: Sigmund Freud Studienausgabe, Ergänzungsband. Fischer: Frankfurt, 2000, 205-215

Freud, S. (1917): Eine Kindheitserinnerung aus „Dichtung und Wahrheit". In: Sigmund Freud: Gesammelte Werke, Bd. 12. Fischer: Frankfurt, 1999, 13-26

Freud, S. (1920): Jenseits des Lustprinzips. In: Sigmund Freud Studienausgabe, Bd. 3. Fischer: Frankfurt, 2000, 213-272

Freud, S. (1926): Hemmung, Symptom und Angst. In: Sigmund Freud Studienausgabe, Bd. 6. Fischer: Frankfurt, 2000, 227-308

Freud, S. (1931): Über die weibliche Sexualität. In: Sigmund Freud Studienausgabe, Bd. 6. Fischer: Frankfurt, 2000, 273-292

Fröbel, F. (1838a): Der Ball, das erste Spielwerk der Kindheit. In: Heiland, H. (Hrsg.): Friedrich Fröbel. Ausgewählte Schriften, Bd. 3. Klett-Cotta, 1982, 2.Aufl., 13-33

Fröbel, F. (1838b): Erste Gabe: Der Ball als erstes Spielzeug des Kindes. In: Heiland, H. (Hrsg.): Friedrich Fröbel. Ausgewählte Schriften, Bd. 3. Klett-Cotta, 1982, 2.Aufl., 35-52

Gartner, K. (2003): Warum der kleine Ernst eine Holzspule schleudert. Oder: Die psychoanalytische Theorie der Bearbeitung von Erlebnisinhalten im Spiel. Eine Zusammenschau psychoanalytischer Theoriestücke. Diplomarbeit: Universität Wien

Greenson, R. (1967): Technik und Praxis der Psychoanalyse. Klett-Cotta: Stuttgart, 1995, 7.Aufl.

Haffter, C. (1965): Deutung und Einsicht in der Kinderpsychotherapie aus anthropologischer Sicht. In: Biermann, G. (Hrsg.): Handbuch der Kinderpsychotherapie, Bd. 1. Reinhardt: München, 1973, 2.Aufl., 333-341

Hartmann, K. (1962): Über psychoanalytische „Funktionstheorien" des Spiels. In: Dräger, K., Mitscherlich, A., Richter, H. E. (Hrsg.): Jahrbuch der Psychoanalyse, Bd. 2. Westdeutscher Verlag: Köln, 143-157

Hug-Hellmuth, H. (1924): Neue Wege zum Verständnis der Jugend. Psychoanalytische Vorlesungen für Eltern, Lehrer, Erzieher, Schulärzte, Kindergärtnerinnen und Fürsorgerinnen. Deuticke: Wien

Jones, E. (1919a): Die Theorie der Symbolik. Teil 1. In: Psyche 24, 1970, 942-959

Jones, E. (1919b): Die Theorie der Symbolik. Teil 2. In: Psyche 26, 1972, 581-621

Kardos, E., Peto, A. (1956): Contributions to the Theory of Play. In: British Journal of Medical Psychology 29, 100-112

Kernberg, P. F. (1995): Die Formen des Spielens. In: Studien zur Kinderpsychoanalyse, Bd. 12. Vandenhoeck & Ruprecht: Göttingen, 9-34

Klein, M. (1926): Die Psychologischen Grundlagen der Frühanalyse. In: Melanie Klein gesammelte Schriften, Bd. 1., Teil 1. Frommann: Stuttgart, 1995, 195-210

Klein, M. (1929): Die Rollenbildung im Kinderspiel. In: Melanie Klein Gesammelte Schriften. Bd. 1., Teil 1. Frommann: Stuttgart, 313-328

Klein, M. (1932): Die Psychoanalyse des Kindes. Reinhardt: München, 1971, 2.Aufl.

Kos-Robes, M. (1980): Spiel als Therapie. In: Spiel, W. (Hrsg.): Die Psychologie des 20. Jahrhunderts. Bd. XII: Konsequenzen für die Pädagogik (2). Kindler: Zürich, 877-892

Kris, E. (1951): Frühe autoerotische Aktivität. Beobachtungen und Erläuterungen. In: Kris, E. (1979): Psychoanalytische Kinderpsychologie. Suhrkamp: Frankfurt, 90-113

Laplanche, J., Pontalis, J.-B. (1972): Das Vokabular der Psychoanalyse, Bd. 2. Suhrkamp: Frankfurt

Leber, A., Trescher, H.-G., Weiss-Zimmer, E. (1989): Krisen im Kindergarten. Psychoanalytische Beratung in pädagogischen Institutionen. Fischer: Frankfurt

Lorenzer, A. (1970): Kritik des psychoanalytischen Symbolbegriffs. Suhrkamp: Frankfurt

Lorenzer, A. (1973): Sprachzerstörung und Rekonstruktion. Vorarbeiten zu einer Metatheorie der Psychoanalyse. Suhrkamp: Frankfurt, 1995, 4.Aufl.

Lorenzer, A. (1981): Das Konzil der Buchhalter. Die Zerstörung der Sinnlichkeit. Eine Religionskritik. Europäische Verlagsanstalt: Frankfurt

Mauthe-Schonig, D. (1995): „Die kleine weiße Ente hat einen Traum..." Psychoanalytische Anmerkungen zu einem Grundschulunterricht, in dem regelmäßig Geschichten erzählt werden. In: Jahrbuch für psychoanalytische Pädagogik 7, 13-32

Naumann-Lenzen, M. (1994): Jenseits der Deutung. Zur Kontroverse um das Verhältnis von Deutungs-, Beziehungs- und Spielaspekten bei Psychopathologien aus der sogenannten präverbalen Lebensphase. In: AKJP 25 (Heft 83), 235-272

Neuhaus, B. (1997): Das Psychodramaspiel mit Kindern an einer Schule für Erziehungshilfe. In: Jahrbuch für psychoanalytische Pädagogik 8, 47-68

Nitsch-Berg, H. (1978): Kindliches Spiel zwischen Triebdynamik und Enkulturation. Der Beitrag der Psychoanalyse und der Entwicklungstheorie Piagets. Klett-Cotta: Stuttgart

Peller, L. (1952): Modelle des Kinderspiels. In: Flitner, A. (Hrsg.): Das Kinderspiel. Texte. Piper: München, 1978, 4.Aufl., 93-107

Peller, L. (1954): Das Spiel im Zusammenhang der Trieb- und Ich-Entwicklung. In: Bittner, G., Harms, E. (Hrsg.): Erziehung in früher Kindheit. Pädagogische, psychologische und psychoanalytische Texte. Piper: München, 1985, 7.Aufl., 277-308

Peller, L. (1955): Das Spiel als Spiegel der Libido-Entwicklung. In: Biermann G. (Hrsg.): Handbuch der Kinderpsychotherapie, Bd. 1. Reinhardt: München, 1973, 3.Aufl., 45-53

Pfeifer, S. (1919): Äußerungen infantil-erotischer Triebe im Spiele. Psychoanalytische Stellungnahme zu den wichtigsten Spieltheorien. In: Imago 5, 243-282

Rambert, M. (1969a): Das Puppenspiel in der Kinderpsychotherapie. In: Biermann, G. (Hrsg.): Handbuch der Kinderpsychotherapie, Bd. 1. Reinhardt: München, 1973, 2.Aufl, 435-442

Rambert, M. (1969b): Das Puppenspiel in der Kinderpsychotherapie. Reinhardt: München, 1976, 2.Aufl.

Sandler, J., Dare, C., Holder, A. (1971): Die Grundbegriffe der psychoanalytischen Therapie. Klett-Cotta: Stuttgart, 1996, 7.Aufl.

Sandler, J., Kennedy, H., Tyson, R. L. (1982): Zur Kinderanalyse. Gespräche mit Anna Freud. Fischer: Frankfurt

Sänger, A. (1969): Die nicht deutende Spieltherapie. In: Biermann, G. (Hrsg.): Handbuch der Kinderpsychotherapie, Bd. 1. Reinhardt: München, 1973, 3.Aufl., 198-210

Schäfer, G. E. (1979): Heilendes Spiel. In: Kindheit 1 (Heft 3), 239-250

Schäfer, G. E. (1986): Spiel, Spielraum und Verständigung. Untersuchungen zur Entwicklung von Spiel und Phantasie im Kindes- und Jugendalter. Juventa: Weinheim

Schäfer, G. E. (1989): Spielphantasie und Spielumwelt. Spielen, Bilden und Gestalten als Prozesse zwischen Innen und Außen. Juventa: Weinheim

Schrader, C. (1993): Trauma und Traumatisierung. In: Mertens, W. (Hrsg.): Schlüsselbegriffe der Psychoanalyse. Verlag Internationale Psychoanalyse: Stuttgart, 170-184

Sendak, M. (1967): Wo die wilden Kerle wohnen. Diogenes: Zürich

Spiel, W., Datler, W. (1984): Deutung und Deutungsfreiheit in der Kinderpsychotherapie. In: Datler, W., Reinelt, T. (Hrsg.): Psychotherapie als Hilfe für das Kind. Reinhardt: München, 82-93

Spitz, R. (1937): Wiederholung, Rhythmus, Langeweile. In: Imago 23 (Heft 2), 171-196

Thomä, H., Kächele, H. (1985): Lehrbuch der psychoanalytischen Therapie, Bd. 1 Grundlagen. Springer: Berlin, 1996, 2.Aufl.

Wälder, R. (1932): Die psychoanalytische Theorie des Spiels. In: Zeitschrift für psychoanalytische Pädagogik 6 (Heft 5/6), 173-183

Winnicott, D. W. (1941): Die Beobachtung von Säuglingen in einer vorgegebenen Situation. In: Winnicott, D. W. (Hrsg.): Von der Kinderheilkunde zur Psychoanalyse. Aus den ‚Collected Papers'. Fischer: Frankfurt, 1983, 31-57

Winnicott, D. W. (1969): Warum Kinder spielen. In: Flitner, A. (Hrsg.): Das Kinderspiel. Texte. Piper: München, 1978, 4.Aufl., 107-111

Winnicott, D. W. (1974): Vom Spiel zur Kreativität. Klett-Cotta: Stuttgart

Winnicott, D. W. (1980): Piggle. Eine Kinderanalyse. Klett-Cotta: Stuttgart

Wolffheim, N. (1930): Psychoanalyse und Kindergarten. In: Biermann, G. (Hrsg.): Psychoanalyse und Kindergarten und andere Arbeiten zur Kinderpsychologie von Nelly Wolffheim. Reinhardt: München, 1966, 103-154

Wolffheim, N. (1932): Aus dem Schrifttum Freuds. In: Zeitschrift für psychoanalytische Pädagogik 6 (Heft 5/6), 173-183

Wolffheim, N. (1951): Freud zur Kinderpsychologie. In: Biermann, G. (Hrsg.): Psychoanalyse und Kindergarten und andere Arbeiten zur Kinderpsychologie von Nelly Wolffheim. Reinhardt: München, 1966, 9-89

Wolffheim, N. (1953): Psychologisches zum Kinderspiel. In: Biermann, G. (Hrsg.): Psychoanalyse und Kindergarten und andere Arbeiten zur Kinderpsychologie von Nelly Wolffheim. Reinhardt: München, 1966, 155-167

Zulliger, H. (1951): Schwierige Kinder. Zwölf Kapitel über Erziehung, Erziehungsberatung und Erziehungshilfe. Huber: Bern, 1963, 5.Aufl.

Zulliger, H. (1952): Heilende Kräfte im kindlichen Spiel. Klett-Cotta: Stuttgart, 1990

Zulliger, H. (1957): Bausteine zur Kinderpsychotherapie und zur Kindertiefenpsychologie. Huber: Bern

Zulliger, H. (1966): Die Angst unserer Kinder. Zehn Kapitel über Angstformen. Angstwirkungen, Vermeidung und Bekämpfung der kindlichen Ängste. Klett: Stuttgart

Zulliger, H. (1969): Die deutungsfreie psychoanalytische Kinderpsychotherapie. In: Biermann, G. (Hrsg.): Handbuch der Kinderpsychotherapie, Bd. 1. Reinhardt: München, 192-198

Jüngere Publikationen zu speziellen Praxisbereichen und Fragestellungen der Psychoanalytischen Pädagogik

Andrea Tober & Michael Wininger

Seit 1989 ist die Redaktion des Jahrbuchs für Psychoanalytische Pädagogik darum bemüht, jede Ausgabe mit einer Literaturübersicht zu beschließen. In Umschauartikeln werden aktuelle Veröffentlichungen zu verschiedenen Fragestellungen psychoanalytisch-pädagogischer Theoriebildung und Praxis überblicksweise dokumentiert. Dies soll dazu beitragen, das Fehlen einer regelmäßig erscheinenden Bibliographie zu kompensieren[1]. Angesichts der Vielzahl an vorzustellenden Publikationen halten wir es für sinnvoll, den diesjährigen Umschauartikel in mehrere thematische Abschnitte zu unterteilen. Auch wenn manche der zu rezensierenden Beiträge nicht eindeutig zuzuordnen sind, scheint folgende Kapitelgliederung dienlich zu sein:

1. Publikationen zu grundlegenden und historischen Fragestellungen Psychoanalytischer Pädagogik
2. Jüngere Literatur zu verschiedenen Praxisbereichen Psychoanalytischer Pädaggik
3. Beiträge zu entwicklungspsychologischen und sozialisationstheoretischen Fragestellungen
4. Veröffentlichungen zu weiteren Themenstellungen mit psychoanalytisch-pädagogischer Relevanz

1. Publikationen zu grundlegenden und historischen Fragestellungen Psychoanalytischer Pädagogik

1.1 Zum Selbstverständnis Psychoanalytischer Pädagogik

Im Zuge der Recherchen für die vorliegende Literaturumschau fanden sich keine

[1] Damit dieses Vorhaben möglichst umfassend realisiert werden kann, bittet die Redaktion auch weiterhin alle Autorinnen und Autoren, Zeitschriftenredaktionen und Verlage, entsprechende Rezensionsexemplare, Sonderdrucke oder zumindest Literaturhinweise zu übermitteln an: *Ao. Univ. Prof. Dr. Wilfried Datler, Institut für Erziehungswissenschaft, Universitätsstraße 7, 6. Stock, A-1010 Wien*

aktuellen Publikationen, in denen explizit Fragen des Selbstverständnisses und der Grundlegung von Psychoanalytischer Pädagogik bearbeitet wurden. Jedoch möchten wir auf einen Sammelband hinweisen, der deutlich macht, wie vielgestaltig die Verwiesenheit von Psychoanalyse und Pädagogik aufeinander heute bestimmt wird:

Im Sommersemester 1998 wurde am Fachbereich Erziehungswissenschaft der Universität Hamburg eine hochschulöffentliche Ringvorlesung angeboten, die den HörerInnen Einblicke „in die wissenschaftstheoretische wie handlungspraktische dialektische Verschränkung von Psychoanalyse und Erziehung“ bieten sollte (Warzecha 1999a, 11). Die von Birgit Warzecha (1999a) herausgegebene Dokumentation der Beiträge zur Vortragsreihe markiert verschiedene Positionen der Rezeption von Psychoanalyse in der erziehungswissenschaftlichen Lehre und Forschung. Die inhaltlichen Schwerpunkte der einzelnen Beiträge sind breit gestreut: Garlichs (1999) stellt ein psychodynamisch orientiertes Ausbildungsprojekt für GrundschullehrerInnen vor. Tymister (1999) macht deutlich, dass mit der Analyse und Reflexion der Persönlichkeit von Lehrenden ein entscheidender Beitrag zur Verbesserung des Unterrichts geleistet werden kann. Warzecha (1999b) unterstreicht die zentrale Bedeutung professioneller Reflexions- und Distanzierungshilfen in der heilpädagogischen Arbeit mit traumatisierten Kindern. Gebhard (1999) analysiert die Verdrängung des Todes und der ökologischen Gefahren in modernen Gesellschaften. Marquardt (1999a, 1999b) steuert dem Sammelband zwei Beiträge bei. In seinem ersten Aufsatz stellt er die Frage, ob und inwiefern eine Allianz zwischen Psychoanalytischer Pädagogik und Kampfsport förderlich ist. In seinem zweiten Beitrag fordert er eine stärkere Alltags- und Lebensweltorientierung in der Arbeit mit benachteiligten Heranwachsenden. Ausgehend von einer knappen Einführung in die Grundzüge und die Geschichte der Ethnopsychoanalyse, skizziert er Aspekte der Arbeit mit Jugendlichen, „die fremd innerhalb der eigenen Kultur sind“ (Warzecha 1999a, 11). Pazzini (1999) entfaltet seine These, dass die Produktion von Unsinn und die Produktivität von Unsinn Phasen jeglicher Bildung sind. Warzechas (1999c) zweiter Beitrag beschließt den Sammelband. Sie skizziert die Kernaussagen der Theoriemodelle der Psychoanalyse und des Marxismus und reflektiert sie „ideologiekritisch ... hinsichtlich aktueller gesellschaftlicher Tendenzen“ (ebd.). Darüber hinaus betont sie, dass direkte Verweisungszusammenhänge zwischen Pädagogik, Psychoanalyse und politischen Prozessen bestehen.

1.2 Beiträge zur Geschichte der Psychoanalytischen Pädagogik und der psychoanalytisch-pädagogischen Erziehungsberatung

Bevor der Faschismus die ehrgeizigen Anfänge der Psychoanalytischen Pädagogik erstickte, konnten zahlreiche richtungsweisende Initiativen und Projekte verwirklicht werden. Viele dieser frühen Aktivitäten können auch für die heutige psychoanalytisch-pädagogische Theoriebildung und Praxisgestaltung befruchtend wirken. Deshalb freut es uns, auch heuer wieder einige Publikationen vorstellen zu können, die sich mit Pionieren der Psychoanalytischen Pädagogik und ihren anspruchsvollen Projekten befassen.

Besonders hervorheben möchten wir Wittenbergs (2002) Arbeit zur Geschichte der individualpsychologischen Versuchsschule in Wien. Anfang der 20er Jahre des vorigen Jahrhunderts versuchten engagierte Lehrer individualpsychologische Erkenntnisse für ihre Unterrichtstätigkeit nutzbar zu machen. Tonangebend waren diesbezüglich die Pädagogen Oskar Spiel, Ferdinand Birnbaum und Franz Scharmer. Den reformfreundlichen gesellschaftspolitischen Umständen und ihrer Initiative war es zu verdanken, dass in Wien 1924 eine Versuchsklasse und 1931 eine individualpsychologische Versuchsschule eingerichtet werden konnten. Bereits drei Jahre später setzte der Austro-Faschismus diesem Vorzeigeprojekt ein Ende. Wittenberg gibt einen breiten und differenzierten Einblick in die Entstehungs- und Entwicklungsgeschichte dieser Versuchsschule. Er arbeitet nicht nur die Besonderheiten der dort geleisteten Unterrichts-, Erziehungs- und Beratungsarbeit heraus, sondern er skizziert auch eindrücklich die historischen und bildungspolitischen Rahmenbedingungen dieser Einrichtung. Wittenberg stützt seine Arbeit auf ausgedehntes – zum Teil bisher unveröffentlichtes – Quellenmaterial. Interessante Auszüge davon finden sich im Anhang seines Arbeit.

Auch Heuss-Wolff (2002) stellt ein „Vorzeigeprojekt" der frühen Psychoanalytischen Pädagogik vor. Sie gewährt Einblicke in das heilpädagogische Kinderheim in Berlin-Frohnau; eine Einrichtung, die eng mit dem Namen Annemarie Wolff verbunden ist. Die engagierte Heilpädagogin und Individualpsychologin gründete dieses Heim 1927. Wolffs Einrichtung wurden bald nach der Eröffnung vermehrt „kranke, damals als Psychopathen bezeichnete Kinder" zugewiesen (Heuss-Wolff 2002, 273). Annemarie Wolff orientierte ihre Arbeit stark an tiefenpsychologischen Theorien. In ihrem Heim „wagte man sich in die Tiefen des Unbewussten. Das Gespräch war Arbeitselement, allein und in Gruppe. Minderwertigkeitskomplexe, Probleme der Sexualität, Träume – vieles wurde beachtet. Sublimierung, Kompensation, all diese Themen" standen im Zentrum (ebd.). Wolff befand sich in regem Austausch mit anderen Tiefenpsychologinnen und Tiefenpsychologen, bis auch ihre Initiative vom Faschismus zerstört wurde.

Dem Leben und Werk einer weiteren bedeutenden psychoanalytisch orientierten Pädagogin versucht Kerl-Wienecke (2000) Kontur gewinnen zu lassen. Sie beschäftigt sich eingehend mit Nelly Wolffheim, welche zu den maßgeblichen Wegbereiterinnen der psychoanalytisch-pädagogischen Vorschulerziehung zu zählen ist. Obwohl manche ihrer pädagogischen Überlegungen auch für die heutige psychoanalytisch orientierte Erziehungswissenschaft bereichernd wirken könnten, wurde ihr umfangreiches schriftliches Werk kaum rezipiert. Kerl-Wienecke wirkt diesem Missstand entgegen. Sie führt in Wolffheims pädagogische Konzepte ein und macht deutlich, wie eng ihr pädagogisches Engagement mit ihrer persönlichen Leidens- und Lebensgeschichte verknüpft ist.

Göppel (2002) zeichnet einen Versuch, die traditionelle Form von Schule und Unterricht vor dem Hintergrund psychoanalytischer Überlegungen zu verändern, nach. Zwischen 1927 und 1932 existierte in Wien eine psychoanalytisch orientierte private Alternativschule, die von Anna Freud und später von August Aichhorn geleitet wurde. Göppel betitelt seine Ausführungen „Die Burlingham-Rosenfeld-Schule in Wien – Schule und Unterricht für die Kinder des psychoanalytischen Clans". Bereits aus dieser Überschrift wird ersichtlich, dass es sich um eine elitäre Institution mit klar umrissenem Klientel handelte. Ins Leben gerufen wurde sie von der wohlhabenden amerikanischen Fabrikantentochter Dorothy Tiffany Burlingham zusammen mit Anna Freud und Eva Rosenfeld. Dem Projekt lag die Idee zugrunde, den Kindern der „Wiener Psychoanalytischen Gemeinde" eine angemessene Schulbildung zu ermöglichen. Anhand der Erinnerungen Peter Hellers, eines ehemaligen Schülers der Burlingham-Rosenfeld-Schule, beschreibt Göppel die methodischen Prinzipien des Unterrichtskonzeptes. Mittels des Einsatzes der damals revolutionären Projekt-Methode versuchte man der kindlichen Explorationslust und Lernfreude gerecht zu werden. Darüber hinaus waren die Lehrer darum bemüht, Aufschluss über die unbewussten Phantasien, Wünsche und Ängste ihrer Kinder zu erhalten. Zu diesem Zweck ließen sie die Schülerinnen und Schüler Aufsätze zu projektionsträchtigen Themen verfassen. Neben Burlingham, Aichhorn und Blos unterrichtete auch Erik Homburger – er wurde später unter dem Namen Erik Erikson bekannt – an dieser Einrichtung.

2. Jüngere Literatur zu verschiedenen Praxisbereichen Psychoanalytischer Pädagogik

2.1 Beiträge zur Eltern-Kleinkind-Beratung und Eltern-Kleinkind-Therapie

Die Zeitschrift „Kinderanalyse" widmete im Jänner 2003 ein Themenheft der „Psychotherapie der frühen Kindheit". Von Klitzing (2003a) behandelt darin die Frage: „Wann braucht ein Säugling einen Psychoanalytiker?" Der Autor gibt einen Überblick über international häufig angewandte kinderpsychotherapeutische Verfahren. Darüber hinaus referiert er Forschungsergebnisse zur frühen Entwicklung der Eltern-Kind-Triade. Pedrina (2003) beleuchtet aktuelle Entwicklungen in der psychoanalytischen Arbeit mit Babys und Eltern sowie spezifische Herausforderungen in der Diagnostik und Behandlung.

Cohen u.a. (2003) stellen ein kindzentriertes Psychotherapieprogramm zur Behandlung gestörter Mutter-Kind-Beziehungen vor. Das dargestellte Programm fokussiert die intergenerationelle Weitergabe von Bindungsmustern.

Mit dem Thema Schlafstörungen im Säuglings- und Kleinkindalter beschäftigt sich Barth (2003). Für die Autorin kommen im Symptom der Schlafstörung ungelöste Trennungsproblematiken zum Ausdruck. Auch Lehmkuhl und Fröhlich (2002) betonen in ihrem Artikel, dass bei der Diagnostik der Schlafstörung besonderes Augenmerk auf die interaktionalen Gesichtspunkte der Eltern-Kind-Beziehung gelegt werden muss. Die Häufigkeit von Schlafstörungen bei älteren

Kindern sehen die Autoren in der mangelnden Fähigkeit vieler Eltern begründet, konsequent klare Einschlafrituale und Zubettgehzeiten zu etablieren.

2.2 Publikationen über spezifische psychoanalytisch-pädagogische Interventionsformen

Anlässlich des 60. Geburtstages von Helmut Reiser wurde von Birgit Warzecha (2002) eine Festschrift herausgegeben, die den Titel „Zur Relevanz des Dialogs in Erziehungswissenschaft, Behindertenpädagogik, Beratung und Therapie" trägt. In dieser Veröffentlichung findet sich ein Aufsatz von Gerspach (2002a), der dem Beitrag der Psychoanalyse zum Dialog, und insbesondere der Bedeutung des Dialogs für die pädagogische Arbeit, nachgeht. Unter Bezugnahme auf Ergebnisse der neueren Säuglingsforschung skizziert er die Relevanz des Dialogs zwischen Mutter und Kind in der frühen Entwicklung. Er unterstreicht die Wichtigkeit der „Affektabstimmung", welche er als eine sehr frühe Form des Dialogs ausweist. „Der Säugling fühlt Affekte, die Eltern fühlen und benennen sie. Die emphatische Verbindung besteht also in einem gemeinsam geteilten Gefühl, welches der Erwachsene mit bestimmten Schlussfolgerungen verbindet, die sich ihm aus dem affektiven Austausch offenbaren" (Gerspach 2002a, 145). Der Autor bemerkt, dass dieser frühe Dialog sehr anfällig ist für Fehlabstimmungen und zeigt mögliche Folgen eines Scheiterns der frühen Affektabstimmung (etwa Verhaltensstörungen) auf. Ein eigenes Kapitel nimmt Gerspachs „Exkurs über szenisches Verstehen" ein. Mit einer ausführlichen Erläuterung dieses Konzeptes zeigt er, inwiefern die „Aufdeckung" von affektiven Fehlabstimmungen förderlich ist für das pädagogische Arbeiten. Als Resümee seiner Betrachtungen formuliert Gerspach (2002a, 162): „Insofern sei betont, dass aus dem Halten und Containing heraus das eigentliche Ziel lautet: Halten und Zumuten. Halten meint dabei, Unterstützung und Vertrauen, die der Pädagoge in seinen Reaktionen vermittelt. Zumuten meint das vorsichtige Abschätzen, was das Kind (bereits) an Problemlösung verwenden kann. Wo besser als an diesem Punkt, sich mit einer affektiven Mangelsituation zu versöhnen, könnten sich Parallelen zwischen der Gestaltung des psychoanalytischen und des pädagogischen Dialogs auftun?"

Hurrys (2002a) Sammelband veranschaulicht die entwicklungsfördernde Dimension der kinderpsychoanalytischen Arbeit. Zu Beginn des dreiteiligen Buches führen Fonagy und Target (2002) sowie Hurry (2002b) in den theoretischen Hintergrund der Kinderanalyse ein. Im zweiten Teil des Bandes folgen detaillierte Beschreibungen der Interaktionen, die sich zwischen dem Kind und dem Analytiker bzw. der Analytikerin entfalten. Der klinische Charakter dieser Falldarstellungen wird im dritten Teil relativiert, in welchem gezeigt wird, inwiefern die Kombination von pädagogischen und therapeutischen Interventionen in der Arbeit mit Kindern Früchte trägt. Zur Illustration ihrer Ausführungen ziehen die Autorinnen und Autoren das Beispiel eines durch den Tod ihres Vaters schwer traumatisierten Mädchens heran. Für das Kind erwies sich der pädagogisch-therapeutische Ansatz des Kindergartens des Anna Freud Centers als besonders entwicklungsfördernd. Das in dieser Einrichtung zur Anwendung gebrachte Konzept zeichnet sich vor allem durch intensive Beobachtungsarbeit und fein abgestimmte Betreuungsverhältnisse aus. Des Weiteren werden Einblicke in die Arbeit eines jungen Sozialpädagogen gegeben, der – mit verschiedenartigsten Interventionsmethoden – versuchte, die Entwicklung eines autistischen Jungen zu fördern.

Günter (2002) beschreibt Wechselwirkungen zwischen Therapie und Pädagogik auf einer Schulkinderstation. Er stellt die psychoanalytisch orientierte Behandlung eines 10-jährigen Mädchens mit schwerer Enkopresis und elektivem Mutismus dar. Günter kommt zu dem Schluss, dass in der Behandlung von psychisch kranken Kindern „therapeutische und pädagogische Hilfestellungen ... unlösbar miteinander verknüpft sind" (2002, 161).

Büttner (2002a) gibt „Anregungen für die pädagogische Praxis aus der Friedens- und Konfliktforschung". Mit seinem Beitrag zieht der Autor eine (Zwischen-)Bilanz seiner Tätigkeit an der Hessischen Stiftung für Friedens- und Konfliktforschung. Der Band bietet eine Zusammenschau von bisher verstreut publizierten Texten. Büttner versucht damit „eine Gesamtdarstellung der Forschungsstrategie ‚Fortbildungsstudie' als eine Annäherung an die Konkretisierung von Friedens- und Konfliktforschung in pädagogischen Handlungsfeldern" (Büttner 2002b, 11). „Fortbildungsstudien" stammen aus der Tradition der Aktionsforschung, zeichnen sich durch ein hohes Maß an Praxisnähe und Praxisrelevanz aus und werden von Büttner als eine vielversprechende Variante des wissenschaftlichen Zugangs im Rahmen der psychologisch-pädagogischen Friedensforschung beschrieben. Der grundlegende theoretische Zugang für die dargestellten Fortbildungsstudien ist die Psychoanalyse als Sozialwissenschaft. Büttners Arbeitshypothesen verbinden individualpsychologische Konzepte mit sozialpsychologischen Ansatzpunkten. Für die Erforschung pädagogischer Interventionen wurden Theorien der Psychoanalytischen Pädagogik, Theorien zu Gruppenprozessen aus der Sozialpsychologie und Theorien über die Anwendung von Psychoanalyse in Gruppen herangezogen. Durch Bezugnahmen auf drei bereits abgeschlossene Fortbildungsstudien macht Büttner die Besonderheiten dieser Forschungsmethode deutlich. Im Anschluss daran stellt er Überlegungen an, inwiefern mit der Methode der Fortbildungsstudie ein Beitrag zur psychologisch-pädagogischen Friedens- und Konfliktforschung geleistet werden kann.

2.3 Psychoanalytische Pädagogik im Kontext von Schule und schulischem Lernen

Die Schule stellt einen der wichtigsten Lern- und Erfahrungsräume außerhalb der Familie dar. Nicht zuletzt deshalb hat die Bearbeitung schulpädagogischer Fragestellungen innerhalb der Psychoanalytischen Pädagogik eine lange Tradition. Zentrales Anliegen psychoanalytisch orientierter Schulpädagogik ist es, das komplexe schulische Interaktionsgeschehen unter Zuhilfenahme von psychoanalytischer

Theorie ein Stück weit verstehbarer und damit auch in förderlicher Weise gestaltbarer zu machen. In letzter Zeit sind auffallend viele Publikationen erschienen, die sich aus psychoanalytischer Perspektive mit Fragen der schulischen Erziehung befassen:

Ein aktueller Sammelband (Fröhlich, Göppel 2003) illustriert eindrücklich, wie vielgestaltig das Thema Schule innerhalb der heutigen Psychoanalytischen Pädagogik bearbeitet wird. In den einzelnen Beiträgen zu diesem Buch suchen die Autorinnen und Autoren nach möglichen Antworten auf die Frage: „Was macht die Schule mit den Kindern? – Was machen die Kinder mit der Schule?" Dem ersten Beitrag stellt Volker Fröhlich (2003) einige historische Streiflichter psychoanalytischer Schulpädagogik voran. Davon ausgehend weist er darauf hin, dass einer psychoanalytischen Reflexion der Institution Schule Grenzen gesetzt sind. Abschließend stellt er Überlegungen dazu an, was eine psychoanalytische Schulpädagogik heutigen Zuschnitts zu leisten im Stande ist. Rendtorff (2003) zeigt – unter Bezugnahme auf Lacan'sche Theoriekonzepte –, dass der Institution Schule Ambivalenzen inhärent sind, die der Entfaltung von Symbolisierungsfähigkeit abträglich sind. Wilfried Datler (2003a) unternimmt eine differenzierte Analyse eines Beobachtungsprotokolls, das die Beziehung zwischen einer Lehrerin und der klassenbesten Schülerin fokussiert. Der Autor macht deutlich, dass mit der Methode der teilnehmenden Beobachtung ein wesentlicher Beitrag zur Erforschung des schulischen Interaktionsgeschehens geleistet werden kann. Darüber hinaus hebt er die Bedeutung des Beobachtens für die Entfaltung psychoanalytisch-pädagogischer Kompetenzen hervor. Rolf Göppel (2003a) unterzieht das sogenannte „Arizona Programm", ein Konfliktmanagementkonzept für den Schulbereich, einer kritischen Analyse. Er stellt diesem Entwurf psychoanalytisch orientierte Konzeptionen der Konfliktbewältigung gegenüber. Bernhard Rauh (2003) erörtert die möglichen Folgen von gesellschaftlichen Transformationsprozessen für psychische Strukturbildungen und Interaktionserfahrungen von Heranwachsenden. Er zeigt, auf welche strukturellen Realitäten Kinder und Jugendliche in der Schule treffen und welchen Sozialisationsprozessen sie unterworfen sind. Abschließend geht er darauf ein, welche Möglichkeiten und Ressourcen die Schule hat, um mit den sich verändernden Gesellschaftsbedingungen umzugehen. Unter Rückgriff auf das Konzept der Triangulierung entwickelt er Überlegungen zur förderlichen Gestaltung schulischer Praxis.

Günther Bittner (2003) plädiert in seinem Beitrag dafür, den Mentalitäten der Heranwachsenden im Unterrichtsalltag vermehrt Rechnung zu tragen. Er meint damit nicht eine Anpassung der Curricula an die Vorlieben der Jugend. Vielmehr fordert er eine Sensibilisierung der Lehrerschaft „für die tieferen Gründe ‚abwehrbedingter' jugendlicher Lernverweigerung" (Bittner 2003, 93). Michael Maas (2003) gibt einen Erfahrungsbericht aus der Praxis einer Freien Alternativschule wieder. Er beschreibt, wie im Rahmen von Projektunterricht bei SchülerInnen Lernprozesse angeregt werden können, die eine entwicklungsförderliche Bearbeitung psychischer Realitäten ermöglichen. Margit Datler (2003) zeichnet nach, wie sich der Stellenwert des Erlebens von Lehrern in schulischen Situationen im Laufe der Geschichte der Psychoanalytischen Pädagogik verändert hat. Ausgehend von zwei kurzen Textausschnitten aus unterschiedlichen Phasen der Psychoanalytischen Pädagogik, stellt sie Ergebnisse ihrer umfassenden, problemgeschichtlich gehaltenen Studie vor (Datler 2001). Helmut Wehr (2003) beschäftigt sich in seinem Beitrag mit dem Burnout-Syndrom. Durch die Herstellung von Analogien zu mythologischen Figuren, versucht er die spezifischen psychischen Belastungen des Lehrerberufs zu veranschaulichen. Annedore Hirblinger (2003) berichtet über ein psychoanalytisch orientiertes Lehrerfortbildungsprojekt. Im Zentrum dieses Konzeptes stehen differenzierte Analysen und Rekonstruktionen von konfliktreich erlebten Schulsituationen. Im letzten Beitrag des Sammelbandes stellt Ariane Garlichs (2003) das „Kasseler Schülerhilfeprojekt" vor. Im Rahmen der universitären Lehrerausbildung wird Studierenden die Möglichkeit geboten, umfassende Erfahrungen mit lernschwierigen und entwicklungsbedrohten Kindern zu machen. Mittels gezielter Reflexionsarbeit wird versucht, die gemachten Erfahrungen in ein vertiefteres Verstehen von bedürftigen Kindern überzuführen (vgl. auch Garlichs 1999).

Heiner Hirblinger (2001) führt in die Psychoanalytische Pädagogik der Schule ein. Im ersten Teil seiner Arbeit markiert er verschiedene Konzeptualisierungsversuche der Psychoanalytischen (Schul-)Pädagogik. Im Anschluss daran bestimmt er methodische Grundlagen und Aspekte der Technik der psychoanalytisch orientierten Arbeit in schulischen Kontexten. Am Ende seines Buches findet sich ein breiter bibliographischer Anhang, der eine Fülle an Publikationen zu verschiedensten schulpädagogischen Fragestellungen versammelt.

Maas (1999) unternimmt eine psychoanalytische Interpretation der Alternativschulpädagogik. Er skizziert ihre Grundlagen und theoretischen Implikationen aus psychoanalytisch-pädagogischer Sicht und reflektiert die Erfahrungen aus der dreißigjährigen Praxis der Freien Alternativschulen kritisch.

Walter (2002) stellt fest, dass die Beschäftigung mit unbewussten bzw. subkognitiven Vorgängen in der Unterrichtswissenschaft eine Renaissance erfährt. Er führt in verschiedene Konzeptionen subkognitiver Prozesse ein und erläutert deren unterrichtstheoretische und didaktische Relevanz. Neben dem psychoanalytischen Entwurf des Unbewussten behandelt er Untersuchungsergebnisse der Kognitiven Psychologie zum „Unbewussten Sequenzlernen". Darüber hinaus diskutiert er Polanyis Konzept des „tacit knowing". Der Autor unterstreicht, dass die „Thematisierung subkognitiver Prozesse (hilfreich ist, um) Möglichkeiten und Grenzen unterrichtsdidaktisch motivierter Einflussnahmen auszuloten" (Walter 2002, 571).

Auch Jacksons (2002) englischsprachiger[2] Beitrag ist schulischen Fragen gewidmet. Er stellt ein Projekt vor, in dessen Rahmen „work discussion groups" mit Schulangestellten durchgeführt wurden. Anhand von kurzen Fallvignetten aus der

---

[2] Auch wenn in diesem Umschauartikel vorwiegend deutschsprachigen Publikationen Raum gegeben werden soll, erscheint es legitim und interessant, vereinzelt auf anderssprachige Veröffentlichungen einzugehen.

Gruppenarbeit illustriert Jackson, wie sich bei den TeilnehmerInnen ein tieferes Verständnis für die Faktoren von Lern- und Lehrprozessen entwickelte und wie ihre Beobachtungsfähigkeit reifte. Der Autor versucht deutlich zu machen, inwiefern „work discussion groups" positiven Einfluss auf das Denken, die Haltung und die Kultur innerhalb von Schulen nehmen können (Jackson 2002, 129). Ein weiterer interessanter englischer Beitrag zur Schule stammt von Kalu (2002). Er thematisiert die Gefühle von LehrerInnen, die mit „Problemkindern" arbeiten. Unter Bezugnahme auf seine eigenen Erfahrungen stellt er fest, dass bei LehrerInnen von „damaged children" oftmals Gefühle der Unzulänglichkeit, Verwirrung und Sinnlosigkeit entstehen. Der Autor geht davon aus, dass solche Gefühle über weite Strecken Ausdruck und Folge von Projektions- bzw. Übertragungsprozessen sind. Er hält es für besonders wichtig, diese Gefühle zu reflektieren und – im Sinne des Bion'schen Containmentkonzepts – zu „bewahren" und zu „verdauen". Die herkömmliche Lehrerausbildung bereitet aber nur äußerst unzureichend auf solche Belastungen und Anforderungen vor. Kalus Beitrag ist somit auch als Forderung zu verstehen, LehrerInnen im Rahmen ihrer Ausbildung gezielt in psychodynamische Aspekte der Lehrer-Schüler-Beziehung einzuführen. Bröckelmann und Felten (2002) begründen – unter Rückgriff auf tiefenpsychologische Überlegungen – die Notwendigkeit von Abstand und Differenz zwischen Lehrer und Schüler. Sie kommen in ihrem Aufsatz zu dem Schluss, dass vieles dafür spricht, „Strenge wieder als bedeutsames Merkmal einer pädagogischen Haltung in der Schule zu konstituieren" (Bröckelmann/Felten 2002, 26).

Mauthe-Schonig, Schonig und Speichert (2000) legen ein Unterrichtskonzept vor, das versucht, die innerpsychische Welt von Schulkindern zu berücksichtigen. Ziel ihrer Bemühungen ist es, die Gefühle, Wünsche, und Phantasien des Schulkindes nicht – zugunsten kognitiver Leistungsanforderungen – zu vernachlässigen. Die (Erfolgs-)Geschichten von der „Kleinen weißen Ente" entsprechen einem Leselernkonzept, das die Beziehungen der Kinder zu den Geschichten, die Beziehung zu sich selbst sowie die Beziehung zur vorlesenden Lehrerin bzw. zum vorlesenden Lehrer und zu anderen Mitschülerinnen und Mitschülern als zentral erachtet. Neben den Geschichten und ihrer psychologischen Interpretation bietet das Buch didaktische Hinweise, methodische Anregungen und eine psychologische Einführung. Die AutorInnen heben die Neigung der Kinder hervor, Dinge und Erscheinungen zu beseelen und Wörter mit magischer Kraft auszustatten. Sie stellen fest, dass Kinder mit Geschichten auf einer nicht ganz bewussten, aber doch wahrgenommenen Ebene angesprochen werden können[3]. Durch die Bearbeitung der angeregten Inhalte im Unterricht, z.B. über die symbolische Darstellung der hervorgerufenen Phantasien und das Sprechen über diese, gelangt das Kind zur

[3] Erzählungen von kleinen Tieren dürften sich hierzu gut eignen. Im Besonderen erfreuen sich jene Bilderbücher, die Aspekte der Triebentwicklung ansprechen, großer Beliebtheit. Beispielsweise haben „Die kleine Raupe Nimmersatt" (Carles 1997) oder „Vom kleinen Maulwurf, der wissen wollte, wer ihm auf den Kopf gemacht hatte" (Holzwarth/Erlbruch 2001) hohe Auflagen erreicht.

Möglichkeit der Versprachlichung von komplexen Sachverhalten. „Das ist das Wertvolle und erspart in vielen Fällen die Handlung" (Mauthe-Schonig 2000, 73).

Die Bedeutsamkeit des emotionalen Lernens und der Erfahrungsbildung für die Professionalisierung von Lehrerinnen und Lehrern hebt Krebs (2002) hervor. Er ist davon überzeugt, dass die Verbreitung psychoanalytisch-pädagogischer Kompetenzen dazu beitragen kann, die Schule aus ihrer aktuellen „Krise" ein Stück weit herauszuführen (Krebs 2002, 47). Dazu sei es nötig, an der Erneuerung der sozialen Beziehungen in Schule und Unterricht anzusetzen, wobei sich die Schule auf ihr (sozial-)pädagogisches Fundament besinnen müsse.

Auch Hirblinger (2002) geht psychoanalytisch-pädagogisch begründeten Impulsen von Professionalisierung im Lehrerberuf nach und stellt in seinem Beitrag die These auf, dass beim Erwerb eines neuen professionellen Ich-Ideals und einer damit assoziierten psychoanalytisch-pädagogischen Methodenkompetenz die Analyse des „adoleszenten Komplexes" im Lehrer in den Mittelpunkt gerückt werden müsse.

Schönig (2000) beschäftigt sich mit Ansätzen der mehrdimensionalen Organisationsberatung von Schulen. Er stellt fest, dass bis in die Gegenwart hinein eine organisationstheoretische Betrachtung der Schule aus psychoanalytischem Blickwinkel in Deutschland ausgeblieben sei. Mit seinem Buch möchte er einen Beitrag dazu leisten, durch den Rückgriff auf psychoanalytische Wissensbestände, eine organisationstheoretische schulbezogene Forschung in Gang zu bringen. Schönig begreift die Schule als besonderen Organisationstypus. Der Autor diskutiert neuere Organisations- und Veränderungstheorien, Theorien des Organisationslernens, der Organisationskultur und systemtheoretische Ansätze. Er bezieht die Ergebnisse aufeinander und versucht die Erkenntnislücken mit Hilfe der Psychoanalytischen Theorie zu schließen. Im Anschluss daran referiert der Autor Beispiele psychoanalytischer Forschung und Beratung in Organisationen. Im Besonderen beschäftigt er sich mit der Bedeutung des Abwehrkonzepts, wobei er sich auf Erfahrungen des Londoner Tavistock Center Of Human Relations, sowie auf Arbeiten einzelner amerikanischer Experten bezieht. Darüber hinaus legt Schönig methodische Prinzipien einer schulentwicklungsbezogenen mehrdimensionalen Beratung dar. In den Vordergrund rückt er diesbezüglich das personale Einbezogensein des Beraters zwischen den Polen der Distanz und der „institutionellen Übertragung".

2.4 Kindergartenpädagogik

Figdor (2002a) entfaltet in 10 Thesen seine Überzeugung, dass Kinder nicht nur lästig sein dürfen, sondern es sogar sein müssen. Er begreift die „Lästigkeit" mancher Kinder als Widerstand gegen die Repressionen des kindlichen Alltags. Figdor stellt den Begriff „Verhaltensstörung", der im Zusammenhang mit unruhigen Kindern häufig fällt, als genialen Mythos dar, der es erlaubt, die Verantwortung für die Störung und deren Behebung auf das Kind oder das Umfeld des Kindes abzuschieben. Weitere Ausführungen des Autors handeln von kindlichen Bedürfnissen und der Notwendigkeit, sich mit sich selbst zu identifizieren und sich in

Kinder einzufühlen, um deren Entwicklungsbedürfnisse spüren zu können. Damit könnten notwendige Grenzen im Umgang mit Kindern in einer neuen, nicht mehr kämpferisch gefärbten Beziehungsatmosphäre eingefordert werden. Zugleich sei dann das Bedürfnis nach Wiedergutmachung wahrnehmbar, was Figdor als „Haltung der verantworteten Schuld" bezeichnet. Darüber hinaus bemerkt er, wie wichtig Dreierbeziehungen für Kinder sind, weil ihnen in Beziehungskonflikten wesentliche Entlastungsfunktionen zukommen. Er gibt Anregungen, wie Buben auch bei weiblichen Bezugspersonen (im Erziehungsbereich sind immer noch hauptsächlich Frauen tätig) zu „männlichen" Identifizierungsangeboten kommen können. Hierauf anknüpfend möchten wir auf einen Aufsatz von King (2000) verweisen, die die adoleszenten Folgen von Identifikationsmankos für Buben aufzeigt. Figdor schließt mit einem Plädoyer dafür, Konflikte als selbstverständlichen Bestandteil pädagogischer Berufswirklichkeit zu verstehen, und nicht als Zeichen individuellen Versagens einzelner Pädagogen.

Ergebnisse Schäfers (2003) umfangreicher Forschungstätigkeit auf dem Gebiet der frühkindlichen Prozesse der Wahrnehmung und Erfahrung von Wirklichkeit sind nun im Band „Bildung beginnt mit der Geburt" dokumentiert. Das Buch setzt sich aus vier Teilen zusammen. Der erste geht der Frage nach: „Was ist frühkindliche Bildung?" Schäfer zeigt, dass Bildung von Geburt an geschieht, indem er die Aneignung von Wirklichkeit durch die Verarbeitung kognitiver, emotionaler und leiblicher Erfahrungen als spezifische Bildungsprozesse begreift. Durch die Darstellung von Erkenntnissen aus verschiedenen Forschungsrichtungen wie Entwicklungspsychologie, Tiefenpsychologie, Säuglings- und Wahrnehmungsforschungen entwirft er ein komplexes Bild der Kindheit. Der zweite Teil des Buches beschreibt Aufgaben frühkindlicher Bildung. Hier widmet er sich ausführlich den sinnlichen, ästhetischen, sprachlichen und denkend-forschenden „Werkzeugen" (Schäfer 2003, 102) die Kinder bis zum dritten Lebensjahr benutzen, um sich ein Bild von sich und ihrer Umwelt zu machen. Im dritten Teil werden vorangegangene Überlegungen in konkrete pädagogische Aufgabenstellungen umgesetzt. Vorgestellt werden Schlussfolgerungen für die Gestaltung von Bildungsprozessen in Kindertagesstätten für Kinder von drei bis sechs Jahren. Der vierte Abschnitt stellt Vorschläge für verschiedene Bereiche der frühkindlichen Bildung in Form eines offenen Bildungsplanes dar, wie er in einigen Bundesländern Deutschlands zur Diskussion steht.

Büttner (2002c) problematisiert institutionelle Hürden in professionellen Erziehungsverhältnissen. Er stellt fest, dass „es Kindern um so besser geht, je wohler sich die Pädagoginnen in ihrer Einrichtung fühlen" (Büttner 2002c, 3). Wesentliche Faktoren dieses „institutionellen Wohlbefindens" seien die Kalkulierbarkeit von Risiken und das damit verbundene Gefühl der Sicherheit. Büttner unterstreicht in diesem Zusammenhang die besondere Bedeutung, die der Leitung von Institutionen bei der Etablierung von gesicherten Verhältnissen zukommt. Anhand von Fallbeispielen zeigt Büttner, dass schwierige pädagogische Beziehungen vielfach als Spiegelungen von institutionellen Schwierigkeiten verstanden werden können.

2.5 Sonder- und Heilpädagogik sowie Sozialpädagogik

Hierzu möchten wir auf die stark überarbeitete und erweiterte Neuausgabe des unter gleichem Titel erstmals 1992 erschienen Taschenbuches "Gewalttätige Kinder. Psychoanalyse und Pädagogik in Schule, Heim und Therapie" hinweisen. Heinemann, Rauchfleisch und Grüttner (2003) thematisieren entwicklungsförderndes Handeln mit aggressiven und teilweise dissozialen Kindern, Jugendlichen und Erwachsenen, wobei die konzeptionelle Bedingung ihres Ansatzes die Kombination des psychoanalytischen und des pädagogischen Nachdenkens darstellt. Lehrbuchhaft werden in den einzelnen Abschnitten theoretische Vorüberlegungen zur Psychodynamik aggressiver Menschen (Triebtheorie, psychoanalytische Ich-Psychologie, Objektbeziehungstheorie, Narzissmuskonzepte) sowie Methoden und Modelle für den Umgang mit Gewalt (vor allem die Konzepte des szenischen Verstehens und des fördernden Dialogs) aus praxisnaher Perspektive erläutert. Die Autorinnen und Autoren widmen sich wichtigen Praxisfeldern psychoanalytisch-pädagogischen Denkens und Handelns (z.B. der [Sonder-]Schule, Heimerziehung, Erziehungshilfe sowie Psychotherapie). Die neue Ausgabe zeichnet sich vor allem durch Bezüge auf aktuelle Literatur sowie durch einige Erweiterungen (etwa das Kapitel "Die Bedeutung von Strafe bei aggressiven Kindern", oder der Abschnitt über Aggression aus der Sicht der modernen Säuglings- und Kleinkindforschung) aus.

Einen differenzierten Beitrag zur aktuellen Debatte um aggressive und gewaltbereite Kinder und Jugendliche liefert Göppel (2002). In fünf Teilen, deren einzelne Kapitelüberschriften oft als offene Problemfragen formuliert sind, geht er auf herrschende Brenn-, Problem-, und Streitpunkte zur Aggressionsthematik in der aktuellen Pädagogik ein. Göppel beginnt mit der Darstellung von Strategien, die Pioniere der Psychoanalytischen Pädagogik (Aichhorn, Bernfeld, Zulliger, Erikson, Redl) bei aggressiven und gewaltbereiten Kindern und Jugendlichen verfolgten. Er macht damit deutlich, dass die Problematik keinesfalls neu ist. In den darauffolgenden Kapiteln werden gängige Thesen zum Umgang mit aggressiven Kindern und Jugendlichen einer kritischen Überprüfung unterzogen. Im Anschluss daran stellt Göppel den Positionen der "Verhaltensgestörtenpädagogik" aktuelle Ergebnisse von Studien der Resilienzforschung gegenüber. Abgeschlossen wird das Buch mit einem Plädoyer des Autors für die Auseinandersetzung mit autobiographischen Texten von Menschen, die in problematischen Entwicklungs- und Erziehungsverhältnissen aufgewachsen sind, da dies Empathie und damit auch pädagogisches Verstehen fördere (vgl. dazu die Rezension von Hirblinger in diesem Band).

Büttner (2002a) diskutiert die Sinnhaftigkeit von Grenzen und Strafen im Erziehungsprozess. Zunächst erläutert er einige zentrale Probleme des Jugendalters. Des weiteren führt er aus, dass insbesondere jene Jugendliche, die in der früheren Kindheit Vernachlässigungen ausgesetzt waren, und somit gewisse Entwicklungsaufgaben nicht meistern konnten, später mit destruktiven Verhaltensweisen auf frustrierende Erlebnisse reagieren. Büttner plädiert dafür, diesen Jugendlichen eine haltende, nachsozialisierende Beziehung bereitzustellen. Er merkt jedoch an, dass eine solche intensive Art der Beziehungsgestaltung traditionelle Erziehungseinrichtungen überfordern würde. Der Autor ist davon überzeugt, dass eine Reduktion der jugendlichen Gewaltbereitschaft nur dadurch zu erreichen ist, indem man den Heranwachsenden Signale der Wertschätzung und des Sich-Kümmerns entgegenbringt. Ohne diesen Respekt, so Büttner, werde man in der pädagogischen Beziehung vergeblich auf die Wirkung von Strafen und Grenzen warten.

Eine Fülle von Publikationen beschäftigt sich verstärkt mit dem Phänomen der unruhigen und unaufmerksamen Kinder. Der Buchmarkt kann kaum gesättigt werden, obwohl er – so scheint es – angesichts der Vielzahl an Ratgebern überquellen müsste. In Zeitungen und Rundfunksendungen wird Stellung genommen und Fachperiodika bringen diesbezügliche Schwerpunktausgaben heraus. Beispielsweise hat die Zeitschrift „Kindheit und Entwicklung" (2/2002) ein Themenheft der ADHS (Aufmerksamkeitsdefizit-Hyperaktivitätsstörung) gewidmet. Darüber hinaus wurden Kongresse abgehalten, die sich mit dieser Thematik beschäftigen. So fand im Frühjahr 2001 in Frankfurt am Main die 7. Konferenz der Arbeitsgemeinschaft für Wissenschaftlichen Austausch der Vereinigung Analytischer Kinder- und Jugendlichen-Psychotherapeuten statt. Das Thema der Tagung lautete „Neues vom Zappelphilipp?" und bot ein Forum zur Diskussion aktueller Entwicklungen im Krankheitsverständnis sowie in der Behandlung der sogenannten ADS (Aufmerksamkeits-Defizit-Störung). Die Konferenz war Anlass zur Umsetzung des Buches „Unruhige Kinder. Psychoanalyse des hyperkinetischen Syndroms", herausgegeben von Bovensiepen, Hopf und Molitor (2002). Die Autorinnen und Autoren dieses Bandes stellen fest, dass die ADS in den letzten Jahren geradezu zu einer „Modediagnose" wurde. Gängige Praxis sei es, nach der Beschreibung des Phänomens auf der Verhaltensebene, das Psychopharmakum „Ritalin" zu verabreichen. Das Buch richtet sich gegen diese Usance und der damit verbundenen Abschiebung der Problematik – als klinisches Syndrom – auf die Kinder. Mit Rückgriffen auf Theorien von Margret Mahler, Melanie Klein, Donald W. Winnicott, Esther Bick und Renè Spitz werden von unterschiedlichen Autoren Krankheitsverständnisse und Behandlungsansätze beschrieben, die in psychoanalytischer Tradition stehen und weitgehend auf medikamentöse Behandlung verzichten. Die Autorinnen und Autoren geben zahlreiche Fallberichte wieder und beschreiben die Vorzüge einer auf psychische und soziale Veränderung abzielenden psychoanalytischen Behandlung.

Ebenfalls für einen nichtmedizinischen Blick auf die ADS plädieren die Autoren des Buches „Kinder mit gestörter Aufmerksamkeit. ADS als Herausforderung für Pädagogik und Therapie". Anliegen der Autorinnen und Autoren ist es, die Problematik als eine genuin pädagogische in den Blickpunkt zu nehmen. Als Hintergrund für diese Sichtweise dienen Mattners (2002) Informationen zur zunehmenden Biologisierung abweichenden kindlichen Verhaltens sowie Ausführungen von Amft (2002), der aus einer kritischen sozialmedizinischen Perspektive über die ADS-Problematik schreibt. Manfred Gerspach (2002b) erläutert seine These, dass das Phänomen der Aufmerksamkeitsstörung mit einer globalen Veränderung von

Lebens- und Erziehungsformen zusammenfällt und wirft die Frage auf, ob zwischen individuellen Lern- und Verhaltensproblemen und den gesamtgesellschaftlichen Rahmenbedingungen unter denen Kinder heutzutage aufwachsen, ein innerer Zusammenhang besteht. Er gibt zu bedenken, dass auf gesellschaftlicher Ebene Wertewandel vollzogen werden: mit der Liberalisierung der Weltmärkte, marktgerechter Modernisierung der Bildungspolitik, etc. würde Bildung zur Ausbildung umdefiniert werden. In Bezug auf Schulschwierigkeiten gelte es, die Schule als ein gesellschaftliches Qualifizierungs-, Einordnungs-, und Zuweisungsinstrument zu begreifen. Gerspach führt aus, warum es unter entwicklungspsychologischen Gesichtspunkten angemessen erscheint, die Aufmerksamkeitsstörung, bzw. den hyperkinetischen Bewegungsdrang als Ausdruck eines beeinträchtigten Affektlebens vor dem Hintergrund unbewältigter Konflikte oder defizitärer Beziehungserfahrungen zu werten. Aus diesem Blickwinkel entwickelt Gerspach Vorschläge für sinnvolle pädagogische Interventionen und erläutert, was seiner Ansicht nach die Schule hierzu leisten kann.

Heinemann und Hopf (2001) legen ein Lehrbuch vor, das versucht, Anregungen sowohl für die pädagogische als auch für die therapeutische Praxis mit verhaltensauffälligen Kindern und Jugendlichen zu geben. Der erste Teil des Buches, welcher den Grundlagen der Psychoanalytischen Theorie gewidmet ist, beinhaltet ein Unterkapitel „Psychoanalyse und Pädagogik". Überblicksartig wird auf die Geschichte Psychoanalytischer Pädagogik eingegangen. Es folgen Fallbeispiele aus Heinemanns Unterricht in der Sonderschule. Ein besonderes Anliegen des Autors und der Autorin ist es, psychoanalytische Theorie durch das Verstehen konkreter pädagogischer und therapeutischer Situationen anschaulich zu machen. Das Buch behandelt Neurosen, narzisstische Störungen, psychosomatische Störungen, Borderline-Störungen, Psychosen und Sprachstörungen. Jedes Kapitel beinhaltet einen theoretischen Teil, ein Fallbeispiel und die Interpretation des Fallbeispiels im Hinblick auf Psychodynamik und Behandlungstechnik.

Jantzen (2003) setzt sich mit der These auseinander, dass eine Behinderung des Geistes nicht angeboren, sondern das Resultat sozialer Austauschprozesse ist, wobei die „Institution geistige Behinderung" (Niedecken 1998; zit. nach Jantzen 2003, 60) konstruiert wird. Nach der Reflexion der unbewussten bzw. verdrängten Grundregeln des heilpädagogischen Feldes kommt er zu dem Schluss, dass gerade schwer behinderte (also verwundbare) Kinder durch die Reduktion des pädagogischen Umgangs auf verdinglichende Behandlungsmethoden in besonderer Weise Gefahr laufen, verwundenden Situationen ausgesetzt zu werden. Diesen Gedankengang führt er weiter, indem er sich kritisch mit dem Begriff der „Beziehungsarbeit" auseinandersetzt. Er betont, dass Beziehungsarbeit, vor allem im Rahmen der Psychoanalyse, als hochkomplexes Feld von Übertragungen und Gegenübertragungen anzusehen ist. Jantzen beklagt, dass schwer behinderte Menschen selten eine Betreuung erfahren, die diesen Ansprüchen gerecht wird. So stellt er fest, dass „bei psychischer Krankheit – zumindest in den so genannten besseren Schichten – Beziehungsarbeit eine Sache für hochqualifizierte Spezialisten ist, während schwer geistig behinderte Menschen ... unter ungleich schwierigeren Bedingungen der

Betreuung durch in der Regel wohlmeinendes aber fachlich vergleichsweise unausgebildetes Personal ausgesetzt sind" (Jantzen 2003, 64). Sehr schwer geistig behinderte Menschen seien außerordentlich häufig direkter und indirekter, d.h. struktureller Gewalt ausgesetzt, postuliert Jantzen (2003, 61). Er führt Gründe an, weshalb die weitverbreiteten schweren selbstverletzenden Handlungen geistig behinderter Menschen als ein Resultat dieser strukturellen Gewalt zu begreifen sind. Weiters plädiert er dafür, Geschichten von Bewohnern von psychiatrischen und heilpädagogischen Großeinrichtungen als Geschichten von Beziehungsgewährung und Beziehungsentzug zu lesen. Vor diesem Hintergrund versteht er stereotype Bewegungsmuster und Autoaggressionen als Substitution fehlender oder misslingender dialogischer Beziehungen, die der Regulierung schwerer Angstzustände dienen.

Reuther-Dommer/Dommer (1997) begleiteten 23 geistig behinderte Frauen während eines zweijährigen Veränderungsprozesses. Diese Frauen bekamen nach langjähriger stationärer Unterbringung in einer Landesnervenklinik, die Möglichkeit, in drei Wohngruppen zu übersiedeln. Reuther-Dommer/Dommer machen in anschaulicher Weise nachvollziehbar, wie sich die veränderten Wohn- und Betreuungsbedingungen auf das Erleben und die lebenspraktischen bzw. sozialen Kompetenzen der Betroffenen auswirkten. Anhand von Auszügen aus Beobachtungs- und Supervisionsprotokollen wird deutlich, welche enormen Entwicklungsfortschritte manche der vorgestellten Frauen setzen konnten.

Müller (2002) ist der Ansicht, dass das oft diffuse Bild, welches die sozialpädagogische Professionsentwicklung bietet, auch durch die Unkenntnis der eigenen fachhistorischen Traditionen mitbedingt ist. In diesem Zusammenhang erinnert er an die Tradition des sogenannten „Functional Social Work" aus den 30er Jahren des 20. Jahrhunderts und zeigt, dass dieses an den Psychoanalytiker Otto Rank aber auch an den frühen Interaktionismus (G.H. Mead) anknüpfende Konzept vielen aktuellen Fragen sozialpädagogischer Professionalisierung vorgreift.

Ausgangspunkt eines Artikels von Müller, Krebs und Finger-Trescher (2002) ist die These, dass sich die aktuelle Debatte zur Frage des Beitrages der Psychoanalyse zur pädagogischen Professionalität um zwei Pole gruppiert: Einerseits gehe es in dieser Diskussion um die Frage nach dem Professionalitätsverständnis der Psychoanalyse und ihre Relevanz für das pädagogische Handlungsfeld, andererseits um die Frage der Professionalisierbarkeit und Professionalisierungsbedürftigkeit pädagogischen Handelns. Müller, Krebs und Finger-Trescher stellen fest, dass die Psychoanalytische Pädagogik ihren Beitrag zur Professionalisierung leistet, indem sie pädagogischen und sozialen Fachkräften bei der Problembearbeitung auf mehreren Ebenen Hilfen anbietet. Durch die Reflexion der bewusstseins-verborgenen Motive und Selbstauffassungen des professionell Handelnden und das Verstehen der Beziehungsdynamik, die sich in der Klient-Helfer-Beziehung einstellt, trägt die Psychoanalytische Pädagogik damit wesentlich zur Erhöhung der „selbstreflexiven" Kompetenzen von Pädagoginnen und Pädagogen bei.

2.6 Beiträge zur Vermittlung tiefenpsychologisch-pädagogischer Kompetenzen

Figdor (2002b) stellt den von der Wiener „Arbeitsgemeinschaft Psychoanalytische Pädagogik“ (APP) entwickelten Studiengang „Erziehungsberatung“ vor. Er geht auf das Curriculum und die theoretischen Leitlinien der Ausbildung ein. Zentrales Anliegen des Ausbildungsansatzes ist die Erarbeitung der Bedeutung von Übertragungs- und Gegenübertragungsreaktionen im pädagogischen Beratungshandeln.

Datler u.a. (2002) geben einen Überblick über Veröffentlichungen zu psychoanalytisch-pädagogischen Konzepten der Aus- und Weiterbildung. Die Autorinnen und Autoren gehen zunächst auf deren historische Anfänge ein, um im Anschluss daran verschiedene Publikationen zu aktuellen Aus- und Weiterbildungsprojekten vorzustellen. Darüber hinaus finden neben Veröffentlichungen über psychoanalytische Selbsterfahrung und Beobachtung im Dienste der Entfaltung von psychoanalytisch-pädagogischen Kompetenz, auch Arbeiten über diverse Formen der Theorievermittlung Darstellung. Die Literaturumschau schließt mit Hinweisen auf Publikationen, in denen der Zusammenhang zwischen institutionellen Gegebenheiten und der Vermittlung psychoanalytisch-pädagogischer Kompetenzen kritisch thematisiert wird.

Bei der Vermittlung tiefenpsychologischer Theorie kann nicht gerade auf umfangreiches Material zur Unterrichtsgestaltung zurückgegriffen werden. Oftmals sind Lehrende auf sich allein gestellt und arbeiten mit selbstkonzipierten Unterrichtsmaterialien. Jaeggi u.a. (2003) versuchen diesem Manko entgegenzuwirken in dem sie das „Wie“ der Vermittlung von tiefenpsychologischen Inhalten in den Mittelpunkt eines Sammelbandes rücken.

Körner (2002) entfaltet in seinem Artikel „The Didactics Of Psychoanalytic Education“ zunächst allgemeine didaktische Überlegungen zur psychoanalytischen Ausbildung und zur Beziehung zwischen Lehrer und Lernendem. Im Anschluss daran zeigt er, dass die psychoanalytische Ausbildung von einem Bildungsideal geprägt ist, deren charakteristisches Merkmal – im Gegensatz zur beruflichen Bildung – darin besteht, dass sie in ihren Zielen offen ist und darauf verzichtet, definierte und operationalisierbare professionelle Qualifikationen zu vermitteln. Heute aber stehe die psychoanalytische Ausbildung in einem zeitgeschichtlichen Kontext, der sie zwingt, die Ideale von „Bildung“ aufzugeben, die Gegenstände der Ausbildung zu operationalisieren und die Ausbildung selbst hinsichtlich Effizienz und Ergebnis zu kontrollieren.

Ähnliche Tendenzen konstatiert auch Pongratz (2000) in seinem Beitrag „Ökonomisierung der Bildung. Eine Packungsbeilage zu Risiken und Nebenwirkungen“. Hinsichtlich des Trends zur Ökonomisierung stellt er fest, dass er „sich über Prozesse der Didaktisierung und Effektivierung von Lernprozessen hinabverfolgen (lässt) bis auf die mikrologische Ebene einzelner Seminarsequenzen“ (Pongratz 2000, 127). Moderne Forderungen nach Effizienz, Operationalisierbarkeit und Ökonomisierung von Bildung sind Ausdruck der aktuellen Professionalisierungsbestrebungen, die alle sozialen Berufe erfasst haben und denen sich auch die

Psychoanalyse nicht entziehen kann. Körner hofft, dass sich die Psychoanalyse einerseits nicht vorschnell an Professionalisierungsprozesse anpasst, und dass sie andererseits nicht in überkommene Bildungsvorstellungen zurückfällt. Er betont, wie wichtig es ist, die eigenen Ausbildungsmethoden und Ziele zu reflektieren.

3. Beiträge zu entwicklungspsychologischen und sozialisationstheoretischen Fragestellungen

3.1 Beiträge zur Kindheit

Der Psychoanalytiker und Autismusforscher Hobson (2003) geht der Frage nach, wie die menschliche Denkfähigkeit entsteht. Unter Bezugnahme auf die neuesten wissenschaftlichen Erkenntnisse aus der Säuglings- und Autismusforschung entfaltet er seine zentrale These, dass es nicht genetische Programme sind, die unser Denken konstituieren, sondern vielmehr unsere sozialen und emotionalen Beziehungen in den ersten 18 Lebensmonaten.
Sesink (2002) bietet eine pädagogische Einführung in die entwicklungstheoretischen Überlegungen von D. W. Winnicott. Der Autor fokussiert dabei insbesondere jene Aspekte der Winnicott'schen Theorie, „die für das Verständnis der pädagogischen Vermittlungsaufgabe hilfreich sind" (Sesink 2002, 6). Dem Autor ist es gelungen, die zum Teil komplexen Überlegungen Winnicotts in leicht verstehbarer Weise aufzubereiten. Um dem Leser einen Eindruck von der besonderen Schreib- und Darstellungsweise Winnicotts zu vermitteln, hat Sesink seine Ausführungen mit zahlreichen Zitaten angereichert.

3.2 Zum Themenbereich der Adoleszenz

Zentrales Anliegen des Sammelbandes von King/Müller (2000) ist es, „Adoleszenzforschung und pädagogische Praxis mit Jugendlichen ins Verhältnis zu setzen und zu verknüpfen, (sowie) Resultate zeitgenössischer Adoleszenztheorien und Jugendstudien in Hinblick auf die pädagogischen Herausforderungen in der Jugendarbeit zu konkretisieren" (King/Müller 2000, 12). Die einzelnen Beiträge sind vier Themenschwerpunkten zugeordnet. Der erste Block ist der Bedeutung des Geschlechts in der Jugendarbeit gewidmet. Bosse (2000) weist auf ein Dilemma geschlechtsspezifischer Pädagogik hin. Er führt aus, inwiefern es zu einer Falle für Pädagogen werden kann, wenn sie die Polarisierung von Männlichkeits- und Weiblichkeitsentwürfen über das Vorbild ihrer eigenen „authentischen Männlichkeit" überwinden möchten. Dem stellt er ein Modell pädagogischen Handelns gegenüber, das sich an der triadischen Struktur seelischer Entwicklungsprozesse orientiert. Fleßner (2000) geht auf neue Konzepte der Mädchenarbeit ein. Sie hält fest, dass Mädchenbilder, wie sie sich heute in vielen Programmen und Angeboten der Mädchenarbeit finden lassen, zunehmend das starke, selbstbewusste, expansive, aktive Mädchen in den Blickpunkt rücken. Fleßner kommt zu der

Schlussfolgerung, dass von einem solchen Idealbild des fordernden, frechen Mädchens die Gefahr der Abwertung von Schwäche, Versagen und Anderssein ausgehen kann. Fleßner ortet in diesen Botschaften Abwehrprozesse seitens der Pädagoginnen. Die Forderung nach wilden starken Mädchen „verführt dazu, deren Verletzungen, Gefährdungen, Ängste und Verunsicherungen auszublenden. Indem das starke Mädchen herausgehoben wird, tritt das bedürftige Mädchen in den Hintergrund. Dabei könnten psychische Abwehrprozesse in der Pädagogin selber eine Rolle spielen" (Fleßner 2000, 88). Sie fordert Pädagoginnen auf, sich sowohl vom Bild des starken Mädchens als auch von dem des Mädchens als Opfer zu verabschieden. Stattdessen sollten Vielschichtigkeiten und Widersprüchlichkeiten zugelassen und eigene Zwiespälte und Ambivalenzen bewusst gemacht werden. Der zweite Block enthält Beiträge, welche die Adoleszenz als Prozess der Auseinandersetzung zwischen den Generationen thematisieren. Hier skizziert Müller (2000a), was aus psychoanalytisch-pädagogische Perspektive zur Relevanz des Generationenbezuges für jugendliche Entwicklung beizutragen ist. Davon ausgehend leitet er Konsequenzen für die Theorie und Praxis der Jugendarbeit ab. In einigen Vignetten macht er deutlich, warum es lohnenswert erscheint, sich um ein Verständnis des intergenerationalen Bezugs in der Jugendarbeit zu bemühen. Müller eröffnet dadurch Möglichkeiten der Unterstützung von Jugendlichen in sozialen Konflikten. Winterhager-Schmid (2000) erörtert in ihrem Beitrag die Thematik der Generationendifferenz hinsichtlich ihrer Bedeutung für die Institution Schule. Sie vertritt die Auffassung, dass die Schule entwicklungspsychologische und soziale Voraussetzungen stärker zu berücksichtigen habe. Küster (2000) beschäftigt sich mit der Verarbeitung eigener adoleszenter Erfahrungen von JugendarbeiterInnen. Dabei bezieht er sich auf Interviews mit JugendarbeiterInnen, aus denen er ihren beruflichen Werdegang rekonstruiert. Er geht der für Professionalisierungsprozesse spannenden Frage nach, ob und inwiefern die Art der Verarbeitung der eigenen Adoleszenz eine Rolle spielt in Bezug auf die Auseinandersetzungen mit den adoleszenten Entwicklungen im pädagogischen Feld. Im dritten Block verdeutlichen Beiträge von Eggert-Schmid Noerr (2000) und King/Schwab (2000) die Konsequenzen einer adoleszenztheoretischen Perspektive für Fragestellungen der interkulturellen Pädagogik. Der vierte und letzte Teil des Bandes ist der Frage gewidmet, wie sich die Vermittlung wissenschaftlichen Wissens zur Vermittlung eines professionellen praktischen Zugangs zu jugendlichen AdressatInnen verhält. Verschiedene Aspekte dieser Thematik werden in Beiträgen von Scherr (2000), Walser (2000) und Müller (2000b) beleuchtet.

Diem-Wille (2003b) gibt Einblicke in die psychoanalytische Arbeit mit einem psychisch schwer gestörten, emotional kaum zugänglichen Adoleszenten. Durch die Reflexion der therapeutischen Beziehung versucht die Autorin zu Hypothesen über die „innere Welt" ihres Patienten zu gelangen. Diem-Wille legte besonderes Augenmerk auf die Beobachtungen der nonverbalen Kommunikation sowie auf die Reflexion der Gegenübertragung. Der weite Übertragungsbegriff der „Gesamtsituation", wie er von Melanie Klein benannt und von Post-Kleinianern wie Betty Joseph weiterentwickelt wurde, half, um mit diesem Jugendlichen in förderlicherer

Weise arbeiten zu können. Die Autorin geht anschließend auf die Schwierigkeiten der Rezeption des Verständnisses der „Gesamtsituation“ in der gegenwärtigen psychoanalytischen Diskussion ein.

Ausgehend von einigen knappen Anmerkungen zum historischen Wandel der psychoanalytischen Weiblichkeitstheorie, zeichnet Bell (2001) die Entwicklung von Mädchen von der Geburt bis zur Pubertät nach. Besonderen Schwerpunkt legt sie dabei auf die Analyse der Mutter-Tochter-Beziehung.

3.3 Beiträge zur Bindungstheorie

Ergebnisse der Bindungsforschung fanden innerhalb der Psychoanalyse jahrzehntelang kaum Rezeption. Heute jedoch sind psychoanalytische Publikationsorgane voll von bindungstheoretischen Beiträgen (Datler 2003, 71). Auch innerhalb der Psychoanalytischen Pädagogik setzt sich zunehmend die Auffassung durch, dass bindungstheoretische Überlegungen das Nachdenken über Beziehungsprozesse bereichern. Wie stark das Interesse der Psychoanalytischen Pädagogik an der Bindungstheorie ist, wird an der Fülle der Beiträge deutlich, die in letzter Zeit erschienen sind:

Der von Finger-Trescher und Krebs (2003) herausgegebene Sammelband, diskutiert „bindungstheoretische Erkenntnisse und Konzepte in einem übergreifenden Kontext ..., der von einer kritischen sozialwissenschaftlichen Betrachtung über praxisorientierte Reflexionen bis hin zu sehr differenzierten Erörterungen der Fragestellung reicht, ob bzw. welche Relevanz“ bindungstheoretischen Überlegungen für die Psychoanalytische Pädagogik zukommt (Finger-Trescher und Krebs 2003, 9). Im ersten Beitrag des Bandes geht Keupp (2003) der Frage nach, welche Ressourcen moderne Industriegesellschaften den Menschen abverlangen. Er stellt fest, dass in modernen Lebenswelten vielfach die Fähigkeit zur flexiblen Selbstorganisation gefordert ist. Dies kollidiere aber, wie Keupp meint, über weite Strecken mit dem menschlichen Bedürfnis nach sozialen und emotionalen Bindungen. Brisch (2003) legt Grundlagen und aktuelle Ergebnisse der Bindungstheorie dar. Datler (2003b) beschreibt unmittelbare und mittelbare Folgen der Bindungsforschung für die Psychoanalytische Pädagogik. Hédervári-Heller (2003) führt anhand zweier Fallbeispiele in theoretische Zusammenhänge der frühen Mutter-Kind-Interaktion ein. Lüpke (2003) fragt nach den Konsequenzen der Berücksichtigung von vorgeburtlichen Bindungserfahrungen für die Interpretation und Begleitung von Kindern mit Verhaltensauffälligkeiten. Heilmann (2003) stellt zur Diskussion, ob nicht die Bindungsforschung der Beteiligung des Kindes an der Entstehung von Bindungsstrukturen und Bindungsmustern mehr Beachtung schenken müsste. Kupper-Heilmann (2003) zeigt anhand von Ergebnissen der Pränatalforschung, dass das Kind bereits in vorgeburtlichen Entwicklungsstadien wichtige psychologische Grunderfahrungen macht. Vor dem Hintergrund einer derart ausgeweiteten Bindungstheorie geht sie der Frage nach, wie sich der mit einer Adoption verbundene frühe Mutterverlust auf die psycho-emotionale Entwicklung von Kindern auswirkt. Göppel (2003b) erläutert die Bedeutung früher Bindungserfahrungen für die sozialen Interaktionen von Kindern in späteren außerfamiliären Kontexten. Im letzten Beitrag des Sammelbandes skizziert Romer (2003) die Bedeutung der Bindungstheorie für die präventive psychotherapeutische Arbeit im Kindes- und Jugendalter.

Auch in Fachperiodika zeichnet sich das gesteigerte Interesse an bindungstheoretischen Konzepten ab. So war die Jännerausgabe 2003 der Zeitschrift für Individualpsychologie dem Schwerpunkt „Bindungstheorie und Individualpsychologie" gewidmet. Zentrale Begriffe der Bindungstheorie werden erläutert und deren individualpsychologischen Entsprechungen deutlich gemacht. Wie Lehmkuhl (2003) betont, wird eine Intensivierung des interdisziplinären Dialogs zwischen Psychoanalyse, Bindungstheorie und Säuglingsforschung angestrebt.

Gloger-Tippelt (2003) gibt in ihrem Beitrag Beispiele für Interventionen auf der Basis der Bindungsforschung. Besonders bei Fremdunterbringungen von Kindern in Heimen oder Pflegefamilien bringe diese Forschung fruchtbare Anregungen. Sie betont, dass sich allgemein für kritische Lebensereignisse, wie etwa bei Trennung und Scheidung der Eltern, Umsetzungen für die pädagogische Praxis ableiten ließen.

Ebenso stellt Lang (2003) fest, dass sich aus bindungstheoretischen Forschungsergebnissen Konsequenzen für pädagogisches und therapeutisches Handeln ergeben. Für besonders erachtenswert hält er die Einbeziehung bindungstheoretischer Gesichtspunkte bei alltäglichen Situationen, wie etwa beim Eintritt in den Kindergarten, bei Umzügen und anderen „Schwellensituationen".

Für das verstärkte Interesse der Tiefenpsychologie an der Bindungsforschung führt Brunner (2003) mehrere Erklärungen an. Primär habe die Psychoanalyse über die moderne Säuglingsforschung den Wert der empirisch orientierten Säuglingsbeobachtung zumindest teilweise anerkannt. Ein weiteres Moment für das steigende Interesse an der Bindungstheorie sieht Brunner im allgemeinen Wandel der sozialen Beziehungen. Unter der Bezugnahme auf krisenhafte soziokultureller Bewegungen in hochindustrialisierten Ländern macht Brunner deutlich, dass die Bedingungen für die Entstehung sicherer Bindung immer ungünstiger werden. Verantwortlich macht der Autor hierfür eine Reihe von Entwicklungen: Veränderungen im Bereich der Familienstruktur, Zunahme von stressbelasteten Interaktionen zwischen Kleinkindern und ihren Eltern und auch eine vermehrte Anzahl an Eltern, die erzieherische Funktionen nicht oder nur unangemessen wahrnehmen. Laut Brunner lassen sich Eltern in zunehmendem Maße von ihren Kindern „bemuttern" (eine Erscheinung, die als „Parentifizierung" bezeichnet wird). Er postuliert, dass der Trend zum Konsum sexueller Bilder, Szenen und „purer Sexualität" ohne Einbettung in einer Liebes- oder Partnerbeziehung als Ergebnis unsicherer Bindungserfahrungen zu verstehen ist (Brunner 2003, 72). Darüber hinaus stellt Brunner fest, dass einige individualpsychologische Konzepte große Nähe zur Bindungstheorie aufweisen.

Dellisch (2002) bearbeitet das Thema „Trennung und Verlust im Kindesalter" vor dem Hintergrund der Bindungstheorie. Sie skizziert zunächst einige bindungstheoretische Grundannahmen und stellt vier kurze Fallgeschichten vor. An jedes dieser Fallbeispiele schließt sie psychoanalytische Überlegungen an, die sie um bindungstheoretische Gedanken erweitert. Schleiffer/Müller (2002) stellen Ergebnisse einer Studie vor, in der die Bindungsrepräsentationen von Jugendlichen, die in Heimen leben, untersucht wurden. Die Auswertung von über 70 Erwachsenenbindungsinterviews zeigte, dass diesen Jugendlichen „fast ausschließlich nur eine unsichere und mehrheitlich gar eine hochunsichere Bindungsrepräsentation zur Verfügung" steht (Schleiffer/Müller 2002, 69). Im Anschluss an die Vorstellung dieser Untersuchungsresultate diskutieren die Autoren die pädagogischen Implikationen der vorliegenden Ergebnisse. Auch Kißgen (2002) referiert Ergebnisse einer Untersuchung auf dem Gebiet der Bindungstheorie. Er untersuchte die Qualität der Bindung von einjährigen, entwicklungsverzögerten Kindern, im Vergleich zu einer Kontrollgruppe von normal entwickelten Kindern. Der Autor kann zeigen, dass signifikante Unterschiede in der Bindungsqualität der beiden Untersuchungsgruppen bestehen. Ausgehend von diesen Ergebnissen erörtert Kißgen die Bedeutung der Motorik für das Zustandkommen von sicherer Bindung. Neumann (2002) untersucht die Kontinuität von Bindungen. Sie versucht zu klären, inwieweit Zusammenhänge zwischen der Bindung an einen Partner im Erwachsenenalter und Erinnerungen an die Bindung an die Eltern bestehen. Nach der Durchführung zweier Studien, kommt die Autorin zu dem Schluss, dass sich „emotionale Komponenten der Erinnerungen an die Eltern-Kind-Bindung" bedeutsam erweisen für die partnerschaftlichen Bindungen im Erwachsenenalter (Neumann 2002, 234). Klassifiziert man hingegen die untersuchten Bindungen in „sicher, ambivalent-vermeidend und vermeidend", so können keine signifikanten Zusammenhänge zwischen den erinnerten Eltern-Kind-Bindungen und den Partner-Bindungen beschrieben werden.

Strauß, Buchheim und Kächele (2002) versuchen die klinische Bindungsforschung mit entwicklungspsychologischen Überlegungen zu vernetzen. Ihr Sammelband gliedert sich in mehrere größere Abschnitte: Der erste Abschnitt macht deutlich, welche Erwartungen verschiedene psychotherapeutische Schulen an die klinische Bindungsforschung richten. Daran anknüpfend werden methodische Zugänge und Probleme der klinischen Bindungsforschung umrissen und anhand von Fallbeispielen veranschaulicht. Der dritte Abschnitt führt in die (neuro-)biologischen Grundlagen menschlicher Bindung ein. Im vierten Abschnitt werden zunächst spezifische Arbeitsfelder der klinischen Bindungsforschung vorgestellt. Im Anschluss daran werden verschiedene Bindungskonzepte aus entwicklungspsychologischer Perspektive einer kritischen Diskussion unterzogen.

Einen weiteren Beitrag zur Bestimmung des Verhältnisses von Bindungstheorie und Psychoanalyse liefert Fonagy (2003). Nach einem kurzen Abriss der Bindungstheorie und der Darstellung einiger Schlüsselergebnisse der Bindungsforschung werden wichtige psychoanalytische Schulen und ihr Verhältnis zur Bindungstheorie einzeln betrachtet. Der Autor streicht die vielfältigen Berührungspunkte hervor und macht Unterschiede deutlich. Fonagy weist auf die gemeinsamen Wurzeln beider Systeme sowie auf deren gemeinsames Ziel, nämlich zu einem entwicklungsorientierten Verständnis der Persönlichkeit und psychischer

Störungen zu gelangen, hin. Vor diesem Hintergrund stellt er fest: „Von einem engeren, über lebhafte Debatten hinausgehenden Kontakt zwischen beiden Ansätzen könnten beide Traditionen enorm profitieren" (Fonagy 2003, 202).

3.4 Publikationen zur frühen Triangulierung und zur primären Väterlichkeit

Die Frage nach der Bedeutung des Vaters für die frühkindliche Entwicklung wurde in der wissenschaftlichen Auseinandersetzung lange Zeit nur äußerst randständig diskutiert. In letzter Zeit ist jedoch auch im deutschen Sprachraum das verstärkte Bemühen auszumachen, den Einfluss des Vaters auf die kindliche Entwicklung in differenzierter Weise zu untersuchen (Steinhardt u.a. 2002, 9). Beispielsweise hat die „Deutsche Gesellschaft für seelische Gesundheit in der frühen Kindheit" ihre sechste Jahrestagung dem Thema „Die Bedeutung des Vaters in der frühen Kindheit" gewidmet. Ausgewählte, zum Teil überarbeitete Tagungsbeiträge wurden von Steinhardt, Datler und Gstach (2002) veröffentlicht. Mit diesem Sammelband versuchen die HerausgeberInnen unter anderem aufzuzeigen, wie vielgestaltig die „psychoanalytischen Konzeptionen zum Verständnis der Vaterrolle" sind (Steinhardt u.a. 2002, 10). Schon (2002) entfaltet die These, dass der Vater für das Kind in dreifacher Weise repräsentiert ist. Er orientiert seine Ausführungen an der Lacan'schen Unterscheidung zwischen dem symbolischen, dem realen und dem imaginären Vater. „Anhand dieser drei Konstruktionen von Väterlichkeit zeigt der Autor auf, wie sich die reale Abwesenheit des Vaters auf das Erleben des Kindes auswirken kann" (ebd.). Metzger (2002) präsentiert Ausschnitte aus der Beobachtung eines zweieinhalbjährigen Mädchens. Davon ausgehend entwirft der Autor sein Konzept von Triangulierung. Er vertritt die Auffassung, dass entwicklungsförderliche trianguläre Erfahrungen eine stabile dyadische Basis voraussetzen. Diese bilde die unabdingbare Grundlage für das dynamische Wechselspiel zwischen dyadischer und triadischer Beziehungsgestaltung. Grossmann u.a. (2002) untersuchen die Vater-Kind-Bindung. Die Autoren können zeigen, dass die väterliche Feinfühligkeit im gemeinsamen Spiel starken Einfluss auf die weitere Bindungsentwicklung zeitigt. Mosheim u.a. (2002) untersuchen eine Gruppe von Vätern, die Erziehungs- bzw. Karenzurlaub genommen haben. Es stellte sich heraus, dass viele dieser Väter, als „sicher gebunden" klassifiziert werden können. Darüber hinaus konnten die AutorInnen zeigen, dass das väterliche Einfühlungsvermögen mit zunehmendem Alter ihrer Kinder – und der damit verbundenen Möglichkeit zu elaborierterem Spiel – zunahm. Von Klitzing (2002) weist darauf hin, dass die Erforschung der Vater-Kind-Beziehung neue, tri- bzw. polyadische Beziehungsmodelle erfordere. Eine Untersuchung, die Von Klitzings Forderung gerecht wird, stellen Frascarolo u.a. (2002) vor. Mittels der Analyse von halbstandartisierten Spielsequenzen untersuchen sie die triadischen Interaktionen zwischen Vater, Mutter und Kind im ersten Lebensjahr. Es wird deutlich, dass Kinder im ersten Lebensjahr spezielle Interaktionsmuster innerhalb der familialen Triade ausbilden, die die Tendenz zur Stabilisierung aufweisen. Datler, Steinhardt und

Ereky (2002) analysieren das Beobachtungsprotokoll einer morgendlichen Familienszene. Die AutorInnen nehmen jene Interaktionen in den Blick, die sich zwischen der Mutter und ihrem acht Monate alten Buben entwickeln, nach dem der Vater das Haus verlassen hat. Es wird deutlich, dass der real abwesende Vater für Mutter und Kind als bedeutsamer Dritter mental anwesend bleibt. An diese Feststellung schließen die AutorInnen allgemein gehaltene Überlegungen zur Relevanz von dyadischen und triadischen Beziehungserfahrungen für die Ausbildung von triadischen Repräsentanzen im ersten Lebensjahr an. Die Beiträge von Barth (2002) und Rankl (2002) thematisieren die Bedeutung des Vaters in der psychotherapeutischen Behandlung von kindlichen Schlafstörungen. Im letzten Artikel des Sammelbandes fassen Scheer und Wilken (2002) wissenschaftshistorische Sichtweisen von Väterlichkeit und Triangulierung zusammen. Sie fordern eine stärkere Einbeziehung der Bedeutung des Vaters in das Nachdenken über frühkindliche Entwicklungsprozesse.

3.4 Beiträge zu Misshandlung, sexuellem Missbrauch und Vernachlässigung

Ein profunder Leitfaden durch die Thematik der sexuellen Misshandlung und Vernachlässigung ist in zweiter, vollständig überarbeiteter und erweiteter Auflage erschienen (Egle u.a. 2000). Dieser umfassende Band versammelt neben Arbeiten zu entwicklungspsychologischen Grundlagen auch Beiträge zu spezifischen Krankheitsbildern, als Folge von sexuellen Übergriffen. Darüber hinaus finden sich zahlreiche Artikel zu anderen Detailfragen der Missbrauchs- und Verwahrlosungsproblematik. Zur Illustration der inhaltlichen Streubreite der Beiträge dieses Sammelbandes seien exemplarisch die folgenden angeführt: Egle und Hoffmann (2000) beschreiben pathogene und protektive Entwicklungsfaktoren in Kindheit und Jugend. Dornes (2000) beleuchtet das Thema Vernachlässigung und Misshandlung aus Sicht der Bindungstheorie. Krutzenbichler (2000) widmet sich dem sexuellen Missbrauch als Thema der Psychoanalyse von Freud bis zur Gegenwart. Bürgin und Rost (2000) beschreiben Zusammenhänge zwischen seelischer Deprivation, Misshandlung und psychischen bzw. psychosomatischen Krankheitsbildern.

Eine weitere aktuelle Publikation zur Missbrauchsthematik stammt von Richter-Appelt (2002). Er setzt sich mit den Begriffen „Trauma" und „Grenzüberschreitung" auseinander und diskutiert Ergebnisse verschiedener empirischer Untersuchungen zu Fragen des Missbrauchs und der Misshandlung. Darüber hinaus greift er die Missbrauchsproblematik in psychotherapeutischen Kontexten auf.

Der 23. Band der „Psychoanalytischen Blätter" (hrsg. von Koch-Kneidl und Wiesse 2003) versammelt Beiträge zu der Frage, welche Folgen frühe Traumatisierungen für die weitere Entwicklung haben. Riedesser, Schulte-Markwort und Walter (2003) umreißen entwicklungspsychologische und psychodynamische Aspekte psychischer Traumatisierungen von Kindern und Jugendlichen. Hüther (2003) fragt nach den Auswirkungen von traumatischen Erfahrungen im Kindesalter auf die Hirnentwicklung. Holderberg (2003) stellt zwei unterschiedliche Konzepte der Traumatherapie vor. Volz (2003) gibt Ausschnitte aus der psychoanalytischen Behandlung einer frühtraumatisierten Patientin wieder. Sie macht nachvollziehbar, welche Folgen es haben kann, wenn Kinder mit Traumareaktionen keine ausreichende Unterstützung bekommen. Von Klitzing (2003b) entfaltet theoretische Überlegungen zu den möglichen Folgen von traumatischen Erfahrungen für die Entwicklung von Kindern. Cohen (2003) gibt mittels kurzer Fallvignetten Einblicke in die Analyse eines adoptierten Kindes. Er arbeitet heraus, dass Adoptionen aus unterschiedlichsten Gründen ein traumatogenes Potential innewohnt.

Musiktherapeutische Arbeit mit Kindern, die eine tödliche Kampfhundattacke an einer Hamburger Schule miterlebt hatten, schildert Mitzlaff (2002). Die Autorin entfaltet ihr psychodynamisches Verständnis der Traumatisierung der Kinder. Anschaulich werden die Traumaverarbeitungsprozesse in zwei musiktherapeutischen Gruppen beschrieben und anschließend unter besonderer Berücksichtigung der Rolle der Musik miteinander verglichen.

4. Veröffentlichungen zu weiteren Themenstellungen mit psychoanalytisch-pädagogischer Relevanz

In diesem letzten Kapitel sollen jene Veröffentlichungen Erwähnung finden, die keinem der vorangegangenen Kapitel zugeordnet werden konnten.

Zur Professionalisierung neuer MitarbeiterInnen wurde an der Orthogenic School, dem stationären Behandlungszentrum für emotional gestörte Kinder an der Universität von Chicago, ein Trainingsprogramm entwickelt. Krumenacker (2002) führt zunächst in drei zentrale theoretisch-konzeptionelle Grundlinien der Einrichtung ein, um davon ausgehend das spezielle Professionalisierungskonzept verständlich zu machen. In diesem Zusammenhang möchten wir darauf hinweisen, dass das „Alterswerk" von Bruno Bettelheim, dem langjährigen Leiter der Orthogenic School, im Frühjahr 2003 eine Neuausgabe erfuhr. In seinem Buch, „Ein Leben für Kinder. Erziehung in unserer Zeit", versucht Bettelheim in einfacher Sprache die Eigentümlichkeiten des kindlichen Erlebens und Verhaltens besser verstehbar zu machen. Darin betont Bettelheim, dass es Erwachsenen nur dann gelingen kann, Kinder zu verstehen, wenn sie ihnen mit einer einfühlenden Haltung begegnen. Für besonders wichtig hält er es, dass sich Erwachsene immer wieder vor Augen führen, wie sie selbst vergleichbare, problematische Situationen in der eigenen Kindheit erlebt haben. Diese empathische Fähigkeit stellt für ihn das wichtigste Instrument zur Einschätzung von Situationen und zur Erlangung der wünschenswerten Erziehungshaltung dar.

Die selbe Ansicht vertritt Zimmer (2002) in dem Elternratgeber „Widerstandsfähig und selbstbewusst. Kinder stark machen fürs Leben". Sie beschreibt das Phänomen der Resilienz (die Resilienzforschung postuliert die Bedeutung sogenannter Schutzfaktoren, welche in der Lage sein sollen, Entwicklungsrisiken abzuschwächen und zu moderieren) und gibt dann Ratschläge, wie diese von Eltern bei ihren Kindern gefördert werden könnte. Auch in der von ihr vorgeschlagenen Erziehungshaltung kommt der Fähigkeit zur empathischen Einfühlung ein hoher Stellenwert zu.

Ein besonders brisantes Thema greifen Büttner und Wirth (2003) auf. Unter Bezugnahme auf die Anschläge des „11.September" entfalten die Autoren psychoanalytische Überlegungen zu den Ursachen und Folgen des Terrorismus. Weitere psychologische Anmerkungen zum Phänomen „Terror" finden sich auch bei Büttner (2002d).

Abschließend möchten wir darauf hinweisen, dass 40 Jahre nach dem Tod Melanie Kleins nun auch den deutschsprachigen LeserInnen sämtliche von Melanie Klein zu Lebzeiten publizierte Texte sowie wichtige posthum erschienene Arbeiten zugänglich gemacht worden sind. Ende 2001 ist der vierte Band „Darstellung einer Kinderanalyse" erschienen, womit Kleins „Gesammelte Schriften" abgeschlossen sind. Eine eingehende Rezension aller vier Bände kann in Diem-Willes (2003a) Buch-Essay nachgelesen werden.

Literatur

Amft, H. (2002): Die ADS-Problematik aus der Perspektive einer kritischen Medizin. In: Amft, H., Gerspach, M., Mattner, D. (Hrsg.) (2002), 37-121

Amft, H., Gerspach, M., Mattner, D. (Hrsg.) (2002): Kinder mit gestörter Aufmerksamkeit. ADS als Herausforderung für Pädagogik und Therapie. Kohlhammer: Stuttgart

Barth, R. (2002): Mutter-Kind-Symbiose bei Schlafstörungen. Eine psychoanalytische Betrachtung zum Ausschluss des Dritten. In: Steinhardt, K., Datler, W., Gstach, J. (Hrsg.), 142-158

Barth, R. (2003): Schlafstörungen im Säuglings- und Kleinkindalter als Ausdruck einer ungelösten Trennungsproblematik. In: Kinderanalyse 11 (Heft 1), 41-57

Bettelheim, B. (2003): Ein Leben für Kinder. Erziehung in unserer Zeit. Beltz: Weinheim

Bell, K. (2001): Die Entwicklung des Mädchens von der Geburt bis zur Pubertät unter besonderer Berücksichtigung der Mutter-Tochter-Beziehung. In: Studien zur Kinderpsychoanalyse 17, 7-30

Bittner, G. (2003): Plädoyer für eine Jugend-Schule. Die vergessenen „Adressaten" der Sekundarstufe I. In: Fröhlich, V., Göppel, R. (Hrsg.), 92-109

Bosse, H. (2000): Aufgaben und Fallen geschlechtsspezifischer Pädagogik mit männlichen Jugendlichen. In: King, V., Müller, B. (Hrsg.), 59-73

Bovensiepen, G., Hopf, H., Molitor, G. (Hrsg.) (2002): Unruhige und unaufmerksame Kinder. Psychoanalyse des hyperkinetischen Syndroms. Brandes&Apsel Verlag: Frankfurt

Brisch, K.H. (2003): Grundlagen der Bindungstheorie und aktuelle Ergebnisse der Bindungsforschung. In: Finger-Trescher, U., Krebs, H. (Hrsg.), 51-70

Bröckelmann, W., Felten, M. (2002): „Sind Sie streng?" Zum Wandel von Abstand und Differenz in pädagogischen Beziehungen. In: Zeitschrift für Pädagogik (Heft 11), 23-26

Brunner, R., (2003): Einige Anmerkungen zur Bindungstheorie aus individualpsychologischer Sicht. In: Zeitschrift für Individualpsychologie 28 (Heft 1), 59-77

Bürgin, D., Rost, R. (2000): Psychische und psychosomatische Erkrankungen bei Kindern und Jugendlichen. In: Egle, U. T., u.a. (Hrsg.), 157-178

Büttner, Ch. (2002a): Jugend und Gewalt. Über den Sinn von Grenzen und Strafen im Erziehungsprozess. In: Bettinger, F. u.a. (Hrsg.): Gefährdete Jugendliche? Jugend, Kriminalität und der Ruf nach Strafe. Leske+Budrich: Opladen, 117–129

Büttner, Ch. (2002b): Forschen – Lehren – Lernen. Anregungen für die pädagogische Praxis aus der Friedens- und Konfliktforschung. Studien der Hessischen Stiftung Friedens- und Konfliktforschung (Band 38). Campus Verlag: Frankfurt/New York

Büttner, Ch. (2002c): „Ich würde ja, wenn man mich ließe ..." – Institutionelle Hürden in professionellen Erziehungsverhältnissen. In: Textor, M.R. (Hrsg.): Kindergartenpädagogik Online Handbuch (http://www.kindergartenpaedagogik.de/840.html)

Büttner, Ch. (2002d): Mit Gewalt ins Paradies. Einige psychologische Anmerkungen zu Terror und Terrorismus. In: Politische Studien Jg. 53 (Heft 386), 21-41

Büttner, Ch., Wirth, H.-J. (2003): Der 11. September. Psychoanalytische Studien zu Ursachen und Folgen des Terrors. Psychosozial-Verlag: Gießen

Carle, E. (1997): Die kleine Raupe Nimmersatt. Ein Spielbilderbuch. Gerstenberg Verlag: Hildesheim

Cohen, N. J., u.a. (2003): „Watch, Wait and Wonder". Ein kindzentriertes Psychotherapieprogramm zur Behandlung gestörter Mutter-Kind-Beziehungen. In: Kinderanalyse 11 (Heft 1), 58-79

Cohen, S. (2003): Trauma und Entwicklungsprozess. Aus der Analyse eines adoptierten Kindes. In: Koch-Kneidl, L., Wiesse, J. (Hrsg.), 96-119

Datler, M. (2001): Lehrer in schulischen Situationen. Die Bedeutung ihres Erlebens und dessen psychoanalytische Reflexion. Eine psychoanalytisch-pädagogische Studie unter besonderer Berücksichtigung problemgeschichtlicher Zusammenhänge. Dissertation. Wien

Datler, M. (2003): Über die Bedeutung des Erlebens von Lehrern in schulischen Situationen in der Geschichte der Psychoanalytischen Pädagogik. In: Fröhlich, V., Göppel, R. (Hrsg.), 120-131

Datler, W. (2003a): Der Klassenbeste, der Klassenschlechteste und die Verbesserung einer Schularbeit. Nachdenken über Beziehungsprozesse im Dienste der Entfaltung schulpädagogischer Kompetenz. In: Fröhlich, V., Göppel, R. (Hrsg.), 46-59

Datler, W. (2003b): Ist Bindungstheorie von psychoanalytischer Relevanz? Über unmittelbare und mittelbare Folgen der Bindungsforschung für Psychoanalytische Pädagogik. In: Finger-Trescher, U., Krebs, H. (Hrsg.), 71-108

Datler, W., Datler M., Sengschmied, I. u.a. (2002): Psychoanalytisch-pädagogische Konzepte der Aus- und Weiterbildung. Eine Literaturübersicht. In: Jahrbuch für Psychoanalytische Pädagogik 13. Psychosozial-Verlag: Gießen, 141-171

Datler, W., Steinhardt, K., Ereky, K. (2002): Vater geht zur Arbeit ... Über triadische Beziehungserfahrungen und die Ausbildung triadischer Repräsentanzen im ersten Lebensjahr. In: Steinhardt, K., Datler, W., Gstach, J. (Hrsg.), 122-141

Dellisch, H. (2002): Trennung und Verlust im Kindes- und Jugendalter auf dem Hintergrund der Bindungstheorie. In: Studien zur Kinderpsychoanalyse 18, 75-108

Diem-Wille, G. (2003a): Melanie Klein. Gesammelte Schriften. In: Psyche 57 (Heft 3), 275-283

Diem-Wille, G. (2003b): Vom Verstehen der „Gesamtsituation" als Übertragung. Falldarstellung einer Analyse eines Borderline-Adoleszenten. In: Kinderanalyse 11 (Heft 2), 133-154

Dornes, M. (2000): Vernachlässigung und Misshandlung aus Sicht der Bindungstheorie. In: Egle, U. T. u.a. (Hrsg.), 70-83

Eggert-Schmid Noerr, A. (2000): Wohin entwickelt sich die interkulturelle Pädagogik? In: King, V., Müller, B. (Hrsg.): Adoleszenz und pädagogische Praxis. Bedeutungen von Geschlecht, Generation und Herkunft in der Jugendarbeit. Lambertus-Verlag: Freiburg, 193-208

Egle, U. T., Hoffmann, S. O., Joraschky, P. (Hrsg.) (2000): Sexueller Missbrauch, Misshandlung, Vernachlässigung. Erkennung und Therapie psychischer und psychosomatischer Folgen früher Traumatisierungen. Schattauer: Stuttgart, 2. Aufl.

Egle, U. T., Hoffmann, S. O. (2000): Pathogene und protektive Entwicklungsfaktoren in Kindheit und Jugend. In: Egle, U. T., Hoffmann, S. O., Joraschky, P. (Hrsg.), 34-69

Figdor, H. (2002a): Lästige Kinder. In: Unsere Kinder (Heft 4), 90-97

Figdor, H. (2002b): Psychoanalytisch-pädagogische Erziehungsberatung. Theoretische Grundlagen. In: Jahrbuch für Psychoanalytische Pädagogik 13. Psychosozial-Verlag: Gießen, 70-90

Finger-Trescher, U., Krebs, H. (Hrsg.) (2003): Bindungsstörungen und Entwicklungschancen. Psychosozial-Verlag: Gießen

Fleßner, H. (2000): Frech, frei und fordernd, oder? Mädchenbilder von Pädagoginnen und ihre Bedeutung für die Mädchenarbeit. In: King, V., Müller, B. (Hrsg.): Adoleszenz und pädagogische Praxis. Bedeutungen von Geschlecht, Generation und Herkunft in der Jugendarbeit. Lambertus-Verlag: Freiburg, 75-91

Fonagy, P. (2003): Bindungstheorie und Psychoanalyse. Klett-Cotta: Stuttgart

Fonagy, P., Target, M. (2002): Ein interpersonales Verständnis des Säuglings. In: Hurry, A. (Hrsg.), 11-42

Fonagy, P., Target, M. (2003): Beiträge aus Psychoanalyse und Bindungsforschung. Psychosozial-Verlag: Gießen

Frascarolo, F., Fivaz-Depeursinge, E., Corboz-Warnery, A. (2002): Triadische Allianzen zwischen Vätern, Müttern und ihren Kindern beim Spiel. Eine Untersuchung von triadischen Spielsituationen. In: Steinhardt, K., Datler, W., Gstach, J. (Hrsg.), 100-121

Fröhlich, V. (2003): Schule zwischen „archaischer Menschenbehandlung" und „hinreichend gutem" Erfahrungsraum. Was kann die psychoanalytische Pädagogik der Schule leisten? In: Fröhlich, V., Göppel, R. (Hrsg.), 14-24

Fröhlich, V., Göppel, R. (Hrsg.) (2003): Was macht die Schule mit den Kindern? – Was machen die Kinder mit der Schule? Psychoanalytisch-pädagogische Blicke auf die Institution Schule. Psychosozial-Verlag: Gießen

Garlichs, A. (1999): Kinder verstehen lernen. Ein Versuch im Rahmen des Kasseler Schülerhilfeprojekts. In: Warzecha, B. (Hrsg.) (1999a), 15-46

Garlichs, A. (2003): Schüler verstehen lernen. Ein Projekt der Kasseler Lehrerausbildung. In: Fröhlich, V., Göppel, R. (Hrsg.), 170-188

Gebhard, U. (1999): Todesverdrängung und Umweltzerstörung. In: Warzecha, B. (Hrsg.) (1999a), 95-112

Gerspach, M. (2002a): Der Beitrag der Psychoanalyse zum Dialog. In: Warzecha, B. (Hrsg) (2002), 125-162

Gerspach, M. (2002b): Unkonzentrierte Kinder verstehen lernen. In: Amft, H., Gerspach, M., Mattner, D. (Hrsg.), 122-176

Gloger-Tippelt, G. (2003): Bindung und Persönlichkeitsentwicklung. In: Zeitschrift für Individualpsychologie 28 (Heft1), 21-43

Göppel, R. (2002): „Wenn ich hasse, habe ich keine Angst mehr ..." Psychoanalytisch-pädagogische Beiträge zum Verständnis problematischer Entwicklungsverläufe und schwieriger Erziehungssituationen. Auer-Verlag: Donauwörth

Göppel, R. (2003a): Was macht die Schule mit „schwierigen Schülern"? Was machen„schwierige Schüler" mit der ihnen zugeschriebenen „Eigenverantwortung"? Evaluation und Diskussion eines aktuellen Konzepts zum Konfliktmanagement an Schulen. In: Fröhlich, V., Göppel, R. (Hrsg.), 60-76

Göppel, R. (2003b): Die Bedeutung früher Bindungserfahrungen für die sozialen Interaktionen von Kindern in späteren außerfamiliären Kontexten. In: Finger-Trescher, U., Krebs, H. (Hrsg.), 191-210

Grossmann, K., Grossmann, K. E., Fremmer-Bombik, E. u.a. (2002): Väter und ihre Kinder. Die „andere" Bindung und ihre längsschnittliche Bedeutung für die Bindungsentwicklung, das Selbstvertrauen und die soziale Entwicklung des Kindes. In: Steinhardt, K., Datler, W., Gstach, J. (Hrsg.), 43-72

Günter, M. (2002): Agieren, Deuten und Durcharbeiten. Die Wechselwirkung von Therapie und Pädagogik auf einer Schulkinderstation. In: Kinderanalyse 10 (Heft 2), 161-176

Hédervári-Heller, É. (2003): Frühe Interaktionsstrukturen in der Mutter-Kind-Dyade. Interaktionsprozesse sowie Selbst- und Objektrepräsentanzen. In: Finger-Trescher, U., Krebs, H. (Hrsg.), 109-132

Heilmann, J. (2003): Die Beteiligung des Kindes an der Entstehung von Bindungsmustern und Bindungsstrukturen. In: Finger-Trescher, U., Krebs, H. (Hrsg.), 145-166

Heinemann, E., Hopf, H. (2001): Psychische Störungen in Kindheit und Jugend. Symptome – Psychodynamik – Fallbeispiele – psychoanalytische Therapie. Kohlhammer: Stuttgart

Heinemann, E., Rauchfleisch, U., Grüttner, T. (1992): Gewalttätige Kinder. Psychoanalyse und Pädagogik in Schule, Heim und Therapie. Fischer Taschenbuchverlag: Frankfurt

Heinemann, E., Rauchfleisch, U., Grüttner, T. (2003): Gewalttätige Kinder. Psychoanalyse und Pädagogik in Schule, Heim und Therapie. Walter-Verlag: Düsseldorf

Heuss-Wolff, U. (2002): Das heilpädagogische Kinderheim in Berlin-Frohnau. Zum Wirken der Individualpsychologin Annemarie Wolff. In: Zeitschrift für Individualpsychologie (Heft 4), 271-278

Hirblinger, A. (2003): Die Fallbesprechungsgruppe zwischen Unterrichtswirklichkeit und pädagogischem Ich-Ideal. In: Fröhlich, V., Göppel, R. (Hrsg.) (2003), 151-169

Hirblinger, H. (2001): Einführung in die Psychoanalytische Pädagogik der Schule. Königshausen&Neumann: Würzburg

Hirblinger, H. (2002): Ein „Organ für das Unbewußte" auch für Lehrer? Der Beitrag der Psychoanalytischen Pädagogik zur Frage der Professionalisierung in der Lehrerbildung. In: Jahrbuch für Psychoanalytische Pädagogik 13. Psychosozial-Verlag: Gießen, 91-110

Hirblinger, H. (2003): Unterricht als Setting, Rahmen und Prozess. Der Beitrag der psychoanalytischen Pädagogik zur „inneren Schulentwicklung". Probleme und Perspektiven. In: Fröhlich, V., Göppel, R. (Hrsg.), 33-45

Hobson, P. (2003): Wie wir denken lernen. Gehirnentwicklung und die Rolle der Gefühle. Walter-Verlag: Düsseldorf

Holderberg, A. (2003): Umgang mit dem Trauma. Beispiele unterschiedlicher Konzeptionen. In: Koch-Kneidl, L., Wiesse, J. (Hrsg.), 39-64

Holzwarth, W., Erlbruch, W. (2001): Vom kleinen Maulwurf, der wissen wollte, wer ihm auf den Kopf gemacht hat. Peter Hammer Verlag: Wuppertal, 26. Auflage

Hüther, G. (2003): Die Auswirkungen traumatischer Erfahrungen im Kindesalter auf die Hirnentwicklung. In: Koch-Kneidl, L., Wiesse, J. (Hrsg.), 25-38

Hurry, A. (Hrsg.) (2002a): Psychoanalyse und Entwicklungsförderung von Kindern. Brandes&Apsel: Frankfurt

Hurry, A. (2002b): Psychoanalyse und Entwicklungstherapie. In: Hurry, A. (Hrsg.), 43-88

Jackson, E. (2002): Mental health in schools: what about the staff? Thinking about the impact of work discussion groups for staff in school settings. In: Journal of child psychotherapy Volume 28 (Heft 2), 129-146

Jaeggi, E., Gödde, G., Hegener, W. u.a. (Hrsg.) (2003): Tiefenpsychologie lehren – Tiefenpsychologie lernen. Klett-Cotta: Stuttgart

Jantzen, W. (2003): Natur, Psyche und Gesellschaft im heilpädagogischen Feld. In: Zeitschrift für Heilpädagogik (Heft 2), 59-66

Kalu, D. (2002): Containers and containment. In: Psychodynamic practice 8 (Heft 3), 359-373

Keupp, H. (2003): Identitätsbildung in der Netzwerkgesellschaft: Welche Ressourcen werden benötigt und wie können sie gefördert werden? In: Finger-Trescher, U., Krebs, H. (Hrsg.), 15-50

Kerl-Wienecke, A. (2000): Nelly Wolffheim. Leben und Werk. Psychosozial-Verlag: Gießen

King, V. (2000): Geschlecht und Adoleszenz im sozialen Wandel. Jugendarbeit im Brennpunkt gesellschaftlicher und individueller Veränderungen. In: King, V., Müller, B. (Hrsg.), 37-57

King, V., Müller, B. (2000): Adoleszenzforschung und pädagogische Praxis. Zur systematischen Reflexion von sozialen Rahmenbedingungen und Beziehungskonflikten in der Jugendarbeit. In: King, V., Müller, B. (Hrsg.), 9-35

King, V., Müller, B. (Hrsg.) (2000): Adoleszenz und pädagogische Praxis. Bedeutungen von Geschlecht, Generation und Herkunft in der Jugendarbeit. Lambertus-Verlag: Freiburg

King, V., Schwab, A. (2000): Flucht und Asylsuche als Entwicklungsbedingungen der Adoleszenz. Ansatzpunkte pädagogischer Begleitung am Beispiel einer Fallgeschichte. In: King, V., Müller, B. (Hrsg.), 209-232

Kißgen, R. (2002): Bindungsqualität einjähriger motorisch-entwicklungsverzögerter Kinder. In: Heilpädagogische Forschung. Band 28 (Heft 3), 118-131

Koch-Kneidl, L., Wiesse, J. (Hrsg.) (2003): Entwicklung nach früher Traumatisierung. Psychoanalytische Blätter (Band 23). Vandenhoeck&Ruprecht: Göttingen

Körner, J. (2002): The Didactics Of Psychoanalytic Education. In: The International Journal Of Psychoanalysis 83 (Part 6), 1395-1405

Krebs, H. (2002): Emotionales Lernen in der Schule – Aspekte der Professionalisierung von Lehrerinnen und Lehrern. In: Jahrbuch für Psychoanalytische Pädagogik 13. Psychosozial-Verlag: Gießen, 47-69

Krumenacker, F.-J. (2002): Professionalisierung im pädagogisch-therapeutischen Milieu. In: Jahrbuch für Psychoanalytische Pädagogik 13. Psychosozial-Verlag: Gießen, 111-122

Krutzenbichler, S. (2000): Sexueller Missbrauch als Thema der Psychoanalyse von Freud bis zur Gegenwart. In: Egle, U. T., Hoffmann, S. O., Joraschky, P. (Hrsg.), 115-125

Kupper-Heilmann, S. (2003): Auswirkungen frühen Mutterverlustes auf die psycho-emotionale Entwicklung des Kindes. Fallbeispiele aus dem heilpädagogischen Reiten. In: Finger-Trescher, U., Krebs, H. (Hrsg.),167-190

Küster, E.-U. (2000): Biographische Selbstthematisierung und postadoleszente Entwicklung von MitarbeiterInnen in der Jugendarbeit. In: King, V., Müller, B. (Hrsg.), 175-192

Lang, H.-J. (2003): Bindungstheorie, Säuglingsforschung und Psychoanalyse. Ein individualpsychologischer Kommentar. In: Zeitschrift für Individualpsychologie 28 (Heft 1), 44-58

Lehmkuhl, G., Fröhlich, J. (2002): Schlafstörungen im Kindes- und Jugendalter. In: Kinder- und Jugendarzt 33 (Heft 5), 417-420

Lehmkuhl, G. (2003): Bindungstheorie und Individualpsychologie. In: Zeitschrift für Individualpsychologie 28 (Heft 1), 8-9

Lüpke, H. (2003): Vorgeburtliche Bindungserfahrung. Konsequenzen für die Interpretation und Begleitung von Kindern mit Verhaltensauffälligkeiten. In: Finger-Trescher, U., Krebs, H. (Hrsg.), 133-144

Maas, M. (1999): Leben lernen in Freiheit und Selbstverantwortung. Eine psychoanalytische Interpretation der Alternativschulpädagogik. Psychosozial-Verlag: Gießen

Maas, M. (2003): Adoleszenz und Schule. Überlegungen zu einem konfliktträchtigen Verhältnis am Beispiel des projektorientierten Unterrichts in einer Freien Alternativschule. In: Fröhlich, V., Göppel, R. (Hrsg.), 110-119

Marquardt, A. (1999a): Psychoanalytische Pädagogik und Kampfsport – eine mögliche Allianz? In: Warzecha, B. (Hrsg.) (1999a), 113-136

Marquardt, A. (1999b): Ethnopsychoanalyse in der Arbeit mit benachteiligten Jugendlichen. In: Warzecha, B. (Hrsg.) (1999a), 159-174

Mattner, D. (2002): Zur Biologisierung abweichenden kindlichen Verhaltens. In: Amft, H., Gerspach, M., Mattner, D. (Hrsg.), 7-36

Mauthe-Schonig, D., Schonig, B., Speichert, M. (2000): Lesen lernen im Anfangsunterricht. Arbeitsbuch mit Geschichten von der „Kleinen weißen Ente“ und psychologischen sowie methodisch-didaktischen Hinweisen. Beltz-Verlag: Weinheim

Metzger, H.-G. (2002): Zwischen Dyade und Triade. Neue Horizonte und traditionelle Rollen für den Vater. In: Steinhardt, K., Datler, W., Gstach, J. (Hrsg.), 29-42

Mitzlaff, S. (2002): Traumaverarbeitungsprozesse in der Gruppenmusiktherapie mit Kindern. Vergleichende Darstellung zweier Gruppenverläufe auf dem Hintergrund psychotraumatologischer Konzepte. In: Musiktherapeutische Umschau 23 (Heft 3), 219-231

Mosheim, R., Steiner, H.-J., Hotter, A., Kemmler, G. u.a. (2002): Können das Väter überhaupt? Eine Studie zur Vater-Kind-Beziehung in der väterlichen Karenzzeit. In: Steinhardt, K., Datler, W., Gstach, J. (Hrsg.), 73-86

Müller, B. (2000a): Jugendarbeit als intergenerationaler Bezug. In: King, V., Müller, B. (Hrsg.), 119-142

Müller, B. (2000b): Zum Nutzen fachlichen Wissens und seinen Grenzen. In: King, V., Müller, B.(Hrsg.), 269-278

Müller, B., Krebs, H., Finger-Trescher, U. (2002): Professionalisierung in sozialen und pädagogischen Feldern. Impulse der Psychoanalytischen Pädagogik. In: Jahrbuch für Psychoanalytische Pädagogik 13. Psychosozial-Verlag: Gießen, 9-26

Müller, B. (2002): Beziehungsarbeit und Organisation. Erinnerung an eine Theorie der Professionalisierung sozialer Arbeit. In: Jahrbuch für Psychoanalytische Pädagogik13. Psychosozial-Verlag: Gießen, 27-46

Neumann, E. (2002): Die Paarbeziehung Erwachsener und Erinnerungen an die Eltern-Kind-Beziehung. Eine Untersuchung zur Kontinuität von Bindung. In: Zeitschrift für Familienforschung 14 (Heft 3), 234-256

Pazzini, K.-J. (1999): Über die Produktivität von Unsinn. Ex- und Implosionen des Imaginären. In: Warzecha, B. (Hrsg.) (1999a), 137-158

Pedrina, F. (2003): Psychoanalytische Arbeit mit Babys und Eltern. Entwicklung und aktuelle Herausforderungen für Diagnostik und Behandlung. In: Kinderanalyse 11 (Heft 1), 20-40

Pongratz, L. (2000): Ökonomisierung der Bildung. Eine Packungsbeilage zu Risiken und Nebenwirkungen. In: Funk, R., Johach, H., Meyer, G. (Hrsg.): Erich Fromm heute. Zur Aktualität seines Denkens. Deutscher Taschenbuch Verlag: München, 121-137

Rankl, C. (2002): Der Vater als Hüter des Schlafes. Familiäre Psychodynamik bei frühkindlichen Schlafstörungen. In: Steinhardt, K., Datler, W., Gstach, J. (Hrsg.), 159-181

Rauh, B. (2003): Die Gruppe – eine Ressource schulischer Bildung. In: Fröhlich, V., Göppel, R. (Hrsg.), 77-91

Rendtorff, B. (2003): Die Institution als dreifacher Ort. In: Fröhlich, V., Göppel, R. (Hrsg.), 25-32

Reuther-Dommer, C., Dommer, E. (1997): Ich will dir erzählen. Geistig behinderte Menschen zwischen Selbst- und Fremdbestimmung. Psychosozial-Verlag: Gießen

Richter-Appelt, H. (Hrsg.) (2002): Verführung, Trauma, Missbrauch. Psychosozial-Verlag: Gießen

Riedesser, P., Schulte-Markwort, M., Walter, J. (2003): Entwicklungspsychologische und psychodynamische Aspekte psychischer Traumatisierung von Kindern und Jugendlichen. In: Koch-Kneidl, L., Wiesse, J. (Hrsg.), 9-24

Romer, G. (2003): Anwendungen der Bindungstheorie bei präventiven psychotherapeutischen Interventionen im Kindes- und Jugendalter. In: Finger-Trescher, U., Krebs, H. (Hrsg.), 211-227

Schäfer, G. E. (Hrsg.) (2003): Bildung beginnt mit der Geburt. Förderung von Bildungsprozessen in den ersten sechs Lebensjahren. Beltz-Verlag: Weinheim

Scherr, A. (2000): Subjektivitätsformen Jugendlicher. Der Gebrauchswert soziologischen Denkens für eine reflektierte jugendpädagogische Praxis. In: King, V., Müller, B. (Hrsg.), 233-250

Scheer, P.J., Wilken, M. (2002): Zwei sind eineR zu wenig. Die Rolle des Vaters für den Säugling. In: Steinhardt, K., Datler, W., Gstach, J. (Hrsg.), 182-198

Schleiffer, R., Müller, S. (2002): Zur Bedeutung der Bindungsorganisation in der stationären Jugendhilfe. In: Heilpädagogische Forschung 28 (Heft 2), 69-79

Schon, L. (2002): Sehnsucht nach dem Vater ... Die Bedeutung des Vaters und der Vaterlosigkeit in den ersten drei Lebensjahren. In: Steinhardt, K., Datler, W., Gstach, J. (Hrsg.), 15-28

Schönig, W. (2000): Schulentwicklung beraten. Das Modell mehrdimensionaler Organisationsberatung der einzelnen Schule. Juventa-Verlag: Weinheim

Sesink, W. (2002): Die Vermittlung des Selbst. Eine pädagogische Einführung in die psychoanalytische Entwicklungstheorie D.W. Winnicotts. LIT: Hamburg

Steinhardt, K., Datler, W., Gstach, J. (2002): Der lange Weg des Vaters in die Kleinkindforschung. Zur Einführung in den vorliegenden Band. In: Steinhardt, K., Datler, W., Gstach, J. (Hrsg.), 7-14

Steinhardt, K., Datler, W., Gstach, J. (Hrsg.) (2002): Die Bedeutung des Vaters in der frühen Kindheit. Psychosozial-Verlag: Gießen

Strauß, B., Buchheim, A., Kächele, H. (2002): Klinische Bindungsforschung. Theorien – Methoden – Ergebnisse. Schattauer: Stuttgart

Tymister, H. J. (1999): „Lebensstilanalyse" in der Arbeit mit Lehrerinnen? Ein Fallbeispiel. In: Warzecha, B. (Hrsg.) (1999a), 47-62

Volz, U. (2003): „Ich bin wieder ein Mensch" – Psychoanalyse des frühen Kindheitstraumas. In: Koch-Kneidl, L., Wiesse, J. (Hrsg.), 65-81

Von Klitzing, K. (2002): Jenseits des Lustprinzips. In: Steinhardt, K., Datler, W., Gstach, J. (Hrsg.), 87-99

Von Klitzing, K. (2003a): Wann braucht ein Säugling einen Psychoanalytiker? Von der Erforschung zur Therapie früher Beziehungen. In: Kinderanalyse 11 (Heft 1), 3-19

Von Klitzing, K. (2003b): Die Folgen früher Traumatisierungen – Eine entwicklungspsychologische Perspektive. In: Koch-Kneidl, L., Wiesse, J. (Hrsg.), 82-95

Walser, K. (2000): Professionelles Können in der Jugendarbeit. In: King, V., Müller, B. (Hrsg.) (2000), 251-268

Walter, P. (2002): Renaissance des Unbewussten? Subkognitive Prozesse und ihre unterrichtstheoretische Bedeutung. In: Zeitschrift für Pädagogik (Heft 4), 571-590

Warzecha, B. (Hrsg.) (1999a): Hamburger Vorlesungen über Psychoanalyse und Erziehung. LIT: Hamburg

Warzecha, B. (1999b): Kasuistisches Verstehen einer institutionellen Konfliktdynamik – oder von der Notwendigkeit professioneller Distanz. In: Warzecha, B. (Hrsg.) (1999a), 63-94

Warzecha, B. (1999c): Materialistische Psychoanalyse. Annäherung und Kritik. In: Warzecha, B. (Hrsg.) (1999a), 175-196

Warzecha, B. (Hrsg.) (2002): Zur Relevanz des Dialogs in Erziehungswissenschaft, Behindertenpädagogik, Beratung und Therapie. LIT: Hamburg

Wehr, H. (2003): Lehrer-Sein – ein unmöglicher Beruf zwischen Leiden und Lust. In: Fröhlich, V., Göppel, R. (Hrsg.), 132-150

Winterhager-Schmid, L. (2000): Ist die Schule eine Jugendschule? – Schule im Dilemma zwischen Enkulturationsauftrag und jugendlicher Avantgardekompetenz. In: King, V., Müller, B. (Hrsg.), 143-155

Wittenberg, L. (2002): Geschichte der individualpsychologischen Versuchsschule in Wien. Eine Synthese aus Reformpädagogik und Individualpsychologie. Dissertationen der Universität Wien (Band 87). WUV: Wien

Zimmer, K. (2002): Widerstandsfähig und selbstbewusst. Kinder stark machen fürs Leben. Kösel-Verlag: München

Rezensionen

Rolf Göppel: „Wenn ich hasse, habe ich keine Angst mehr...“ – Psychoanalytisch-pädagogische Beiträge zum Verständnis problematischer Entwicklungsverläufe und schwieriger Erziehungssituationen. Auer: Donauwörth, 2002, 293 Seiten

Man kann bekanntlich auf vielen Wegen vor jenen pädagogischen Erfahrungen fliehen, die mit Irritation, innerer Unruhe und emotionaler Belastung verbunden sind. Und in der Tat lesen sich viele Texte der traditionellen und der aktuellen Pädagogik oft wie gut formulierte Rezepte und Hilfestellungen bei solchen Fluchtversuchen. Die Kontaktaufnahme, die Bereitschaft, sich dem eigenen Erleben in schwierigen pädagogischen Situationen wirklich zu stellen, findet daher eigentlich nicht statt. – Wie nötig daher ein Buch, das sich unter anderem zum Ziel gesetzt hat, in fokussierten Theoriediskursen genau diese Schwierigkeit, bezogen auf verschiede thematische Schwerpunkte, immer wieder neu anzugehen.

Göppels Buch besticht - folgt man der Inhaltsübersicht - zunächst durch die einerseits erfahrungsoffene, andererseits unverkennbar einem bestimmten Menschenbild verpflichtete Gesamtanlage. Nach einer Darstellung „historischer Ausgangspunkte“ behandelt der Verfasser zunächst „sozialpädagogische“ und „schulische“ Problemaspekte, um dann über die Thematisierung „erziehungswissenschaftlicher Streitpunkte“ zum zentralen Thema einer psychoanalytischen Pädagogik zu kommen, den „biographischen Schlusspunkten“ oder Aspekten im Bildungsprozess.

In dem Abschnitt über „historische Ausgangspunkte“ rekonstruiert der Verfasser zunächst die klassischen Antworten der psychoanalytischen Pädagogik auf die aktuellen Fragen der wachsenden Gewalt unter Jugendlichen. Die auf den ersten Blick fast unpädagogisch wirkende Haltung *A. Aichhorns*, der durch Nichthandeln dem Agieren von zwölf delinquenten Jugendlichen in „Oberhollabrunn“ begegnete, ergibt ihren Sinn erst im Kontext psychischer Strukturbildungen, die eben auf Misshandlung, Unterdrückung und gewaltsame Einschüchterung zurückzuführen sind. Eine Übertragung dieses Konzeptes auf unsere heutige, eher von medialer Überflutung und affektiver Gleichgültigkeit geprägte pädagogische Kultur wäre also völlig kontraindiziert. - Aber auch das Konzept *S. Bernfelds* zum Abbau von Gewaltbereitschaft unter Jugendlichen, das – wie Göppel an neuesten Zeitdokumenten dann nachweisen kann – in der kurzen Zeit offenbar doch durchaus erfolgreich war, wird als Konzept eben erst verständlich vor dem historischen Hintergrund des Ersten Weltkriegs und der Novemberrevolution. Die „Fixierungen der narzisstischen Libido“ und die „Ich-Geilheit“ der jüdischen Waisen kommen in einem solchen politischen Milieu möglicherweise deshalb so rasch in Bewegung, weil die pädagogischen Einrichtungen mit der „Droge“ Zeitgeist arbeiten können. – Auch die psychoanalytisch-pädagogischen Antworten eines *Zulliger, Erikson* und *Redl* erschließen sich – wenn man Göppel folgt – zunächst so in einer Vergleichs- und Entwicklungsperspektive als historisch gebunden, personzentriert und situationsabhängig und entlassen ihre meta-theoretischen Gehalte erst, wenn sie im jeweiligen

Kontext verstanden werden. In einem ersten Resümee zu diesem Abschnitt kommt Göppel daher zu dem Schluss, dass wichtiger als deduktive Regeln und präskriptive Rezepte die Sensibilisierung für die „Dunkelstellen im pädagogischen Feld" (S.33) und das Erzählen von Geschichten sind.

Folgt man der Argumentation Göppels in diesem spannend und sehr gut geschriebenen Kapitel, so kommen also jeweils individuelle pädagogische Konstellationen zum Vorschein, die eine ebenso individuelle oder spezifische Einstellung der Pädagogen zur Voraussetzung haben. Der Autor macht so deutlich, dass psychoanalytische Pädagogik jeweils in besonderen Konstellationen „denkt" und dass sich ihre Theorien nur entlang einer, wie auch Bittner schon sagte, „narrativen Linie" (S.33) verstehen lassen. Es fehlt der psychoanalytischen Pädagogik alles Deduktive oder Präskriptive. Das Denken und Tun der Pioniere der psychoanalytischen Pädagogik ist für uns nicht als Klischee interessant, das sich übertragen ließe, sondern deshalb, weil sie sich auf spezifische Situationen eingelassen haben.

In den beiden folgenden Teilen des Buches, deren differenzierte Argumentation und deren vielseitiges Anregungspotential hier natürlich nur angedeutet werden können, setzt sich Göppel mit zentralen Konzepten einer Pädagogik auseinander, die sich dem Problem der *Gewalt in Schulen* stellt. Es geht ihm um den praktischen Wert von Konzeptualisierungen, die als „Brennpunkte" den derzeitigen pädagogischen Diskurs beherrschen. In einer sozialpädagogischen Sicht zur Gewaltproblematik an Schulen also z.B. um die *„Kompensationsthese"*, also um die Frage, ob Gewaltbereitschaft eher als Abwehrstrategie zu früher erlebten Traumatisierungen oder mehr als sozusagen angstfrei gelebter Sozialdarwinismus zu verstehen ist. Scheinbar völlig selbstverständliche „Sammeleintopfkonzepte" (S.72) wie *„Ich-Stärke"* und *„Ich-Schwäche"* werden vom Verfasser auf den Prüfstand gestellt. Göppel kann überzeugend nachweisen, dass so manches, durch empirische Untersuchungen scheinbar gut gestützte Klischee, über die Persönlichkeitsstruktur von gewaltbereiten Jugendlichen den praktischen Zugang zu dieser Klientel eigentlich eher verstellt. – Die Kontroverse um Aichhorns Position, ob man gewaltbereiten Jugendlichen durch „absolute Milde und Güte" oder, wie Jens Weidner dies im „Anti-Aggressionstraining" (S.80) vorschlägt, eher mit dem Szenario des „heißen Stuhls" begegnen soll, wird wohl noch einige Zeit weitergeführt werden müssen.

Göppels Überlegungen zu „schulischen Problempunkten" eröffnet so der Pädagogik eine ambivalente Forschungslogik. Die Einengung des psychoanalytisch-pädagogischen Forschungsansatzes auf „störendes" und „abweichendes" Verhalten oder auf „Lernhemmungen" fordert zumindest ein Gegenstück: die in der „Risiko- und Resilienzforschung" sichtbar werdenden Freiheitsspielräume der Subjektivität und des personalen Daseins. Allzu rasch wird doch bekanntlich alles irritierende und abweichende Verhalten – ohne die Effekte des Standardrahmens für Schule und Unterricht zu hinterfragen – als „gestört" und „therapiebedürftig" etikettiert.

In dem Kapitel über „Schule für Erziehungshilfe" stellt Göppel daher die Frage nach der Legitimation einer bisher sich in Ausgrenzung mehr oder weniger erschöpfenden Schulpädagogik. In Weiterentwicklung des Konzeptes der „guten Schule" von Fend (S.102) und mit Blick auf die Forderungen Hentigs an eine „humane Schule" (S.101) kommt er zu dem Ergebnis, dass „die Schule zur Erziehungshilfe" ihre Legitimationsbasis nicht automatisch, sondern nur durch eine spezifische Didaktik und Pädagogik begründen kann: „Sei es, dass eher im expressiv-kathartischen Sinn das Kind Gelegenheit erhält, seine Problematik symbolisch zum Ausdruck zu bringen (therapeutisch orientierte Spielgruppen, Stegreiftheater, Psychodrama, therapeutisches Malen, Musizieren, Tanzen, etc.), sei es, dass im eher übenden Sinn in kleinen Gruppen systematisch bestimmte Fertigkeiten im Umgang mit sich selbst und mit sozialen Situationen trainiert werden (Motopädagogische Förderung, Trainingsprogramme für sozial unsichere, für aufmerksamkeitsgestörte oder für aggressive Kinder etc.) oder sei es in dem Sinn, dass durch erlebnispädagogische Maßnahmen Erfahrungen der Ich-Stärkung durch die erfolgreiche Bewältigung von angemessenen Herausforderungen an Mut und Geschicklichkeit ermöglicht werden" (S.108). – „Störungen" sind eben nicht nur „Abweichungen", sondern zeigen immer auch das Moment einer „Anpassung" und das des „problematischen Versuches der Selbstheilung und der Selbstbehauptung unter prekären Umständen" (S.115).

Lehrer sind natürlich keine Therapeuten! – Und dennoch, wer so argumentiert, macht es sich aus der Sicht Göppels zu einfach. Wer Heilung und Bildung zu schroff gegeneinander abgrenzt, verbaut der produktiven Wechselbeziehungen und den zahlreichen Anregungen, welche die Psychoanalyse für die Pädagogik immer wieder bereit hat, sicher den Weg. Göppel setzt sich daher in einem eigenen Kapitel mit dieser Dichotomie zwischen Pädagogik und Therapie auseinander: Wie und in welchen Kontexten schließt etwa der Diskurs um *„Verhaltensgestörtenpädagogik"* das „pädagogisch Eigentliche" in der „allgemeinen Pädagogik" dann doch eigentlich aus?

Fast wie von selbst erschließt sich so dem Leser das, was ich als das Grundanliegen Göppels empfunden habe: Hinter dem Diskurs über *„Risiko- und Resilienzforschung"* verbirgt sich nämlich ein engagiertes Plädoyer für eine humanistische Begründung einer psychoanalytisch-pädagogischen Praxis für Erziehung: „Während die Risikoforschung untersucht, welche Risiken in welchem Maß und auf welche Art und Weise mit welchen Entwicklungsbeeinträchtigungen verknüpft sind, kehrt die Resilienzforschung die traditionelle pathozentristische Perspektive um und fragt in salutogenetischer Perspektive danach, welche Persönlichkeitsmerkmale und welche Lebensumstände jene Kinder auszeichnen, die sich trotzt vorwiegender gravierender Risikokonstellationen erstaunlich gut und gesund entwickeln" (S.150). – Auf der Ebene theoretischer Konzeptualisierungen, aber auch auf der Ebene des dadurch in die Welt gesetzten Erwartungsdruckes, dem sich dann Jugendliche, die erhöhten Entwicklungsrisiken ausgesetzt sind, praktisch gegenüber sehen, formuliert die „Resilienzforschung" sozusagen hierzu einen Kontrapunkt. Sie generiert mit den Methoden der empirischen Forschung Entwicklungsbilder, die zeigen, „dass besondere Widerstände und Schwierigkeiten zu überwinden waren und dass eine besondere Bewältigungsleistung erbracht wurde" (S.150).

Die Bedeutung der Resilienzforschung auch für eine Schulpädagogik kann man dabei kaum unterschätzen: Liefert sie doch die empirische Basis für pädagogische Konzepte, durch die das Grundgefühl eines „Sense of coherence" (S.161) und die „Erfahrung, Stärken zu haben" (S.161) auch in der Schule gefördert werden könnten. Welche

Perspektive für unser krisengeschütteltes Bildungssystem, das Identitätsgefühl von Kindern und Jugendlichen durch *Kultivierung der nicht-intentionalen Aspekte im Bildungsprozess zu stärken*!

Was Resilienz in autobiografischer Perspektive bedeuten kann, zeigt Göppel dann an dem Roman „Padre Padrone – mein Vater, mein Herr", in welchem die Struktur eines Bildungsprozesses sichtbar wird, der sich im Wesentlichen als „Selbstbildung" begreifen lässt. Der Roman erzählt in einer alle gängigen Klischees der Risikoforschung verfremdenden Perspektive, wie der Autor selbst trotz früher Trennung von der Mutter, trotz zwanghafter und rücksichtsloser Erziehungsmaßnahmen des Vaters das „Gefühl der Selbstachtung" (S.248) gewinnen kann. Die im frühen schöpferischen Kern der Persönlichkeit bereitliegende Fähigkeit, Schwierigkeiten zu überwinden und eigene emotionale Erfahrungen zu machen, setzt immer wieder Bildungsprozesse frei: erneute Hinwendung zu neuen Bezugspersonen, zu neuen Interessengebieten, aber auch die großartige Fähigkeit, immer wieder Distanz zu gewinnen zu „problematischen familiären Weltdeutungen und ungerechtfertigten Loyalitätsforderungen" (S.148).

Mit den daran anschließenden Gedanken zur „Macht der frühen Kindheit" aus der Sicht der „Deprivationsforschung", der „Risiko- und Resilienzforschung" und der „Bindungsforschung" verlässt Göppel den schmalen Pfad der am psychoanalytischen Paradigma orientierten Theoriebildung. Die alle Pädagogen immer wieder bewegende Frage nach „Freiheit und Determination" in der pädagogischen Praxis wird in dieser Perspektive nicht nur am „Einzelfall" geklärt, sondern in „großflächigen Untersuchungen" und auch über „statistische Zusammenhänge" erörtert. Was Göppel zeigen kann, ist für ein basales Verständnis des pädagogischen Handelns jedoch unverzichtbar: „Weder ist eine hoch belastete Kindheit 'Schicksal' in dem Sinn, dass sie psychisches Elend im Erwachsenenalter zwangsläufig determiniert, noch ist eine glückliche Kindheit Garantie dafür, lebenslang unbeschwert auf der Sonnenseite seelischer Befindlichkeit zu wandeln. Die Erfahrungen der frühen Kindheit stellen in diesem Sinn eher eine 'Mitgift', ein Ausgangskapital bzw. eine Hypothek dar, mit der auf dem weiteren Lebensweg zurechtzukommen ist" (S.184).

Von solchen Überlegungen zu einer Neubegründung des Bildungsbegriffes auf der Grundlage der empirischen Forschungsergebnisse der Resilienzforschung könnten in der Tat wichtige Impulse ausgehen. Dieses Kapitel war für mich zudem noch in einer anderen Hinsicht der Schlüssel zu einem neuen Verständnis. Ergibt sich doch nun auch im Kernbereich des Diskurses über Psychoanalytische Pädagogik sogar so etwas wie eine neue Begründungsformel für das, was unter der etwas überdimensionalen Dachkonstruktion „Psychoanalytische Pädagogik" versammelt ist. Die Zerrissenheit des Diskurses in diesem Feld, zwischen klinisch-therapeutischer Konstruktion einerseits, die zur Bildung und Entwicklung im pädagogischen Bezügen eigentlich wenig beitragen kann, und abstrakter Kommunikation über das „eigentlich Pädagogische" andererseits, mit dem die belastenden und leidvollen Erfahrungen im pädagogischen Alltag dann verleugnet werden, wird hier in der Tat durch eine recht bestechende und überzeugende Integrationsformel überwunden: Bildung wäre demzufolge Selbstbildung und Selbstheilung in einem; zudem Suche und Sehnsucht nach immer neuen Objekterfahrungen, die – getragen von einem unkommunizierbaren schöpferischen Kern in der

Person – immer wieder die Kraft empfängt, Lebenswelten und Horizonte zu durchschreiten. Voraussetzung ist allerdings, dass auch vorübergehende Blockierungen, Depressionen und Tendenzen zum passiven Rückzug überwunden werden können.
Die Fülle der Anregungen, die Göppel in seinen dreizehn Kapiteln gibt, muss sich letztlich messen lassen an den Fragen und Fragerichtungen, die er selbst als Leitfragen im Vorwort formuliert. Es ging ihm darum, „gängige Thesen" einer „kritischen Überprüfung" (S.7) zu unterziehen.
Leitfragen waren hierbei:

- ob Gewaltbereitschaft sich als Ausdruck von Ich-Schwäche verstehen lässt;
- ob die frühe Kindheit als Ursprung der Aggressionsneigung gesehen werden darf;
- welche Effekte man dem „gezielten Einfluss" auf die „Bildung der Gefühle" zusprechen kann, wenn es darum geht „Gewaltpotentiale in Schulen" abzubauen;
- welche Chance eine bewusste Konfrontation und Vorgehensweise in pädagogischen Beziehungen haben kann;
- wie ernst schließlich die Rede vom Verschwinden der Kindheit unter den gewandelten sozialisatorischen Bedingungen unserer Zeit zu nehmen ist.

Göppel liefert zu diesen Fragen keine fertigen Lösungen, sondern schärft mehr unseren Blick für die innere Dialektik der allzu raschen Antworten.
Die Frage ist für mich nun allerdings, ob diese Arbeit an einer ambivalenten Sicht der Dinge und an der Auflösung irreführender „Sammeleintöpfe", die in der Praxis wirksamen, erstarrten Schablonen tatsächlich wieder in die Schwebe bringen kann. Hier zeigt sich sicher eine gewisse Grenze des Buches. Die mit „Hass" und unbewusster „Angst" umgehenden Pädagogen werden sich nach wie vor schwer tun, ihre habituellen Einstellungen und ihre eigenen unbewussten Tendenzen zur Übertragung früh erworbener Gefühlsklischees durch den Nachvollzug theoretischer Diskurse zu korrigieren. Natürlich kann das auch ein Buch nicht leisten. Aber Göppel lässt auch weitgehend offen, welche Bündnisse und systemischen Kontexte denn in den Blick geraten müssten, damit der Ablösungsprozess von einseitigen und undialektischen Sichtweisen in der Pädagogik in Gang kommen könnte. Mitunter wünschte man sich auch noch mehr Fallbeispiele, die den Gegenstand der Diskussion emotional so vor Augen stellen könnten, dass ein durch Analyse gewonnener Spielraum noch besser veranschaulicht würde.
Mir kam als Leser dieses Buches manchmal allerdings auch das Bild von Wegen durch schwieriges Gelände. Tatsächlich aber geht es Göppel vermutlich nicht nur darum, den Flachstellen pädagogischer Klischeebildungen wieder Tiefe zu verleihen. Ich habe sein Buch in seinen eindrucksvollsten Passagen eher gelesen als den Versuch einer *Rückbesinnung* auf den unantastbaren Personkern, auf den „aufrechten Gang", wenn man so will, der trotz Deprivation, Misshandlung und Diskriminierung möglich ist.
Dies ist allerdings dann ein Menschenbild, das offensichtlich weder durch pädagogische Diskurse noch durch psychoanalytisches Denken fixiert werden kann und dem sich doch alle Pädagogen eigentlich verpflichtet fühlen müssten, um ihr Handeln am sog. „Klientel" legitimieren zu können.

Heiner Hirblinger

Horst-Eberhard Richter: Bedenken gegen Anpassung. Psychoanalyse und Politik. Psychosozial-Verlag: Gießen, 2003, 316 Seiten

Als Sigmund Freud 1910 mit einer kleinen Anzahl von Mitstreiter die „Internationale Psychoanalytische Vereinigung" gegründet und somit die organisatorischen Grundlagen für eine Ausbreitung seiner beunruhigenden Erkenntnisse gelegt hatte, benannte er offen die massiven Gegenkräfte, die sich seinen Bemühungen entgegenstellen würden. Er betrachtete diese Gegenkräfte nicht als böswillig, sondern als notwendig. Dementsprechend formulierte er: „Die Gesellschaft wird sich nicht beeilen, uns Autorität einzuräumen Sie muss sich im Widerstand gegen uns befinden, denn wir verhalten uns kritisch gegen sie; wir weisen ihr nach, dass sie an der Verursachung der Neurosen selbst einen großen Anteil hatte", um anschließend mit „kühner Selbstsicherheit" hinzuzufügen:

„Die einschneidendsten Wahrheiten werden endlich gehört und anerkannt, nachdem die durch sie verletzten Interessen und die durch sie geweckten Affekte sich ausgetobt haben. Es ist bisher noch immer so gegangen, und die unerwünschten Wahrheiten, die wir Psychoanalytiker der Welt zu geben haben, werden dasselbe Schicksal finden. *Nur wird es nicht sehr rasch geschehen; wir müssen warten können*" (Freud 1910d, 129; Hervorhebung d. Verf.).

Horst-Eberhard Richter stellt diese Äußerung Freuds an den Ausgangspunkt seines sehr lebendig geschriebenen Buches. Der Titel „Psychoanalyse und Politik" verweist auf seine kulturkritische Intention. Er unternimmt den weitgreifenden Versuch, sowohl historisch verwurzelte als auch aktuell gesellschaftlich bedingte Tendenzen zu eruieren, die uns zu bedenklichen, letztendlich tendenziell entmündigenden Anpassungsleistungen an bestehende Verhältnisse veranlassen. Richters Grundhaltung ist hierbei von Behutsamkeit geprägt, gepaart mit ansteckendem Engagement.

Zum Inhalt: Die ersten Kapitel sind historisch orientiert. Von den Studien Fallends, Reichmayrs und Mühlleitners ausgehend entfaltet Richter das emanzipatorische, sozialistische Bemühen zahlreicher Pioniere der Psychoanalyse sowie der Psychoanalytischen Pädagogik. Ihm ist daran gelegen, die Vitalität der damaligen Diskussionen auch emotional nachvollziehbar zu machen. Diese wurden vor allem von Bernfeld, Reich, Simmel und Fenichel vorangetrieben, „bis deren Aktivitäten unter der Bedrohung und Verfolgung durch die Nazis vorläufig erstickt wurden" (S.23). Die Überschriften der ersten Kapitel entsprechen diesem Ansatzpunkt: „Die Psychoanalyse muss die Gesellschaft herausfordern", „Versuche, die Psychoanalyse mit dem Sozialismus zu verbinden", „Zwei publizieren gegen Hitler – die anderen bleiben stumm" und „Zugeständnisse bis hin zur Selbstverleugnung". Richter erinnert an die Bemühungen insbesondere in den 20er und 30er Jahren, die Psychoanalyse mit dem Marxismus zu verbinden. Manche kamen zur Psychoanalyse, weil diese ihnen als eine Ergänzung ihres sozialreformerischen Engagements erschien. In einer gewissen Weise teilte Freud dieses Engagement, was sich u.a. in seiner Unterstützung von zwei pazifistischen Manifesten zeigte, in denen die Abschaffung der Wehrpflicht gefordert wurde.

Im Kapitel „Zwei publizieren gegen Hitler – die anderen bleiben stumm" erinnert Richter an zwei Autoren, die es nicht bei eher allgemein bleibenden Bemühungen beließen, sondern die Gefahr des heraufziehenden Faschismus sehr bewusst erkannten und öffentlich wissenschaftlich analysierten: Wilhelm Reich und Georg Simmel. Simmel, dessen Schriften seit einigen Jahren wieder allgemein zugänglich sind, veröffentlichte 1932 den mutigen sozialpsychologischen Aufsatz „Nationalsozialismus und Volksgesundheit", in dem er schrieb:

„Die Hitler-Bewegung ist nun, psychologisch gesehen, eine Wiederherstellung des Kriegszustandes für ihre Anhänger. Es herrscht wieder absolute Befehlsgewalt des einen unverantwortlichen Führers, der allen anderen die Verantwortung und damit ihre Schuldgefühle abnimmt. Der Feind steht wieder *außerhalb* der Gemeinschaft. Diesmal ist es der Jude, der Marxist, der Andersdenkende – er ist das Ziel, in Wirklichkeit das Phantom für die Abreaktion aggressiver kannibalischer Strebungen" (S.33).

Solche Studien erregten innerhalb der psychoanalytischen Zunft bekanntlich keineswegs ungeteilte Freude. Sie stießen in Wien und Berlin vielmehr „teils auf betretenes Schweigen, teils auf heftige Ablehnung" (S.36). Es kam zur Maßregelung Wilhelm Reichs, 1934 zum Ausschluss.

Für Richter stellt der „Präzedenzfall Reich" (S.40) einen Wendepunkt in der Geschichte der Psychoanalyse dar, der zur Marginalisierung gesellschaftskritischer Bestrebungen führte, deren Folgewirkungen bis heute – wie Richter im Buch immer wieder herauszuarbeiten versucht –, nachweisbar sind.

Die reale gesellschaftliche Gewalt wurde damals von der Majorität der Analytiker nicht „bearbeitet", sondern mit einem Diskussionsverbot belegt, somit tabuisiert. Es kam zu einer Anpassung an den „Zeitgeist", einer schleichenden Deformation des ehemals selbstkritischen Impetus. Richter betont: „Man warf den Mann hinaus, der offen und unmissverständlich klarmachte, dass die Leitvorstellung einer durch Autoritätsgehorsam gleichgeschalteten ‚Volks- und Rassengemeinschaft' dem Menschenbild der Psychoanalyse unversöhnlich gegenüberstand. ... Nicht als einer, der eine gefährliche Wahrheit publiziert hatte, sondern als ein Abtrünniger wurde Reich eliminiert" (S.37f).

Dass dies keineswegs eine „historische" Diskussion ist, hat sich spätestens in den 80er Jahren gezeigt. Eine „offizielle" Entschuldigung für den Hinauswurf Reichs, eine Rehabilitation Wilhelm Reichs, habe es niemals gegeben (siehe dazu Nitzschke/Fallend 2002).

In dem Kapitel „Willy Brandt, Wilhelm Reich und die Psychoanalyse" greift Richter dieses Thema erneut auf. Er schildert die Motive seines Engagements für Willy Brandt Anfang der 70er Jahre. Richter war beeindruckt von dessen Glaubwürdigkeit. Brandt berichtete ihm einmal, dass er als begeisterter Zuhörer an Wilhelm Reichs Seminaren während ihrer gemeinsamen Emigrationszeit in Oslo teilgenommen habe. Dessen psychoanalytischen Deutungen des Faschismus erschien Brandt als hochinteressant und überzeugend. Richter schildert nun eine Szene, die seinen Versuch, Spuren der progressiven Ursprünge der Psychoanalyse auch noch in der Gegenwart glaubwürdig wirksam werden zu lassen, konkretisiert:

„Dass er übrigens, noch als Kanzler, nach einem sonntäglichen Telefongespräch die schon gestrichenen Gelder für die Psychiatrie-Reform Finanzminister Matthöfer doch noch abgerungen hat, sei nur nebenbei erwähnt. So war Wilhelm Reich als eine Art Katalysator am Ende doch noch indirekt an einer sinnvollen gesundheitspolitischen

Initiative in dem Land beteiligt, das ihn vertrieben hatte. Es dürfte in seinem Sinne gewesen sein“ (S.174).

Zurück zum chronologischen Aufbau des Buches: Richter erinnert an das von Simmel organisierte Antisemitismus-Symposium 1944 in San Francisco, wo einige vertriebene Psychoanalytiker und Soziologen inmitten des Krieges noch einmal klarsichtige Analysen des Antisemitismus vortrugen. Diese kulturkritische Tradition der Psychoanalyse trat jedoch innerhalb der analytischen Standesorganisationen immer mehr in den Hintergrund. Unter Bezugnahme auf die Erfahrungen der Emigranten Bettelheim, Federn, Ekstein und Nunberg mit der Psychoanalyse in den USA zeichnet er in den Kapiteln „Amerikanische Missverständnisse“, „Die Medizinalisierung der Psychoanalyse“ sowie „Der Untergang des Gründergeistes“ eingängig und überzeugend den weiteren historischen Prozess der Etablierung, aber eben auch der gesellschaftskritischen Entsagung der Psychoanalyse in Deutschland und den USA nach. Hierzu resümierend betont Richter:

„Die Geschichte kennt unzählige Beispiele dafür, dass revolutionäre geistige Bewegungen nicht nur erlahmen oder erstarren, sondern schließlich Züge annehmen, die ihren ursprünglichen oder vielleicht sogar nach wie vor verkündeten Absichten zuwiderlaufen. Das führt zu Identitätskrisen, deren Verarbeitung um so weniger zu gelingen pflegt, je hartnäckiger sie verleugnet werden.

Die Psychoanalyse ist in eine solche Krise hineingeraten, vorbereitet durch das Zusammenwirken äußerer Verfolgung und innerer Anpassung. Die Medizinalisierung war nur ein Symptom, nicht die Ursache der Veränderung. Die Analytiker wurden braver, sie suchten für ihre Institute bravere Kandidaten aus. Leidenschaftlich engagierte junge Leute vom Schlage eines Siegfried Bernfeld oder eines Wilhelm Reich hätte man nach dem Kriege sicher nicht mehr aufgenommen“ (S.77).

In diesem Sinne stellt Richter bereits im Vorwort seines Buches ernüchtert fest: „Viele Kollegen wünschen es eben nicht, außer der Auseinandersetzung mit Kostenträgern und Berufsverbänden jemals wieder in politische Konflikte verwickelt zu werden“ (S.13). Und: „Von einer psychoanalytischen Bewegung kann man jedenfalls schwerlich noch sprechen“ (S.10).

In einigen weiteren Kapiteln, etwa in „Eigene Suche nach Orientierung“, zeichnet Richter die Entwicklung der Psychoanalyse in der Bundesrepublik der Nachkriegsperiode nach, wie er sie selbst erlebt hat. Danach folgen drei Kapitel über die „Wiedergeburt einer politischen Psychoanalyse“. Richter porträtiert in knappen Zügen das Leben und Werk von Alexander Mitscherlich, Marie Langer und insbesondere Paul Parin sowie Goldy Parin-Matthèy, welche er als ermutigende Gegenkräfte gegen die beschriebene Entpolitisierung der Psychoanalyse erlebt hat. So wie Bernfeld, Fenichel, Simmel und Reich, aber auch Bettelheim, Federn und Ekstein für Horst-Eberhard Richter historisch bedeutsame Persönlichkeiten sind, die die kulturkritische Substanz der Psychoanalyse sowie der Psychoanalytischen Pädagogik mitformuliert und authentisch gelebt haben, so repräsentieren auch Mitscherlich, Langer sowie die Parins für Richter den emanzipatorischen „Gründergeist“ der Psychoanalyse. Richter hebt hervor: „Alle vier hatten inmitten von Nazi- und faschistischem Terror die Fähigkeit bewiesen, sich durch Anpassungsverweigerung vor der Wehrlosigkeit gegenüber den unbewussten

Anpassungsmechanismen zu bewahren" (S.13). Und im Kapitel „Unterschätzte Anpassungsmechanismen", Parins Studien entlehnt, hebt Richter hervor: „Mir imponierten sie durch ihre besondere politische Standhaftigkeit, die ich in einem engen Zusammenhang mit einigen ihrer wichtigsten psychoanalytischen Fragestellungen sehe. ... Selbst Widerständler bzw. Widerständlerin inmitten von Ohnmacht und Anpassung, waren sie dafür prädestiniert, den großen Problemkreis des unbewussten Konformismus zu bearbeiten" (S.141).

Für mich ansprechend ist Horst-Eberhard Richters Offenheit und Ehrlichkeit. Er beschreibt seinen eigenen Entwicklungsprozess, seine Suche nach einer sozialpolitischen Identität, die ihm, wie er im Buch verschiedentlich durchschimmern lässt (S.13, S.199), Feindschaft und Ächtung durch seine privilegierte Standesorganisation einbrachte. So bemerkt Richter im Porträt Mitscherlichs: „Was mich selbst von Mitscherlich trennte, war damals vor allem der Abstand zu seinem gewaltigen Mut, sich nahezu pausenlos mit großen Teilen der Ärztezunft und den konservativen Medien anzulegen. Es sah manchmal so aus, als bereiteten ihm die vielen Schlachten mit seinen Widersachern so etwas wie Genugtuung. Dass ich je bereit sein würde, mir ähnliche Feindschaften zuzuziehen, erschien mir vor dreißig Jahren noch als absolut unvorstellbar" (S.125).

In der zweiten Hälfte des Buches beschreibt Richter einige exemplarische gesellschaftliche Felder sowie sozialpolitische Streitthemen, in die er selbst handelnd und gestaltend involviert war. Historischer Ausgangspunkt für die sich schrittweise verändernden gesellschaftlichen Diskussionen sind für Richter die Jahre der Studentenbewegung. Dementsprechend leitet er diesen Themenbereich mit dem Aufsatz „Der Beziehungskonflikt zwischen den Antiautoritären und der Psychoanalyse" ein. Richter befand sich damals beruflich in einer „Zwischenposition". Er war der Studentengeneration entwachsen, hatte in Gießen Führungspositionen erlangt, vermochte jedoch innerlich noch eine Beziehung zur rebellierenden Generation herzustellen. Er erkannte rasch, dass das Thema der historisch gewachsenen Schuld an den „unbearbeiteten" Verbrechen der Nazis einen wesentlichen Motor für die seinerzeit scheinbar eruptiv aufbrechenden gesellschaftlichen Diskussionen darstellte. Um so enttäuschter war er, dass gerade die psychoanalytische Standeszunft, die sich eine methodisch betriebene Selbstreflexion als Spezifikum ihrer Profession auf ihre Fahnen zu schreiben berechtigt fühlt, sich betont distanziert gegenüber den gesellschaftlichen Veränderungswünschen verhielt: „Es waren Erfahrungen, die meinen schrittweisen Rückzug aus aktiver Mitarbeit in Funktionen der Vereinigung einleiteten" (S.160f). Nach seiner Erinnerung gelang es ihm und analytischen Kollegen in Gießen, die aufbrechende Kritik nicht nur als bedrohlichen Angriff, sondern als wachrüttelnde Anregung zur Bearbeitung eigener verdrängter Anteile zu nutzen. Die anklagenden, projizierenden bzw. verleugnenden Anteile dieser Kontroversen traten hierdurch rasch in den Hintergrund. Das Einmünden eines Teils der kurzzeitigen revolutionären Stimmung in soziale Reformprojekte war ganz in Richters Sinne:

„Als die Bewegung allmählich mehr und mehr ihren ideologischen Fundamentalismus und ihren revolutionären Allmachtsanspruch verlor, sich statt dessen konkreten Erneuerungsvorhaben zuwandte, gewann ich vollends Anschluss an solche Initiativen. Dabei glaubte ich zu erkennen, dass in den sozialen Projekten, in denen ich mit Enthusiasmus mitwirkte, auch ein sinnvoller Teil von Erinnerungsarbeit geleistet werden konnte" (S.161).

Die konkrete Ausformung dieser Arbeit mittels des „introspektiven Konzeptes" (S.162) beschreibt Richter anhand seiner knapp zehnjährigen Arbeit in einer Obdachlosensiedlung, seiner Arbeit in der Friedens- und Ökologiebewegung sowie seiner Begegnung mit einem ehemaligen führenden Rechtsextremisten.

Die existentielle Bedeutung der menschlichen Destruktivität erwies sich für Richter hierbei als zentrale Bestimmungsgröße. Aus psychoanalytischer Sicht betont er immer wieder in Varianten: „Soziale Destruktivität kommt nicht erst von fremden Mächten, schlimmen Politikern oder falschen Ideologien, sondern noch zuvor aus uns selbst. Also steckt sie auch in denen, die sie untersuchen. Destruktivität lässt sich nicht wegschaffen, nur besserer Kontrolle unterwerfen. Sie kann um so weniger Unheil anrichten, je wachsamer man ihr nachspürt und sich mit ihr zuallererst in den eigenen sozialen Zusammenhängen kritisch auseinandersetzt" (S.17). Dies könnte auch als Motto über diesem Buch stehen.

Mein bleibender Eindruck von dieser neuen Studie Horst-Eberhard Richters ist: Frei von moralisierendem Unterton erinnert uns dieser „liebenswürdige und zurückhaltende Mensch" mit seinem „illusionslose(m) Blick und seine(r) nie versagende(n) Hoffnung" (Paul Parin) daran, was die Psychoanalyse sowie die Psychoanalytische Pädagogik einmal waren und was sie immer noch bewirken könnten – sofern die gesellschaftlichen Verhältnisse dies zulassen und wir dies wirklich wollen.

Literatur

Freud, S. (1910d): Die zukünftigen Chancen der psychoanalytischen Therapie. In: Sigmund Freud Studienausgabe: Ergänzungsband. Schriften zur Behandlungstechnik. Fischer: Frankfurt/M.. 1975, 121-132

Haland-Wirth, T., Spangenberg, N., Wirth, H.-J. (Hrsg.) (1998): Unbequem und Engagiert: Horst-Eberhard Richter. Psychosozial-Verlag: Gießen

Kaufhold, R. (2001): Bettelheim, Ekstein, Federn: Impulse für die psychoanalytisch-pädagogische Bewegung. Psychosozial-Verlag: Gießen

Nitzschke, B., Fallend, K. (Hrsg.) (2002): Der „Fall" Wilhelm Reich. Beiträge zum Verhältnis von Psychoanalyse und Politik. Psychosozial-Verlag: Gießen

Richter, H. E. (1963): Eltern, Kind, Neurose. Rowohlt: Reinbek bei Hamburg

Roland Kaufhold

Abstracts

Wilfried Datler

Wie Novellen zu lesen ...: Historisches und Methodologisches zur Bedeutung von Falldarstellungen

in der Psychoanalytischen Pädagogik

Der Autor verweist zunächst auf die auffallend große Häufigkeit von Falldarstellungen in psychoanalytisch-pädagogische Publikationen und führt dies darauf zurück, dass die Bezugnahme auf Falldarstellungen dem spezifischen Gegenstand von Psychoanalyse – und somit auch dem spezifischen Gegenstand von Psychoanalytischer Pädagogik – entspricht. Er stützt diese Behauptung, indem er – im Vergleich mit einer Freudschen Falldarstellung aus dem Jahre 1883 und einer Falldarstellung Charcots – aufzeigt, dass Freud von 1895 an geradezu darauf angewiesen war, Einzelfallstudien zu publizieren, um deutlich zu machen, welche Erfahrungen ihn veranlassten, bestehende Theorien zu modifizieren und neue Theorien zu entwerfen. An einem Beispiel Aichhorns wird gezeigt, dass die Funktion von Fallstudien in psychoanalytisch-pädagogischen Kontexten ähnlich der Funktion jener Fallstudien ist, die sich in Freuds Veröffentlichungen finden. Der Artikel schließt mit Bezügen zu aktuellen Diskussionen zur Relevanz von Falldarstellungen im Kontext von Psychoanalyse.

Günther Bittner

Was kann man „aus Geschichten lernen"?

Der Beitrag vergegenwärtigt die Geschichte pädagogischen Biographieninteresses und weist dabei insbesondere die Berührungspunkte der neueren pädagogischen Biographienforschung mit der Psychoanalyse auf. Er geht auf die gewandelte Einschätzung der großen biographischen Krankengeschichte in der Psychoanalyse ein und erörtert das gemeinsame Interesse psychoanalytischer und pädagogischer Biographik an einen neuen, noch zu entwickelnden nichtsubsumptiven, sondern hermeneutischen Umgang mit Geschichten.

Vera King

Generationen- und Geschlechterbeziehungen in Freuds ‚Fall Dora'. Ein Lehrstück für die Arbeit mit Adoleszenten

In diesem Beitrag geht es um die erste und meist diskutierte Fallgeschichte der Psychoanalyse: das 1905 von Freud publizierte „Bruchstück einer Hysterie-Analyse", vielfach als ‚Fall Dora' bekannt geworden.. An Freuds ‚Fall Dora', der einen Ursprungstext der Psychoanalyse darstellt, werden einmal die allgemeine Funktion und Bedeutung von Fallgeschichten und Kasuistiken im Theoriebildungs- und Erkenntnisprozess verdeutlicht (1). Zum anderen repräsentiert der ‚Fall Dora' ein paradigmatisches Lehrstück für die Arbeit mit Adoleszenten, wie gerade auch durch die Rekonstruktion jener Prozesse gezeigt werden kann, in denen die potenzielle Entfaltung eines adoleszentes Möglichkeitsraums in der Analyse verspielt wird. Mit Blick darauf können anhand der Interpretation der Fallgeschichte zentrale Thematiken der Arbeit mit (weiblichen) Adoleszenten erörtert werden, die das Generationenverhältnis und die Geschlechterbeziehungen betreffen und die für die analytische, beraterische oder jugendpädagogische Arbeit mit Adoleszenten übergreifend relevant und insofern von großer Aktualität sind (2).

Brigitte Boothe
Die Fallgeschichte als Traumnovelle: Eine weibliche Erzählung vom Erziehen
Psychoanalytische Fallgeschichten sind Rätselnovellen der psychischen Existenz. Sie wollen unterhalten, die Einbildungskraft anregen und von praktischem Nutzen sein. Wie die Novelle bedient sich das Fallnarrativ einer evokativen Art des Sprechens. Diese erzeugt emotionales Engagement und lädt den Leser zur Identifikation in der Phantasie ein. Die Novelle – Erzählung von Neuigkeiten – gestaltet menschliches Leben zugespitzt auf Ereignisse der besonderen Art, auf Kulminations- und Wendepunkte. Dabei gestaltet sie weniger das äußere als vielmehr ein inneres Leben. Die novellistische Form verleiht diesem Leben ein Unergründliches und weckt Neugier und Empathie. Die psychoanalytische Fallgeschichte hat die Aufgabe, biographische Wirklichkeit so darzustellen, dass sie zum – lösbaren – Rätsel wird. Auch hat sie eine biographische Wahrheitsverpflichtung, eine wissenschaftliche Sorgfaltsverpflichtung und eine moralische Gerechtigkeitsverpflichtung: Sie soll dem menschlichen Original Gerechtigkeit widerfahren lassen. Psychoanalytische Fallgeschichten gestalten nicht nur das Porträt eines Menschen, sondern verweisen auch auf gelebte Beziehung: die gemeinsame Geschichte, die Patient und Psychoanalytiker in ihrer therapeutischen Arbeit entwickelt und gelebt haben. Dabei ist es von besonderem Interesse, wie Patienten selbst dazu beitragen, zur Hauptfigur in einer Fallnovelle zu werden und wie sie Regie führen. Die Mitteilung eines Traumes kann dabei exemplarische Dienste bei der narrativen Verfertigung der eigenen Psychographie leisten. Eindrucksvoll ist das gewählte Beispiel nicht zuletzt um seiner pädagogischen Bezüge willen: Mädchenerziehung als Traum.

Inge Schubert
Die „Offene Klassenrunde" – ein gruppenanalytisches Setting in der Schule. „Meine Mutter sagt, ich bin genau wie mein Vater."
Im Sinne psychoanalytischer Pädagogik innerhalb der Institution Schule mit einer gesamten Klasse und mit dem Anspruch einer analytischen Gruppe zu arbeiten, das ist neu, ein Versuch und vor allem im Hinblick auf den Anspruch keinesfalls unumstritten. Die Autorin hat als Lehrerin und Forscherin für dieses Experiment den Raum der *Offenen Klassenrunde* geschaffen. Insbesondere durch die Schilderung einer Gruppensitzung wird die psychoanalytische Dimension einer solchen Arbeit greifbar. Die darüber hinaus gehenden Fragen an den Anspruch, tatsächlich eine analytische Gruppe zu leiten, versucht die Autorin soweit zu beantworten, wie dies aus der bisherigen Praxis möglich ist.

Urte Finger-Trescher & Wilfried Datler
Gruppenpsychoanalyse in der Schule? Einige Anmerkungen zum Beitrag von Inge Schubert

Im Beitrag wird der Artikel von Inge Schubert diskutiert, der in diesem Band nachzulesen ist und von der Einrichtung einer „analytischen Gruppe" mit Schülerinnen und Schülern an einer Schule handelt.

Urte Finger-Trescher und Wilfried Datler beziehen sich darauf, dass diese Gruppe als „angewandte analytische Gruppe" vorgestellt wurde, theoretische Fundierungen solcher „angewandter analytischer Gruppen" aber erst in ersten Ansätzen vorliegen. Unter Bezugnahme auf das kasuistische Material und allgemein gehaltenen Überlegungen, die Inge Schubert vorstellt, werden vier Themenbereiche markiert, die es in Hinblick auf eine differenziertere theoretische Fundierung der Arbeit mit einer analytischen Gruppe im Rahmen von Schule sorgfältig zu reflektieren gilt. Diese vier Themenbereiche tangieren durchwegs die vielen Abhängigkeiten des Gruppengeschehens von den strukturellen Gegebenheiten der Institutionen Schule und den darin gründenden Beziehungen, die es präziser zu benennen und zu berücksichtigen gilt.

Jürgen Körner, Burkhard Müller
Chancen der Virtualisierung:
Entwurf einer Typologie psychoanalytisch-päda-gogischer Arbeit

Der Beitrag bestimmt als Grundbedingung psychoanalytischen Handelns in unterschiedlichen, insbesondere pädagogischen Anwendungsfeldern, dass es im jeweiligen Feld sowohl notwendig als auch möglich ist, vorgegebene Aufgaben, Ziele, Handlungsnormen samt inneren und äußeren Zwängen zeitweise zu suspendieren, unter Vorbehalt zu stellen und damit einen „potentiellen Raum" (Winnicott) zu schaffen, in welchem Gewünschtes, Verdrängtes, Ersehntes als mögliche Wirklichkeit gedacht werden kann, *ohne* sogleich außenwirksame Wirklichkeit sein zu müssen. Die Handlungsfelder Psychoanalytischer Pädagogik, so die zentrale These, lassen sich nach der Art und dem Grad unterscheiden, in dem diese Grundbedingung verwirklicht werden kann.

Katharina Gartner
Warum der kleine Ernst eine Holzspule schleudert. Oder: Die psychoanalytische Theorie der Bearbeitung von Erlebnisinhalten im Spiel.
Ein Literaturüberblick

Einer besonderen Funktion kindlichen Spielens, die in Publikationen zur Psychoanalytischen Pädagogik von deren Anfängen an immer wieder als für das psychische Gleichgewicht und die psychische Entwicklung des Kindes bedeutend beschrieben wird, ist dieser Literaturumschauartikel gewidmet: dem Be-, Ver- oder Durcharbeiten von Erlebnisinhalten im Spiel. In Bezugnahme auf ein paradigmatisches Beispiel Freuds wird versucht, ein übersichtliches Bild psychoanalytischer Theorie zu dieser Spielfunktion nachzuzeichnen: Zum einen wird fokussiert, wie – mittels welcher Vorgänge, Mechanismen bzw. Prozesse – Erlebnisinhalte im Spiel verarbeitet werden. Zum anderen wird ein Überblick darüber gegeben, welche Formen von Erlebnisinhalten, die beim Spielen bearbeitet werden können, welcherorts thematisiert werden. Besonderes Augenmerk wird dem Prozess der spielerischen Bearbeitung von Konflikten geschenkt.

Andrea Tober & Michael Wininger
Jüngere Publikationen zu speziellen Praxisbereichen und Fragestellungen der Psychoanalytischen Pädagogik
Auch das diesjährige Jahrbuch wird mit einer Literaturumschau abgerundet. In mehreren thematisch gegliederten Kapiteln werden aktuelle Veröffentlichungen zu verschiedenen Fragestellungen psychoanalytisch-pädagogischer Theoriebildung und Praxis überblicksweise dokumentiert. Im Umschauartikel finden Beiträge zu folgenden Fragenkomplexen Darstellung: (1.) Publikationen zu grundlegenden und historischen Fragestellungen Psychoanalytischer Pädagogik; (2.) Jüngere Literatur zu verschiedenen Praxisbereichen Psychoanalytischer Pädagogik; (3.) Beiträge zu entwicklungspsychologischen und sozialisationstheoretischen Fragestellungen und (4.) Veröffentlichungen zu weiteren Themenstellungen mit psychoanalytisch-pädagogischer Relevanz.

Die Autorinnen und Autoren des Bandes

Günther Bittner, Dr. phil., Univ.Prof., Diplom-Psychologe und Psychologischer Psychotherapeut, geboren 1937 in Prag, ist Professor für Pädagogik an der Universität Würzburg.

Brigitte Boothe, geboren 1948 in Karlsruhe, Prof. Dr. phil., Psychoanalytikerin (DPG, DGPT), Psychotherapeutin (FSP), studierte Philosophie, Germanistik, Romanistik und Psychologie. Sie ist Inhaberin des Lehrstuhls für Klinische Psychologie I an der Universität Zürich. Aktuelle Forschungsschwerpunkte: Erzähl- und Traumanalyse, Psychoanalyse der Geschlechterdifferenz, Wunsch und Kommunikation in der Psychoanalyse.

Wilfried Datler, Dr. phil., Ao Univ.-Prof.. Dr. phil., leitet die Forschungseinheit Psychoanalytische Pädagogik und die Arbeitsgruppe für Sonder- und Heilpädagogik am Institut für Erziehungswissenschaft der Universität Wien. Er ist Lehranalytiker im Österreichischen Verein für Individualpsychologie, stv. Vorsitzender der Arbeitsgemeinschaft für Psychoanalytische Pädagogik (APP) Wien und im Vorstand der Kommission Psychoanalytische Pädagogik der Deutschen Gesellschaft für Erziehungswissenschaft. Er arbeitet zu Fragen im Grenz- und Überschneidungsbereich von Psychoanalyse, Pädagogik und Psychotherapie.

Urte Finger-Trescher, Priv.-Doz., Dr. phil., Dipl.-Päd., Gruppenanalytikerin; Weiterbildung in Familientherapie; Leiterin der Beratungsstelle für Eltern, Kinder und Jugendliche der Stadt Offenbach; Vorsitzende des Frankfurter Arbeitskreises für Psychoanalytische Pädagogik e.V.; Privatdozentin an der Gesamthochschule/Universität Kassel; und Gastprofessorin am Institut für Erziehungswissenschaft der Universität Wien.

Katharina Gartner studierte Pädagogik mit Fächerkombination Sonder- und Heilpädagogik an der Universität Wien. Sie ist in Ausbildung zur Psychoanalytisch-pädagogischen Erziehungsberaterin bei der Arbeitsgemeinschaft Psychoanalytische Pädagogik (APP) Wien und arbeitet als Betreuerin in einer sozialpädagogischen Wohngruppe für unbegleitete minderjährige Flüchtlinge sowie als Tutorin am Institut für Erziehungswissenschaft der Universität Wien.

Vera King, Dr. phil. habil, Dipl. soc., ist Professorin für Erziehungswissenschaft unter besonderer Berücksichtigung der Theorien der Sozialisation und der Entwicklung am Institut für Allgemeine Erziehungswissenschaft der Universität Hamburg. Arbeitsschwerpunkte: Adoleszenz- und Geschlechter-, Familien- und Generationenforschung, Institutionsanalyse und hermeneutische Forschungsmethoden, Forschungssupervision; Referentinnentätigkeiten u.a. als Dozentin der Ärztlichen Akademie für Psychotherapie von Kindern und Jugendlichen, München.

Jürgen Körner, Dr. disc. pol, Dr. phil. habil., Univ.Prof., Lehranalytiker (DPG, IPA), ist am Fachbereich Erziehungswissenschaft und Psychologie der Freien Universität Berlin sowie in analytischer Praxis tätig. Zu seinen Arbeitsschwerpunkten zählt die Theorie psychoanalytischen Handelns in sozialpädagogischen Arbeitsfeldern.

Burkhard Müller, Dr. theol. habil., Univ.Prof., tätig am Institut für Sozialpädagogik der Universität Hildesheim. Zu seinen Arbeitsschwerpunkten zählt die Methodologie sozialpädagogischer Intervention und Fragen der Relevanz psychoanalytischer Reflexion jenseits therapeutischer Arbeitsfelder.

Inge Schubert, Soziologin, Politologin, Pädagogin, befasst sich unter anderem mit gruppenanalytischer Arbeit und Forschung im Rahmen der Schule. Im *visio*-Institut in Neu-Isenburg liegen ihre Arbeitsschwerpunkte in den Bereichen Supervision, Organisationsentwicklung und Weiterbildung.

Andrea Tober studiert Pädagogik und Fächerkombination Sonder- und Heilpäd-agogik an der Universität Wien. Sie arbeitet als Hortbetreuerin im WUK (Werkstätten- und Kulturhaus) und nimmt am Universitätslehrgang für Psychoanalytische Pädagogik „Persönlichkeitsentwicklung und Lernen" am Interuniversitären Institut für interdisziplinäre Forschung und Fortbildung (IFF), Standort Wien, teil.

Michael Wininger studiert Pädagogik und Fächerkombination Sonder- und Heilpädagogik an der Universität Wien. Er ist Tutor am Institut für Erziehungswissenschaft der Universität Wien sowie Sozial- und Rehabilitationspädagoge an der neuropsychiatrischen Abteilung für Kinder und Jugendliche des Neurologischen Zentrums Rosenhügel (Wien).

Die Mitglieder der Redaktion

Christian Büttner, Dr. phil., Diplom-Psychologe; seit 1973 Projektleiter der Hessischen Stiftung Friedens- und Konfliktforschung (Forschungsgruppe „Politische Psychologie“); Honorarprofessor an der Evangelischen Fachhochschule Darmstadt; freier Mitarbeiter der Hessischen Landeszentrale für politische Bildung (Bereich Lehrerfortbildung); Lehrbeauftragter an der Universität Frankfurt (Erziehungswissenschaften); Gründungs- und Vorstandsmitglied des Frankfurter Arbeitskreises für Psychoanalytische Pädagogik; Arbeitsschwerpunkte: Aggressionsforschung, Medien, Erwachsenenbildung.

Wilfried Datler, Dr. phil., Ao Univ.-Prof., Dr. phil., leitet die Forschungseinheit Psychoanalytische Pädagogik und die Arbeitsgruppe für Sonder- und Heilpädagogik am Institut für Erziehungswissenschaft der Universität Wien. Er ist Lehranalytiker im Österreichischen Verein für Individualpsychologie, stv. Vorsitzender der Arbeitsgemeinschaft für Psychoanalytische Pädagogik (APP) Wien und im Vorstand der Kommission Psychoanalytische Pädagogik der Deutschen Gesellschaft für Erziehungswissenschaft. Er arbeitet zu Fragen im Grenz- und Überschneidungsbereich von Psychoanalyse, Pädagogik und Psychotherapie.

Annelinde Eggert-Schmid Noerr, Dr. phil., Dipl.-Päd., Psychotherapeutin in freier Praxis; Professorin an der Katholischen Fachhochschule Mainz; Lehrbeauftragte der Universität Frankfurt/M.; Arbeitsschwerpunkte und Veröffentlichungen: Geschlechtsspezifische Sozialisation und Randgruppenproblematik. Vorstandsmitglied des Frankfurter Arbeitskreises für Psychoanalytische Pädagogik.

Urte Finger-Trescher, Priv.-Doz., Dr. phil., Dipl.-Päd., Gruppenanalytikerin; Weiterbildung in Familientherapie; Leiterin der Beratungsstelle für Eltern, Kinder und Jugendliche der Stadt Offenbach, Vorsitzende des Frankfurter Arbeitskreises für Psychoanalytische Pädagogik e.V., Privatdozentin an der Gesamthochschule/Universität Kassel, Gastprofessorin am Institut für Erziehungswissenschaft der Universität Wien. Arbeitsschwerpunkte: psychoanalytisch orientierte Methoden der Arbeit mit Gruppen, Psychoanalytische Pädagogik in der öffentlichen sozialpädagogischen Versorgung.

Hans Füchtner, Dr. phil., Professor für Sozialisation und Sozialpsychologie im Fachbereich Sozialwesen der Universität/Gesamthochschule Kassel; Veröffentlichungen zur Psychoanalytischen Pädagogik und psychoanalytischen Sozialpsychologie sowie zu politikwissenschaftlichen Problemen Lateinamerikas.

Johannes Gstach, Dr. phil., Assistenzprofessor in der Forschungseinheit Psychoanalytische Pädagogik des Instituts für Erziehungswissenschaft der Universität Wien und Absolvent der Ausbildung zum psychoanalytisch-pädagogischen Erziehungsberater der Wiener Arbeitsgemeinschaft für Psychoanalytische Pädagogik. Arbeitet zur Geschichte der Psychoanalytischen Pädagogik, zur Erziehungsberatung sowie zur Situation von Arbeitslosigkeit bedrohten Jugendlichen.

Heinz Krebs, Dr. phil., Dipl.-Päd., Psychoanalytischer Pädagoge sowie Kinder- und Jugendlichenpsychotherapeut (appr.). Mitarbeiter einer Beratungsstelle für Eltern, Kinder und Jugendliche und Tätigkeit in freier Praxis mit den Schwerpunkten Eltern- und Familienberatung, psychoanalytisch-pädagogische Arbeit mit Kindern und Jugendlichen, Diagnostik, Supervision, Kindertagesstättenfach- und Institutionenberatung, Fort- und Weiterbildung. Vorstandsmitglied des Frankfurter Arbeitskreises für Psychoanalytische Pädagogik e.V. Veröffentlichungen zu den genannten Fachgebieten.

Burkhard Müller, Prof. Dr. theol., Professor für Sozialpädagogik an der Universität Hildesheim; ehemaliges geschäftsführendes Mitglied im Vorstand der Kommission „Psychoanalytische Pädagogik" der Deutschen Gesellschaft für Erziehungswissenschaft. Arbeitsschwerpunkte: Theorie, Methoden und Professionsgeschichte sozialer Arbeit, Jugendarbeit, Gruppendynamik, Supervision, Psychoanalytische Pädagogik.

Kornelia Steinhardt, Mag., Univ.-Ass. In der Arbeitsgruppe für Sonder- und Heilpädagogik am Institut für Erziehungswissenschaft der Universität Wien, Sonderschullehrerin, Supervisorin und Gruppenanalytikerin. Arbeitet über frühe Entwicklungsprobleme und Entwicklungsstörungen, Supervision und Beratung.

Luise Winterhager-Schmid, Prof. Dr. phil., Studium der Germanistik, Geschichte, Politikwissenschaft, Pädagogik, Lehramt am Gymnasium; zur Zeit Professorin für Erziehungswissenschaft an der Pädagogischen Hochschule Ludwigsburg; ehemaliges geschäftsführendes Mitglied im Vorstand der Kommission „Psychoanalytische Pädagogik" der Deutschen Gesellschaft für Erziehungswissenschaft. Arbeitsschwerpunkte: Allgemeine Pädagogik, Jugendtheorie, Mädchen- und Frauenbildung, Psychoanalytische Pädagogik, Historische Pädagogik.

Lieferbare Bände des Jahrbuchs für Psychoanalytische Pädagogik Psychosozial-Verlag – Gießen

Band 8 (1997)

Themenschwerpunkt: Arbeit in heilpädagogischen Settings. *Elfriede Kraft und Achim Perner:* Vom Objekt der Betreuung zum Subjekt des Wunsches. Über psychoanalytische Sozialarbeit mit einer achtzehnjährigen Frau. - *Susanne Kupper-Heilmann und Christoph Kleemann:* Heilpädagogische Arbeit mit Pferden. - *Bernadette Neuhaus:* Das Psychodramaspiel mit Kindern an einer Schule für Erziehungshilfe. - *Ulrike Schaab:* Psychoanalytische Pädagogik als Möglichkeit einer dialogischen Heilpädagogik in der Arbeit mit geistig behinderten Menschen. - *Kornelia Steinhardt:* Supervision als Ort der Reflexion des beruflichen Selbstverständnisses von Heilpädagogen.
Psychoanalytische Reflexionen über Ethnie, Kultur und Identitätsentwicklung: Eine Diskussion. *Hans Füchtner:* Für „Ethnische Identität" – gegen Freud. Kritische Anmerkun- gen zu Erdheims Thesen über Familie, Kultur und Ethnizität. - *Mario Erdheim:* Erwiderung auf Hans Füchtners Kritik. - *Hans Füchtner:* Nachbemerkung.
Literaturumschau: *Bernhard Natschläger:* Erziehungsberatung als Gegenstand psycho-analytisch-pädagogischer Veröffentlichungen. Ein Literaturbericht. - *Bernhard Natschläger:* Über weitere jüngere Veröffentlichungen zu speziellen Praxisfeldern und Fragestellungen Psychoanalytischer Pädagogik. – **Rezensionen.**

Band 9 (1998)

Themenschwerpunk: Jugendhilfe und Psychoanalytische Pädagogik. *Burkard Müller, Urte Finger-Trescher und Heinz Krebs:* Jugendhilfe und Psychoanalytische Pädagogik. Zur Einführung in den Themenschwerpunkt. - *Heinz Krebs und Burkhard Müller:* Der psychoanalytisch-pädagogische Begriff des Settings und seine Rahmenbedingungen im Kontext der Jugendhilfe. - *Hans-Werner Eggemann-Dann:* Was zählt, kann man (er)zählen. Die Bedeutung der institutionellen Erziehungsberatung für die Kinder- und Jugendhilfe. - *Renate Dohmen-Burk:* An der Schwelle zum Berufsleben: Aus der Arbeit einer Beratungsstelle für Jugendliche und junge Erwachsene ohne Ausbildung. - *Beate Szypkowski:* Vor Ort und hautnah – Sozialpädagogische Familienhilfe. - *Burkard Müller:* Authentizität als sozialpädagogische Aufgabe – erläutert am Beispiel Schuldnerberatung. - **Beiträge aus nicht-deutschsprachigen Ländern:** *Francis Imbert:* „Bolid-Kinder" und die Arbeit des Pädagogen. - *Mireille Cifali:* Das pädagogische Verhältnis: Zwischen Verstrickung und Distanzierung. - *Leendert Frans Groenendijk:* Psychoanalytisch orientierte Sexualauf-klärung vor dem Zweiten Weltkrieg.
Literaturumschau: *Regina Studener und Wilfried Datler:* Lese- und Rechtschreibschwierig- keiten als eine spezifische Form von Lernschwierigkeiten – ein Thema Psychoanalytischer Pädagogik? *Bernhard Natschläger:* Über weitere aktuelle Publikationen zu verschiedenen Fragestellungen Psychoanalytischer Pädagogik. – **Rezensionen.**

Band 10 (1999)

Themenschwerpunkt: Die frühe Kindheit. Psychoanalytisch-pädagogische Überlegungen zu den Entwicklungsprozessen der ersten Lebensjahre. *Wilfried Datler, Christian Büttner, Urte Finger-Trescher:* Psychoanalyse, Pädagogik und die ersten Lebensjahre. Zur Einführung in den Themenschwerpunkt. - *Rolf Göppel:* Die Bedeutung der frühen Erfahrungen oder: Wie entscheidend ist die frühe Kindheit für das spätere Leben. - *Gerd E. Schäfer:* Bildung beginnt mit der Geburt. - *Martin Dornes:* Spiegelung – Identität – Anerkennung: Überlegungen zu kommunikativen und strukturbildenden Prozessen der frühkindlichen Entwicklung. - *Karin Messerer:* Ein psychoanalytisch-pädagogischer Blick in die Praxis der Mobilen Frühförderung: Ausschnitte aus der Geschichte von Natalie und ihrer Familie. - *Isca Salzberger-Wittenberg:* Kurztherapeutische Arbeit mit Eltern von Kleinkindern. - *Gertraud Diem-Wille:* „Niemand hat mir jemals etwas gesagt ...“ Die Falldarstellung einer Eltern-Kleinkind-Therapie aus der Tavistock Clinic. - *Ludwig Janus:* Zur Thematisierung vorgeburtlicher und geburtlicher Erfahrungen in pädagogischen Zusammenhängen – Ideen und Vorstellungen.
Psychoanalytische Aspekte von Lernen und Lernbehinderung: *Dieter Katzenbach:* Kognition, Angstregulation und die Entwicklung der Abwehrmechanismen. Ein Beitrag zum Verständnis behinderter Lernfähigkeit.
Literaturumschau: *Ulrike Kinast-Scheiner* Geschwisterbeziehungen: Ein Bericht über tiefenpsychologische und psychoanalytisch-pädagogische Veröffentlichungen. - *Ulrike Kinast-Scheiner:* Über aktuelle Publikationen zu verschiedenen Fragestellungen Psychoanalytischer Pädagogik. - **Rezensionen.**

Band 11 (2000)

Themenschwerpunkt: Gestalten der Familie – Beziehungen im Wandel. *Christian Büttner, Heinz Krebs, Luise Winterhager-Schmid:* Einführung in den Themenschwerpunkt. - *Andreas Lange, Kurt Lüscher* Vom Leitbild zu den Leistungen. Eine soziologische Zwischenbilanz des aktuellen Wandels von der Familie. - *Michael B. Buchholz:* Wie kann Familienberatung und Familientherapie auf die sich ändernden Familienprobleme antworten? - *Urte Finger-Trescher:* Psychosoziale Beratung von Familien im institutionellen Kontext. Aktuelle Fragen und konzeptionelle Überlegungen. - *Udo Rauchfleisch:* Familien mit gleichgeschlechtlichen Paaren. Probleme und Chancen. - *Frank Dammasch:* Das Kind, seine alleinerziehende Mutter und der virtuelle Vater. - *Fakhri Khalik:* Leben in zwei Heimatländern. Erfahrungen aus der psychotherapeutischen Arbeit mit Mitgliedern aus Migrantenfamilien. - *Carsten Rummel:* Die Freiheit, das Chaos der Liebe und die Notwendigkeit einer neuen Generationenethik.
Literaturumschau: *Ulrike Kinast-Scheiner* Psychoanalytische Beiträge zum Prozeß des Alterns. - *Katharina Ereky, Judit Richtarz:* Über aktuelle Publikationen zu verschiedenen Fragestellungen Psychoanalytischer Pädagogik. – **Rezensionen**

Band 12 (2001)

Themenschwerpunkt: Das selbständige Kind. *Annelinde Eggert-Schmid Noerr:* Das modernisierte Kind. Einleitung in den Themenschwerpunkt. - *Luise Winterhager-Schmid:* Die Beschleunigung der Kindheit. - *Rolf Göppel:* Frühe Selbständigkeit für Kinder – Zugeständnis oder Zumutung. - *Wilfried Datler, Katharina Ereky, Karin Strobel:* Alleine unter Fremden. Zur Bedeutung des Trennungserlebens von Kleinkindern in Kinderkrippen. – *Martina Hoanzl:* Vom Land, in dem es keine Eltern gibt: Geschwisterliche Themen und deren mögliche Bedeutung im Prozess des Heranwachsens. - *Burkhard Müller:* Wie der „aktive Schüler" entsteht. Oder: „For learning for love to the love of learning". Ein Vergleich von Ansätzen Fritz Redls, Rudolf Ekstein und Ulrich Oevermanns. - *Gerd E. Schäfer:* Selbst-Bildung als Verkörperung präreflexiver Erkenntnistheorie.
Literaturumschau: *Katharina Ereky:* Präödipale Triangulierung: Zur psychoanalytischen Diskussion um die Frage nach des Entstehens der frühen familiären Dreiecksbeziehungen. – *Natascha Almeder und Barbara Desch:* Über aktuelle Publikationen zu verschiedenen Fragestellungen Psychoanalytischer Pädagogik. - **Rezensionen.**

Band 13 (2002)

Themenschwerpunkt: Professionalisierung in sozialen und pädagogischen Feldern. Impulse der Psychoanalytischen Pädagogik. *Burkhard Müller, Heinz Krebs, Urte Finger-Trescher:* Professionalisierung in sozialen und pädagogischen Feldern. Impulse der Psychoanalytischen Pädagogik. - *Burkhard Müller:* Beziehungsarbeit und Organisation. Erinnerung an eine Theorie der Professionalisierung sozialer Arbeit. - *Heinz Krebs:* Emotionales Lernen in der Schule – Aspekte der Professionalisierung von Lehrerinnen und Lehrern. *Helmuth Figdor:* Psychoanalytisch-pädagogische Erziehungsberatung. Theoretische Grundlagen. - *Heiner Hirblinger:* Ein „Organ für das Unbewußte" auch für Lehrer? Der Beitrag der psychoanalytischen Pädagogik zur Frage der Professionalisierung in der Lehrerbildung. - *Franz-Josef Krumenacker:* Professionalisierung im pädagogisch-therapeutischen Milieu. - *Annelinde Eggert-Schmid Noerr:* Über Humor und Witz in der Pädagogik.
Literaturumschau: ***Wilfried Datler, Margit Datler, Irmtraud Sengschmied, Michael Wininger:*** Psychoanalytisch-pädagogische Konzepte der Aus- und Weiterbildung. Eine Literaturübersicht. - ***Natascha Almeder, Barbara Desch:*** Über aktuelle Publikationen zu verschiedenen Fragestellungen Psychoanalytischer Pädagogik. - **Rezensionen.**

www.ingramcontent.com/pod-product-compliance
Ingram Content Group UK Ltd.
Pitfield, Milton Keynes, MK11 3LW, UK
UKHW040024200726
13854UKWH00001B/347